散居在祖国内地的蒙古族及后裔

中国蒙古族系列丛书之二

王建华 著

丛书主编 孛儿只斤·苏和

内蒙古人民出版社

图书在版编目（CIP）数据

散居在祖国内地的蒙古族及后裔 / 王建华著；孛儿只斤•苏和主编. —呼和浩特 ： 内蒙古人民出版社，
2013.1（2017.5重印）
（中国蒙古族系列丛书）
ISBN 978-7-204-11451-1

Ⅰ.①散… Ⅱ.①王…②孛… Ⅲ. ①蒙古族－民族历史—中国
Ⅳ.①K281.2
中国版本图书馆CIP数据核字（2013）第007380 号

散居在祖国内地的蒙古族及后裔

作　　者　王建华
责任编辑　王世喜
装帧设计　李　琳
出版发行　内蒙古人民出版社
地　　址　呼和浩特市新城区中山东路8号波士名人国际B座
印　　刷　内蒙古爱信达教育印务有限责任公司
开　　本　720×1000　1/16
印　　张　26.5
字　　数　560千
版　　次　2013年3月第一版
印　　次　2017年5月第二次印刷
印　　数　5001－8000册
书　　号　ISBN978-7-204-11451-1
定　　价　68. 00元

如出现印装质量问题，请与我社联系。
联系电话：（0471）3946230　3946120
网址：http://www.nmgrmcbs.com

《中国蒙古族系列丛书》编委员

赵如意 摄

前　言

蒙古族是一个有过辉煌历史的民族。在蒙古圣主成吉思汗的统帅下，建立了横跨欧亚大陆的蒙古大帝国，使蒙古民族的历史载入人类历史史册。在中国，由于蒙古民族建立了中国历史上空前统一的大元王朝，结束了中国自唐朝以来364年的分裂局面，也使蒙古族成为了中华民族中的佼佼者和举足轻重的一员。从成吉思汗的蒙古帝国时期到近代长达700多年的漫长岁月里，蒙古民族为中华民族的繁荣昌盛做出了突出的贡献，这体现在中国的国家版图、政治体系、哲学、宗教、科技、战争、商业、文化等诸方面。

蒙古民族在历史进程中走过了一条独特的道路，蒙元帝国时期是她最辉煌灿烂的时期。到了明朝，蒙古族退居漠北史称北元，初期大汗的统治衰落，蒙古内部进入纷争之中并形成各部落割据状态。达延汗再度统一蒙古，成为"蒙古中兴英主"，他把蒙古各部分封给诸子，形成了成吉思汗黄金家族一统天下的统治局面。但是随着时间的延续、黄金家族亲缘关系的逐渐远离、游牧地域的扩展，使蒙古各部落的关系渐行渐远，形成了事实上的部落割据状态。但不管怎么样，蒙古北元政权对漠北的统治一直维持到1636年清王朝建立时为止。这其间形成了蒙古左右翼六万户、科尔沁及阿鲁蒙古、兀良哈三卫、四卫拉特等蒙古诸部以及滞留在中国内地隐居下来的蒙古族。蒙古族近现代各部落和群体就在这个时期基本形成了雏形。

在这以后，蒙古民族对中国的影响不再是以整体民族出现，而是体现在蒙古各部落之中。这是由于达延汗以后的北元蒙古大汗对蒙古族整体的统治权随着各部落的崛起和割据而逐渐趋于弱化，一些崛起的部落纷纷进入了各自的历史角色，这些蒙古部落的政治和军事活动的结果从不同的程度和角度上对中国的政治历史产生了重大影响。这个时期的蒙古族历史更突出了部落的独立性。

我们举例来说明这种影响。在明朝，其实际疆域不含明长城以北、以西的蒙古高原和西域（现新疆）地区，对青藏地区也影响甚微。而蒙古族各部落正是这一地区的实际统治者和控制者，蒙古族作为中国元朝的统治民族和曾经担任过中国皇帝的民族，他们对这一地区的控制实际上起到了防止这一部分国土从中国分裂出去的危险。察哈尔部是北元大汗的直属部落，达延汗的蒙古中兴使蒙古族对这一地区的控制得到了加强。土默特部的阿勒坦汗缓和了明蒙矛盾并引进了农业、手工业经济，使蒙古地区与明王朝和睦相处了几十年。到了清朝，科尔沁及漠南蒙古诸部作为清朝统治者的同盟军，为清朝巩固北部边疆和开疆扩土作出了重大贡献。西部卫拉特蒙古所起的作用更不容忽视，准噶尔部在西域建立了疆域广大的准噶尔汗国，和硕特部在青藏高原建立了和硕特汗国，他们归并了清朝以后使这一地区继元朝以后重新纳入了中国的版图，土尔扈特部在欧洲伏尔加河流域建立土尔扈汗国，后因不堪忍受沙俄的统治毅然东归故土，这一举动起到了巩固国家和增强民族凝聚力的作用。

再比如，蒙古族接受藏传佛教以后，利用其威势巩固了藏传佛教——黄教在青藏高原的统治地位。1578年，土默特部首领阿勒坦汗赠封青海藏传佛教格鲁派领袖索南嘉措“达赖喇嘛”称号。1645年，和硕特部首领固实汗加封西藏扎什伦布寺寺主罗桑却吉坚赞“班禅博克多”的称号，从此确立了藏传佛教“达赖”、“班禅”佛教体制。事隔一百多年以后的1653年（清顺治十年），这一封号才得到了清朝政府的承认。

现在中国蒙古族聚居地区的很多地名都来源于蒙古族的部落名称。但是由于历史的变迁，很多人不十分清楚这些地名的历史沿革，这些地名本身就隐含着一部蒙古部落的历史。蒙古族的民俗文化博大精深世人皆知，她除了继承蒙古族的主体文化以外，各部落还独具特色。这是由于蒙古族各部落的历史、居住地域广阔以及与周边不同民族接触和影响所造成的，因此蒙古各部落的民俗文化也各具特点。

综上所述，这些蒙古族鲜为人知尘封多年的历史文化，在不同的蒙古族部落里不尽相同。要真正了解蒙古族的历史文化，必须从蒙古各部落和群体的角度来加以研究，才能清晰地勾画出来龙去脉而展现其历史的本来面目。

孛儿只斤·苏和先生经过多年对蒙古族历史文化的倾心研究，把他的研究成果以《中国蒙古民族系列丛书》的形式展现在读者面前。该书系统介绍了中国境内蒙古部落和群体。相信这部系列丛书与读者见面以后，能够起到在广大读者中普及蒙古民族历史文化的作用，为落实中央关于推动社会主义文化大发展大繁荣以及为我们内蒙古自治区文化大区建设作出贡献。

内蒙古民族事务委员会主任

于二〇一一年十月

目 录

赵如意 摄

赵如意 摄

苏 和摄

赵如意 摄

湖北省 …………………………………… 239

湖南、湖北沙姓 …………………………………… 255

赵如意 摄

苏　和摄

成吉思汗（1162～1227年）摄于内蒙古博物院国宝巡回展览）

概　述

蒙古民族是一个伟大的民族，她具有悠久的历史和灿烂的文化。是世界上为数不多的参与改变世界历史的强悍民族，在这个民族中，诞生了世界伟人——成吉思汗，成为了蒙古民族的骄傲。在蒙古帝国立国以后的八百多年的历史中，蒙古民族的足迹遍布欧亚大陆，彻底改变了13世纪以后的欧亚大陆国家、民族分布的格局。在中国也是如此。

骁勇善战的元代蒙古武士

蒙古民族在元朝以武力统一中国，并以武力巩固其统治，在全国各地派驻了大量蒙古军队，以元朝宗王、万户等方式进行统治，在中国历史上首创行省制度，并在内地派驻大量达鲁花赤（地方官员）。根据文献记载，仅在扬州一地，蒙古士卒最多时达万余人，云南梁王统治下的云南亦有十几万驻军，在中原一带，也有大量蒙古驻军。由此可见，在内地各行省、诸王封地上，分布着大量的蒙古驻军、官员和蒙古族属众。

1368年，朱元璋领导的农民起义军推翻了元朝的统治，以妥懽帖睦尔（元惠宗）为首的蒙古统治者从元大都（现北京）退回到蒙古草原，使蒙古地区重新成为他们的活动中心，并延续元朝政权为北元。元朝统治崩溃以后，在内地和南方各省的数十万蒙古驻军、官员和蒙古族属民未能返回漠北，大多数被明军俘虏和收降，有的参加了明军。据《蒙古源流》载：“方大乱时，各处转战蒙古人等四十万内唯脱出六万，其三十四万俱陷于敌。”这些元朝蒙古族遗民散布在中国内地。不过，经过600多年的繁衍，众多蒙古人后裔的绝大部分都已经融进了周围民族里，成为他们的一员。

明初，又有大批蒙古军民进入内

地，有的是在明朝和北元的历次战争中被明军俘虏或收降的蒙古军民，如在“沈儿峪战役”中，北元官员、将校士卒8.5万余人被俘，在“捕鱼儿海之战”中，蒙古贵族、官员、士卒9万余人被俘，其中贵族、官员及家属等被遣送京师（南京），其余部众安置在塞内各卫所屯牧，与汉军杂处；有的是被明军迁徙的居民，如1371年（明洪武四年），明将徐达为封锁北元，将北平山后之民、沙漠遗民19.7万余人迁入塞内各卫府；有的是为逃避蒙古地区的战乱或为穷困的生活所迫，由首领率部主动归降明朝，如1381年（明洪武十四年），故元将领火里火真率将校41人、部众177户投明朝，1405年（明永乐三年），北元平章把都帖木儿（吴允诚）和伦都儿灰（柴秉诚）率部众5000余人投明朝。即使排除其中跟随蒙古贵族北撤的部分汉族官员和士兵，明初进入内地的蒙古人也有数十万。

捕鱼儿海之战

明朝为了分化和瓦解北元，招引更多的蒙古人投降明朝，对内地的蒙古人采取了怀柔和安抚政策。对贵族、首领、官员等，授以显职，给予厚禄，立功者受奖晋职晋爵。明朝前期，有17名蒙古人分别得到王、公、侯、伯的爵位，如1370年（明洪武三年）在应昌战役中被明军俘虏的元顺帝孙买的里八腊，被封为崇礼侯；1387年（明洪武二十年）被明军收降的北元丞相纳哈出，被封为海西侯，永乐时，火里火真被封为同安侯；1423年（明永乐二十一年），阿鲁台旧部也先土干（金忠）归附明成祖，被封为忠勇王，明宣宗时，加封为太保。在各级文武官员中，也有蒙古人任职，且其俸禄高于同级汉官。文官中，1377年（明洪武十年）被明军俘虏的北元平章安童，1390年（明洪武二十三年）正月被任命为刑部尚书。北元丞相咬住、忽哥赤于1390年降明后，咬住被任命为右副都御史，忽哥赤为工部右

明朝和北元地图（根据《中国历史地图集》标注）

侍郎。担任军职的蒙古人更多，前述火里火真先后任燕山中护卫千户、都督佥事、右副将军，永乐时投明的把都贴木儿历任右军都督佥事、都督同知、右都督、左都督，伦都儿灰授后军都督佥事；故元知院薛台子薛斌跟随明成祖征战有功，历任燕山右护卫指挥佥事、都督佥事、都督同知、骠骑将军，其弟薛贵任都督佥事；故元辽阳行省右丞通伯子玛鲁（吴成）随明成祖征战有功，先后授都指挥佥事、都指挥使，1425年（明洪熙元年）进左都督。其余任指挥、总旗、镇抚、千户、百户等职的蒙古人则不计其数。

在用人上，明太祖在建国初年认识到蒙古人骁勇善战，对归附明军的蒙古将领和官员就提出：“不分等类，验才委任。”一些有才学的内地蒙古人得到任用。明军接管大都后，在故元翰林院、回回司天监中没有北撤的蒙古人、色目人仍然让他们各司其职，有文化的蒙古人也分别安置在礼部主客司、鸿胪寺、行人司、四夷馆等机构担任通事、教习等职务，发挥其专长。如洪武时，火源洁担任翰林院侍讲，编著《华夷译语》，并与其他蒙汉学者一起将著名的《元朝秘史》翻译为汉文，使这部珍贵的历史文献得以传世。元朝旧臣火你赤（霍庄）归附明朝后，于1376年（明洪武九年），被明太祖任命为翰林院蒙古编修。故元兵部尚书绰罗（李贤）于1388年（明洪武二十一年）投明，先后担任燕王府纪善、都指挥同知、后军都督佥事、右都督，屡向明成祖禀陈己见，翻译塞外表文及朝廷诏敕，并向明成祖举荐蒙古族文人七十等。七十任蒙古教习，1425年，升鸿胪寺右丞。故元旧臣答禄玉权洪武时投明后，先后担任秦府纪善、御史、翰林院修撰等职。永乐时投明的七十五（徐晟），以翻译民族文学著称，在锦衣卫任职，参与处理各地民族事务。

归附明朝的蒙古人得到各种爵位（源于《中国少数民族文化史图典》）

明初散居内地的蒙古军民，与当地居民杂居，从事各种职业，各自谋生，或参加了明军。历次战争中被明军俘虏的普通蒙古军民，或投附明朝的普通蒙古军民，有的被分配到塞内各卫所屯牧，有的被编入明军。明朝曾抽调蒙古壮丁组织起13支队伍，称为“土达官军”或“汉达官军”，驻防各重镇。燕王麾下的军队中就有蒙古阿速部人、兀良哈三卫人，他们为燕王朱棣夺取帝位起了重大作用。永乐以来北京御林军所属“勇士营”也是以漠北来附军卒组织起来的。北京三大营（五军、三千、神机）中的“三千营”，是以蒙古降丁组成的骑兵，“专扈从出入，管车辇宝纛等事”。

得到任用的内地蒙古人，大多数都努力效忠于明朝，参与南征北战，立下显赫战功。如把都帖木儿（吴允诚）一家均恪尽职守，其子吴克忠、吴克勤、孙吴瑾在“土木之变”中均战死于沙场。火里火真之孙火斌在1554年（明嘉靖三十三年），战死于抗倭前线。但是还有很多遗留在内地的蒙古人由于各种不同原因，不满明朝统治，起兵反抗。如故元江西行省建昌路平章月鲁帖木儿，在1382年（明洪武十五年）降明后，被封为建

昌卫指挥使，1392年起兵反明，同年被蓝玉所率明军镇压；故元平凉万户把丹孙满四（满俊）因受明官员敲诈索贿，于1468年（明成化四年）率兵起义，众至二万，震动关中，曾一度大败明军，伤明总兵刘玉，后遭明六路大军围困，缺水断粮，起义失败；1592年（明万历二十年），明朝宁夏蒙古族副总兵哱拜、哱承恩父子，因遭汉族官员的排挤和凌辱，起兵反明，攻占宁夏城（今银川），擒杀明副使石继芳、党馨，劫总兵张维忠，焚公署，拘明庆王，致全陕震动，后被明军镇压。明廷为了防止内地蒙古族的反抗，将其贵族、首领、官员与部众分别进行安置，上层留居于城市，部众分散于全国各地。发现有敌对倾向的上层人士，或加以诛除，或流放于琉球、耽罗（现朝鲜半岛南部的济州岛）等海上孤岛，如“捕鱼儿海之战”中被俘的王子地保奴因口出怨言，被流放于琉球，云南梁王的后人被遣送耽罗。

蒙古降将起兵反明

明朝对内地蒙古人采取强迫同化政策，在《大明律》中规定，“不许本类自相嫁娶”，并令他们改取汉姓汉名，改变服饰。由于明朝统治者对蒙古人采取的同化和歧视政策，导致内地蒙古族成为了被围剿、被伤害、被歧视的对象，他们带着惧祸的心

获嘉县黄堤镇狮子营村可姓蒙古族始祖墓碑

理，被迫改汉姓、穿汉服、从汉俗、说汉语，逃亡到远离社会、人烟稀少、穷乡僻壤的深山区，或者是在十分偏僻的大海和大河附近，或者在当时人烟稀少、比较宽阔的平原地带隐居下来。在改汉人姓氏时，基本上是取其始祖名字、王位、爵位、官位、部族、封号等中的一个字等作为姓氏，或者有其他特殊原因取一个汉字作为姓氏，以示纪念，世代传承不忘根本。虽然经过600多年的历史，但并没有冲淡他们的血脉，他们的血管里仍然流淌着草原蒙古族的血液，很多后人至今还保留着蒙古族的特点或传统。在明朝276年的漫长时间里，他们深受汉文化的影响，也采取了汉文化的传承方式，仅靠世代口传，以及少数墓碑碑文、墓志铭、家谱、轴子等形式，来传递自己是蒙古族人身份的信息，以传承和弘扬他们自身的历史文化。由于时代久远，元末明初被迫遗留在内地的蒙古族后裔，传递其蒙古始祖的信息很多已支离破碎，有的甚至张冠李戴，以讹传讹。时至今日，有部分内地蒙古族后裔已经甚至永远也无法搞清楚具体始祖的身份，但他们依然强烈认同自己是蒙古族，保持蒙古民族的心理素质，并为自己是蒙古族人而深感自豪。有相当多的内地蒙古族后裔，都是在最近三十年才逐渐知道自己家族的历史，有的还处于发现之中。

内乡县余关乡王姓蒙古族世系老轴子

清王朝是中国历史上继蒙古族建立元朝以后又一个少数民族——满族建立的封建王朝，在清王朝的建立和入主中原的过程中，漠南很多蒙古部落首领为清朝统治者所倚重，众多蒙古铁骑以八旗蒙古军的形式加入到清军的行列，成为清军的主力之一，他们南征北战、开疆扩土，为清朝统一中国做出了不可磨灭的贡献。大量蒙古族将士随清军再一次进入到内地驻防，形成了又一次蒙古族进入内地的高潮。

清王朝对蒙古的统治策略是：在蒙古地区建立盟旗制度，与蒙古贵族

四川、贵州余氏蒙古族家谱

“北不断亲”进行联姻，并利用高官厚禄来拉拢蒙古贵族，把蒙古草原作为北部疆域不设防的屏障和大后方，进而统治整个中国。因此，在清朝时期，汉族与满族之间的矛盾成为社会主要民族矛盾，蒙古族已处于次要位置。蒙古族作为满族统治者统治中国的同盟军，政治地位得到相应提高。因此，内地隐居蒙古族的惧祸心理压力开始逐渐减轻，慢慢走出明朝隐居的阴影，开始关注自己民族、家族的历史和来源。因此在清朝很多隐居的蒙古族同胞开始树碑立传，建立了大量的石刻墓碑来祭祖，与此同时，也开始公开编撰家谱来追溯家族历史和繁衍世系，团结本族亲朋来光宗耀祖。在这个时期出现了大量的碑文和族谱，其形式和内容也最精彩丰富，形成了研究自身民族、家族历史的第一手史料，奠定了考证始祖来源的基础。但遗憾的是，由于隐居时间过长，遗留下来的史料和证据很少，再加上《元史》等史料记载不详细，有些祖源问题考证起来困难重重，时至今日很多疑难问题依然如故。

在北洋军阀和国民党反动派的独裁统治下，大汉族主义又进一步抬头，一些内地蒙古族及后裔的惧祸心理也相应提高，归宗认祖的活动在一些地区停顿下来，但在另一些地区仍然相继修建一些墓碑，编撰了族谱，但其具体内容基本上是沿用清朝时期的记载。

1949年中华人民共和国成立，在各少数民族集居的地区实行了民族区域自治制度。在内蒙古，1947年就建立了内蒙古自治区，在其他省、自治区的蒙古族集居地区，相继建立了蒙古族自治州、自治县和民族乡，并为内地散居的蒙古族恢复了蒙古民族成分，对待考证的蒙古族后裔进行了认真的鉴定和甄别，分批分期地恢复了其蒙古民族成分（由于历史的复杂性，还有很多蒙古族的后裔尚未恢复其蒙古族身份）。为这些散居在内地的蒙古族落实了党的民族政策。历史证明，只有在中国共产党的领导下，才能真正意义上实现国家的统一和各民族的大团结，内地的蒙古族才能获得新生，才能真正彻底结束几百年来

余姓蒙古族在召开重修家谱的会议

内地蒙古族受歧视受压迫的隐居历史，同时，也使内地蒙古民族历史渊源的研究和考证工作得到了极大的发展，并取得了可喜的成就。在这一时期，又有大量的蒙古族同胞由于工作的需要来到内地工作，成为内地蒙古族的又一来源。

本书介绍的蒙古族及其后裔是这样界定的：在国家已经确定其为蒙古族民族身份的，就被称作是“蒙古族”，若现在仍然保留汉族民族身份，但有历史证明其祖先是蒙古民族的，在本书中一律称为“蒙古族后裔”。由于蒙古民族及其后裔本身是一个历史延续下来的族群，因此本书把蒙古民族及其后裔统合在一起进行介绍，其民族成分的确定不能以本书作为依据，要根据当地政府管理的户籍来确定。

截至目前，在中国内地各省蒙古族及后裔中，有据可查的有近百个姓氏。本书较详细介绍了其中43个姓氏的情况。据不完全统计，内地蒙古族及其后裔总人数约在170万人以上（其中余姓蒙古族及后裔120多万），大约有90%以上的人没有恢复蒙古民族身份。超过10万人的有：四川、重庆、贵州、云南四省的余姓；河南省南阳王姓；山东省烟台都姓；河南濮阳和山东菏泽苏姓。其他的多则几万人，少则几百人。全国内地蒙古族及后裔主要是以集中居住为主，分散居住的也占相当比例，少数移居国外。

内地蒙古族，多为成吉思汗黄金家族的后裔，还有部分是蒙古功臣显贵的后裔。成吉思汗有四个儿子：长子术赤、次子察合台、三次窝阔台、四子拖雷。从目前全国各地已经发现的情况看，属于内地蒙古族范围的，除了次子察合台的后代没有被发现外，成吉思汗三弟哈赤温及成吉思汗其他三个儿子和一个女儿的后裔都有发现。

成吉思汗黄金家族的后裔：

成吉思汗长子“术赤”后裔：河南、河北、江苏等地校姓；

成吉思汗三子“窝阔台”后裔：四川、重庆、贵州、云南余姓，陕西屈姓，河南申姓；

成吉思汗四子“拖雷”后裔：河南王姓、忽姓、黄姓、梁姓、董姓、李姓、马姓、关姓、陈姓、苏姓，山东苏姓，云南伍姓、他姓、李姓，重庆张姓、谭姓，福建干姓，湖北部姓（以上为忽必烈系）、陆姓（阿里不哥系）；

成吉思汗三弟“哈赤温”后裔：甘肃省白银市会宁县赵姓；

成吉思汗黄金家族宗室后裔（尚未查清是哪一支）：河南可姓、冯姓、张姓；山东都姓；云南铁姓。

蒙古族功臣和显贵的后代：

蒙古帝国开国元勋“木华黎”后裔：河南李姓，陕西和江苏拜姓，福建出姓；

元末丞相“脱脱”后裔：河北脱

鄂尔多斯市“成吉思汗的母亲及弟弟妹妹”雕像

姓；

元朝皇室宗表亲（同缘姑舅亲）“嘉那”后裔：江苏李姓；

“塔海”后裔：山西孙姓；

“郭庸”后裔：河南郭姓；

“马秃塔儿”后裔：河南马姓；

“宣贴木儿”后裔：河南宣姓；

鄂尔多斯市“成吉思汗与他的开国功臣”雕像

“也先不花”后裔：湖北王姓；

“刘五公”后裔：山东刘姓；

“铁礼棉、铁礼秀”后裔：甘肃马姓；

“阿喇帖木耳”后裔：云南旃、官、华姓；

“虎都铁木儿”后裔：云南火、伙姓；

“普鲁海牙”后裔：云南杨姓；

“汤撒喇忽”后裔：云南汤姓；

“花严奴、察杜董”后裔：云南董姓；

“也池卜花”后裔：云南马姓；

“阎乃马歹”或“伍歹”后裔：云南歹姓；

“铁木欣科”后裔：云南海姓；

“沙不丁”后裔：广东省沙姓、湖南省沙姓。

内地各姓氏蒙古族及后裔主要集中居住位置示意图（根据国家动态地图网行政区地图绘制）

河南省

河南省，因大部分地区位于黄河以南而得名。4000多年前，河南为中国古九州中心之豫州（地域包括今河南省和湖北省北部），故简称“豫”，且有“中州”和“中原”之称。在历史上还曾被称为“中国”和“中土”，最早的“中国”是指以洛阳为中心的河南省一带。河南省是华夏民族的发祥地之一，也是他们早期活动和居住的地方。中国历史上有相当一部分时间的政治、经济和文化中心都在河南省及其周边地区，从中国历史上第一个王朝夏朝在河南建都起，先后有20多个王朝和政权在河南建都，在华夏长达五千年的历史中，号称中国八大古都的，河南省就占据四个，分别为夏商故都郑州、商都安阳、十三朝古都洛阳和七朝古都开封。

河南省是多民族杂居省份，汉族占大多数，涵盖了中国56个民族。根据2000年第五次全国人口普查，河南省有蒙古族人口82170人，其中南阳市就有54767人，占全省蒙古族人口的66.65%，镇平县有27064人，占全省蒙古族人口的32.93%。截止2010年，包括民族身份没有恢复的蒙古族后裔以及新发现的线索，河南省有20个姓氏蒙古族及后裔，总人数近20万人。各姓蒙古族集中居住地分布几乎遍布全省。

今河南省以北、太行山以东及以西的山东、山西、河北和内蒙古等地，在元朝时期均属于“腹里”，归中书省管辖。元朝时期河南境内大部分地区归河南江北行省管辖，辖境包括今河南省黄河以南及湖北、安徽、江苏三省长江以北地区，行省治所在汴梁（今河南开封）。

河南省的蒙古族多数是元朝蒙古皇室成员和随从的后裔，少数是蒙古军队功臣的后裔，大体可以分为四种类型：一是在元亡明兴、改朝换代之际从其他地方逃亡到河南省的；二是元朝时期世代居住在河南多年、没有机会返回漠北故地，被迫隐名埋姓留下来的；三是元亡后被迫留在河南、在明朝初期立功后又被封官加爵后留居下来的；四是在清朝时被朝廷派遣到河南省驻防的八旗蒙古军和官员的后代及中华人民共和国建立后来到河南工作的蒙古族人。

上述除了第四种类型不需要隐名埋姓外，其他三类人都是在惧祸心理的作用下，担心被歧视，被迫改民族、更汉姓、从汉俗隐居下来，尤其是元朝蒙古皇室成员的后裔。在明朝（1368～1644年）276年的时间里，他们的隐居生活几乎不留任何痕迹。到清朝初期，蒙古族成为满族政权的同盟军，政治空气开始宽松，留居河南的部分蒙古族遗民才开始以碑文、家谱等方式追忆世代口传的家族历史，陆续承认自身蒙古族的事实。由于隐居时间过长，再加上历次政治运动对遗留资料的毁坏，造成了现在可供查找的史料极少，在确定族源问题上一直模糊不清、争论不休，有很多问题至今还不能下肯定的结论。依据目前对河南省各姓蒙古族所掌握的资料和考证研究的结果，叙述如下：

元太祖成吉思汗与正妻孛儿帖所生四个儿子，在河南除了第二子察合台的后裔没有外，其他三个儿子的后裔均有分布。成吉思汗长子“术赤”的后裔：郑州市中牟县和巩义市校姓。成吉思汗三子“窝阔台”的后裔：安阳市林州申姓。成吉思汗四子“拖雷”的儿子，元朝开国皇帝“忽必烈”共有11子，其中有5个儿子的后裔分布在河南，分别是：次子太子“真金”的后裔，许昌市黄姓；第五子云南王“忽哥赤”的后裔，驻马店市汝南县梁姓；

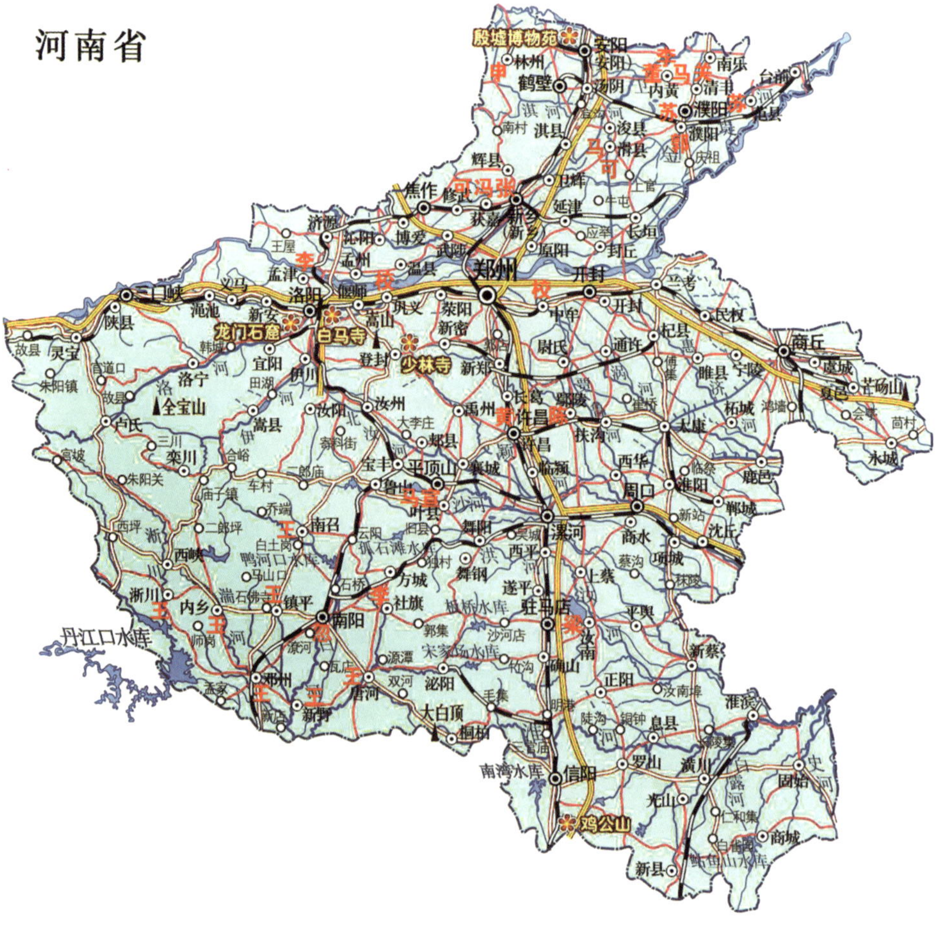

河南省蒙古族分布示意图（根据国家动态地图网绘制）

第七子西平王“奥鲁赤”的后裔，安阳市内黄县和滑县董姓、李姓、马姓，濮阳市清丰县关姓、许昌市鄢陵县陈姓；第九子镇南王“脱欢”的后裔，南阳市及所辖镇平、淅川县、唐河县、新野县、内乡县、邓州市、南召县等地王姓以及河南濮阳市、范县、滑县苏姓；第十子“忽都鲁贴木儿”的后裔，南阳市宛城区忽姓。成吉思汗宗室的后裔：新乡市获嘉县和安阳市滑县可姓、冯姓、张姓。蒙古帝国开国元勋“木华黎”后裔：洛阳市孟津县以及南阳市所辖社旗等县李姓。元朝蒙古功臣“马秃塔儿”、“宣贴木儿”的后裔：平顶山市、叶县马姓、宣姓。元朝蒙古显贵、驸马“郭庸”的后裔：濮阳县郭姓。

一、南阳王姓蒙古族——忽必烈第九子镇南王脱欢家族的后人

河南省南阳市是河南省蒙古族的集中居住地，已经在南阳世代生活了600多年的漫长历史，他们分布在南阳100多个村庄里，姓氏以王姓为主，另有忽姓和李姓蒙古族人。

1.现状

南阳古称宛，因地处伏牛山以南，白河之北而得名。全市现辖2区、10县、1个县级市，总人口1096.22万人，在河南省18个省辖市中南阳面积最大、人口最多。建于元代的南阳府衙、内乡县衙是中国古代官衙建筑中保存最为完好的两级衙门。

南阳王姓蒙古族人主要集中分布在：卧龙区安皋镇余庄村、陆营镇田河村；镇平县近30000人，主要分布在晁陂镇3000人、王岗乡砚台村

始建于元朝（1271年）重建于明朝（1440年）的南阳府衙

2000人、贾宋镇3000多人、小集村1000人、马庄镇栗扒村和唐营村、石佛寺镇、老庄镇等；淅川县九重镇有12000万多人：主要分布在九重村、王楼村、太平村，厚坡镇王河村等近30个自然村；内乡县10000多人，主要分布在余关乡王沟村、石庙村、报事滩村、夏馆镇、七里坪乡、马山镇、王店镇王湾村、灌张镇、大桥乡等；邓州市彭桥乡等近10个自然村；唐河县13000人，大河屯镇7000人、大河王村2000人、王老庄村1000多人、王西楼村500多人、许墩村近500人、古城乡付湾村近2000人；社旗县朱集乡文庄村400多人；桐柏县平氏镇500多人；新野县城关镇、上港乡、王集镇、上庄乡等；南召县板山坪镇等近30个自然村。历史上和现代迁移南阳以外的有：甘肃省兰州市和陇南市成县、陕西省蒲城县孙镇潘庄村、安徽省霍邱县、山西省、湖北省、广东省、浙江省、新疆库尔勒市以及移居国外的等等。

1953年，中央政府派出的中南民族访问团到南阳地区访问时，收集到砚台、晁陂家谱，根据当时所掌握的碑文、家谱及民间传说等资料，确认了这支元朝王室后裔的蒙古族身份，从而结束了几百年的隐居历史。1953年当地人民政府正式为镇平县砚台、晁陂和新野县恢复了蒙古族身份，1982年，为淅川县九重恢复了蒙古族身份。同年，砚台青年王林会，代表蒙古族参加了中南区少数民族青年参观慰问团，受到中央领导的亲切接见。1959年砚台王金光代表少数民族参加了建国十周年庆祝活动，并出席了国庆招待会，登上了天安门城楼。

“文化大革命”期间，镇平县砍掉三所蒙古族学校，1979年以后恢复，目前已有三所蒙古族中学，十所蒙古族小学及幼儿园；内乡县建有两所蒙古族小学；淅川县有蒙古族中学一所，小学三所；南召县有三所蒙古族小学，这些学校的建立均通过当地县教育局批准，这些蒙古族学校的建立极大地推动了

镇平县王岗乡砚台蒙古族村委会大门

南阳镇平县晁陂镇蒙古族中学

南阳内乡县王店镇王湾村蒙古族小学

南阳镇平县砚台村蒙古族幼儿园

南阳镇平县晁陂镇蒙古族中心小学

南阳蒙古休闲生态园规划图

民族教育的发展，为培养少数民族人才提供了条件。为了搞好民族宗教工作，1982年镇平县成立民族宗教事务局。为了探索、研究南阳王姓蒙古族的历史，于2007年8月22日，成立了“南阳蒙古族历史文化研究会”，编印了《镇平县少数民族志》、《内乡县少数民族志》、《南阳民族宗教志》等资料。

2007年4月25日，内蒙古自治区锡林郭勒盟政协常务副主席阿格旺、布仁，正蓝旗政协布仁巴图主席、正镶白旗政协李富强主席、阿巴嘎旗政协主席，以及盟民委郭巨荣、巴图主任来到南阳市，由南阳市政协赵金文主席、镇平县政协赵明文主席陪同到镇平县晁陂街南村，王岗乡砚台村参观慰问，并看望当地蒙古族父老乡亲。内蒙古代表团带着家乡蒙古族同胞的深情厚谊，向当地赠送了蒙古圣主成吉思汗画像和哈达等珍贵礼品。当地政府和村委会也向草原老家亲人赠送了自己生产的玉雕工艺产品，以表示对家乡的怀念和向往。

2010年2月，由南阳市民族宗教局 、南阳市蒙古族历史文化研究会、河南省木华黎文化传播有限公司联合在南阳市武侯祠举办了“蒙古族元宵节文化灯会”的庆贺活动，内容包括介绍成吉思汗、忽

必烈、木华黎、蒙古包、成吉思汗与四杰 、蒙古大草原 、南阳蒙古族姓氏等专题的展览，以重现600多年来南阳王姓、李姓、 忽姓蒙古族的历史与风采，这是南阳蒙古族同胞的骄傲和自豪，通过这次活动极大地鼓舞了南阳地区蒙古族的民族热情和凝聚力。

2012年1月4日，在南阳市蒙古族历史文化研究会会长王建龙、副会长李性克的带领下，南阳市宛城区数十名蒙古族代表，专程前往南阳市宛城区民族宗教事务局拜年。与局长李国强、副局长王慧、张保同举行座谈，大家畅所欲言欢聚一堂，并按照蒙古族的最高礼节献哈达。随后，共同参观了南阳市卧龙区蒙古休闲生态园。该生态园总投资1.1亿元、占地320亩，生态园拟建设可汗宫殿度假中心、成吉思汗文物馆、王爷府、腾格里敖包、赛马场、蒙古部落、蒙古购物园、呼伦贝尔草原、蒙古包住宿园、蒙古包休闲桑拿园、蒙古包生态园等24个景点及特色功能区，是中原地区最大的蒙古民族文化景观生态园。通过此次活动，加强了民族团结和相互了解，增进了南阳蒙古族与当地民族主管部门的关系，为促进民族经济发展提供了契机。

淅川县九重镇内供奉的成吉思汗像

2.王姓蒙古族民风民俗

南阳王姓蒙古族在语言上早已失

掉了母语，现在通用汉语，日常用语为豫西南地方话。在风俗习惯上，蒙古族同胞与当地汉族经过几百年的密切接触，在民风文化上已经没有太大的差别，早已经没有了蒙古族草原文化的特点，而是与当地汉族融为一体，但他们仍然显露出一些蒙古民族风俗习惯的蛛丝马迹，具有自己的一些特殊之处。

对成吉思汗的崇敬与供奉。当地蒙古族农民家里通常都供奉着成吉思汗像，有的还印有“民族英雄成吉思汗遗像”等字，有的家庭保留有自家始祖画像，虔诚祭祖，不忘根本，不“圆月”。农历八月十五祭月、吃月饼是汉族的习惯，称为“圆月”。由于“八月十五杀鞑子”的传说在内地甚为流行，所以在蒙古族群众心目中，不免把“圆月”视为一种敌对行为。过去不看丑化蒙古族人的戏曲，觉得是个耻辱。遗留下来的地名、姓名、建筑等方面都隐含着民族的烙印，传之于世，世代不忘。凡有人去世时，亡者五服以内的亲属，都要各做三顿饭，由已婚妇女于入葬之日送至亡故人灵前祭祀，祭祀完毕后，由参与者分食供奉的饮食，称为“送饭” 或“换汤”。墓地布局呈半圆形，其祖坟排列方式与当地汉族显然不同，呈“北斗七星”状指向北方。蒙古族家谱与汉族略有不同，过去每家所供奉的牌位也不同于汉族，除首自始祖（汉人只供奉高祖以下）而外，其列祖列宗亦仅列其辈次，而不分其世系。蒙古族家庭有习武的传统，王成的儿子王庭玉“赋性好武，府设武场，读设教所”，现在还有个别村庄依然传习“蒙古

镇平县晁陂镇王姓蒙古族人家里正堂供奉的成吉思汗像

拳”。

禁止族内通婚，维持以男性延续的蒙古血统，姓氏和民族成分主要随男性，符合世界通行惯例。世代与汉族通婚，母系绝大部分是汉族，蒙古族女性基本上是嫁给汉族男性，亲戚朋友也多为汉族人。外表上除特别关注有蒙古族遗传的痕迹外，已深度汉化，基本上无十分明显的蒙古族特征，但性格上大部分说话直爽，性情豪爽。在血脉上已与汉族融为一体，已成为当地主体民族文化不可缺少、不可分割的组成部分，与汉族和睦相处，共同劳动和生活。

王姓蒙古族和达尔扈特人把世袭守护成吉思汗陵寝作为唯一职责一样，他们也把守护祖先的墓地作为本族的重要职责。比如：河南南阳镇平县王岗乡花栗树坟村民，就是世代看管成吉思汗八世孙王本墓地的人。相传花栗树是蒙古族的图腾之一，过去王本墓占地10亩多，周围长着众多枝叶旺盛的花栗树，后来多被砍伐，现仅剩一棵，王本的墓也就被称做“花栗树坟”。王本的部分后人在此定居世代守护着祖坟，并繁衍生息形成村落，取村名为“花栗树坟村”。 2010年2月，镇平县王岗乡花栗树坟村的王姓蒙古族始祖之一，王成孙子王本墓地被盗，后经过文物部门勘察，墓室长2.7米，宽2米，高1.7米，墓室内青砖固墓，发现一个青瓷碗，经鉴定为明初物品。前后两棺，中间相

南阳镇平县王岗乡成吉思汗八世孙王本墓地的花栗树

镇平县砚台王姓蒙古族始祖王成孙王本墓碑

通，夫妻同室，男北女南，这种丧葬习惯与当地汉族男左女右的埋葬方式极不相同，表明祖先来自北方草原。南阳淅川县九重镇北约一公里的老坟冲，是始祖王成和夫人孙氏的墓葬地，有专职看墓人，四周有上百亩田地供养看墓人，并负责接待王姓到此祭祖。后代又在此娶妻生子，慢慢形成了“老坟冲村”，目前该村约有200多蒙古族群众在此居住。

在唐河县大河屯镇大河王村、王老庄村、付湾村，还保留如下不同于周围汉族的风俗习惯。每年八月十五不过中秋节。逢春节，世代玩双头人游戏（类似于蒙古族摔跤）。敬拜火神，崇尚自然界的火种，能带富免灾。据《蒙古行纪》记载：蒙古人敬重火，因此禁止用刀触火，也不许用刀到锅里取肉，或在火旁以斧子砍东西。大汗离开他扎营的地方后，“只要还有遗火的余烬，任何人，不管是骑马还是步行，都不得穿过他曾停留之处”。过腊八时，腊八粥只在早上吃，不同于周围汉族在中午或晚上吃。春节期间，每家住户都放一个木头做的拦门杠，作为应付突发事件的防身武器，但蒙古族家庭将拦门杠放在门内墙角，汉族放在门外。王姓家族有三个大墓地，每个墓地都埋葬有几百人，埋葬不是按辈分排列，而是

以始祖墓地为中心，其他后代的墓地不分辈分都围着始祖墓成圆状埋葬，形成圆圈蒙古包式。村子北边建有鞑仙爷庙宇，昭示根在北方，向往蒙古草原，逢年过节，必以敬拜。当有族人死了，要到庙上叩拜，向北方送行，归送灵魂北行，以示不忘故土。汉族庙宇是开放的，可以进到室内烧香磕头敬拜。而鞑仙爷庙宇是一个封闭的暗室房子，后墙墙壁上画着鞑爷鞑奶的画像，前墙有两个墙洞，是放香炉的，只可在两个香炉上烧香磕头敬拜香火，但看不到室内的画像，也不能进入室内。唐河县古城乡付湾村北鞑仙爷庙宇，是迁村后重建，比原鞑仙爷庙宇小20多平方米，原鞑仙爷庙宇在1975年被洪水冲毁。

蒙古民族是以武力征服世界的，习练武功强身健体是蒙古族青年的日常功课，在蒙古人中间必然创造和流传有蒙古风格的武功。《镇平县志》记载：“民国二十年（1931）武师王俊三、吴佩林，经省第四届国术考试后，选拔出席在开封举行的全国武术表演大会；民国二十五年（1936）武师王俊三在省第二届骑射及比武大会上，获全能第二名，被吸收为中华武术研究社会员；1985年省举办武术挖掘整理成果展览；王俊三珍藏的民国二十五年（1936）在省第二届骑射及比武大会上获得的纪念章和中华武术研究社会员证等4件珍品，被国家体委选中,陈列于中国历史博物馆武术馆内”。

蒙古拳套路名称如下：

起式：仙鹤呈祥　八仙醉酒　神童举杯　白猿献果　玉女挥扇　倒拖金鞭

唐河县大河屯镇大河王村南圆圈蒙古包式王姓墓地

唐河县古城乡付湾村北鞑仙爷庙宇

唐河县古城乡村双头人游戏模型

金童送剑　拔云瞻日　熊猫洗脸　青　和尚撞钟　人虎相斗　猛虎出洞　仙
龙摆尾　单臂拖山　降龙伏虎　金猴挥　童赏月　神鹰展翅
棒　风吹树摇　大圣摘桃　群英打虎　收式：游龙。

3.揭示王姓系蒙古族的碑刻、家谱、史籍资料

对南阳王姓蒙古族历史考证的结果是：其主体部分是元世祖忽必烈第九子镇南王脱欢家族内镇南王、威顺王、宣让王、义王等诸王的后裔。

南阳王姓世系为：成吉思汗→四子元睿宗拖雷→四子元世祖忽必烈→九子镇南王脱欢→次子镇南王脱不花后裔（镇南王孛罗不花后裔等）、三子威顺王宽彻普化后裔（义王和尚等）、四子镇南王、宣让王、淮王、元末监国帖木儿不花后裔。

南阳王姓蒙古族后裔分

元世祖忽必烈（1215～1294年）
（摄于国家博物馆）

两支：一支是淅川县九重镇等地、镇平县王岗乡砚台村等地、内乡县、南召县、西峡县、邓州市等地蒙古族及后裔，世代传说是蒙古贵族“四拖王”的后代；另一支是镇平县晁陂镇、新野县、唐河县等地蒙古族，世代传说是蒙古贵族“铁木花儿”、或元顺帝四子的后代，四拖王是“铁木花儿”或元顺帝的四叔，两支同为元朝皇室成员，同族同源，是直系亲属关系。

王姓蒙古族史料如下：

(1)《河南少数民族史稿》：明宣德元年（1426），镇平县砚台建祠堂时刻碑文记载：“祖籍东北辽东锦县金城人，讳脱脱木儿。”

(2) 明嘉靖十七年（1539）镇平砚台王义风墓碑文：“根元，邓州人，讳庭玉。国朝洪武初，徙镇平县治西北三十里坡台社。”

(3) 清乾隆三十三年（1768）淅川县九重镇王成墓碑：“吾家始祖王公讳成者，本元宦也，而逸（隐遁、逃跑）于明”、“镇殿始祖王公讳成。”

(4) 清光绪二十七年（1901）派叙：“族自始祖成（王成）至今五百余岁。”

(5) 民国十八年（1929）淅川县九重镇王氏祠堂碑文：“前元四佗御殿王孙讳成，王氏之鼻祖也。”

乾隆三十三年淅川县九重镇王成墓碑

光绪二十七年淅川九重王姓宗派碑

⑹ 镇平县晁陂家谱记载：“始祖铁木花儿随四叔（指王成）逃难，落居晁陂。”

⑺ 1994年《内乡县志》里记载：“镇平蒙古族传说，蒙古贵族司托王（四拖王）和铁木花儿，流落到晁陂。”

上述脱脱木儿、铁木花儿、四拖王均是蒙古人的名字，说明南阳王姓始祖是蒙古人无疑。铁木花儿和四拖王，在元末明初，是从南阳以外的地方来到南阳的。笔者考证后认为，脱脱木儿到南阳后改名字叫王成。“王成”是个很不起眼的汉名字，但寓意深刻，“成”字是取成吉思汗的“成”，目的是让后代不要忘记是成吉思汗的子孙。脱脱木儿祖籍“东北辽东锦县金城人”，与忽必烈第九子镇南王脱欢的孙子义王和尚之封地“满洲大宁路”，同在一个行政区域内，脱脱木儿、王成与义王有必然的联系。

民国十八年淅川县九重王成墓碑

此外，上述史料还说明，南阳王姓始祖之一的王成及其子王庭玉，“根元”、“元宦”、“前元”，是来自元朝的蒙古人。尤其是距离元亡1368年整整400年的1768年（清乾隆三十三年），为王成立碑纪念，这是个特殊的年份，如同今天在整数年份对名人或大事举行庆典一样，昭示着王成是元朝皇室人员，与元朝息息相关，元朝灭亡的1368年是个值得纪念和怀念的年份，王成是元朝皇宫的“镇殿”、“御殿王”，是蒙古皇室贵族。如果王成是个普通蒙古人，是没有必要和元朝灭亡的年份联系起来的。“国朝洪武初”，“始祖成（王成）至今五百余岁”，均表明来到南阳的时间是元末

明初。

⑻ 清嘉庆二十四年（1820）新野县《迁茔碑记》载：“迁徙图存，势非得已，去国怀乡，情不自禁。”

⑼ 南阳镇平县晁陂东岗，明嘉靖十一年（1532）立、清咸丰六年（1856）重刻的《始祖墓碑碑文》：“昔元纪，自文宗殂(死亡)，顺帝御极（登位）。明主（指朱元璋）由和阳渡江，取太平路逼燕京（北京）。顺帝奔应昌（今内蒙古克什克腾旗西）遂移祚。公睹气运迭嬗(演变)，克自保重。游冀北（河北北部）、走覃怀（今河南省沁阳、温县一带）、率江左（江东，主要指长江下游一带）、渡河南，偕先大人经历殆（几乎）尽，卜（选择）居晁陂。”

⑽ 民国二十三年（1934）王氏《族谱》记载：“顺帝四子铁木花儿，

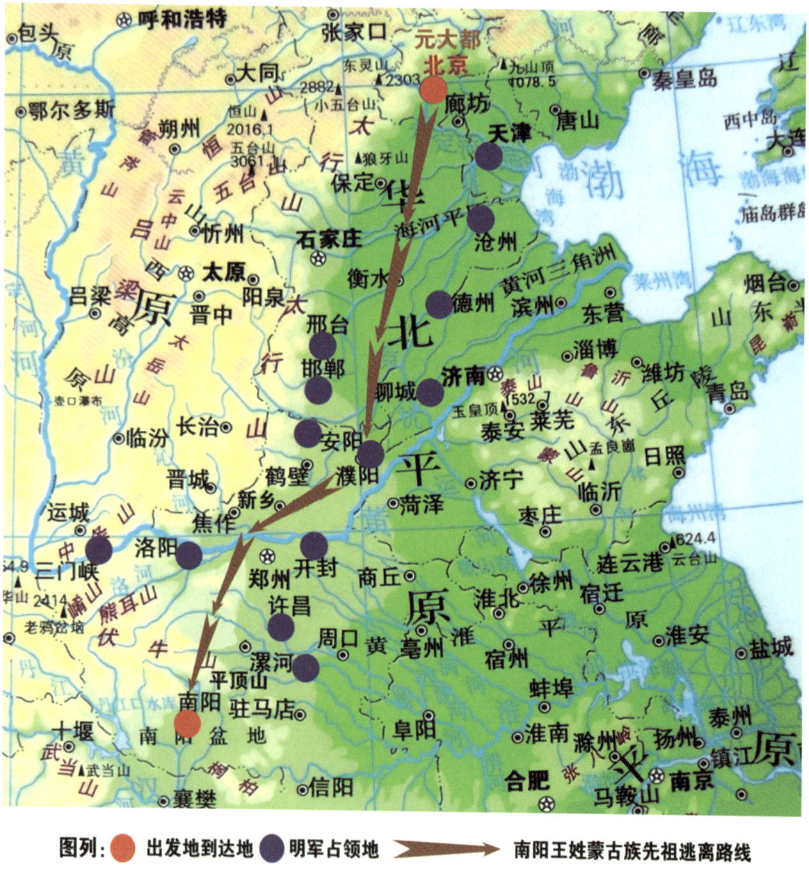

南阳王姓蒙古族先祖们逃离大都示意图（根据《中国地图》地形图部分标绘）

濮阳兵败，新乡渡河，留居晁陂。”

(11) 明天顺年间（1457～1464年）创修、清朝乾隆八年（1743）纂修、历经13次续修的《澶东郭氏家谱》记载：他们的始祖是元末节义名臣郭庸，是元朝蒙古人。1368年元顺帝离开大都北逃漠北时，郭庸是坚守大都人员之一。郭庸殉难后，其妻金县公主毁容易服携幼子或孤子郭贤逃出燕京（北京）南逃到澶渊东（今濮阳县梁庄乡张温村）隐居，现有人口约9000多人。郭庸后人的事实，证实了元亡前夕南阳王姓蒙古族先祖等人，从大都顺利逃出来的真实性以及“濮阳兵败”的真实性。详见《河南蒙古族》“濮阳郭姓蒙古族后裔历史源流和现状”。

(12)《新元史》卷二六本纪第二六惠宗三：“八月，徐达陷京师。淮王帖木儿不花，中书左丞相庆童，前中书平章政事丁好礼，参知政事郭庸等俱死之。”

(13)《元史》卷一一七列传四帖木儿不花：“至正二十八年（1368），大明兵逼京师，顺帝北奔，诏以帖木儿不花监国，而拜庆童中书左丞相辅之。俄而城破，帖木儿不花死之，年八十三。”

宽彻普化子和尚：“封义王，侍从顺帝左右，多著劳效，帝出入常与俱。诏淮王帖木儿不花监国，而以和尚佐之，及京城将破，即先遁，不知所之。”

(14)《明太祖实录》卷34：徐达入城“坐齐化门楼，执其监国淮王贴木儿不花及太尉中书丞相庆童、平章迭儿必失、朴赛因不花、右丞相张康伯、御史中丞满川等，戮之，其余不戮一人。并获宣让、镇南、威顺诸王子六人及玉印二、成宗王玺一”。

前史料提到的“率江左”和“兵败”两词是解开王姓来源的两把钥匙。“率江左”一词，指的是率领曾经封王镇守在江东的脱欢家族诸王子孙。长江中下游的武昌、庐州（今安徽合肥市）、扬州，分别由忽必烈第九子脱欢家族的威顺、宣让、镇南三王镇守，“率江左”，就把南阳王姓蒙古族与脱欢家族诸王联系起来了。“兵败”一词隐含的意思笔者理解为：敌我双方在人数上接近或不是过于悬殊，如果人数过少，就会被人数众多的对方俘虏甚至全歼，就不能称谓“兵败”。由此可知，义王和尚带领的队伍，应当是几个王的家眷子孙，人数至少近百人，人数过多目标大也不利于逃亡。

史料说明南阳王姓是元朝皇室人员，如果是普通蒙古人，就没有必要在碑文里列出元朝皇帝和元朝灭亡的过程。南阳王姓蒙古族先祖是在元亡前夕被迫迁移来到南阳的，但依然抑制不住内心对北方草原老家的怀念。

这些碑文，可以清晰地勾画出一副画面，那就是，南阳王姓蒙古族先祖们是在元亡之际，明军占领元朝大都之前，提前从大都（今北京）逃出，并一路艰辛地逃亡到了南阳，其目的是通过河南去投奔握有兵权身在西北的脱欢家族其他诸王。同时，也展现出，南阳王姓蒙古族先祖，主要是镇南王脱欢家族淮王、镇南王、威顺王、义王诸王的子孙。

4.王姓蒙古族来到河南省的历史

⑴ 元末明初战争形势

1367年（元至正二十七年），朱元璋灭元制订的北伐计划是：第一步是“先取山东，撤其屏蔽”；第二步是“旋师河南，断其羽翼，占据潼关”；

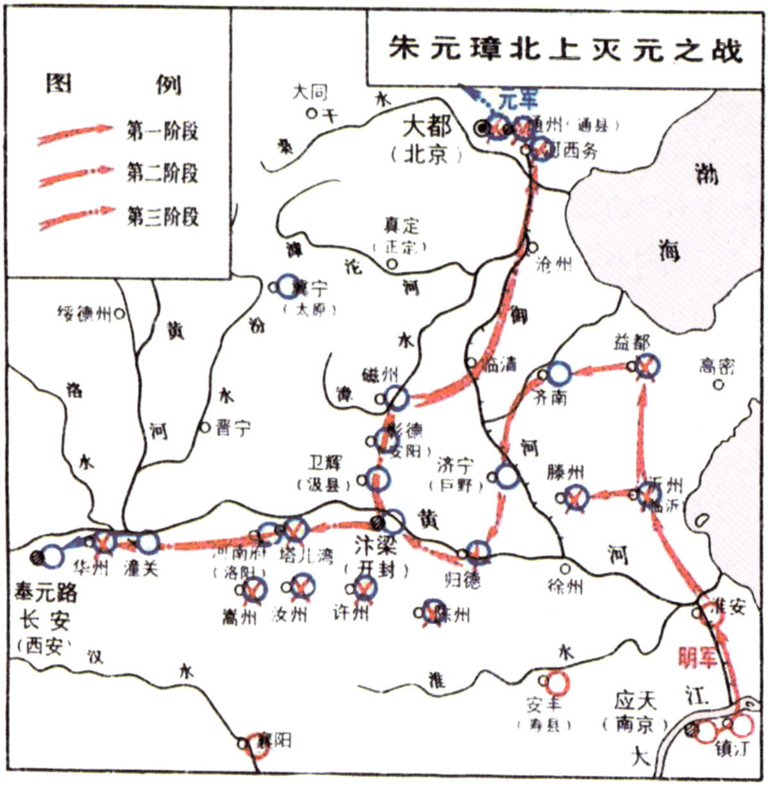

朱元璋制订北伐灭元之战示意图

第三步是“进兵元都，消灭元朝”，“南下攻取山西，略定陕甘，完成北方统一”。1368年（元至正二十八年）正月，朱元璋即皇帝位，定国号为明，年号洪武。

1368年二月，明北伐军平定了山东，接着分兵两路，水陆并进，夺取河南商丘、淮阳、许昌、开封等地。三月，明将邓愈先后攻克湖北省襄阳市和河南南阳。四月，元梁王阿鲁温降，洛阳遂为明军所占，河南陷落。五月，明将冯国胜、康茂才等率明军攻克了今河南、陕西交界的陕县、潼关，阻断了关陇地区元将李思齐武装集团与元朝的联系。至此，元大都已失去了屏障和外援，成了朱元璋囊中之物，指日可取。

明军自河南向北进军元大都，推翻元朝的军事行动，在《明史纪事本末》卷08和《大明太祖高皇帝实录》卷之33、34中均有详细记载：“1368年闰七月，徐达、常遇春从汴梁（今河南开封）挥师北上，闰七月初三，兵至卫辉（今河南新乡市卫辉），元守将平章龙二弃城走彰德（今河南安阳）；闰七月初五，兵至彰德，龙二复出走，陈同知等诣军门降。明日，龙二部将杨义卿以船八十艘来归，遂下磁州（今河北省邯郸市磁县）；闰七月初九，进攻广平（今河北省广平县），元平章周昱弃城遁，邯郸尹都文玉率父老降；克赵州（今石家庄市赵县），获元将侯佥院等；攻克临清（今山东省聊城市临清市）、德州（今山东省德州市），下长芦（河北沧州市），元守将左佥院遁去；师至直沽（今天津市）。大将军徐达等师至河西务，元平章俺普达朵儿只进巴率兵迎敌，我师与战，大败之，擒知院哈剌孙及省院将校三百余人，获马六百匹、船百余艘、粮二千六百石，平章俺普达朵儿只进巴等遁去。徐达进兵至通州（今北京通州区），元国公知院卜颜帖木儿等率兵出都城来御战，遇春败之，擒卜颜帖木儿及副枢也先迭儿、脱脱帖木儿，获马四百匹、船百余艘，国公五十八遁去。27日夜，攻克通州，迫近大都（今北京市）”。

⑵ 南阳王姓蒙古族先祖系从元大都逃亡的贵族

据《大明太祖高皇帝实录》记载：“1368年八月二日，徐达等进师取元都，至齐化门（今北京市朝阳门）将士填壕登城而入。徐达登齐化门楼，执其监国宗室淮王帖木儿不花及参知政事郭庸、平章迭儿必失、朴赛因不花、御史中丞满川等戮之，并获宣让、镇南、威顺诸王子六人”，只有义王和尚等少数人逃脱。

长江中下游的武昌、庐州、扬州，分别是元朝时期河南江北行省、湖广行省、江西行省、江浙行省的重要城市，属于水陆交通要道，在元朝时期主要是防范南人的要塞。忽必烈皇帝将这些地区分封给自己的第九子脱欢家族的威顺、宣让、镇南三王来镇守。但在1356年（元至正十六年）这一年相继失守后，就再也没有被夺回。到1368年（元至正二十八年）长江防线以南的元朝疆土，基本上已被朱元璋占领，明军逼近元大都。元顺

帝逃亡前于1368年七月二十七日命令镇南王脱欢第四子淮王贴木儿不花监国，并命令脱欢第三子威顺王的儿子义王和尚以及其他官员辅助淮王留守元大都。自己则于七月二十八日半夜带走精兵北撤漠北，把这些失地丧兵的宗室留在元大都坚守。1368年八月二日，明军轻易占领元大都。

在朝代更替的年代，安全保命是关键，家族里若拥有军事实力和地盘的人是保障安全的靠山。元朝末年，元朝众多嫡系正规部队在与红巾军进行长达

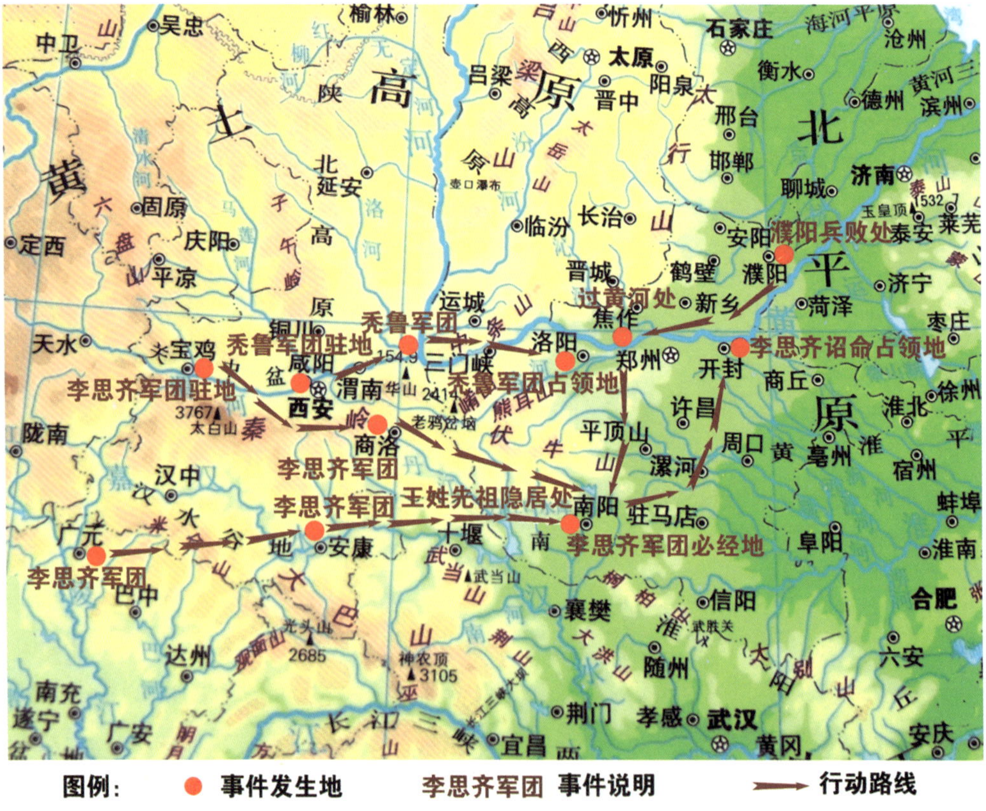

元顺帝诏命秃鲁和李思齐两大军团进攻线路及南阳王姓先祖逃亡线路

十几年的作战中，几乎被消耗殆尽，基本上已动摇了元朝统治的根基，使元朝处于风雨飘摇之中。此时的元朝主要是依赖新兴起的地主武装来勉强支撑着。元朝灭亡前，与脱欢家族有至亲关系而且又有军事实力和地盘的，只有脱欢第三子威顺王宽彻普化和忽必烈第七子奥鲁赤的曾孙豫王阿剌忒纳失里。他们所带领的军队，是元朝末年少有的正规部队，但人数不多，都部署在

还属于元朝管辖的现陕西、甘肃、宁夏境内。

元顺帝于1368年闰七月二十八日夜出走元大都，九天前元顺帝诏命："扩廓帖木儿仍前河南王、太傅、中书左丞相，统领本部军马，由中道直抵彰德（安阳）、卫辉；太保、中书右丞相也速统率大军，经由东道，水陆并进；少保、陕西行省左丞相秃鲁统率关陕诸军，东出潼关，攻取河洛；太尉、平章政事李思齐统率军马，南出七盘、金、商，克复汴（开封）、洛（洛阳）。四道进兵，犄角剿捕，毋分彼此"（《元史》卷四七本纪四七顺帝十）。

"潼关"，雄踞秦、晋、豫三省要冲之地，是关中的东大门，历来为兵家必争之地。"河洛"，指以洛阳为中心，西至潼关、华阴，东至荥阳、郑州，南至汝颖，北跨黄河至晋南、济源一带，地处中原腹地，"居天下之中"。"七盘"，指七盘岭，在今四川广元市东北与陕西宁强县的交界处，是川陕间重要关隘之一。"金"、"商"指今陕西省安康市、商洛市，地处陕西东南部，秦岭东段南麓，西邻西安，东通鄂豫。这些重要军事重地是元朝扼守元朝最后土地的关键之地。

元朝本是一个很强大的王朝，在即将灭亡时，还保留有几十万的军队和广阔的疆土，元朝政府这台机器还在顽强地运转，元顺帝的圣旨在所辖范围内还是畅通无阻和起作用的。他组织军事力量进行抵抗也是必然的。上述诏命中的四路人马，除了"扩廓帖木儿和也速"两支人马外，在陕西、甘肃境内还驻扎有"秃鲁和李思齐"两支军团，另外还有威顺王宽彻普化、豫王阿剌忒纳失里的部队。威顺王、文济王和淮王是滞留在大都脱欢家族的主体部分，西部四路人马是

元朝骑兵

唯一可以依靠的力量。因此投靠和加入这西部四路人马是躲避被明军围歼的有效途径。如果四路人马能够成功打败明军，元朝的统治还有恢复的希望。

大都被占领前，作为留守京师最高长官的淮王，已经八十三岁了，从1356年（元至正十六年）因庐州（合肥）失陷而逃回大都，到1368年（元至正二十八年），他已在大都居住了十二年。他很清楚元朝全国的形势，也知道事情的严重性。元顺帝把保卫大都的10万蒙古精兵带走，只留下一些作战力不强的残兵，此时的大都已经是一座无强兵设防的空城，因而是无论如何保不住的。因此，淮王权衡再三，他作为受顺帝诏命的皇室成员，年龄也很大，是不能投降的，只能以死报国，但不能祸及他们的子孙。于是他决定，让脱欢家族的后代子孙少数留守京师，大部分逃离大都以活命。在大都被攻破前，离开大都，向大都之南的河北、河南方向快速逃亡到洛阳一带。目的是接应从陕西境内攻占潼关后占领洛阳的秃鲁军团，并投靠威顺王宽彻普化、文济王不花帖木儿和豫王阿剌忒纳失里的部队，这是脱欢家族诸王子孙保命的唯一希望。以上这一史实在河南省濮阳县郭庸后裔的历史资料中有所记载。

朱元璋明军推行的是快捷占领大都推翻元朝的策略。所以，明军只占领河北南部和河南黄河以北部分地区，但河北北部大部分地区并没有被明军占领，如果走元朝官道，就可以很快穿插逃到洛阳一带。

在大都没有被明军占领前，淮王的决定立即得到了实施。淮王命令，曾经镇守过江东的脱欢家族诸王子孙，在义王和尚的统领下，沿着元朝的官道疾速向南逃亡，迅速走过没有被明军占领的河北北部。据此推测，现河北省石家庄市栾城县校姓蒙古族人，他们世代居住位置在逃亡路线附近，也有可能是逃亡过程中而被滞留在当地的。从元大都逃亡出来的队伍经过河北省大名县，进入河南境内，来到今河南濮阳一带。猝不及防在濮阳一带与明军遭遇，发生激战而败逃。因黄河对面山东和河南开封已被明军占领，所以他们从此处过不了黄河，发生了“濮阳兵败”这一在河南王姓历史中决定命运的事件。

朱元璋为了尽快推翻元朝，让明军的大部分精锐部队不得恋战，迅速占领城池，快速行军推进到大都城下，打垮元朝精锐部队推翻元朝。而已被明军占领的后方，留下防守的明军，无论从人数上还是作战能力上都相对差一点。濮阳被明军占领后，属于后方，这样的形势有利于义王所带领小股队伍的逃亡，尽管损失惨重，但并没有全军覆没，王姓蒙古族的先人们才能够在河南

元军败走

隐居生存下来。

经过激战，“濮阳兵败”后，逃亡队伍被明军打散，河南山东苏姓和河南濮阳郭姓蒙古族，就这样流落于此地。而大部分人员逃离战场，避开官道，沿着黄河北岸向洛阳、潼关方向仓皇逃窜。在奔走200多公里后，到达“覃怀”（河南沁阳和温县一带）。早在1356年（元至元十六年），“威顺王宽彻普化与宣让王帖木儿不花曾奉召以兵镇遏怀庆”，因此威顺王、淮王的后代对“覃怀”或“怀庆”并不陌生，甚至对当地的地形地物也相当熟悉。于是这支流亡队伍在今河南温县一带顺利渡过黄河，到达黄河对面的今巩义市南河渡镇一带，前往洛阳和潼关接应从陕西过来的元军。但是，时势难料，陕西境内秃鲁统率的军队并没有听从元顺帝“东出潼关，攻取河洛”的诏命，洛阳和潼关依然在明军手里，从而使得逃亡方向受阻。

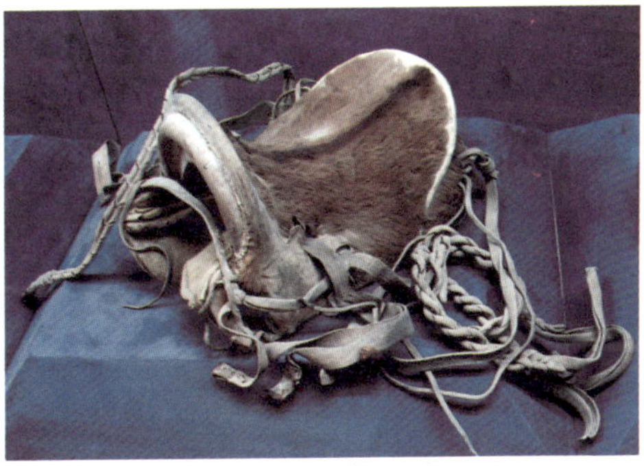

出土的元朝马鞍

1368年（元至正二十八年）八月二日明军在占领大都后，明太祖朱元璋于八月十五日命征虏大将军徐达、副将军常遇春率军攻取山西，命副将军冯宗异、偏将军汤和与平章杨璟率部从征。徐达制定了攻取山西的战略方针，兵分两路，北路作为主力，由河北径取太原；南路作为策应，由河南进入山西南部然后北上，会师太原从而形成南北合围之势。北路由徐达亲自领军，一路连克今河北省保定市、正定县、井陉县、今山西省阳泉市平定县、晋中市寿阳县。南路由冯宗异、汤和率师于十月渡河北上，相继攻克今河南武陟县、沁阳、山西晋城、长治。

蒙古名将博尔忽（?～1217年）（思沁画）

元顺帝的诏命“李思齐统率军马，南出七盘、金、商，克复汴、洛”所指的路线，是陕西、甘肃境内的元军在李思齐的统帅下，兵分两路从陕西商洛地区进入河南南阳，然后北上配合秃鲁军团夺取开封、郑州和洛阳。南阳是李思齐军团出陕西后必经之地。洛阳、潼关难以通过，黄河以北又有明军活动，逃亡队伍经过再三考虑决定调整方向，继续向南前进到南阳一带接应李思齐援兵。

于是，他们沿着人烟稀少的丘陵山区行进，路经今登封市、汝州市、鲁山县、南召县到达南阳市西约四十多公里的镇平县境内（此时的南阳市已被明军占领）。到达南阳后才发现，李思齐统率的军马并没有听从元顺帝的诏命，元顺帝企图恢复元朝的希望化为泡影。这时也无法投靠威顺王宽彻普化、文济王不花帖木儿和豫王阿剌忒纳失里的部队。逃亡队伍历经千辛万苦，走过了近千公里的艰难路程，抱着极大的希望，目的却没有达到，此时大家都失去了方向，也没有了前进的动力，心灰意冷。从大都逃亡到南阳镇平至少经历了一个月以上的时间，逃亡队伍携带家眷行动迟缓，一路风餐露宿，与明军作战死伤惨重，已经人困马乏无力再逃，隐居南阳就成了他们最后的生存选择。据史料记载，元朝末年南阳人烟稀少只有692户4293人。明朝移民50年后的1392年

（明洪武二十五年），才有1.48万户，9.12万人，地广人稀为隐居提供了便利。

隐居南阳的王姓蒙古族为镇南王脱欢的后代。脱欢系忽必烈第九子，和忽必烈第六子爱牙赤，同为一母所生。他们的母亲是巴牙兀真皇后，许兀慎氏，是功臣博尔忽之女，守第四斡儿朵（原意为毡帐，后来指宫室）。

博尔忽（？～1217年），蒙古名将。1197年，主儿乞部被铁木真攻灭。铁木真从主儿乞人营地中得到博尔忽，随后交给母亲诃额仑收养。博尔忽成年后，成为铁木真“那可儿”（伴当）之一，并跟随征战南北。1203年，合兰真沙陀之战中，铁木真遭到克烈部攻打，其子窝阔台在战斗中受伤，博尔忽只身将窝阔台救出。1206年，蒙古帝国建立，成吉思汗封博尔忽为千户，与木华黎、博尔术、赤老温并称四杰，世袭“怯薛”（护卫军）之长。1217年，博尔忽奉命征讨林中百姓秃马惕部，途中遭遇伏兵身亡，后被追封为“淇阳王”。

脱欢在1284年（元至元二十一年）六月，封镇南王，镇守湖广行省鄂州（今湖北省鄂州市），1392年（元至元二十八年），奉命来到河南江北行省重镇扬州镇守，于1301年（元大德五年）去世，脱欢长子老章和次子脱不花及后代孛罗不花相继袭封镇南王。1326年（元泰定三年）三月，脱欢第三子宽彻不花被诏封威顺王，镇守湖广行省重镇武昌。第四子帖木儿不花袭封镇南王，1330年（元天历二年）让位于孛罗不花，并转封为宣让王，受命镇守河南江北行省重镇庐州（合肥市）。脱欢家族的镇南、宣让、威顺三王分别镇守防御长江中下游，从1284年起到1356年这些地区相继失守为止，这一家族已在长江中下游生活了70多年，对当地的语言文化等都了如指掌，已经融入了当地社会。因此，脱欢家族的镇南、宣让、威顺、义王四王子孙逃亡到南阳后，可以几乎不露痕迹地进入当地社会隐居下来。

⑶ 王姓蒙古族先祖定居南阳之后的经历

逃亡定居在南阳的蒙古族先祖，因为是元朝蒙古王室成员，世袭王位，所以就以王为姓。淅川县九重镇、镇平县王岗乡砚台、内乡县、西峡县、南召县、邓州市等地的王姓蒙古族的始祖为王成。对王成在南阳地区隐居地点有三种说法：一说在现淅川县九重镇薛岗村、王寨村一带；第二种说法在现淅川县九重镇太平岗村一带；第三种说法在今镇平县高丘镇桥沟村纪佳河。他们来到这里后，带有大量钱财，时常怀念北京皇城的故居，留恋皇室亲王富裕的生活。所以，他们的后代，把房屋院落设计得如同皇宫，九进九出，故名“九重院”。把当地自秦汉到元代都叫做“下肃里”的地名也被改称“九重院”。“九重院”遗址位于九重镇老街中段，东西100米，南北159米，占地约2～3亩地。在清朝中期，九重还建有宫廷古戏楼、庙宇和蒙古祠堂。明朝时期，九重王姓蒙古族人丁兴旺、

元末明初淅川县九重镇九重院遗址

经济殷实，成为南阳西部著名大户。王成和他的后代富甲一方，后代入仕当官的很多，在明初朝代更替、经济衰退的年代，王成一家如此富足，绝非一般家庭所为。

1403年至1424年（明永乐年间），王成的儿子王礼，“贡知大兴县事兵马司副指挥，以勤能称著，升顺天府尹（相当于现北京市市长），受知宣庙”，并被赐对联云：“海阔天空双眼界，风清月朗一胸襟”。意思是：只要你有治国的出众才能，双眼盯在什么等级的官位都可以升迁，我明朝政治清明，当朝皇帝胸襟开阔，即使我知道你是元朝蒙古贵族的后代，也不压制你的才能，为我明朝所用。随后王礼升任贵州布政司参政，进甘肃都御史。王成也因王礼的关系，“封大夫部郎中”的虚衔。

镇平县王岗乡前砚台村，居住的是王成孙子王本的四子王聪和五子王智，虽隐居一百多年，但仍保留着蒙古人崇尚军营生活的痕迹。他们扎营修寨，前砚台寨墙长一千多米，寨内面积六万多平方米，设南北两个大门，东西两个小门，寨门高一丈二，寨内有操场，东寨外向南有

元末明初淅川县九重镇九重院遗存的建筑石材

一千五百米的跑马路，几百年来，保存下来的唯有人们熟知的这条跑马路。

镇平县晁陂镇、唐河县、新野县的蒙古族一支世代传说始祖是“铁木花儿”，民国时期说“铁木花儿”是元顺帝四子。新野县墓碑碑文说始祖是兄弟三人，由于怀有惧祸心理，在墓碑上不述其名，分别叫王大老、王二老、王三老，明朝初期的坟墓墓碑只写“王公”二字。《晁陂王氏族谱序》写道：“我镇平晁陂王氏，宗自蒙古，乃元胄也。”

镇平县晁陂王姓蒙古族王公陵园墓碑

镇平县晁陂王姓始祖王公陵园成吉思汗塑像

《南阳民族志》蒙古族篇：“同治三年（1864）冬天，科尔沁亲王僧格林沁（1811～1865年）将军，率领清兵在枣阳、襄樊、南阳一带同捻军作战。僧王曾在短时间内驻扎于南阳佘店镇。当时，僧王遍晓南阳民众，寻找元代皇室后裔。可是，僧王戎马倥偬，来去匆匆，不久，于同治四年（1865）四月，就战死于山东曹州。僧王与南阳王姓蒙古族的认亲与连宗，竟失之交臂，留下了无尽的历史遗憾。”僧格林沁是成吉思汗之弟哈萨尔第26代孙，是清朝一代名将。1825年（清道光五年）袭科尔沁郡王爵，历任御前大臣、都统等职。1856年曾在天津大沽口大败英法联军，威震中华。

1942年春，镇平县的前辈们“约同族众，在始祖墓所，开一隧道，寻

觅墓志，以证事实。乃连掘数隧，均属堆土成坟，地层不变，俨然疑冢”。这次发掘，虽然没有找到墓志铭，但却证实了镇平王姓历代密葬的事实，与蒙古贵族实行密葬的习俗完全相同。

在晁陂王姓蒙古族人中还长期流传着一首特殊的歌谣：“ 三十六椿并一楼，砖头石碑在岗头，三尖石上一匹马，凤凰落在村东头。”很长时间以来，人们都不太了解这首歌谣的其中寓意。1983年在重修镇平县晁陂镇东黄土河桥时，发现一块重数千斤的汉白玉石，上面用小篆体书写一个“马”字，这块巨石现在仍然垒砌在河东桥背面的桥墩下，并特意留下孔洞，便于考察。这种情况与歌谣中的“三尖石上一匹马”相对应，是蒙古族隐居的佐证。因为蒙古族曾有“骑射得天下，以马为徽号”的说法，所以他们当时埋下一块刻有“徽号”的巨石。

5.对南阳王姓蒙古族几个问题的讨论

2010年11月24日，笔者前往南阳镇平县王岗乡砚台村、晁陂镇、淅川县九重镇九重村、内乡县余关乡王沟村、王店镇王湾村等地进行田野调查，实地查看当地王姓家谱、墓地、墓碑、遗址、蒙古族学校、前人遗留下来的研究资料等，得出如下结论。

整个南阳王姓蒙古族分两支：

一支始祖为铁木花儿，在民国时期曾产生了铁木花儿是“元顺帝四子”的说法，笔者初步认为铁木花儿就是文献中的淮王“帖木儿不花”。另一支的始祖当地称为四拖王、脱脱木儿与王成三种说法，到清朝和民国时期又产生了将王成和脱脱木儿说成是元末名相“脱脱”和元末名将“扩阔帖木儿”，笔者通过研究初步认为上述所有说法实际上是一个人的不同名称叫法，这个人就是王姓始祖义王“和尚”。

从清朝初年到现在300年多年的时间里，南阳王姓蒙古族的精英人物出于民族责任感对自己的始祖进行考证和研究，一直孜孜不倦地在缓慢进行着。由于前人受各种条件的制约，在没有铁证的情况下得出不同的结论，并把这些结论融入碑文、祠堂、家谱和传说中也是情理中的事，完全可以理解。笔者查阅大量史料，经过理性分析，以史料为证据，去伪存真，还历史以本来面目，与族人进行讨论，试图达成共识。

(1)南阳“王”姓的来历

根据不完全统计，散居在祖国内地的蒙古族有88个以上姓氏，每个姓氏都有自己独特的渊源和来历。在取姓氏时，基本上是取其始祖名字、王位、爵位、官位、部族、封号中的一个汉字作为姓氏，以示纪念，世代传承不忘祖先，南阳王姓也是如此。“王”字更

能体现其先祖的特殊身份。在全国内地蒙古族众多姓氏中，姓“王”的只有三支，除了南阳王姓外，一支是湖北省黄冈市红安县王姓蒙古族，是蒙古贵族“也先不花”的后裔，人数约1万多人。“也先不花” 的先祖是蒙古勋臣，深得成吉思汗信任，世袭高官。“也先不花”在1309年死于武昌后被追封为瀛王，属于异姓王，世系清楚；另一支是云南省王姓蒙古族，祖源、人数均不详。在三支王姓蒙古族中，南阳王姓蒙古族是分布最广、人数最多的一支。

“王”的甲骨文为斧钺（yue，先秦时代兵器）之形，斧钺为礼器，象征王者之权威，王权的象征，故而，用钺来代表王。本义指天子和君主。王氏为姓，系由爵位而来，意指“帝王之裔”或“王族之后”。

对于南阳王姓蒙古族而言，经过600多年的繁衍，人数已经达到10万多人。在南阳有如此众多的蒙古族共同姓王，全国少有。

南阳的“王”姓，虽然和其他民族“王”姓是同一个汉字，但意义不同、经历迥异。

甲骨文“王”字

甲骨文“王”字的来源“钺”

⑵ 脱脱木儿与元末丞相脱脱并非同一人

镇平县砚台王氏族谱世系记载如下：“探马哈儿生子称海，称海生子谨只儿，谨只儿生长子伯颜、次子马扎儿台，马扎儿台生长子脱脱木儿、次子也先贴木儿，脱脱生长子哈剌章、次子三宝奴，哈剌章改名王成”。

这个族谱世系记载，基本上是按照《元史》摘录下来的，是元末名相脱脱家族的世系，但将脱脱长子哈剌章说成是王成，则是错误推论，这一说法至少误传了近一百年，有些王姓支系据此而编写家谱，当地地方志也照此记载，误导了很多人。

脱脱木儿不是脱脱。脱脱是元末丞相，生于1314年（元延祐元年），1355年（元至正十五年）被革职流放云南，42岁死在云南。据《新元史》卷二〇二列传第一〇六记载：“皇太子爱猷识理达腊与脱脱子哈剌章同岁，至正三年（1343）皇太子六岁。元至正十五年（1355）脱脱被流放害死时，长子哈剌章18岁，被流放到甘肃省酒泉市，次子三宝奴被流放到兰州。至正二十三年（1363），诏复脱脱官爵，并给还家资。召哈剌章、三宝奴还朝，授哈剌章中书平章政事，封申国公，分省大同，三宝奴知枢密院事。至正二十八年（1368），哈剌章从帝北巡，拜枢密院事。”元末明初刘佶《北巡私记》：“至正二十九年（1369）十二月十八日，御史大夫朵朵卒，以三宝奴为御史大夫。”这些史料记载，说明脱脱的两个儿子在元朝灭亡时，跟随元顺帝去了漠北，是不可能到南阳的，王成也不是脱脱长子哈剌章。脱脱的后代在河北邢台市新河县。详见《河北蒙古族》。

《新元史》

⑶明朝初期王成后代能够为官的原因

第一个原因，是元末明初朝代更替时，需要大量的人才来治理国家。南阳王姓、河南山东苏姓蒙古族后辈，都有在明朝世代做官的记载，有的官级很高。据现在的初步考证结果，南阳王姓和河南山东苏姓蒙古族后裔，其始祖均是元朝皇室成员，后代有着良好的家庭教育背景，在隐名埋姓后，能够在极度缺乏人才的明朝初期脱颖而出，并且步步高升。这样的实事在全国其他姓氏蒙古族里也比比皆是。

第二个原因，是明成祖朱棣的身世与蒙古族的关系。一种说法是，朱棣的生母是蒙古族，内心深处对蒙古族有感情。据《蒙古黄金史》记载，“在（蒙古）政权被推翻的时候，乌哈噶图可汗（元顺帝）的翁吉剌惕夫人正怀着三个月的身孕。那位合敦没有逃出去就藏在一个缸里，留在宫中。那个缸，汉人叫缸，蒙古人叫“宝通”，朱洪武（朱元璋）娶了那位合敦，住在皇宫里。那个合敦暗自想道，如果过七个月我就分娩，这孩子就被认为是敌人的儿子而被杀掉。如果过了十个月出生就被认为是他自己的儿子而不会虐待他。苍天发慈悲把产期至长三个月。苍天呵！请你垂恩，十个月以后出生这个孩子吧。经过祈祷以后，苍天发了慈悲，果

明成祖朱棣（1360～1424年）

真过了十三个月翁吉剌惕夫人才生下一个男儿。”这个男儿就是以后的大明永乐皇帝朱棣。不管这种说法是否属实，朱棣与蒙古族已经结下了不解之缘。因此，身为大明皇帝的朱棣，对一些隐名埋姓蒙古族人在明朝为官，朱棣只利用其治国才能，对蒙古族身份采取睁一只眼闭一只眼的态度。

第三种原因，有部分元朝蒙古贵族投降明朝或帮助过明朝，并在朱棣取得皇帝位置、远征北元蒙古方面出了不少力，立了不少功劳。如1399年至1402年（明朝建文年间），朱棣发动夺取皇位的“靖难之役”前，借助兀良哈三卫蒙古人的兵力，挫败了镇守大宁卫（治所在今内蒙古赤峰市宁城县）的宁王朱权，兵力骤增。后来，又向兀良哈三卫借精骑兵3千作为“靖难之役”的骨干，在帮助朱棣夺取皇位上发挥过大的作用。朱棣即皇帝位之后，为了巩固刚建立不久的明朝，需要安抚和重用已归降的蒙古族，保持安定，避免新的动乱。

(4) 对《王氏族谱》中出现的“顺帝四子”和“包原卜落陵”的见解

1943年（民国三十二年）镇平县晁陂《王氏族谱》记载：“南王庄族叔王景裕，在冯部克伍，南口退却，经内蒙古西赴宁夏，与一蒙卒谈及种族，景裕称为元后，经该卒引至皇陵，地属包原卜落陵。荒凉满目，仅遗丰碑，蒙汉文兼刊。顺帝墓碑上半横额载有‘顺帝四子铁木花儿由濮阳兵败，新乡渡河，留居晁陂’。”

这段族谱是说，南王庄王景裕在冯玉祥部队服役，在南口撤退时经过内蒙古到宁夏，与一位蒙古族士兵谈到民族，王景裕称自己为元朝皇室之后，这时该蒙古族士兵把王景裕引领到名为“包原卜落陵”的元朝皇陵，只见满目疮痍仅存蒙汉文石碑，石碑上记载的内容大意为：元顺帝第四子铁木花儿由濮阳兵败，在新乡渡过黄河，最后定居在镇平县晁陂。

根据历史和考古资料显示，自成吉思汗时代起，蒙古皇帝和大汗死后都采用密葬的方式埋葬，到目前为止还没有一处蒙古皇陵被发现。特别是在内蒙古和宁夏一带更没有蒙古皇陵的出现。因此有关王景裕被引领进入“包原卜落陵”一事无从查起。另外，若真有元顺帝墓碑这件事，在碑文上应该记载的是在元朝将亡时发生的重大事件，一般不会出现“顺帝四子铁木花儿由濮阳兵败，新乡渡河，留居晁陂”。这样次等事件，因此王景裕去“包原卜落陵”一事需要第一手资料来证实，仅凭《王氏族谱》记载的王景裕日记难以确定其真实性。

《王氏族谱》所谈到的“南口退却”却是事实，发生的历史背景是：1911年辛亥革命后冯玉祥积极追随革命，1924年发动了北京政变，动摇了直系军阀统治，曾电邀孙中山北上主持大计，并将所部改称国民军。1926年，冯玉祥到苏联考察，回来后在北京的国民军四面受直系军阀围攻，被迫放弃原来驻地，向南口（今北京西北重要关口）方向撤退。并采纳中共

冯玉祥国民军南口退却

领导人李大钊“进军西北”的建议，在内蒙古五原县举行了震惊中外的“五原誓师”。期间路经绥远、陕西、宁夏、甘肃一带，在这一历史背景下产生了《王氏族谱》所记载的“包原卜落陵”见闻。

《王氏族谱》反映了如下事实：肯定了其是蒙古族后裔，其祖上是元顺帝的四子贴木花儿，在濮阳打了败仗，到了新乡渡河，最后在镇平县晁陂留居下来。这段文字反映了王氏族源和定居晁陂的经过。但这里最大的疑问是根据目前掌握的资料，“包原卜落陵”在宁夏附近查无此地，更谈不上关于元顺帝墓碑碑文的问题。但无论如何，王氏族谱记录的王景裕日记反映了王氏的族源和历史。因此“南口退却”和“濮阳兵败”属实，“顺帝四子铁木花儿”也有一定的可信度。

⑸ 镇平砚台祠堂轴子的解读

以前在南阳王姓蒙古族集中居住的地方，受汉族文化的影响，均建有祠堂，供后人祭拜蒙古先祖。先祖画像就以画轴的形式悬挂在祠堂或居住房屋的正堂里，并配有相应的诗词，这种条幅式的先祖画像在南阳王姓蒙古族中俗称“轴子”。“文革”期间，整个南阳王姓蒙古族的祠堂、家谱及轴子绝大部分被毁。镇平砚台祠堂轴子，是整个南阳王姓蒙古族仅存的一幅，是民国期间所画，作者为王姓十八世“王二年”。在轴子上画有王氏各位先祖。该轴子画试图展现南阳王姓为帝王之家以及他们的历史地位。

画面共分上、中、下三幅内容：

上幅画的是两女中间夹一男，中间男为王姓始祖义王和尚（王成），二女为镇平砚台始祖王廷玉之母和淅川九

南阳镇平县砚台祠堂轴子画像全图

重王廷元、王廷珍之母孙氏，是王成的两位夫人。桌子上放有大王之印。

轴子正上方诗词写道：“计人今秋几往还，棉铃开后到农间，城隅最是新庄好，园觉庵前看远山。”词中描述他们隐居后在乡间过着休闲的生活。

中幅画上中间是三男三女为兄弟三人及夫人，分上下两排，正如九重祠堂碑文所说，分上、东、西三门，上为砚台始祖王廷玉及夫人欧氏，东西为王廷元、王廷珍及夫人。

轴子左侧诗词“风雨连宵可起云，高楼西北望逾纷，秦人迷惘宫中岁，郢鹿来□已二分。贺兰山下作中秋，山上飞雪已白头。”右侧诗词“山下山雪城山上，天开美利，乱世降，义王戎，三溃，居民十山，故人高烛□，金锁关南□□。南宫□□。”所配文字是暗指义王王成及其父亲威顺王宽彻普化和脱欢家族其他诸王，在元朝末年曾经在西北的最后风光。并暗指山东苏姓和南阳王姓同为义王的后代。告诉后人，砚台王廷玉的父亲王成，是出身于成吉思汗黄金家族。

下幅画面的宫殿门外左右两侧是武将、文臣和旗手，左边是“王 王 王” 彩旗，右边是“帝 帝 帝”彩旗。彩旗三帝寓意为太祖铁木真、睿宗拖雷、世祖忽必烈，三王寓意为镇南王脱欢、威顺王寬彻普花、义王和尚。

⑹ 对“铁木花儿”名字的探讨

南阳镇平县晁陂王姓蒙古族，除了有“是四拖王后代”的传说外，还有其始祖是“铁木花儿”的说法。根据以往专家学者们的研究观点，笔者完全赞同“铁木花儿”就是元朝的淮王。“铁木花儿”应该是“帖木儿不花”名字的错写。另外“铁木花儿”也有可能是淮王“帖木儿不花”其中一位儿孙的名称。

由于淮王之父镇南王“脱欢”与元顺帝“妥懽帖睦儿”前二字同音，所以就把“脱欢”之第四子淮王“帖木儿不花”，误认为是元顺帝“妥懽帖睦尔”第四子。镇平县晁陂王姓蒙古族认为，他们的始祖“铁木花儿”是元代皇帝，而元朝最后皇帝就是元顺帝，淮王是元顺帝北逃前任命的元朝监国，虽然只监国几天，也算是元

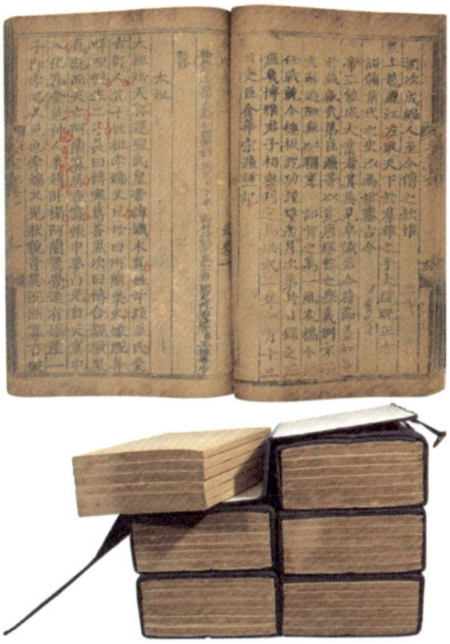

线装《元史》

朝最后的“临时皇帝”，因此留给他们的印象很深，可能就造成了混淆误传的情况发生。

“铁木花儿”在整个《元史》和其他史料里就查无此名。蒙语“铁木儿”意思是“铁”，“不花”是“键牛”，“帖木儿不花”意思是像铁一样的结实，像牛一样的健壮。因此，“铁木花儿”这个名字不准确，应当是被汉化后不懂蒙语的王姓蒙古族人用汉语对“帖木儿不花”名字的误传。

(7) 对镇平晁陂一首世代相传歌谣的解读

在晁陂王姓蒙古族中长期流传着一首歌谣：“三十六椿并一楼，砖头石碑在岗头，三尖石上一匹马，凤凰落在村东头”。

“椿”树，因其长寿，被用来形容高龄，亦用以指父亲。元朝统治中原的98年时间里，共有11个皇帝在位，除了元世祖忽必烈（1260～1294年）执政三十五年外，就是最后一个皇帝元顺帝（1333～1368年）执政了三十六年，“三十六椿”，难道是寓意执政三十六年的父亲元顺帝？如果真的如此，铁木花儿可能就是元顺帝的儿子。因此“三十六椿”，笔者解读为：在元朝执政了三十六年的皇父（元顺帝）。

“凤凰”，本意指神话传说中的神物，是中国古代传说中的百鸟之王，和龙一样历来成为皇权的象征，代表皇后。因为龙的形象为历代帝王所喜爱，并且龙为阳凤为阴，凤凰常和龙一起使用，凤从属于龙，龙凤是最具中国特色的代表皇权的图腾。

元惠宗妥懽帖睦尔（1333～1370年）（源于《蒙古大汗传略》）

“率江左，渡河南，偕先大人，经历殆尽，卜居晁陂”，有的将“先大人”写成“先夫人”，如果是“凤凰”的话，指的是女性，“先夫人”应当是铁木花儿的母亲。也难怪，元顺帝有众多妻妾，受元顺帝宠幸的也不多，也许铁木花儿的母亲失宠，不愿情去跟着元顺帝北逃漠北，而是依靠自己的儿子这个靠山，就一起南逃了。这首特殊的歌谣，似乎就是在证明铁木花儿是元顺帝的儿子，并且是铁木花儿和其母亲一起逃亡到南阳的。

对这首歌谣可以解读如下：象征着执掌皇权三十六年的皇父元顺帝的椿树并立在楼前，楼的附近用砖头衬砌的石碑就立在晁陂村岗头上，附近还有一块三尖石上刻着象征蒙古族徽号的马，具有皇妃身份母亲的凤凰墓地也埋在村的东头。如果这首歌谣这样解释，那么铁木花儿就有可能是元顺帝的儿子，那王成就是义王和尚的儿子、淮王帖木儿不花的孙子，这样才能保持叔侄关系。晁陂王姓蒙古族先祖是元顺帝儿子的说法没有铁证，只能根据这首歌谣进行猜想。笔者更倾向于铁木花儿是监国淮王的后代，因为淮王虽然仅仅监国几天，也类同拖雷的监国地位，权势和地位也如同皇帝，用皇帝的各种称谓和叫法也是能讲通的。

⑻ 对镇平、唐河、新野三地王姓蒙古族始祖关系的分析

关于三地王姓蒙古族始祖之间的亲缘关系，在清朝时期留下的碑文和

镇平县晁陂镇蒙古民俗广场和蒙古王府酒店

清朝末年到民国时期的《镇平县晁陂王氏族谱叙》有部分记载。由于年代久远和互相之间迁徙分离时间过长，导致后来三方之间又失去了联系，因此三地蒙古族先祖之间的关系不十分明晰。只能通过碑文和《族谱》来理清三者先祖之间的亲缘关系。

碑文记载：清嘉庆二十四年（1820年）新野县大王集王氏蒙古族石碑碑文："始祖兄弟三人，长曰大老，徙居唐县大河屯，次曰二老，徙居镇平朝北（晁陂）店，惟我始祖三老，独居兹土。"

清嘉庆十六年（1811年）新野县王氏蒙古族石碑碑文"口乃我二世鼻祖王三老之子，迁葬归家集，我曾祖广春，进义、进春之高祖也"。

《王氏族谱》相关记载："尚有栗林王连宗，新野大王集，唐河大河屯等王姓，均系传闻之同族。如将来有事实发现足证明者，重修族谱时，当请其列入也。"（前人很慎重，在没有完全证据的情况下，没有很随意地将新野大王集和唐河大河屯王氏列入镇平晁陂王氏族谱里）。

"我始祖称曰二老，二世祖称曰大老，三世、四世具有姓无名，迨(dai，等到)五世祖东溪公墓表，始追载三世祖曰贵，四世祖曰宗。详绎名讳，亦非真传，隐寓王氏为皇族帝胄之意耳"、"偕先大人经历殆尽，卜居晁陂"。

"五世东溪，明寿官，成化时人。配陈氏，卜葬晁陂东南半里。壬山丙向兼子午。茔地三亩有余。当嘉靖十一年，于公树立墓石，去元百九五年，谅无患，方敢追公之高、曾、祖、父号讳，刻石以昭后来。子四：长辂，

作者与镇平县砚台村蒙古族同胞

次轲，三轼，四车。而车少亡，亦随葬，但无继者。轲公，明孝子。县志载：王轲少尝业儒，以母陈氏多疾，遂习医。侍疗之暇，兼以济人。母卒，哀毁逾礼，卢墓终丧云。与轼公另各册叙之”。

根据上述记载，可对镇平、唐河、新野三地始祖关系有如下三种解释：

第一种：过去镇平县晁陂王姓蒙古族家里堂屋牌位上有：始祖号二老，大老返回蒙古，三老迁浙江。这个说法与新野碑文明显不一致，发生冲突。笔者认为，这个事情也许有，但可能是把不同时代的事情说到了一起，由于时间久远，无法辨清，是一种混淆的说法。

第二种：把威顺王宽彻普花的三个儿子，“报恩奴、接待奴、佛家奴”当做“始祖兄弟三人”，认为王大老是报恩奴，王二老是接待奴，王三老是佛家奴。

史料记载，“报恩奴、接待奴、佛家奴”，均在1368年元朝灭亡前的1356年（元至正十六年）就已经战死了，“始祖兄弟三人”应当是活着的亲兄弟或表兄弟。“报恩奴、接待奴、佛家奴”早已战死，是不可能来南阳的，来南阳的只能是他们的儿孙。如果将“始祖兄弟三人”说成是“报恩奴、接待奴、佛家奴”是讲不通的。如果“报恩奴、接待奴、佛家奴”三人分别有一个儿子，是三个堂兄弟关系，倒也能说得过去。“报恩奴、接待奴、佛家奴”是有史料记载的三个亲兄弟，但还有无史料记载别的“兄弟三人”的可能性也是存在的，因此，这个说法只能算作一种推测，不能信服于人。

第三种：唐河王姓的说法，铁木花儿是始祖，二世祖大老，三世祖贵，四世祖宗，五世祖东溪。东溪有四个儿子，长子辂、次子轲、三子轼、四子车。四子车年少时夭折，到辂是六世祖。唐河王姓蒙古族的始祖是王辂，其墓地在唐河县大河

唐河县大河屯镇王老庄村王姓始祖王辂墓地

屯镇王老庄南约一华里，新野王姓蒙古族的始祖是王轼，他们与镇平晁陂的王轲是兄弟三人，都是镇平晁陂五世祖东溪的儿子。

唐河王氏老谱里记载：“我祖讳辂者，蒙朝廷重恩授五城兵马司之职，及仕后犹居东老家（今王老庄）。”“五城兵马司”，是指挥、掌管京城地区治安的官，是正六品衙门，但查找南阳地方志均无记载。

1820年（清嘉庆二十五年）新野县碑文将“始祖兄弟三人”不述其真名，称谓“大老”、“二老”、“三老”，在清朝时期是可以说出他们真名的，但没有说出，说明他们不知道其真名。依此看来，“始祖兄弟三人”可能指的是元末明初的“兄弟三人”，因为惧祸心理所以没有记述其真名。

镇平晁陂“我始祖称曰二老”与新野碑文“次曰二老，徙居镇平朝北（晁陂）店”相吻合。镇平王东溪是元朝灭亡后100多年的明朝成化时代（1465年至1488年）的人，他本人及后代均有名字，而1820年新野县碑文是清朝时期的，如果将“始祖兄弟三人”定为王东溪儿子（长子辂、次子轲、三子轼）的话，三子王轼是新野的始祖，在王轼死后300多年的清朝是应当可以直书其真实名字的，但没有说出真名，说明“始祖兄弟三人”也可能不是指王东溪的三个儿子。

笔者认为，镇平晁陂王氏族谱里所追述的四世单传名字，“详绎名讳，亦非真传”，本身就不很肯定，追述必然存在问题。可能仅仅追述了镇平晁陂

南阳镇平县小集镇成吉思汗像

“始祖称曰二老”的长子，也即“二世祖称曰大老”这一支的谱叙。既然记述了“二世祖大老”，必然还有“始祖二老”的次子、三子等，也即“二世祖二老、三老等”，但并没有详细记述。

据镇平晁陂族人王兆良研究的文章：晁陂镇内有两支王姓族人，一支是西北角和西南角王姓，在1916年（民国五年）的家谱里说“始祖王二老，元末明初人，二始祖二老，三始祖 ，四始祖，五始祖，六始祖均失传”，家谱里没有二始祖“大老”的人员，另一支是晁陂东街王姓，在1942年（民国三十一年）的家谱里说“始祖二老，二始祖大老”。

由上两支家谱可以断定，始祖“二老”从大都逃亡到晁陂所带领的是两个儿子，东街一支是长子，西北角西南角一支是次子。目前，西北角和西南角的王姓辈分高于东街王姓，可以断定西北角和西南角是次子的后裔。这两支王姓都有自己的宗派字，宗派都是从十九世开始。

“始祖称曰二老”里的“二老”，也许不是兄弟之间的排行，很有可能是指“二世祖称曰大老”的父母，如同今天我们对父母还尊称为二老一样。石碑是立在二始祖“大老”墓前的，是二始祖“大老”对始祖父母的追叙，只有二始祖“大老”方可称父母为“二老”。如此的话，“二老”应当指的是始祖铁木花儿和其妻，与新野县碑文“次曰二老”里的“二老”没有关系，他们不是同一时代的人。新野县碑文里的“二老”，应当指的是“次子轲”，“王三老” 应当指的是“三子轼”，都是始祖铁木花儿的六世孙。

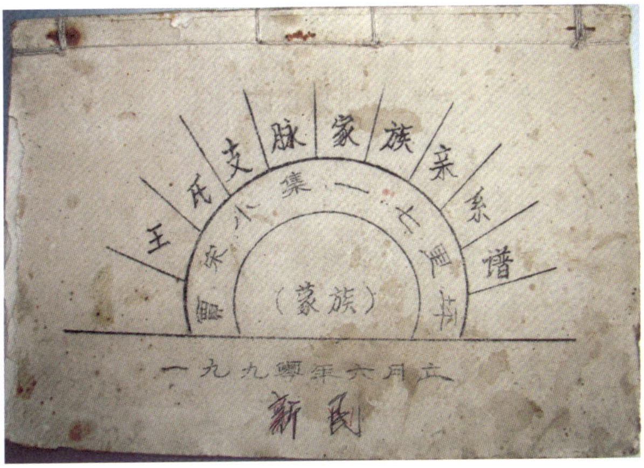

南阳王姓蒙古族支系家谱

新野碑文“长曰大老，徙居唐县大河屯”与镇平晁陂王东溪长子辂相对应。唐河始祖王辂，“蒙朝廷重恩授五城兵马司之职”的客观事实，也有一种可能，那就是王东溪长子王辂当官后，因继续在镇平晁陂居住，担心在明朝时期会暴露自己蒙古族身份，对自己的仕途有影响，所以就远迁唐河。新野始祖王轼，为何从镇平

河南省

晁陂远迁新野，目前还不是很清楚。

唐河、新野王姓，由于几百年来长期与镇平晁陂王姓不来往，在唐河、新野长期生活后，只知道传承“始祖兄弟三人”的说法，而遗忘了“始祖兄弟三人”的真名，也就将王东溪三个活着的儿子（长子辂、次子轲、三子轼），作为其三个地方的始祖，等于从新开始计算始祖。王东溪是五世祖，他以上四代始祖的名字也是随后追述的，名字还不是很真实，而且只出现在镇平晁陂的家谱里，对于生活在唐河和新野的王姓是一无所知的。即使在现代，在没有家谱记载的情况下，每个人也很难去记住其前五代先祖的真名，而况，对于已经在唐河和新野生活了300多年、繁衍10多代的王姓，更是无法说清楚“始祖兄弟三人”的真名。因此，将王东溪三个活着的儿子（辂、轲、轼），作为其三个地方始祖的说法，客观事实还是存在的，也极有可能是这种情况。

镇平县晁陂镇蒙古族家庭内成吉思汗画像

新野县碑文“始祖兄弟三人”所指有两种可能：一种可能是元末明初与传说的铁木花儿一起到南阳的“兄弟三人”。第二种是唐河王姓的说法，“兄弟三人”是指王东溪三个活着的儿子（辂、轲、轼）。从时间上推算，唐河王姓始祖王辂与镇平王东溪长子王辂是同一时代的人，可能就是同一个人。“辂”指古代车辕上用来挽车的横木，引申为古代一种大车，多指帝王用的。辂车是天子的乘车，辂马是天子乘车之驾马。“轲”本为具有两木相接的车轴的车。“轼”古代车厢前面用作扶手的横木。王东溪将自己四个儿子分别起名字辂、轲、轼、车，是有其用意的，可能是指蒙古族日常生活中经常使用的勒勒车，以怀念先祖们曾经生活的北方蒙古大草原，也暗指自己家族的蒙古族身份。

综上所述，从目前所掌握的情况看，镇平、唐河、新野三地王姓是有紧

密关系的，他们的先祖应该是兄弟三人。唐河王姓世代不同于汉族的风俗习惯，就足以说明他们是蒙古族后裔的身份。但“始祖兄弟三人”究竟是指什么历史时期的，尚需要进一步的探讨。新野县碑文里的“始祖兄弟三人”，可能就是指王东溪的三个儿子辂、轲、轼，也即唐河王姓蒙古族始祖王辂和新野王姓。蒙古族始祖王轼，是在元朝灭亡后100多年的明朝成化年间（1465年至1488年），才从镇平晁陂迁移过去定居的，而不是元末明初就迁移过去的。

关于唐河和新野王姓是蒙古族的说法，从清朝末年镇平族谱里就有记载，至今已经100多年了。1953年当地人民政府为镇平、新野王姓恢复了蒙古族身份，而唐河王姓在1985年经过有关专家前去调查后才知道是蒙古族后裔。

⑼ 南阳王姓蒙古族后裔几种说法的解释

第一：铁木花儿和其四叔（四拖王）的真实记载。

镇平县晁陂家谱记载：“始祖铁木花儿随四叔（指王成）逃难，落居晁陂。其四叔隐居高丘佳河（今镇平县高丘镇桥沟村纪佳河），以打雁为名，落居九重，娶妻生子，终葬佳河。”

镇平县砚台家谱记载：“铁木花儿留居晁陂官桥寨，赖王暹保全性命，情深意重，将女儿许与王暹为媳，久之，局势渐趋安定，拖王暹携珠宝赴江夏汉口出售，以资财置良田一百四十余顷，半数陪送姑娘。”镇平县晁陂和砚台两地家谱记载基本相同。

1994年出版的《内

元末明初的城市集市场面

乡县志》记载："镇平蒙古族传说，蒙古贵族司托王（四拖王）和铁木花儿，流落到晁陂，遇元地方官官桥寨王姓收留，后司托王（四拖王）去到九重，铁木花儿则隐居镇平以王为姓。"

这些记载给我们提供如下三条真实信息：

一是，来南阳的王姓蒙古族始祖主要是铁木花儿和其四叔（四拖王）两个蒙古贵族，是叔侄关系，随后世代繁衍成两支王姓蒙古族。

二是，铁木花儿和其四叔（四拖王），是元末明初逃难到南阳来的，处在住民多为汉人的南阳，为了保命生存，被迫无奈地与当地官员王暹建立关系，并形成牢固的亲缘关系。

三是，铁木花儿和其四叔（四拖王），逃难时携带众多财富。铁木花儿是"以资财置良田一百四十余顷"，达一万四千亩良田，资产十分雄厚。而其四叔（四拖王）王成及后代，在淅川修建了如皇宫似的"九重院"，资产也十分雄厚。说明他们不是一般蒙古贵族，家财万贯才会拥有如此财富，才会建造如此气派的建筑，具有这样实力的只能是元朝皇族后裔。

第二：淅川县九重镇王姓蒙古族内老辈传下这样的传说。

传说一：王家有个小孩长大要做皇帝，但是，可能要被老虎吃掉。所以，王家就把院子砌了一重又一重，一直砌了九重。并且里里外外都有家人守护。以后，老虎被打死了，小孩的爸妈带小孩出来看死虎，小孩不经意摸了老虎皮，结果虎毛把小孩扎伤，最后小孩还是死了，真龙天子也就被老虎毛扎死了。

传说二：王家很富有，而老太太要遭虎灾，所以就修了九道院子。后来老虎被打死，老太太摸了虎皮，被扎死了。

传说三：以前，九重街西头有条小溪沟，流出的水是红的，叫做斩龙沟。据说九重要出皇帝，朝廷派人来挖。其实，并没挖住"龙"，在挖的人将要离开时，地下的"龙"说："好险啊，再挖一铁锨深就完啦。"挖的人听见以后，就补挖一锨，龙被挖死了。娘娘也生出来了，姓李。一个保国武将也出来了，姓朱。姓朱的大臣，手有小簸箕大，整天无所事事，经常流荡，靠打工过日子。夏天谁不请他帮忙割麦子，他就把谁家的石磙放到树岔上，逼得你只有请他来干活。

无风不起浪，这些传说应当发生在明朝初期，它给人昭示一个信息，那就是九重王姓蒙古族，其先祖本是元朝皇室成员。在元朝时期是统治者，高高在上，风光无限，有权势有地位，过着花天酒地的日子。元朝被明朝推翻后，被迫逃难于此，成了一介平民，内心深处十分不平衡，但又敢怒不敢言，内心压抑，总想有朝一日能够“变天”当皇帝，去重温过去奢侈的生活。于是将内心深处的想法，演绎成不同的传说，加以传承，来满足一下不能实现的愿望，同时也来传承先祖过去的辉煌，以此证明自己是元朝皇室成员的真实身份。

第三：淅川县九重镇白塔寺的猜想。

白塔寺在九重镇太平村委会三座楼村的西面。二十世纪五十年代还存有前殿、东西两厢房，后殿已经倒塌，只剩比较高的平地。前殿不是正殿，正殿应该是后面已经毁坏的部分。前殿内有关羽、关平和周仓的塑像。院内有两棵参天古柏树，饱经风霜、郁郁葱葱，1957年还在，不知道什么时候被伐掉了。现在在白塔寺旧址建起了白塔寺小学。

全国大约有10座白塔寺，而修建于元朝的只有北京阜成门内大街路北的白塔寺、兰州白塔寺和武昌黄鹤楼公园内的白塔。这三个白塔的建造，都与元朝皇室有关，意义非同一般。北京妙应寺白塔始建于1271年（元至元八年），由元世祖忽必烈亲自勘察选址、尼泊尔工艺家阿尼哥设计建造；兰州白塔寺位于兰州黄河北岸的白塔山上，始建于元代，是当年成吉

元朝威顺王宽彻普化太子在武汉建的胜象宝塔

思汗时期西藏佛教派一著名喇嘛去觐见成吉思汗，该喇嘛途经兰州时不幸病逝，于是元朝修塔以示纪念；在武汉蛇山黄鹤楼故址前还有一座胜象宝塔，始建于1343年（元至正三年），为威顺王宽彻普化太子建，是一座大型菩提佛塔。

九重镇太平村的白塔寺修建年代已不可考，但九重的白塔寺与北京的白塔寺和武昌黄鹤楼公园的白塔，放在一起不得不让人产生联想。笔者猜想：九重在过去是个穷乡僻壤，修建元朝所崇尚的白塔寺的原因，应当是王姓蒙古族人始祖之一的王成到九重以后，把与元朝皇室有关联的标志性建筑白塔寺，也搬到了这里。这也是南阳王姓蒙古族人是元朝皇室后裔的又一个佐证，更确切地说王成与威顺王宽彻普化之子义王和尚有某种关系。虽然九重镇太平村的白塔寺已不存在了，但“白塔寺”的地名一直保留至今，因此，可以推测，九重镇太平村的白塔寺当建于元末明初，是王成及其后代所建。

二、南阳忽姓蒙古族及后裔——忽必烈第十子忽都鲁贴木儿王的后人

南阳市宛城区官庄镇忽桥、东忽桥、河湾桥、田李庄四个自然村世代居住着忽姓蒙古族，据查已经有500多年的历史了。当地忽姓蒙古族群众普遍传说他们是元世祖忽必烈第十子忽都鲁贴木儿王的后代。“忽”姓是取自元世祖忽必烈的第一个字“忽”。忽都鲁贴木儿的儿子是阿八也不干王，孙子是八鲁朵儿只王。八鲁朵儿只的曾孙是忽大宝。忽大宝就是忽桥这一带“忽”姓蒙古族的始祖。

忽姓第五代始祖的墓地，曾有块墓志铭，这一墓地是1830年（清朝道光十年）修建的。上面清楚地写道“忽系忽必烈后裔”。《新元史》卷一〇七列传第一一记载：“忽必烈第十子忽都鲁帖木儿（20岁早逝），世祖庶子，子阿八也不干，元仁宗皇庆元年（1312年），赐泉州路南安县（今福建省泉州市南安县）一万三千六百有四户为食邑，子八鲁朵儿只。”

忽大宝生于1446年（明正统十二年）的明朝中前期，早年居住在湖北荆襄地区，作为蒙古族元朝皇室的后裔是怎样流落到湖北荆襄地区的经过已经无据可查。大约在1476年（明成化十三年）前后，因为湖北荆襄遭遇严重灾荒，全家人难以维持生计，时年30年岁的忽大宝毅然用一副担子担着两个儿子，携妻子和弟弟忽二宝全家五口人，从湖北荆襄地区向北风餐露宿一路逃荒，最后来到河南南阳县城东南火烧庙涧河东边留居下来。当年，这一带地势低洼，人烟稀少，因此很多地名都带有“桥”字，可见是个水泽之乡。于是，他们就在这里落脚居住下来，开荒种

元世祖忽必烈（1264～1294年）

地艰难维持着生计。几年后，因为无法忍受困苦的生活，忽二宝丢下哥哥一家，独自一人向东南方向逃去，从此渺无音讯。忽大宝一家定居在这里，几年以后又生育了第三个儿子。忽大宝的三个儿子成年以后，长子忽条金、次子忽条刚、幼子忽条玉则分别居住于涧河两岸，即现在的忽桥、东忽桥、河湾桥、田李庄四个自然村。至今，忽姓家族已经繁衍十七代，总人数达到1700多人，可谓人丁兴旺。其中还有迁到陕西、山西、湖北、台湾等地的，这些外迁的忽姓蒙古族不忘根本，很多人经常回来寻根祭拜祖先。

忽姓家族为了理清后代的辈分，他们世代相传一首辈序诗，自忽大宝开始。这首辈序诗为："大条显明成，学宗景志恒，顺中俊云天，金银太宝生"。忽姓蒙古族后人在起名字时一般都是遵循这一辈序诗的，族内辈分清晰，因此也培养出尊老爱幼的美德。现代有的忽姓蒙古人受时代潮流影响，在起名字时不按照"辈序诗"的规矩来起，但大多都知道自己是几世几代人。现在这支忽姓蒙古族仍保留了不少的民族风俗习惯：一是从忽大宝至今，为了保持种族优越性，凡忽姓内部男女不通婚；二是凡有老辈亡人，亲朋好友和忽姓同族必须于当晚为亡人"送路"至村北十字路口，以示送亡灵魂归故里——蒙古；三是服饰也与当地汉族有明显区别，老辈人讲究穿八字形的鞋，女人头上裹各色头布，与北方草原蒙古族近似，早年男女老幼身穿长袍，这种长袍类似蒙古

袍，妇女脚穿绣花鞋，系有鞋带。这些服饰明显带有民族特色。

历史上在这支忽姓族人中，也人才辈出。忽大宝的四世孙忽成魁自幼聪敏好学，后来在科举上考取功名，清朝时官至侍郎。因勤于政务，功绩突出，受到朝廷嘉奖。逝世时，按清朝惯例于墓碑顶部敕刻“圣旨”二字，其碑文清晰，刻着“忽系忽必烈后裔”，“忽系南阳左八人氏”。“左八人氏”是在清朝时期特指蒙古族人，因为清廷把很多蒙古部众编入八旗蒙古军内，有“左八旗、右八旗”之分，清代人公认左八人氏为蒙古族人的别称。

解放以后，在党的民族政策指引下，忽姓蒙古族当家做了主人。他们与当地汉、回民族和睦相处，耕读传家，发扬优良传统。在中华人民共和国成立后的60多年中，忽姓族人中涌现出了各类人才，有科技人员、教师、党政干部、大学生等，他们很多人都走出了忽桥老家在外地工作。近年来，为了研究忽姓蒙古族历史文化，在南阳市姓氏文化研究会的支持下，成立了忽姓文化研究分会，组织研究家族历史。今后必将挖掘出更多的历史文化信息，来繁荣忽姓这一支生活在内地的蒙古族同胞的历史文化。

三、安阳、濮阳、许昌董、李、马、关、陈五姓蒙古族及后裔

安阳、濮阳、许昌居住着董、李、马、关、陈五个姓氏的蒙古族同胞。根据他们的家谱记载，这五姓是同

蒙古夫妻对坐图

族。2007年1月17日在内蒙古自治区民委组织的族属确认会上，内蒙古的有关专家通过考证，确认了他们是蒙古族和成吉思汗直系后裔的身份。

五姓蒙古族居住地河南省安阳市是中国八大古都之一。安阳有中华第一古都、世界文化遗产殷墟遗址，是汉字之都，甲骨文之乡；有上古颛顼（相传是黄帝之孙，父亲是黄帝二儿子昌意，是上古时期“三皇五帝” 中的第二位帝王）、帝喾（为上古时期“三皇五帝”中的第三位帝王，即黄帝的曾孙，是颛顼的侄子）二帝陵墓等。

1.五姓蒙古族及后裔现状

目前，五姓蒙古族及后裔，人口近二万，其中李姓、马姓和少数陈姓主要分布在安阳市内黄县亳城乡马次范村，人数有1600多人，分布在安阳滑县枣村乡后村的马姓，人数有1000多人；董姓主要在分布岳次范村，人数有700多人，部分人分散居住在南庄、太平、大院、大堤口、马庄、东聂固、后村、康张村、大小南涧、宋村、石党、马太堡村等15个村庄；关姓主要分布在濮阳市清丰县韩村乡关焦夫村，人数有1400多人；陈姓主要分布在许昌市鄢陵县陈化店镇。

2007年1月17日，内蒙古有关专家，在对《五姓宗谱》确认后有如下鉴定文字：“元朝末年，元世祖忽

安阳市内黄县上古颛顼、帝喾二帝陵墓

布赫副委员长为大元豫王陵题字

必烈的第五代曾孙铁木黎，时任御史中丞赐豫王封地河南”；“时任河南行省豫王和元御史的阿剌忒纳失里，即是五姓始祖文贞公铁木黎”；“元帝国覆灭时豫王铁木黎来不及后撤，流落中原隐姓埋名，隐居内黄、清丰县一带”。

五姓始祖世系为：忽必烈→第七子奥鲁赤（封西平王，镇吐蕃地）→帖木儿不花（镇西武靖王）→老的（云南王）→长子豫王阿剌忒纳失里。豫王阿剌忒纳失里即为铁木黎，1328年（元致和元年）被封为金印螭纽西安王（二等王），封地在陕西省境内。1329年（元致和二年），晋封为金印兽纽豫王（一等王）。《新元史》记载：忽必烈的第七子奥鲁赤家族，世代镇守元朝西南或西北青藏川甘一带。

五姓蒙古族后裔被确认为蒙古族身份后，民族热情很高涨，积极开展宣传工作，并组织对本族有益的各项活动，争取地方政府的大力支持，修建始祖祠堂，弘扬蒙古民族文化。并和内蒙古专家学者以及相关人士建立密切地联系，互通信息交流民族情感。2002年3月20日还把重修的《族史“元皇世系”家谱》捐赠给河南省图书馆珍藏。2008年10月17日，五姓族人关宪策受到原全国人大副委员长布赫的亲切接见，并为五姓蒙古族后裔题写“大元豫王陵”。

2008年五姓蒙古族后裔，在濮阳

市清丰县韩村乡关焦夫村隆重举行了“大元豫王陵”纪念碑揭碑仪式，清丰县关焦夫村和内黄县马次范村均有“大元豫王陵”纪念碑。布赫副委员长委托国家民族事务委员会司长宝斯尔代表他出席纪念碑揭碑仪式并发表讲话。参加仪式的还有：民族出版社总编审塔并、河南省文物局局长杨焕成、省广播电视厅厅长翟宗州、省人大处长郝转建、省文物研究所所长赵文玺、省检察院处长魏正甫、濮阳市文化局局长孙德萱、濮阳

濮阳市清丰县韩村乡关焦夫村举行了“大元豫王陵”纪念碑揭碑仪式

市文物局局长张玉卿、清丰县文物局局长安宏轩、省收藏协会、内蒙古日报社、濮阳市和清丰县新闻媒体和南阳市蒙古族历史文化研究会会长王建龙及濮阳苏姓蒙古族后裔苏银奎等代表参加。

2.五姓蒙古族的历史和遗留的史证

五姓祖坟墓碑刻有：“元御史中丞（正二品）河南行省右丞（正二品）谥文贞”。此碑文来源于文贞孙媳妇徐氏的墓碑，这一碑刻是对五姓始祖最早的碑文记载。文贞第三子马能生二子，即长子马训、次子马麟，徐氏是马麟的媳妇，时间是1455年（明朝景泰六年），离元朝灭亡1368年，仅仅过去了87年，时间很早。又过了298年，即1753年（清朝乾隆十八年），五姓蒙古族人对他们始祖的说法，除了“元御史中丞河南行省右丞谥文贞”外，将始祖文贞名字定为“铁木黎”、“拜普化大元帅”、“元室苗

濮阳市清丰县韩村乡关焦夫村“大元豫王陵”纪念碑

裔铁木望族”、“况始祖为顺帝之叔父”。

元朝御史台官职有：御史大夫（从一品），御史中丞（正二品）。各行省一般设置平章政事两人（从一品），右丞、左丞各一名（正二品），参知政事两名（从二品）。

“元御史中丞河南行省右丞”是正二品官员，级别很高。御史中丞，主要负责监督和纠察中央官吏和弹劾百官犯罪，审理刑事案件，是集监察、弹劾、审判于一身的机构，权高位重。

铁木黎有五个儿子，分别是铁木清、铁木明、铁木能、铁木杰、铁木俊。为避明军迫害，由于来不及随元军北撤，便流落中原后隐姓埋名。在这之后，五兄弟各随妻姓，改姓后称之为董清、李明、马能、关杰、陈俊，分居五处。兄弟五人以董、

内黄县五姓始祖祠堂内塑像

李、马、关、陈五姓汉族人的身份留居下来，他们的后代就在河南内黄、清丰等县的30多个自然村隐居，世代繁衍生息到今天。关姓迁徙到濮阳市清丰县韩村乡关焦夫村，陈姓迁徙到许昌市鄢陵县陈化店镇，董、李、马三姓仍住在安阳市内黄县亳城乡马次范和岳次范等村。五姓始祖铁木黎死后就埋在内黄县马次范村，有墓碑有家谱。在明朝的276年间，他们始终不敢

五姓始祖和关姓始祖墓碑拓片

公开自己的真实身份。到了1753年（清朝乾隆十八年），五姓后代给铁木黎的坟墓立碑写碑文，才公开了蒙古族身份。

五姓始祖文贞陵墓埋在内黄县亳城乡马次范村北，昭示着来自北方蒙古草原，据说在文贞墓的北边两侧还有一些当年随从的墓地。一个随从的后代改“董”姓后，迁移到河北省大名县，随后部分又向北方迁移到河北省高碑店市，五姓蒙古族人还打算去找他们，以加强联系互通历史信息，共同追溯历史渊源。

文贞墓西侧约十几米的地方，是文贞第四子关杰的墓地，埋在其父文贞墓旁边。文贞其他四个儿子的墓地，除了第五子陈俊后人中举，任河南鄢陵县知县，把陈俊墓地迁埋到鄢陵县陈化店镇外，长子董清居住在马次范村东约一公里的岳次范村，董清的墓地是在马次范村东、岳次范村西埋葬；次子李明也和其大哥董清埋在一起，在村的东边；三子马能埋在村的南边。第四子关杰后裔于1711年

内黄县马次范村五姓始祖陵墓

内黄县政府对五姓始祖墓地文物保护碑

（清康熙五十年）中举，任山东临邑县知县，死后葬于关焦夫村。

“次范”，是蒙古语“守卫”之意。据说，马次范村过去名字叫“凤凰镇”，马姓蒙古族去了后，才改为马次范村。马次范村是文贞墓所在地，其南有刘次范村，西南是李次范村，其东有岳次范村，三村距离马次范村均约一公里多。这四个村庄相互近邻，可能是共同“守卫”文贞墓的。清丰县韩村乡除了有关焦夫村外，在北面邻近的是李焦夫村，再往北400多米有孟焦夫村，西北700多米有陈焦夫村。

关焦夫村关姓蒙古族墓地约30亩，有148棵柏树。五姓蒙古族除了本身家谱、碑文记载其历史渊源外，《清丰县志》和《内黄县志》里也有记载。1986年1月2日，五姓始祖墓被内黄县人民政府公布为县重点文物保护单位，2008年10月6日立碑划定保护范围。清丰县关焦夫村的焦夫墓地，2000年8月11日被濮阳市人民政府公布为市文物保护单位，并立碑划定保护范围。

3.五姓蒙古族民风民俗

语言上，内黄、清丰、滑县董、李、马、关四姓蒙古族及后裔，日常说豫北地方话，鄢陵县陈姓蒙古族后裔日常说豫中许昌地方话。从风俗习惯上看，与当地汉族已经没有什么大的差别。但是，在他们的心理上有着很深厚的蒙古民族情结，蒙古风俗有如下特点：

有的家庭里悬挂和祭拜成吉思汗像。同族不通婚。他们世世代代练“蒙古拳”。村里一直都有尚武的传统，很多家庭都有祖传武功，原来县城每年都要举行武术比赛，村里至少有20多人参加。这可能是当年为了避免杀戮而沿袭下来的。五姓人中秋节八月十五那天不吃月饼，他们要吃肉夹馍。每年春节不祭灶。老人亡故后不摔老盆，而摔房上的青瓦。丧葬期间，孝子也不去土地庙祭灵和烧纸钱。世代传承“家布”，村里的老人无不因此自豪。每年腊月二十到正月底，一幅长3米、宽2.5米，在土布上绘制的巨幅家谱画，画的最顶头绘制的是“一代天骄”成吉思汗的牌位。他们把画挂在村里，以供村民祭拜。

最严格的仪式莫过于正月初一祭拜祖坟。凌晨三四点钟，全村人全部自觉出动，纷纷到祖坟前聚集。人到齐后，由村里辈分最长者，站在第一排，其他依次排开。辈分最长者连喊三声“拉莫（音）阿弥陀佛”，开始磕头，作揖。每磕一个头，放一支三响炮。三磕之后完成仪式。这个仪式据传始自元亡之后，可以理解为以此来表白蒙古族身份来祭奠先人。为了不暴露身份遭到追杀，必须在凌晨三四点夜深人静时举行。这些习俗已延续了600多年，也成为当地最具特色的民俗习惯，这一习惯已经形成口传的历史。《关氏宗

滑县后村马姓家里供奉的成吉思汗像和五姓始祖牌位

滑县枣村乡世代单传守护四拖王墓地形成的后村

谱》作如下五言诗作为辈序诗：“麟献国吉昌，凤鸣兴家邦；清化传继广，盛世庆宣扬。”后代起名字均按这些字排辈，防止乱辈。五姓族人各有家谱，其共同的始祖为铁木黎，下传至今已有28世之多。

安阳市滑县枣村乡后村马姓，就是世代单传看管包括四拖王在内的蒙古人墓地的。从1740年（清朝乾隆六年）文字记载可知，单传看墓时间已经270年，整个明朝276年，均为秘密单传看墓，外人不知道内情。世代去派专人守墓，符合蒙古族风俗习惯。

4.滑县元朝四拖王墓地

2010年2月，笔者来到滑县传说中的“四拖王”墓地进行田野调查。该墓地位于安阳市滑县东约6公里枣村乡后村南500米处，紧邻新乡市至濮阳的101省道公路北侧。在调查中采访了世代看墓人马春省先生，得到了大量“四拖王”墓地的历史信息。后来又查阅各种历史资料和以前遗留下来的老照片，得知这是一处中原地区规模较大的元朝时期遗留并延续下来的王陵墓地。这就是民间传说的“四拖王”墓地。

根据1957年由当时安阳市文化局文物保护科拍摄的滑县枣村乡后村马氏祖坟照片显示，该墓地有20个左右的墓碑和坟墓，墓地庄严肃穆，显然是一处元朝王陵。其中有“成吉思汗后裔河南

滑县后村元朝四拖王等蒙古人兵阵布置墓地照片

行省马四拖王之墓”、“怀远大将军管军万户干脱忽都鲁之墓”、“达鲁花赤兼管诸军与农事马思忽之墓”，四尊墓碑特别显眼。

查阅滑县历史资料，今天的安阳市滑县，在元朝时期归中书省大名路管辖，在1300年（元大德四年）前，有几名元朝官员死后葬于本地。在《重修滑县志》卷十三中记载：“滑州达鲁花赤阿剌瓦丁，见大德四年（1300）净行寺碑”、“滑州白马县达鲁花赤马思忽，见大德三年（1299）天庆延寿宫碑”、“滑州同知普化，见至元六年（1340）重见明伦堂记”、“滑州管军万户（从三品）干脱忽都鲁，见大德三年（1299）天庆延寿宫碑”；“滑州教授（主管教育）也先不花，见大德四年（1300）净行寺碑”。按照上述记载，“滑州达鲁花赤阿剌瓦丁”与“滑州白马县达鲁花赤马思忽”、“滑州同知普化”他们是同时代在滑州任职的，都葬于这一墓地。但查遍资料唯独没有“四拖王”的史料记载。

笔者拜访看墓人马春省先生得知，他们家族世代都肩负着看墓人这一传统身份，到他这一代已经是单传第八代了。据他介绍，墓地是他们马姓从元朝就负责看管的王陵墓地，世代相传至今。可能是在元朝末年派马姓蒙古人专门为该王陵守墓，后来该墓地陆续葬有马氏先人，逐渐变成了马氏祖坟。墓地西边和北边有两个元朝时期的西营和后营兵营故地，现在成为西营村和后村，看墓人家就住在后村，目前，后村马姓蒙古族后人有1000多人。

墓地占地30亩，里面有100多座坟墓，埋葬方式是呈展开型方阵布

滑县后村蒙古贵族四拖王墓碑

滑县怀远大将军管军万户干脱忽都鲁墓碑

滑县达鲁花赤兼管诸军与农事马思忽墓碑

局，整个阵势如同作战的进攻队形。从南向北，级别逐渐增高，最南端是级别低的兵墓，最北边是级别最高的四拖王墓。坟墓分别有兵坟、将坟、官坟、上坟、下坟、前坟、中坟、尾坟、左坟、右坟、压队坟。其中最南边为士兵墓葬，呈东西向直线列队多排埋葬，前排与后排形成交叉。兵墓之后为将墓，将墓之后就是四拖王陵墓。兵墓、将墓、王陵之间都有墓道相连，墓道长1.8米，宽2米。墓地呈大王指挥兵阵向南进攻的格局。整个墓地和兵营一样呈方形，四边分别设有东西南北门，四角还筑有四个起防御作用的岗哨

滑县后村围墙内的四拖王墓地遗址

楼。墓地的众多墓主人据说是在一次战役后死亡埋葬于此。在墓地东边约一公里处有一个斜井，类似防空洞，是为躲避战争而为军队将士的家眷修筑的掩体，能容纳80人左右。

据看墓人介绍，其中最具有神秘考证价值的是，在他们单传看墓人中世代秘传一张字画纸，为1740年（清乾隆六年）所绘制。如图所示，左边列有八代单传看墓人的名字，里面的数字是单传看墓人在家庭兄弟里的排行。这里最有神秘色彩的是，该字画在260多年前的清乾隆年间就已经预知到现在看墓人的姓名叫“马子二忽”，在家排行老二，这几乎是一件不可理解的事。目前，第八代单传看墓人汉名字叫马春省，是家中的兄弟中确实排行老二，在字画里的名字叫“马子二忽”，马春省也清楚地知道其前辈看墓人在家庭兄弟中的排行和字画里的数字也一一对应。以前是单传密传，除了单传人知道墓地信息外，家族里的其他人并不了

解详情。看墓人马春省的父亲三年前去世，去世前把看墓的责任交给他，并告诉他墓地里的信息，说“最北边的大墓是成吉思汗第四子拖雷的墓，四拖王就是拖雷”，这就更具有了神秘色彩。

相传在清朝乾隆后期和嘉庆前期，马家有一个实力雄厚的第三代单传看墓人，名字叫

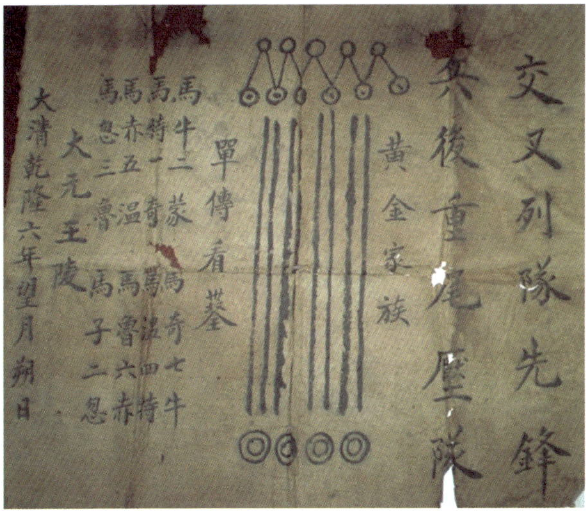

滑县后村马姓单传看墓人保留的神秘字画纸

“马特一奇”（汉名马奇），他重修了墓地和墓碑，并在四拖王墓南面10几米的地方修了一座假墓，其目的是以假乱真防止真墓被盗。据当地老百姓讲，民国以前马家祖坟非常气派，在大门石柱牌坊前，凡是过往官人，红毯铺地，绿席照顶，文官下轿，武官下马，墓前祭拜。

1958年“大跃进”期间，墓地被夷为平地，大量的墓碑被当做石料强制拉走用于修桥，目前马家正在努力寻找这些残存的墓碑。现在墓地被一个已经停产多年的滑县平板玻璃厂占用，用围墙围着，墓地变成了小树林。

2009年3月18日，马家发现墓地被盗，随即报告了当地政府。2009年7月7日，安阳市文物队对被盗墓地进行了勘探，发现有少量元末明初铁器、陶瓷器、铜镜等随葬物品，还有腐朽的木材。经安阳市文物专家鉴定，被盗墓地，为明朝初期砖室墓砖砌结构。据看墓人讲，被盗的墓是个中墓，有一男两女，男的在中间，两女在两边，应当是两位夫人。两女都带有玉镯之类的饰品，应该是个将墓。墓内没有棺材，木材是平铺在墓底的，人躺在木板上，与用棺材的埋法不一样。

墓地勘探尺寸不一，兵墓长和深均为3米，宽2米；将墓长3.5米，宽3米，深3.1米；大墓长为5米。墓被盗后遗留下的有一个看似铁犁的器物，铁犁是安装在木制犁上的。笔者猜想，是否以此来寓意纪念五姓蒙古族始祖铁木黎？蒙语“铁”的发音

是"铁木儿"，墓地随葬有铁器，是否意味着墓地里埋葬有成吉思汗"铁木真"黄金家族的后人？当然这只是一种猜想。

被盗墓地，为明朝初期砖砌墓室结构，埋葬时间大约是元末明初。秘传字画纸的制作时间是1740年（清乾隆六年），从1957年四拖王墓碑照片字体的清晰程度看，墓碑应当是在清朝末年或民国初年所立，秘传字画纸的时间要比墓碑早100多年，文字可信度比墓碑可信度大。文字注明是"大元王陵"。260多年前的清乾隆年间，政治环境宽松，蒙古族先人们，比现在的后人更加清楚埋葬的始祖是谁。

滑县后村群墓被盗墓室内部砖砌结构和遗留腐朽的木材

五姓始祖"元御史中丞河南行省右丞谥文贞"的墓地是在河南省内黄县，因此五姓始祖不是四拖王。内黄和滑县虽然相距50多公里，在四拖王墓照片被发现之前，内黄蒙古后人不知道滑县有四拖王墓。四拖王墓照片是在滑县马姓单传看墓人家保存，外人并不知道。

秘传字画纸里面还有一些隐含的暗语，横看字画内有两行重复的"奇温鲁"和"忽赤特

滑县后村群墓被盗遗留下的看似铁犁的铁器

牛”。上面一个“蒙奇温鲁”，昭示着蒙元黄金家族成吉思汗的姓氏为“奇渥温·孛儿只斤”，下面一个“奇温鲁子”，昭示着是成吉思汗四子拖雷或者成吉思汗的后代子孙。“忽赤特”是蒙语，意思是“有很大力气 的”，“忽赤特牛”初步可理解为“有很大力气的牛”。再结合左边两行“马”字，均是看墓人的姓，排列整齐，“马”字处于前锋。蒙古族是靠骑马打天下的，与马有不解之缘，“马”字处于前锋，必然有其特殊含意。

八代看墓人的名字，对列公正，仿佛有8行军队，有32个字，意味着有32座坟墓。配合右边的兵图，给人的感觉好像就是一幅图文并茂的作战兵阵。名字里面所包含的数字，除了看墓人说是每代单传看墓人在兄弟中的排行外，上面一排数字加起来是11，下面的加起来是19，意味着最南边的坟墓是11座，北边的是19座？

数字里面还有奇怪的3个10的组合，分别是“一、二、七”、“三、五、二”、“六、四”。据看墓人讲，每个坟墓顶部分别放数量不一的砖，形成个蒙古包式的。墓顶砖的数量是否意味着墓主人生前官的品级和地位，品级不一砖的数量不一。

马姓蒙古族先人在明朝，是没有文字记载的，仅仅靠代代秘密口传的方式来传递墓地信息。在清朝乾隆年间，蒙古人的地位有了提高，才有了神秘字画的出现。但是马姓先人还是心有余悸，心存顾虑，他们发挥自己的聪明才智，制作了秘传字画。在字画里反映出当年他们还懂得一些蒙语的发音和意思。为了保密，采用一般人看不懂的蒙语汉字注音来书写文字，代代相传，他们以这种隐含的方式，来告诫后人，不要忘记自己的根本。

对秘传字画所包含的意思，笔者百思不得其解，绞尽脑汁，极近谜语。但经过反复琢磨，其展现在脑海里的是一幅活生生的战斗画面：在蒙古黄金家族四拖王的指挥下，一支蒙古铁骑整装列队、威风凛凛、所向披靡、不可战胜、向南进军。“生当做人杰，死也为鬼雄”，这个场景是何等的壮观，让人心潮澎湃、热血沸腾，即使已经战死，也要在阴间组成兵阵，展现蒙古武士的英灵。秘传字画构思巧妙，寓意深刻，可以说是一副艺术画卷，但也给后人出了一道不易破解的难题。

5.五姓蒙古族始祖豫王

元朝封为豫王的只有阿剌忒纳失里一人，他生活在元王朝由衰败走向灭亡元朝末年，豫王的阿剌忒纳失里足迹遍布长江南北，他的一生基本上是在战乱中度过的。他最突出的功绩为：拥戴元文宗称帝、平息云南诸王和地方势力的叛乱、同红巾军和明朝

军队作战等。

根据《元史》卷三二本纪记载：1329年（元天历元年），元廷晋升原西安王阿剌忒纳失为豫王，赐给他的食邑为南康路（现江西省九江市），封地为平江（现苏州市吴中区和相城区），赐予良田三百顷。

豫王为元朝皇帝所封的一等王，西安王为二等王。当时元朝贵族被封王、封爵者多采用汉地地名简称来册封王号。豫州，是古代九州之一，地域包括今河南省和湖北省北部。元朝时期的现河南地区归河南江北行省管辖，辖境包括今河南省黄河以南及湖北、安徽、江苏三省的长江以北地区。根据（法国）韩百诗所著《元史诸王表笺证》记载，所谓“豫州，在河南、湖北、安徽都有此称，不能确指。”

根据《元史》顺帝本纪记载：阿剌忒纳失在1328年（元天顺元年），被元朝皇帝最初封为西安王；1329（元天历元年），时任西安王的阿剌忒纳失因拥戴元文宗称帝有功，晋封为豫王，从此有了豫王封号。

1330年（元至顺元年）正月，云南诸王秃坚，伙同万户伯忽、阿禾、怯朝等反叛朝廷。五月，云南、贵州、四川交界一带的土司官撒加伯、阿剌、德

宁夏同心县元豫王古城地址（根据国家动态地图网绘制）

益等相继叛乱。六月，豫王与他的叔叔镇西武靖王搠思班奉旨平息叛乱“连战连捷”。1332年（元至顺三年）二月，云南叛乱被平息。

1352年（元至正十二年）三月，豫王在襄樊、南阳、邓州等地奉旨同起义的农民武装红巾军作战；1353年（元至正十三年）十二月，豫王的弟弟答尔麻因为在河南南阳与义军作战“讨南阳贼有功”，被授予西安王爵位，继承了他哥哥阿剌忒纳失以前的“西安王”王位；1355年（元至正十五年）元顺帝御诏豫王阿剌忒纳失里回元大都商议军事，次年四月，豫王与陕西行省各级官员商议攻讨红巾军作战事宜，九月豫王领兵夺回陷落的潼关重地 ；1357年（元至正十七年）二月，红巾军进犯七盘、蓝田等地，元顺帝命令豫王和其他元军将领共同进剿。十一月豫王与陕西行省左丞相朵朵、陕西行台御史中丞伯嘉纳，分兵几路攻讨陕西境内的红巾军。

1358年（元至正十八年）十月，豫王军队奉诏进驻今宁夏固原境内的六盘山地区；1369年（明洪武二年）四月，明朝大将徐达在固原地区击败豫王的军队，并分兵五千人袭击豫王，同时缴获了大量豫王军队人马和辎重。豫王携带残部逃跑。1370年（元洪武三年），明军大将邓愈在甘肃临洮府追缴并歼灭豫王残部。

元朝从1356年（元至正十六年）以后，在各地红巾军起义的打击下，政权风雨飘摇。而地方上的封镇诸王

宁夏海原县豫王曾建城的西安州古城墙遗址

除了云南梁王外，其他各地诸王面对红巾军的进攻纷纷败下阵来。作为陕西地方的宗王豫王也自顾不暇，不得不求援于邻省的地方军阀察罕帖木儿的军队来帮助守护关陕。结果察罕帖木儿反客为主，豫王让出西安而迁居六盘（今宁夏固原），成为僻居一隅的势力，沦为了配角。最后，当1369年（明洪武二年），明军进剿六盘地区时，豫王竟落到只有望风而逃的地步了。

元朝时期的豫王在今宁夏同心县境内筑豫王城（预旺古城），作为联系六盘山与银川平原的战略要地。豫王又建西安州古城，其遗址在宁夏海原县城西面约20公里处，现名叫“豫旺堡”，古城遗址保存比较完好，现在为宁夏回族自治区文物重点保护单位。

四、濮阳郭姓蒙古族及后裔——元朝驸马郭庸的后人

河南省濮阳县有郭姓蒙古族人世代居住。根据1457年至1464年期间（明天顺年间）创修、1743年（清朝乾隆八年）纂修、历经13次续修的《澶东郭氏家谱》记载：其始祖是元朝末年名臣郭庸，蒙古人。1368年（元至正二十八年），元顺帝离开大都北逃漠北时，郭庸是坚守大都人员之一。郭庸殉难后，其妻金县公主毁容易服携子郭贤出走元大都，南逃到澶渊（濮阳的古称）隐居。金县公主去世后，其子郭贤用白银铸成父形与其母合葬于张温村西南。

明清时期，郭氏一族人才辈出，考取举人的有10人，其中孝廉1人，武举4人；贡生10人。现存始祖墓及“大元金县公主中书省参政兼大都路总管（正三品）讳庸郭公之墓”碑一座。从1368年至今已640多年，经历24代，其后人约9000多人。主要分布在濮阳县胡状乡、梁庄乡张温村、鲁河乡、文留镇和滑县四间房乡五个乡镇40多个村庄。

《元史》和《新元史》都有对郭庸的记载：郭庸是元朝末年人士，国学出身，蒙古族，深受汉文化和儒学熏陶，遂改汉姓取汉名，字“允中”。

元朝官吏

郭庸对朝廷忠贞不二。早年任正七品监察御史，1351年（元至正十一年）因弹劾宰相脱脱的弟弟也先帖木儿，得罪了脱脱，于是就被降职发配到义王封地“满洲大宁路”，任辽阳行省大宁路兴中府判官，他在“大宁路”结识了义王，并和义王保持着良好的关系，与金县公主结婚后来到京城任职。在1368年（元至正二十八年）元顺帝退出元大都前，曾任中书参知政事（从二品）。在明军徐达攻入元大都以后，郭庸与元大都的守将淮王帖木儿不花、中书左丞相庆童、前中书平章政事丁好礼、集贤学士闵本、子司经郎拜住、大乐署令赵宏毅等都以死报效朝廷。从以上郭庸生平来看，他很有可能出生于14世纪20年代（1320年以后）。

郭庸的妻子出身于元朝皇室公主，被称为“金县公主”因此，郭庸成为元朝皇族宗室驸马，其身世已经无从查起。根据现有资料分析，“金县公主”的封号疑是元朝皇帝所赐，“金县”或为是公主的封地。那么金县在什么地方？很有可能位于辽东半岛南部的现在大连市。金县之名源于金州，金州始于金代。元朝在1284年(元至元二十一年)设金州万户府，属辽阳行省。明朝在1371年（明洪武四年）设定辽都卫。1375年 （明洪武八年）设金州卫。1913年金州改为金县。1987年，金县更名为大连市金州区。

由于郭庸娶了“金县公主”，攀上了元朝皇室宗亲，成为了驸马，所

元军和明军击杀图

以官职晋升很快，由正八品兴中总管府判官，恢复为原正七品监察御史，随后晋升到正三品大都路总管和从二品中书参知政事。1368年元亡前夕，郭庸与淮王等脱欢家族诸王子孙受元顺帝诏命坚守大都，但他们都很清楚他们所面临的严峻形势和处境，大都是无法坚守住的，他们的命运是只能战死。他们自己可以不违背元顺帝的诏命坚守殉国，但不能祸及他们的子孙。于是郭庸就让其妻金县公主携带其子，跟随义王所带领的由淮王、镇南王、威顺王诸王子孙所组成的队伍，一起逃离大都，向河北河南方向逃亡，试图与陕西元军李思齐等部会合。在河南“濮阳兵败”后，金县公主及其子与苏姓蒙古族始祖苏克明一起，被迫隐居在濮阳一带至今。这样看来，郭姓蒙古族与王姓蒙古族应该是一起从元大都逃难来到中原河南的。

《澶东郭氏家谱》对河南蒙古族最大的贡献和亮点是：该家谱把郭姓的祖先与河南和山东苏姓蒙古族先祖、河南南阳王姓蒙古族先祖三姓先祖之间建立了密切的联系。从侧面证实了他们在元亡前夕从大都顺利逃出来的过程以及“濮阳兵败”的真实性，还原了这一段历史的本来面目，使过去苏姓、王姓家谱的记载和推测得到了铁的印证。也更加坚定了当前研究人员普遍认可的说法，即逃亡人员是由淮王、镇南王、威顺王、义王诸王子孙及蒙古重臣后人所组成的队伍。《澶东郭氏家谱》使逃亡事实变得更加清晰，理清了历史的脉络。

五、安阳市林州申姓蒙古族后裔——窝阔台汗的后人

安阳林州市新近发现有申姓蒙古族后裔，集中居住在任村镇木家庄、石板岩乡朝阳、河顺镇东曲阳、姚村镇申家岗、陵阳镇水磨山、林州城区西街小南庄等20多个村庄，有2万余人，其中姚村镇申家岗村就有近2000人左右。在山西省长治市西白兔镇中村、今河北省邢台、邯郸等地也有众多申姓后裔分布。

1.申姓蒙古族后裔历史

申姓始祖是元朝受封于山西潞州（现山西长治市）的“潞王”曰憬，据林州市王买金先生初步考证认为，申姓族人是成吉思汗三子元太宗窝阔台后裔。他们一直流传着“曰改申，一黄昏”、“罗锅申”、“打锅”、“不打锅”、“铜锅申”、“锅片申”等传说。祖墓碑在林州市任村镇木家庄村。

王买金先生初步考证打锅申姓谱系为：成吉思汗→窝阔台（三子）→阔出（四子）→小薛→也速也不干→察都台→曰憬→文义（曰憬第18子，后改名申任道）→申一能（十五世，林州木家庄始祖）。

编撰于300年前清朝的《申氏族谱》，在林州境内有手抄、木刻等多种版本。族谱详细记载了成吉思汗家族草原起兵建立元朝，再到他们如何逃亡到林州隐姓埋名的历史。1368年（元至正二十八年），朱元璋的大将徐达率北伐明军攻陷了元朝首都大都，元顺帝逃亡北方草原。此时，受封于山西的潞王曰憬（顺帝远房叔父）得到消息后，深感局势危急，毕竟是元顺帝皇叔，日后必遭明军缉捕。曰憬有18个儿子和6个女儿，为免遭满门抄斩厄运，带领家人逃奔绛州（今山西省运城市新绛县）。并决定采取“改姓隐名分散逃离”之策，在原姓“曰”字中间加一竖笔，改“曰”姓为“申”姓，以示“上顶天，下立地，誓与天地共春秋”的决心。同时商定，分离前需选一共同信物各自保存，作为日后本族亲人相认之凭证。曰憬遂当着众人的面，将一罗锅砸为18块，18个儿子每人取得一块后，即四散逃命。

今河北省邢台市辖沙河市三王村，1911年（清宣统三年）立有石碑，碑原立在申氏祖坟的后移村中。碑正面刻“申氏祖茔”，背面刻“故元潞王太始祖璟公墓志铭”。墓志铭中说：申氏始祖璟公“为元皇裔，实

元朝时期的车马陶俑

小子王之从堂季父，而元顺帝同胞叔也，初封晋王，改封潞王，子十八：文秀、文端、文正、文美、文信、文平、文智、文惠、文法、文亮、文俊、文雅、文临、文翰、文简、文瑞、文宪、文义，即俗传所谓十八公是也。顺帝北行抵和林，元裔杀戮殆尽，公藩潞乃携眷避兵屯留，而绛州，为存宗嗣计，故改曰姓申，折铜锅十八块”。墓志铭撰写者为申瑞澄，他是河北省邯郸市永年县申庄村人，清末湖北试用知县。邯郸市永年县申庄和涉县神头申氏祖茔碑文和三王村碑文内容基本相同。

据河北省邢台市辖沙河市上申庄《申氏家谱》、邢台市内丘县柳林沟《申氏宗谱》、河北省邯郸市永年县申庄《申氏族谱》、邯郸市涉县神头《申氏家乘》和邯郸市辖武安市矿山村《申氏追远录》及申海群等人的调查了解，十八公中长子文秀迁沙河上申庄，不久一支迁三王村，因申氏始祖璟公排行三，而且为王，所以其后人将名取为三王村，以作纪念。后子孙又迁至申庄、西赵村、葛村等村；三子文正迁邢台市威县中章台，后有子孙迁北章台；四子文美迁河北省邯郸市永年县申庄，后有子孙迁石碑口、陈庄等村，还有子孙迁至邢台县麦地湾及邢台市区申庄等村；六子文平迁至曲州；七子文智迁河北省邯郸市辖武安市矿山村；九子文法迁邢台市威县东柏悦村；十六子文瑞迁邢台市内丘县黄釜村，“釜”者锅也，“黄釜”乃“皇釜”之隐语。后有子孙迁柳林沟、申庄、申家洞等村；十八子文义迁邯郸市涉县段曲村，后有子孙迁神头、申庄、东达、后峧、马布等村。邯郸市涉县神头申氏祖茔碑文说：十八子文义从今山西省长治市下潞城市天贡村后又迁居山西省临汾市洪洞县，在1388年（明洪武二十一年），随移民潮又迁居到河南彰德府涉县（今属河北邯郸市）段曲村。1573年至1620年期间（明万历年间），十五世申一能又从段曲村，迁到了河南省林州市木家庄。其余儿子分别逃到了江苏吴县（今苏州市吴中区和相城区）、山东福山（今烟台市福山区）、河南延津县、濮阳市，河北邢台市、邯郸市鸡泽县等地。在随后的600多年里，兄弟18人的后代都没有会过面。

元灭后申氏东迁，他们的后裔苦读儒家之书，热衷科考。据邯郸市永年县申庄《申氏族谱》记载：明、清申姓出了七个进士，二十个举人。《山西通志•潞安府志》载：“申佳胤，字孔嘉，屯留人，徙永年九世，明崇祯年间进士。申佳胤明末官居太仆丞。当李自成攻破居庸关，他心情沉重，看到明大势已去，决心以身殉国，驰马京城，当他得知崇祯帝吊死煤山后，向皇城方向

元朝时期的蒙古人

三跪拜，而跳进京郊一井中，时年42岁。”沙河市上申庄《申氏族谱》记载：“康熙帝南巡，御驾造访永年申庄，得知申佳胤为明贤良忠臣，随提御笔写了《明忠臣故里》御匾。从此，凡文武官员路过此地，必须文官下轿，武官下马，先参拜御匾，方敢路过。申佳胤长子涵光，曾隐居沙河广阳山，为河朔一带著名诗人，著有《聪山集》等。二世祖希颜公，明举人，曾任山东福山县知县。其子孙秉希颜公遗志，捐资修桥，造福故里，至今桥尚在。”1998年版《涉县志》载：“抗日战争、解放战争和抗美援朝战争中，仅涉县申氏为国捐躯先烈就57名。”

2.申姓蒙古族后裔遗留的风俗习惯

申姓蒙古族后裔因长期和汉族杂居相处，经过数百年的共同生活，已和汉族完全融合。当然这种融合既有融合，也有同化，两者同时存在，而以融合为主。日常用语说当地林州话。安阳林州市姚村镇申家岗村，建有一座元帝庙，每逢节日，根据数百年流传下来的祖训，申氏一族村民必须到元帝庙前祭“先祖”。在村里上了岁数申姓人的家里，不少家的客厅正面墙上，还供奉着成吉思汗画像。画像已经挂了几十年了，每天早上，家里的长辈都要站在画像前行注目礼“几分钟”，他们一直保持着节日拜祭成吉思汗的习惯。

3.对申姓蒙古族后裔谱系的探讨

"初封晋王，改封潞王"史料无记载。元代晋王，最初是元世祖忽必烈长孙甘麻剌，后甘麻剌子也孙铁木儿世袭晋王，1324年（元泰定元年）也孙铁木儿称帝即泰定帝，以其子八的麻亦儿间卜世袭晋王，三代晋王均未居潞城。因此，暂时还无法断定"初封晋王，改封潞王"这个说法的依据，也就无法完全确定申氏为晋王之后。从下列史料记载，申姓疑是元太宗窝阔台庶长子（六子）合丹之孙小薛的后人。

《新元史》卷一百四列传第八：合丹，太宗（窝阔台）庶长子（妃子生的孩子，排行为六子）也。睹儿赤子小薛。元贞元年（1295年），平阳民诉小薛部曲恣横，遣官按问，杖所犯重者，余听小薛自责之。大德二年（1298年），招小薛所部流徙凤翔者三百余户，以潞州田二千八百顷赐之。皇庆元年（1312年），敕小薛部下，归所占襄垣县民田。

小薛是合丹的孙子，合丹是太宗窝阔台嫔妃所生的孩子，在窝阔台系中，已传位于长子贵由，因此合丹没有机会争夺皇位，所以和宪宗蒙哥不存在大的矛盾，并且1298年"以潞州田二千八百顷赐之"，有到"潞州"的史料记载，而此时另一个重名的失烈门三弟或幼弟小薛已被杀，也没有史料说他在"潞州"的记载。因此，初步考证打锅申姓谱系中的"阔出"有误，应当为太宗（窝阔台）庶长子（六子）合丹。

其谱系应当为：成吉思汗→窝阔台（三子）→合丹（六子）→睹尔赤（长子）→小薛（三子）→星吉班→曰憬（顺帝叔父）→文义（曰憬第18子，后改名申任道）→申一能（十五世，林

河南林州太行山峡谷

州市木家庄始祖）。

窝阔台后裔小薛一族封于山西潞州数代，潞城已成为其故乡。申姓东迁少则百余里，多则数百里，反映了元皇后裔申姓对山西潞州的故乡之情。在元统治即将崩溃时，小薛后裔不愿意再回漠北的主要原因是，窝阔台系同拖雷系长期争夺皇位斗争相当激烈，作为窝阔台系的元皇后裔申姓深知同拖雷系的元顺帝逃往漠北不会有好结果；且他们已数代生活在中原，已习惯中原生活，也不愿意再回严寒的漠北。从申姓迁往的村庄来看，多为靠近太行山的丘陵区，有些村庄虽是平原，但位于距太行山不远的东麓，申氏迁徙的主要原因是避难，距太行山较近，一旦遇到追杀和不测，能尽快逃往深山，但深山地少条件差，难于生存，而土地多的丘陵区和距太行山不远的平原正是元皇后裔迁徙的理想之地。

六、新乡市和安阳市可、冯、张三个姓氏蒙古族——成吉思汗宗室可反反的后人

三个姓氏蒙古族分别是可、冯、张，其中可姓主要分布于新乡市获嘉县黄堤镇狮子营村和安阳市滑县牛

明朝靖难之役

屯镇张营村；冯姓主要分布在获嘉县城关镇洛纣村和辉县市峪河镇穆家营村、占城镇；张姓主要分布在获嘉县太山乡陈孝村。

1.可、冯、张三个姓氏蒙古族的历史和史料

可、冯、张三个姓氏蒙古族的始祖号“睿”名可反反，是元太祖成吉思汗宗室的后裔，关东辽阳城人（今辽宁省辽阳市）。元朝后期来到河南省获嘉县，元亡明兴时，睿因病不能回到关东，遂投降明朝。在白沟河大战中，睿立功被明朝封为百户官（正六品），后代世袭，1389年（明洪武二十二年）为滑县宁山卫百户官。

白沟河在今河北雄县、容城、定兴一带，史称“靖难之役”在这里开战。1400年（明建文二年）四月，建文帝令大将军李景隆率军60万人，号称百万人，与燕王朱棣10余万人交战。最后朱棣以少胜多，建文帝军队溃散，死伤10余万。白沟河之战是中国历史上一次著名的以少胜多的战役，是一场决定性的战役。此后，建文帝再也组织不起大规模的军事征讨。朱棣由此转守为攻，取得战事上的主动，直至夺取皇位，庙号成祖，是明朝第三代皇帝。

睿死后，葬于获嘉县城关镇洛纣村，传两世至用公，用公生五子。1501年（明弘治十四年）明朝奉行对异族同化的政策，明孝宗皇帝下旨。“夷狄归顺之人，即为中国之民，必依中国之姓，无论伯叔兄弟，俱照本国百姓任其姓，不尊者斩”。用公的五个儿子被迫奉旨改汉姓、从汉俗，长子哈利改姓可、次子哒礼改姓王、三子忽泰改姓冯、四子失月改姓石、五子把都改姓张。随着社会变迁，五姓分别迁移分散，时代久远，石姓和王姓已失散。

获嘉县城关镇洛纣村五姓氏蒙古族始祖墓碑

从1501年改姓起到1821年（清朝道光

元年）的近三百年间，历经两个朝代，他们分居耕读。随着人丁日盛发展繁衍，本族人迁居他乡的也较多，造成相隔较远而互不相识，家族内部对本族历史比较清楚的长者对此忧心忡忡。1850年（清道光十年）经过可、冯、张三姓族人商议，决定继承先祖用公之志，立碑撰文，铭记其源流、宗派，以此来告诫后世子孙不忘先祖。后滑县牛屯镇张营村可姓因坟地穴满，于1887年（清光绪十三年）捐资重新立了可姓碑。

可、冯、张三姓始祖睿为官之地宁山卫，是明代的卫所名。1378年（明洪武十一年）改宁山所置，管辖今山西省晋城市，属河南都司，总属中军都督府辖制。明成祖朱棣以后，改归直隶管辖，隶属后军都督府。明代屯田于今河南境内的宁山卫，分为东、西两屯，驻扎在新乡县、辉县、获嘉县三地的为西屯，隶属河南卫辉府，驻扎在滑县和浚县两地的为东屯，隶属直隶大名府。其职责以屯田为主，操练、戍防京师为辅。由明代至清初，宁山卫经历了从设置到废止的演变过程。在1935年（民国二十四年）编撰的《获嘉县志》里有“洪武年间可反反，原籍关东辽阳，军职百户，本关外少数民族，改名前叫哈利，张自强系改姓，与可姓同族” 的记载。

2.可、冯、张三姓蒙古族风俗习惯和现状

2010年8月1日，笔者前往新乡市获嘉县进行实地调查。以前从没有本族同胞前去看望他们，他们也很想知道其他蒙古民族同胞的事情。因另两家石姓和王姓蒙古族人已失散多年，成为他们最挂心的事情。几百年来三姓蒙古族人一直在相互寻找亲人。

三姓蒙古族已汉化，习惯上同当地汉族基本一样。但还保留一些不同于周围汉族的风俗习惯和特点：同族不通婚，母系均为汉族，三姓族人的女儿出

获嘉县太山乡陈孝村张姓蒙古族始祖墓碑

嫁给汉族，所生孩子也可以随母亲的蒙古族身份和随母姓；从元朝末年开始到现在，后辈起名字是借助山东孔子世家排辈顺序里的字来取名，因此辈分清晰；在与其他姓氏汉族混杂居住的村庄里，可姓和冯姓蒙古族人，均居住在村庄的最北边，而张姓蒙古族人居住在村庄西南。

获嘉县三姓蒙古族居住的各村祖坟均保留完好。洛纣村是总始祖睿的墓地，位于村的东南方，后辈墓地依次往南埋葬。陈孝村张姓始祖墓地位于村正南方，后辈依次往北埋葬。在张姓祖坟边，还建有祠堂，里面供奉成吉思汗和列祖列宗牌位，是他们祭拜祖先的地方。每个姓氏的男性后代，在每年的正月初一或腊月二十二黎明前，都去自己先祖墓地上祭拜，太阳出来后才祭拜完毕回家。正月初七，分布在各地的三姓蒙古族后人，不分男女都前去获嘉县城关镇洛纣村总始祖睿的墓地祭拜。三姓蒙古族的祖坟，均坐西北朝东南，这与北方草原蒙古族居住的蒙古包（门朝东南开）坐向一致，这种习俗与古代北方草原民族崇尚太阳有关。坐西北朝东南的方式不仅是一种信仰，更多的是为抵御严寒和风雪，包含着草原人民适应自然环境的智慧和创造，三姓蒙古族也把这种习俗融入到祖坟的坐向上。

目前三姓蒙古族人数约有2200多人，其中新乡市获嘉县黄堤镇狮子营村可姓700多人，安阳市滑县牛屯镇张营村可姓600多人，获嘉县城关镇洛纣村冯姓50多人，辉县市峪河镇穆家营村冯姓300多人，获嘉县太山乡陈孝村张姓

获嘉县陈孝村张姓蒙古族宗祠

获嘉县陈孝村张姓蒙古族宗祠内祭祖牌位

500多人。

1985、1986年滑县和获嘉县人民政府分别下文，恢复可、冯、张三姓为蒙古族。恢复当天三姓蒙古族载歌载舞欢庆，他们大摆宴席，各村塔台唱戏，热闹非凡以示庆贺。在少数民族政策落实方面，三姓蒙古族可以生二胎，孩子考大学可以加5分，购买部分农用物资如化肥可以便宜一点。目前只有获嘉县太山乡陈孝村张姓蒙古族，通过政府支

作者（左三）与获嘉县张姓、冯姓蒙古族人在蒙古族小学门前

持建立了一所蒙古族小学，来培养自己的下一代。

七、洛阳和南阳李姓蒙古族及后裔——木华黎的后人

洛阳是我国“八大古都”之一，有中国四大石窟之一龙门石窟，2000年入选《世界遗产名录》，是河南省第一家列入世界遗产名录的文化遗产。有世界地质公园、国家水利风景区的小浪底黄河三峡景区。在这人杰地灵之地，还生活着数千蒙古族同胞及其后裔。

洛阳市李姓蒙古族李营村致富者的私宅

1.李姓蒙古族现状

目前，洛阳和南阳李姓蒙古族及后裔总人数有15000余人。600年来，洛阳市李姓蒙古族及后裔已繁衍至30代，改李姓后已经23代。以洛阳市孟津县麻屯镇李营村为中心，该村有蒙古族近千人。李氏后代分迁麻屯400多人、水泉700多人、单寨200多人、韩庄、西陡沟上寨村900多人、军帐村100多人、柏树沟1000多人、常袋400多人，分布在洛阳地区数十个自然村，还有一些李姓蒙古族远迁

洛阳木华黎镀金石像

新安、宜阳、洛宁、灵宝、嵩县、郏县、鲁山、南阳各县及省外各地。洛阳辖区李姓蒙古族现有约5200多人，以李营村最多。洛阳李姓蒙古族后裔，除少数人恢复蒙古族身份外，大部分没有恢复。2010年9月23日，笔者前往该地实地查看，探询李姓同胞并拍照留念。

著名作家李凖

南阳李姓蒙古族后裔，经历21世，人数近万人，其中社旗有4000多人。主要分布在社旗县李店乡半坡村、姚冲村、冢坡村，太和乡前赵村、李新庄等12个村庄。南阳桐柏县主要分布在大李湾、小李湾，南阳唐河县桐寨铺、秦集村，及泌阳等县共约九十余自然村。1982年和1990年，当地政府为南阳社旗李姓蒙古族2000多人恢复了蒙古族身份，占总人数的50%左右。著名作家李凖（1928～2000年），就是李姓蒙古族。1928年农历五月十七日出生于河南省洛阳县麻屯镇下屯村一个乡村教师家庭里。李凖是中国人民最熟悉和热爱的作家之一。1953年因为短篇小说《不能走那条路》，涉及防止翻身后的农民两极

根据史料、族内传说和家谱记载，洛阳和南阳李姓蒙古族及后裔是同宗，他们的始祖是蒙古帝国开国功臣木华黎。南阳李姓是从洛阳迁居出来的。他们的共同世系为：孔温窟洼→木华黎→孛鲁→霸都鲁→铁古而忠（南恩州达鲁花赤）→铁思（怀远大将军）→咬儿（松江万户侯、达鲁花赤、武德将军）→四子李可用→李茂（洛阳）和李英又名李文秀（南阳）。

洛阳木华黎后裔拜祖团团长李强业在祭典仪式上

“第二届成吉思汗祭祀文化研讨会”上丛书主编苏和（左三）与李姓代表合影

分化这一尖锐问题，受到高度重视，中国三十多种报纸、十多家刊物加以转载，从此一举成名。之后共发表五十多篇小说，近二十部电影文学剧本、两部散文集。他也是一位重量级电影编剧，他的《老兵新传》、《李双双》、《大河奔流》和《牧马人》等电影使他红遍大江南北。特别是《李双双》，不仅在中国家喻户晓，在越南、朝鲜、新加坡等东南亚国家也是妇孺皆知。

洛阳市李姓蒙古族后裔，已经连续6年组织人员去内蒙古祭祖。有的李姓蒙古族人还全程参加了苏鲁锭祭祀活动。2009年6月1日，应内蒙古自治区鄂尔多斯市有关方面的邀请，洛阳木华黎嫡系后裔30余人组成的拜祖团，在团长李强业的带领下，前去鄂尔多斯市乌审旗，参拜了乌兰陶勒盖镇巴音敖包嘎查的木华黎神矛祭坛，参加了传统的农历五月十一祭祀大典。又赴伊金霍洛旗瞻仰了成吉思汗陵，按照蒙古族传统习俗，在陵园寝宫成吉思汗雕像前和陵园内神矛祭坛分别举行了祭拜仪式。并与参加祭奠的台湾蒙古族著名作家席慕蓉、从乌审旗走出的著名蒙古族歌唱家阿其木格以及来自美国及世界各地的蒙古族后裔进行了广泛交流。洛阳李姓族人李洪治还与席慕蓉、蒙古族歌唱家腾格尔合影留念。2010年是木华黎诞辰840周年，洛阳市李姓蒙古族联合同族南阳李姓蒙古族，组团前往内蒙古祭祖，内蒙古电视台全程跟踪拍摄。在内蒙古期间，李姓蒙古族拜祖团受到当地有关部门和蒙古族同胞的热情欢迎和接待。2011年12月，受鄂尔多斯成吉思汗研究院和成吉思汗陵管委会的邀请，洛阳李姓木华黎后裔代表一行四人出席了“第二届成吉思汗祭祀文化学术研讨会”并做了大会发言，受到了与会者的一致肯定。

鄂尔多斯市乌审旗乌兰陶勒盖镇木华黎神矛祭坛

对木华黎的祭祀已有七百多年的历史。在成吉思汗时代，苏勒德就是蒙古军旗，是胜利的象征。位于成吉思汗陵西南近百公里的鄂尔多斯市乌审旗白音敖包，有象征木华黎化身的一杆神矛苏勒德，每逢农历五月十一，接受人们的顶礼膜拜。木华黎和苏勒德在鄂尔多斯人心中占有非常重要的位置。与庄严神圣的祭祀活动一起进行的，还有蒙古族传统的摔跤和赛马等娱乐项目。隆重的祭祀程序结束之后，苏勒德要在日落之前，由专人护送离开这里。这样的习俗已经延续了一百多年。按照祖上传下的规矩，苏勒德从祭坛上拿下来之后交给骑儿马的专人手持，再经过一番祷告才可以踏上出发的路程。苏勒德好像一面飘扬的旗帜，在众人的护卫下显得威风凛凛。苏勒德由乌审旗祭祀的地方要经过三天的路程，到达陕西榆林地区木华黎葬地金肯梁。

早在一百多年前，木华黎的苏勒德一直在金肯梁，这一地区当年属于鄂尔多斯部管辖的牧场，在清朝末年、民国初年大肆放垦蒙古土地后以后，当时的反动政府才把金肯梁划给陕西榆林地

护送木华黎苏勒德的马队准备前往榆林金肯梁

区。在不得已的情况下当年蒙古族及木华黎后人才把木华黎的苏勒德转移到成吉思汗陵附近的白音敖包来祭祀。这才引出了每年农历五月十一为祭祀木华黎和苏勒德，护送苏勒德从白音敖包到金肯梁的旅行。

对英雄的崇拜是不分地域和民族的。木华黎的苏勒德不仅仅受到蒙古人的顶礼膜拜，在榆林地区汉族人们的心中，一样拥有崇高的地位。金肯梁的祭祀活动最多时有七八千人参加。一面是朗朗的诵经声，一面是热闹的地方戏剧二人台。金肯梁的祭祀活动结束后，护送苏勒德的人们还要赶三天的路程回到出发的地方（乌审旗）。几百年来传下来的规矩，护送苏勒德必须要用马队，而且载着苏勒德的儿马，是千里挑一的，每一匹马或多或少都有着传奇色彩。经过几天出游的苏勒德，又回到了出发的地方，被放回原来的祭坛，再一次接受人们的祭

南阳李姓蒙古族人组团前往洛阳探亲寻根

洛阳李姓蒙古族人在南阳李姓蒙古始祖李文秀墓前

南阳李姓蒙古始祖李文秀纪念碑

拜。明年的这个时候，它又将开始新一轮的祭祀和出游。

最近几年，洛阳和南阳两地李姓蒙古族后裔来往频繁。2010年5月，南阳李姓蒙古族后裔组团前往洛阳探亲聚会拜祖寻根，交流民族文化和民族感情。2010年2月、2011年2月，洛阳李姓蒙古族后裔组团前往南阳探亲。1991年南阳李姓蒙古族后裔，为其始祖李文秀立纪念碑。1937年7月，南阳社旗县李姓蒙古族人富豪大户、二十五世李子炎，在今社旗县太（泰）和乡占地400亩，用了近10年的时间，修建了一座中西方风格的建筑，上下三层，126间房，由东、南、西、北四楼连接而成一个“回”字形天井院格局，开办民办蔚文中学，2003年被定为河南省重点文物保护单位，现已成为展览包括南阳李姓蒙古族史料的展览馆。

由于城中村的拆迁，居住在洛阳市西工区红山乡上寨村的李姓蒙古族人属于拆迁范围，政府专门划出6亩地做为李姓先祖墓地。利用这个大好的时机，上寨村村长李宏业带领族人，两次前往内蒙古鄂尔多斯成吉思汗陵和乌审旗木华黎神矛祭坛，迎请成吉思汗哈日苏勒德神矛和木华黎金肯苏勒德神矛到上寨村，并在墓园建蒙古包，立木华黎雕像。随后，成吉思汗陵祭祀管理局的吉仁巴雅尔、杨巴雅尔、巴泽尔扎布、伊拉图等护送成吉思汗哈日苏勒德神矛，乌审旗木华黎神矛祭坛祭祀协会的呼吉勒、杨宝海、格日乐朝格图、金银宝等护送木华黎的金肯苏勒德神矛，来到洛阳上寨村，并于2011年10月26日

南阳社旗县蔚文中学旧址

洛阳上寨村成吉思汗和木华黎神矛安放仪式现场

上午9点，举行了庄严隆重的苏勒德神矛安放仪式。这是元朝退出中原643年后，蒙古族人在中原大地第一次举行了这样有意义的活动，洛阳上寨村树起了蒙古人神圣的第一纛（dào，大旗），终于了却了李姓蒙古族人的这一宿愿。同时举行了《洛阳蒙裔上寨李氏祖源碑》落成仪式。参加神矛安放仪式的人员还有：研究蒙古札剌尔氏已近10年的内蒙古师范大学旅游学院博士谢咏梅副教授及她的研究生塔娜；北京广胜律师事务所主任青松先生受其父亲、老作家、蒙古民族学家策•哈斯毕力格图先生的委托，专程飞来洛阳，参加祭拜，并进行了专题采访；南阳木华黎后裔李性克率二十多人也前来祭拜；来自郑州、南阳、濮阳、安阳、许昌、平顶山的蒙古族代表也参加了神矛安放仪式。

2.李姓蒙古族遗留的风俗习惯

洛阳上寨村为成吉思汗苏勒德神矛上贡品

洛阳李姓蒙古族扫墓日不是清明节，而是每年两次，分别在农历二月初十或十五日和七月十五日。扫墓日，族人分别携带供品，同族会聚祖坟，祭祖会餐，共叙族谊。这一风俗，显然与当地汉族有很大的区别，几百年的经历造就了这一李姓蒙古族特有的风俗习惯。

南阳市社旗县李店乡李姓蒙古族特殊的礼俗：亡人家属于当天晚上，列队为其向北方送行，称为“送路”，而不是按照当地汉族群众送亡人去附近的土地庙报庙的习俗，这一风俗是怀念北方草原，把亡者的灵魂送回北方的家乡；亡人绝气以后，横向停尸于正房明间，与汉族的竖向停尸不同；各家都供奉一幅身穿蒙古贵族服饰的老少两代人的画像，称为大仙；除夕之夜，在祭祀先祖的时候，还要把一根用红绸裹着的扁担供在先祖牌位之前，一并受众人膜拜。据说是为了纪念先祖李文秀用一根扁担挑着儿女来唐河的艰辛经历。

3.李姓蒙古族的历史和史料

李姓蒙古族的始祖是大蒙古帝国时期成吉思汗帐前功勋卓著的功臣木华黎，他的后代在元朝时期也地位显赫，这在《李氏家谱》中都有详细记载。1368年元朝灭亡73年后的1441年（明正统六年），李氏忠宣王十世孙李年编纂的《李氏家谱》言：“李出有元，札剌尔氏。自始祖忠宣生忠武，以开国勋封鲁。忠武生忠定，食采东平，遂居州之阳谷马儿庄。忠定子七，可传者长忠烈，次武靖王霸都鲁。子五，长子忠宪安童。忠宪生司徒兀良台。司徒生文忠拜住。文忠生指挥使，司农，而今无传。季子奉训铁古而忠，是为年五世祖。奉训生怀远铁思，怀远生武德咬儿，镇抚松郡，始居松江，是为松江祖。子五，季文林府君，始易姓李。”

札剌尔氏，为13世

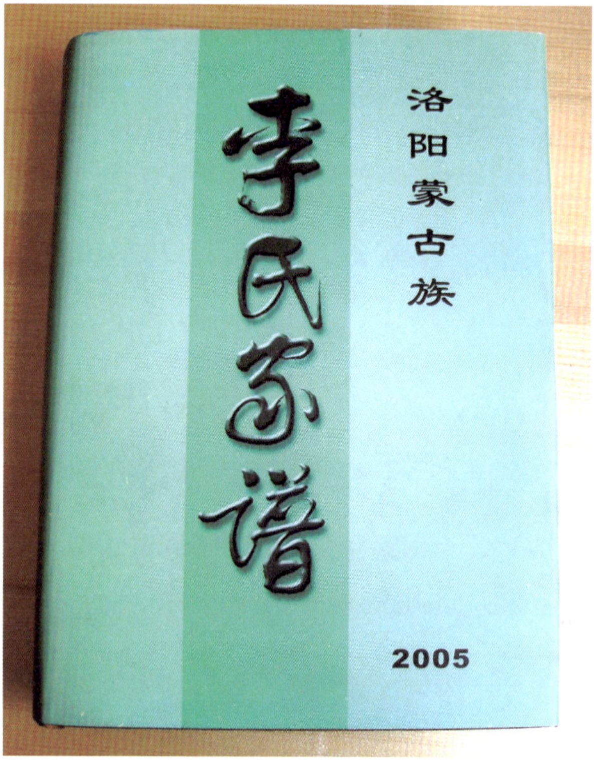

洛阳市李姓蒙古族家谱

纪蒙古高原古老的札剌亦尔部姓氏，是漠北地区的蒙古大族，分支众多，主要分布在今蒙古国肯特省境内斡难河（今鄂嫩河）之东。忠宣，即木华黎之父孔温窟洼的谥号；忠武，即木华黎的谥号；忠定，即木华黎之子孛鲁的谥号；精武，即霸都鲁的谥号。

1934年，洛阳蒙古族后裔李氏二十四世李世贞主笔，在1441年（明正统六年）李年编纂《李氏家谱》的基础上，完成了第二次续修。2005年，在李氏族人的全力支持下，由李世杰，李孝斌等组成家谱续修理事会，由李佑勋，李洪治等组成编辑组，完成了第三次续修。

蒙古名将木华黎（1170～1223年）思沁画

木华黎（1170～1223年）的才智得到了成吉思汗的赏识，成为成吉思汗最为信任的军事统帅。木华黎及后代在《元史》卷一一九记载：“木华黎父孔温窟洼，从太祖征蔑儿乞、乃蛮等部，数有功。太祖与乃蛮战，失利，率七骑走，饥不得食，孔温窟洼获一骆驼杀之，烤其肉以献。追骑至，太祖马已毙，孔温窟洼以己马授太祖，身当追骑，死之。元英宗时，追赠推忠效节保大佐运功臣、太师、开府仪同三司、上柱国、鲁国王，谥忠宣。”《新元史》卷一一二记载：“孔温窟洼有子五人，木华黎是其第三子。木华黎出生于蒙古高原，从小跟随成吉思汗，四十年间无役不从。木华黎以沉毅多智、雄勇善战著称。辅佐成吉思汗统一蒙古诸部，战功卓著，与博尔术、博尔忽、赤老温，被称誉为‘四杰’。蒙金战争初期，在野狐岭（今河北省张家口张北县与万全县交界处）、会河堡(今怀安东南)诸战中，率敢死之士冲锋陷阵，以寡敌众，配合主力歼灭金军精锐，克宣德（今宣化）、德兴（今涿鹿）等地。”

1206年，木华黎与博尔术被成吉思汗分别命为左、右手万户。1217年，成吉思汗移师花剌子模，加封木华黎为

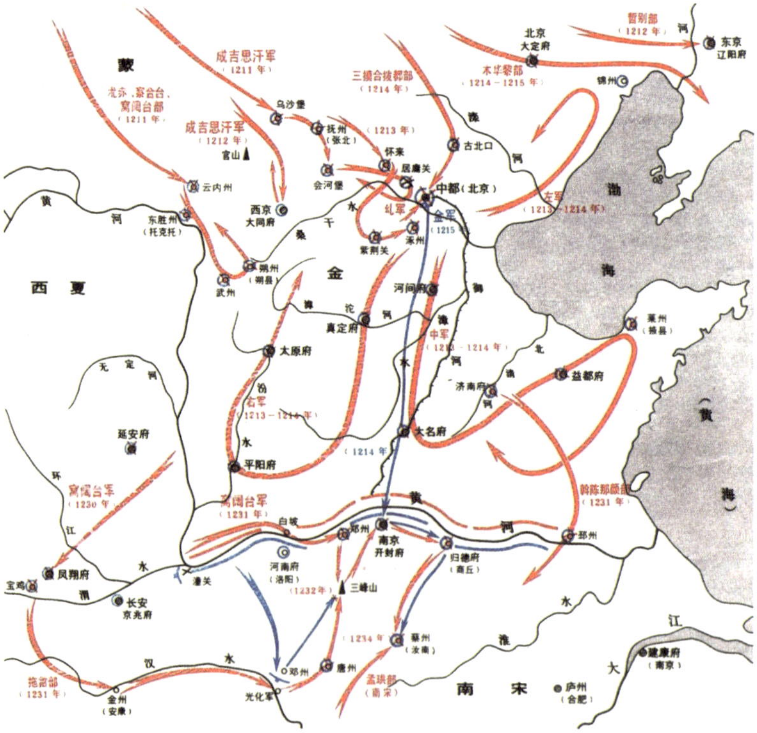

蒙古攻灭金朝战争示意图

征金大元帅、太师国王，赐九斿白纛代成吉思汗行施恩威，率领汪古、弘吉剌、亦乞列思、兀鲁兀、忙兀诸部蒙古军以及契丹、女真和汉人军队专门负责对金国的征讨，并下令“太行之北，朕自经略；太行以南，卿其勉之”，将华北经略大事，悉数授权木华黎统辖。是故金人亦称其为“权皇帝”（代理皇帝）。授予木华黎“统治多省国王”的称号，并奖励其指挥全军的神矛，全权指挥攻金。木华黎改变以前蒙古军队肆意杀掠和夺地不守的惯例，利用矛盾，收降大批地方武装首领为其守城夺地，并发挥蒙古军善于突袭和野战之长，进取辽西、河北、山西、山东各地数十城。经六年征战，木华黎征服了金朝大部分国土，成吉思汗曾对木华黎说：“国内平定，汝等之力居多。我之与汝犹车之有辕，身之有臂也。”

1220年，木华黎联合西夏攻击陕西，1222年与西夏联军攻打西安、凤翔，由于金将的顽强抵抗，未能取胜，被迫撤回黄河以北。1223年4月班师归途中，病逝于山西闻喜县，年仅54岁。临终前对其弟弟带孙说：“我为国家助成大业，擐甲执锐垂四十年，东征西讨，无复遗恨，第恨汴京（开封金朝国都）未下耳，汝其勉之。”（《元史》卷一一九）1321年（元至治元年），元英宗追封木华黎为“体仁开国辅世佐命功臣、太师、开府仪同三司、上柱国、鲁国王，谥忠武”。木华黎手臂抵膝，擅长射箭，可挽两石强弓。木华黎功勋卓著，英名远播。后来成吉思汗亲自攻打凤翔，并对诸将说：“要是木华

河北张北县与万全县交界的野狐岭古战场迹址

太师国王木华黎之印

黎在世，我就用不着来此督战了。”

木华黎墓位于今陕西省榆林市榆阳区西北23公里的小纪汗乡金肯梁村西北。此墓历来被蒙古族尊称为金肯巴特尔（真正的英雄）。现有古墓敖包一处，其北有十三个敖包，属于榆林市重点文物保护单位。每年农历五月十一为祭奠日，届时会有蒙汉民族群众汇集于墓地，鸣炮祭扫，诵念祭词，献酒供羊，并举行射箭、摔跤、赛马、闹秧歌、唱大戏和物资交流活动。

札剌尔氏（李氏）在蒙古人入主中原的一百多年中，从尊荣到败落，历经漠北→山西云中（大同）→山东阳谷→湖北鄂州（武汉）→元大都（北京）→广东南恩州（阳江）→江西信州（上饶）→浙江松江（上海）→河南府（洛阳）→洛阳北邙李家营等地，千里辗转，合族迁移。

木华黎之子孛鲁，从父于军中，父死承袭鲁国王，率军征战，受赐山东东平（山东省东平县）食邑，在东平州阳谷县马儿庄修建王府宅院。元太祖驾崩，孛鲁哀毁致病，不幸逝世，时年32岁。1322年（元至治二年），赠纯诚开济保德辅运功臣，谥忠定，其余官爵如其父。孛鲁次子霸都鲁，任元蒙南下攻宋先锋元帅，五战五捷，横渡长江，留屯鄂州（武昌），官居太师，封爵东平王，谥号精武；霸都鲁五子铁古而忠，1286年任南恩州（广东阳江）达鲁花赤（军队和官衙最高长官）；铁古而忠之子铁思承袭父职，后封信州（江西上饶）万户侯，因政绩晋升怀远大将军；铁

陕西省榆林市金克山敖包文物保护碑

陕西省榆林市金克山十三敖包

思之子咬儿封松江（上海松江）万户侯，达鲁花赤，并晋升为武德将军。

在元朝行将败亡时，札剌尔氏第七代咬儿退隐松江府集贤乡，1366年（元至正二十六年）去世，享年七十二岁，葬于松江西林塔院左侧。他临终哀叹“业与庙社并尽”，将五个儿子从木从子取“黎”的谐音改汉姓为“李”，以避杀戮之祸。李氏族谱载，咬儿有五个儿子，按长幼依次为：李可才，李可良，李可能，李可用，李可礼。其中老大李可才、老二李可良无后，老三李可能不详，老五李可礼留居松江城北集贤乡仁厚里。老四李可用，对“明师取吴淞款附意缓，谪河南戍”，意为李可用对归附迎接明朝军队进驻松江态度消极，投降迟了，被贬罚到洛阳作军队的下级小官。咬儿去世两年后，1368年（明洪武元年）朱元璋宣布明朝建立。

按洛阳《李氏家谱》记载，李可用是札剌尔氏第八代，也是改为李姓的第一代。他先居洛阳南关，后迁城北李家营，今为洛阳市孟津县麻屯镇李营村。李可用有两个儿子：李英、李茂。李茂住洛阳李家营，而李英在1368年至1398年（明洪武年间）由洛阳西陡沟，徙居唐河县北四十里的半坡村（今属社旗

成吉思汗陵和乌审旗木华黎神矛祭祀人员在洛阳

县）。南阳李姓蒙古族后裔始祖李英又名李文秀，是札剌尔氏的第九代。明朝洪武年间时，流寇猖獗，岁次歉收，克勤克俭，李文秀肩负两担，南迁来到唐河境内落籍。

武德将军咬儿五子可礼，是上海松江蒙裔李氏之八世祖，元亡，易姓李。初主华亭（今上海）儒学，后主陈留（河南）儒学，并受聘主持河南省试，为国选拔俊才。三年届满，任江西安源县令，升文林郎，赐“嘉政中士”称号。后赴京述职，在京病逝，享年五十四岁。生子萱、著、葵，萱为举人。李萱生李年，李年于1441年（明正统六年）撰修《李氏族谱》。

八、许昌市黄姓蒙古族及后裔——元成宗铁穆耳的后人

许昌市黄姓蒙古族始祖是脱脱思，是元世祖忽必烈次子真金太子的三子，元成宗铁穆耳（钦明广孝皇帝、完泽笃汗）的后裔。其后裔主要居住在今许昌市许昌县陈曹乡岗黄村，和今漯河市临颍县陈庄乡夏城村和黄连城村。

1997年5月，黄姓蒙古族后裔，陕西省铜川市政协常委、电力实业总公司总经理黄洪献前往内蒙古寻根，并见到原内蒙古政协副主席成吉思汗三十四世孙末代王爷奇忠义。奇忠义看了黄氏家谱后，写了认定书，从历史的角度认定黄姓蒙古族是成吉思汗黄金家族的后裔。

元成宗铁穆耳（1294～1307年）（源于《蒙古大汗传略》）

1.黄姓蒙古族的历史和史料

《黄氏家谱》大约是在明朝中期由黄姓第六世至第八世子孙第一次撰写，1845年（清道光二十六年）由第十四世至第十七世子孙第二次续修，1948年第三次续修，1993年第四次续修，2001年第五次续修，家谱最后定名为《大元后裔黄氏家谱》。

据《黄氏家谱》记载：铁穆耳，是元朝继忽必烈后的第二位皇帝，有两个儿子，长子德寿1306年（元大德十年）早逝，脱脱思是次子。1307年（元大德十一年）铁穆耳去世，脱脱思年幼，铁穆耳的两个侄子海山（元武宗1308～1311年在位）和爱育黎拨力八达（元仁宗1312～1320年在位）发动政变，杀死两个丞相，软禁皇后和脱脱思。脱脱思长大后，奏请元文宗图帖木儿（1328～1332年在位），被封为兵部侍中郎，后委派到河南南部襄阳郡任知府（正四品），政绩显著，遂封万户侯（正三品），累封江北王。史料没有江北王王位的记载，但王室人员封王理所应当，为正一品。从这个事例中可知，宗室或外戚人员除了在封地世代食邑外，也可以在政府里任职，以发挥作用。

元末民族矛盾激化，在灭元朝“八月十五杀鞑子”农民大暴动前夕，脱脱思被人暗中告知，他就连夜带着家眷向大都（今北京）逃亡，途中被暴动农民起义军发现并追赶，行至许昌东北一带的土岗上，有大片密密麻麻比人还高的黄柏草，脱脱思带着家人藏匿其中，逃避了危险。不敢继续北逃，只因反元起义军已经席卷黄河南北，到处都在搜捕蒙古官兵。脱脱思审时度势，决定就在此地安家落户定居下来，脱掉蒙古服装换汉服，说当地汉话，假称外乡人落难于此。为感念黄柏草救命之恩改姓黄，脱脱思改名黄遵道，居住的延秀岗改名“岗黄村”。同时，全家人日夜不停披荆斩棘，开垦荒滩，营造屋舍，谋长久生存之计。他们与附近村庄的汉族同胞互相往来，攀亲结友，互通婚姻，逐

许昌市黄姓蒙古族家谱

渐变得与当地汉族人并无两样。

黄遵道有五子，分别是长子黄思恭，迁居于今漯河市临颍县陈庄乡夏城村和黄连城村，1744年（清乾隆十三年）编有《黄连夏城家谱》；次子黄思敬，迁居于今许昌市许昌县邓庄乡蒋店村（后代人口不旺，现已绝户）；三子黄思荣、四子黄思让、五子黄思义（无后代）留居“岗黄村”。“岗黄村”有东西两门人，三子黄思荣住东院，其后代属东门人，四子黄思让住西院，其后代属西门人。

据《许昌县志》记载：“现今许昌东北距城五十余里之岗黄村黄姓者，相传为忽必烈之后裔。”如果有机会走一走岗黄村，从村民的面貌特征和风

许昌市黄姓蒙古族始祖墓园

俗习惯上仍能找到一点儿蒙古人的迹象，还能看到延秀岗的遗迹和荒地上的黄蒿草。但如今的岗黄村，也即所谓的“延秀岗”已经很平，不过是个打麦场和一些坟墓。黄姓始祖黄遵道的墓地位于延秀岗村西南，2000年清明节，黄遵道陵园竣工落成，墓地用水泥封土，每天正月初五村民们都会去拜祭。墓地被多次盗掘，周边原来有一些石雕，已经被盗走。尤其是“大跃进”的年代，许多文物石器丢失和损坏，现遗存有石人、石马、石狮、石羊、石猴、石狗、石龟、石猪等遗物，还有一块刻有“大元官颂”文字的残碑。村民绝大多数姓黄，600多年来已繁衍24代，500多户，人数近3000人，外姓只有杜、尚、贾、孙四个姓氏四户人家，而且是后来搬迁至此。2000年前

后，村民曾到内蒙古寻根，大家都愿意承认自己是“忽必烈之后裔”。如今，处于民族感情，岗黄村的青年人都愿意到内蒙古地区去打工，村里的经济主要以农业为主。

2.对许昌黄姓蒙古族历史的说明

《元史》和《史集》只记载了元成宗铁穆耳的两个儿子，一个是德寿，早死无后。另一个是塔海兰，没有次子是脱脱思的记载。但是元成宗铁穆耳是皇帝，嫔妃多子孙就多实属正常，这也是客观存在的事实。铁穆耳是1265年（元至元二年）生， 1307年（元大德十一年）42岁去世，在位11年，去世时正当壮年，不大可能只有两个儿子。从这个事例中可知，《元史》记载不是很详细，家谱是国家正史的补充和完善。

九、驻马店市梁姓蒙古族——忽必烈之孙也先帖木儿的后人

驻马店市汝南县陶台堡的梁姓蒙古族（目前汝南县梁姓蒙古族后裔还没有找到），先祖是元世祖忽必烈第五子忽哥赤之子也先帖木儿。

《新元史》卷一〇七列传记载：“忽哥赤，世祖第五子也。至元四年八月，封云南王（三等王），赐驼纽鎏金银印。时大理等处三十七部宣慰都元帅宝合丁忌哥赤来，至元八年（1271年）二月，宴忽哥赤中毒，一夕卒。”

“自忽哥赤卒，以南平王秃鲁（西南余姓蒙

忽必烈的子孙雕像

元朝王印

古族始祖）镇云南。秃鲁者太宗（成吉思汗三子窝阔台）孙禾忽子也。忽哥赤有子曰也先帖木儿，十七年（1280）十月，赐也先帖木儿云南王印；二十二年（1285），敕云南行省；二十五年（1288），换驼纽金印。武宗即位。进封营王（一等王），换兽纽金印。封镇西武宁王帖木儿不花子老的为云南王，以代也先帖木儿。皇庆元年（1312），赐福州路福安县（今福建省福安市）食邑。泰定帝崩，文宗自立于大都，也先帖木儿与平章秃满答儿奉上都之命，自辽东以兵入迁民镇，进至通州，为燕铁木儿败。齐王月鲁帖木儿袭陷上都，也先帖木儿乃罢兵归，文宗夺其王印。至顺元年（1328），还之。三年（1330）二月，卒。有二子：长子脱欢不花，次子脱鲁。脱鲁及其子孛罗相继被封云南王，随后孛罗及其子把匝剌瓦尔密相继被封为梁王（一等王），镇守云南。”

“梁王把匝剌瓦尔密，至正以后（1341年）中原盗起，云南僻在西南。明太祖（朱元璋）乃命傅友德为征南将军，蓝玉、沐英为副，率师伐之。把匝剌瓦尔密走普宁州之忽纳寨，焚其龙衣，驱妻子赴滇池死，自与左丞达的、右丞驴儿夜入草舍自刭。明人迁其家属于耽罗（韩国济州岛）。”

笔者对梁姓蒙古族记载的“汝阳”考证：梁姓所指的汝阳，不是指现河南省洛阳市汝阳县，而是指现河南省驻马店市汝南县。洛阳汝阳县的历史来历是：唐朝（618～907年），置伊阳县，因与宜阳县同音，1959年改为汝阳县。驻马店汝南县的历史来历是：隋朝（581～618年）置汝阳县，民国三年（1914），改汝阳县为汝南县。

汝阳（现驻马店市汝南县）梁姓

的第一世始祖为梁彪，二世梁志、梁忠，三世梁暹，四世梁玉，五世梁成。梁成曾经在浙江做过钱塘县尉，明朝授予他钱塘尉管军百户（正六品）。他有三个儿子，大儿子梁铭，二儿子梁镛，三儿子梁鉴。

梁成大儿子梁铭，《明外史》有记录，“官至征西将军，封保定伯爵”。据《名山藏·勋封记》记载：“梁铭，汝阳人，嗣父燕山护卫百户，从靖难（1399～1402年）守战，积功为都督府佥事(正二品)。” 1425年（明洪熙元年），他担任参将，出镇宁夏，不久去世。梁铭的后代后来移居到河北保定。

梁铭的儿子梁瑶，继承了父亲的封爵，在交趾(今越南)当兵。1449（明正统十四年），他担任副总兵，镇压邓茂七发动的农民起义，因军功受到嘉奖。没想到邓茂七手下的残余势力，宁死不屈，再次发动起义，使梁瑶受到降职处分。1451年（明景泰二年），梁瑶担任“平蛮将军”，到湖南、贵州镇压韦同烈的民乱，经过三年苦战，平息了民乱，他因此进封流侯，加禄五百石世伯。1457（明天顺元年），梁瑶晋升为总兵，镇守陕西，又在凉州平叛中荣立战功。七年之后，他被朝廷召回，封世侯，去世后赠蠡国公。梁瑶多次掌管兵权，从不滥杀无辜。他的儿子都在军中当兵，南征北战，多次立功，被朝廷授予要职，均辞而不受，深受时人褒扬。

梁成的二儿子梁镛，后来从汝阳（现驻马店市汝南县）移居到四川保宁府阆中县（今四川省阆中市），在这里形成阆中梁氏，梁成也随儿子移居到四川，梁成的老伴，则随三儿子梁鉴去了江宁（今江苏

元代毡帐顶陶车陶俑

省南京市江宁区）。

梁成的三儿子梁鉴，是在明朝初年由汝阳（现驻马店市汝南县）迁往南京的，当时居住在江宁府葛仙乡。由于子孙繁衍较快，人丁兴旺，梁氏家族分别居住在邵上村、向上村、涤口村、湖墅村等四村，其中湖墅村的人数最多、势力最大。

到了梁氏第二十世，梁宝善的一支迁居到广西桂林，在由桂林去湖南的途中，梁家的老人途中患疾，卒于舟中。正当梁家人左右为难的时候，听说当地有位姓梁的人，就去拜访。一打听，才知道是保定府遵化郡的同族兄弟，姓名梁竹君。梁竹君慷慨解囊，出钱出地，帮助他们安葬老人，其丧礼如同家人。咸丰初年，洪秀全、杨秀清在广西发动“金田起义”，太平军两次进攻桂林，给梁氏家族造成很大恐慌，大家都想去逃难，其曾祖不肯搬迁。正好梁朝议的儿女亲家黄金门在湖南永川县任职，于是去投靠了黄金门，黄金门退职之后，与梁氏人家回到长沙，不久便投靠了梁竹君，在湘潭定居下来。

梁漱溟，原名焕鼎，字寿铭。原籍广西桂林人，是元朝宗室后裔，蒙古族，出生于北京。是著名的思想家、哲学家、教育家、社会活动家、爱国民主人士、著名学者、国学大师，一生致力于社会科学研究，是现代新儒家的早期代表人物之一，有“中国最后一位儒

梁漱溟（1893～1988年）

家”之称。梁漱溟是也先帖木儿的后裔。由他主编的《桂林梁先生遗书》卷一（年谱）中写道：“我梁氏之先可考者，当元氏居河南汝阳（现驻马店市汝南县）。旧族谱载：一世也先帖木儿，为梁氏始祖，与二子（脱欢不花、脱鲁）并为元之右翎万户，孙曾袭封，终元世弗替。考元史，也先帖木儿为世祖第五子忽哥赤之子。则吾宗先为元之贵近重臣可知。至入明时，元裔之未从顺帝北归者，往往该其旧氏，汝阳地属大梁，故以梁为氏。”梁氏后人于清乾隆年间迁往广西桂林，并在梁漱溟祖父在山西做官时全家迁往北京。

十、郑州市校姓蒙古族后裔——术赤之孙撒里答的后人

郑州是具有3600年历史的商朝故都，是中国八大古都之一，也是轩辕黄帝的故里。这里有建于1276年（元至元十三年），距今已有700年历史的登封市天文观星台，是我国现存最古老的天文台，也是世界上现存较早天文科学建筑物，是元代科学家郭守敬负责建造的。在郑州的中牟县和巩义市，世代居住着校姓蒙古族后裔。

1.校姓蒙古族后裔现状

郑州市校姓蒙古族后裔，主要分布在中牟县雁鸣湖乡校家庄、韩寺镇大洪村、城关镇的东关村、姚家乡的校庄村等，总数约4000余人。巩义市芝田镇蔡庄村约800余人。在外省也分布着校姓同族。河北石家庄市栾城县柳林屯乡北长村，有约1000余人，江苏江堰蒋垛镇邱楼村、江苏兴化市临城乡校家庄等地有约2000余人，湖北陨县分布有600余人，另外约千余人，散居全国各地。全国“校”姓蒙古族后裔大约有万余人。现在校姓蒙古

成吉思汗长子术赤铜像

郑州校氏宗亲联谊会

族后裔已成立协会，定期召开联谊会，交流民族情感。目前，校姓蒙古族后裔没有被恢复蒙古族身份。

2.校姓蒙古族后裔的历史和史料

根据校姓蒙古族后裔校永泉先生的初步研究结果，校姓蒙古族始祖是撒里答，他是成吉思汗长子术赤的孙子，术赤次子拔都的长子。主要分布在郑州市中牟县和巩义市，河北石家庄市栾城县北长村、江苏江堰、兴化、湖北等地。

中牟县校姓蒙古族后裔的历史，有清朝乾隆时期国子监太学生，校氏先祖"校秀书"的墓碑碑文为证："□元时□□藩服，食邑山西洪洞县，浩繁□□□□趁在草莽册牒沦亡，各以封号记族，遂□校氏厥凌□□□至□□□科校郡庠邑庠，校较互见之后，□莫不报捷□□□子子孙孙一见之后，知校较虽异，但□□□本。"

上述碑文因为年代久远字迹不清，碑文中的大概意思是：中牟的"校"姓先祖是元朝时的元藩属国人，朝廷封地在山西洪洞，他们家族兴旺，元朝灭亡后逃难，丢了朝

乾隆时期郑州校姓先祖"校秀书"墓碑

廷册封的“册谍”，以“封号”改姓为“校”，其中一支逃难到河北栾城，一支逃难到河南中牟，分别定居，繁衍至今。碑文中的“□元时□□藩服，食邑山西洪洞县”，把校姓与成吉思汗长子“术赤”紧密联系起来了。

《元史》卷一一七列传记述了术赤的一生，现用白话文翻译如下：术赤，是太祖成吉思汗的长子。开国初期，凭着亲王身份分封在西北。那地方非常遥远，距离京城数万里，驿站信使骑马急跑二百多天，才能到达京城。由于这个缘故，那地方的州郡风俗都没有人详细了解。1227年（元太祖二十二年）二月，术赤病逝。成吉思汗命拔都继承术赤兀鲁思（封地或国家）的汗位。1255年（元宪宗五年）拔都去世，其长子撒里答继任。撒里答去世，忙哥帖木儿继任。忙哥帖木儿去世，脱脱忙哥继任。脱脱忙哥去世，脱脱继任。脱脱去世，伯忽继任。伯忽去世，月即别继任。

拔都 （1208～1255年）

1265年（元至元二年），月即别派遣使者来元大都，请求拨给封地和每年的赏赐，用来作驿站的给养，而京城从来就没有主管此事的机构。1266年（元至元三年），中书省请求设置总管府，授给正三品印信。原来赐给月即别名下的平阳、晋州、永州分地，朝廷每年给予中统钞两千四百锭，从1268年（元至元五年）开始给予他们。1308年（元至大元年），月即别逝世，儿子札尼别继任。

1227年（元太祖二十二年）7月，成吉思汗病逝。他的第四子拖雷监国。1229年（元太宗元年）8月，召开全蒙古忽里台大会后，窝阔台（成吉思汗第三子）继承大汗位。《元史》本纪第二 太宗记载：1236年（元太宗八年）窝阔台汗分封黄河以北原金朝地，其中平阳路（后改晋宁路，今山西临汾）分封给拔都，拔都又细分，各有其主，即次第授与王

妃、王子，食邑在山西平阳路的洪洞县。1238年（元太宗十年），窝阔台汗增封给拔都真定（河北正定县）、河间（河北河间市）、晋州（河北晋州市，旧称鼓城县）等五处地方。1281年（元至元十八年），元世祖忽必烈分封术赤大王湖广永州（今湖南永州市）。

1241年（元太宗十三年）成吉思汗长子术赤的次子拔都，在今俄罗斯伏尔加河中下游流域建立了蒙古藩属国金帐汗国，她在离蒙古本土最远的西方。1251年（元宪宗元年）夏，在拔都的力挺下，汗位由蒙哥继承（成吉思汗四子拖雷的长子、忽必烈的哥哥），汗位从窝阔台系转到拖雷系。拔都派他的长子撒里答带着妻妾子女前往东方蒙古朝觐蒙哥汗，拔都也向蒙哥提出让撒里答到“平阳路食邑”的问题。从政治上讲，拔都是想在东方安排自己的势力，好及时掌握和了解蒙古本土的情况。1255年（元宪宗五年），拔都在撒莱城（今俄罗斯阿斯特拉罕附近）病逝。蒙哥马上派撒里答回去接替汗位，撒里答在回去的路上或者到撒莱城不久，就去世了。

撒里答急忙赶回去时，他带到中国的子孙来不及返回，就把儿子们留在“洪洞”。撒里答去世后，没有明确金帐汗国汗位由撒里答的儿子继承，而是由撒里答弟弟忙哥帖木儿继任，因此，留在“洪洞”的撒里答儿子们就未能返

拔都建立的金帐汗国（王延青等创作）

回撒莱城，蒙哥把他们安排在原封地“平阳路”，为了不让他们干涉地方的行政权力，蒙哥就安排他们“食邑”在离平阳不远、又富足的“洪洞”，也对得起他已去世的堂哥拔都。

1357年（元至正十七年），红巾军首领刘福通分兵出击，发动了著名的三路北伐，意欲一举包围元大都，推翻元朝。中路红巾军越太行山进军山西，《乾隆潞安府志》记载“二王莫能遏”，就是说在山西的成吉思汗后王抵挡不了红巾军的攻势。在洪洞食邑近一百年的撒里答两支后代家族，只好全族一起逃难。逃难至河北栾城，分别改汉姓“校”（族内传说的木交王）、“较”（族内传说的车交王）。“校”姓留在当地（河北校姓），后部分“较”姓又逃难到河南开封，展转到中牟。在失去联系数百年后的清朝乾隆年间（1736～1796年），在一次科举考试中又离奇相遇，于是河南中牟的“较”姓就改为“校”。

1870年（清同治九年）《中牟县志》人物里，对中牟县校姓蒙古族人先祖，清朝乾隆时期国子监太学生“校秀书”有记载，对其他“较”姓或“校”姓人员也有记载。从记载中可知，1754年（清乾隆十九年）以前均为“较”姓，8年后的1762年（清乾隆二十七年）已改为“校”姓。也即“较”姓改为“校”姓的时间是1754年至1762年之间。《中牟县志》的记载与校姓先祖“校秀书”墓碑碑文的记载十分吻合。

对于汉族人而言，除非有特大的变故，一般不会轻易更改自己祖宗姓氏的。更改姓氏将被视为对祖宗的不敬不孝，是大逆不道的。清朝乾隆时期，中牟的“较”姓族人与河北栾城“校”姓族人偶然相遇后，中牟的“较”姓族人立刻改为“校”姓的举动，说明他们不是汉族人，也说明中牟的“较”姓族人十分清楚他们这一支是从河北栾城逃亡出来的，他们是同族，元朝灭亡后，有着同样的经历，为了保持一致，就很轻易地将“较”姓改为“校”姓。这种做法体现出中牟“校”姓是蒙古族人的又一铁证。

郑州巩义市一世祖“忠”，是在明初从河北栾城携家眷迁移到巩义的。食邑在湖南永州的撒里答另一支子孙，得知洪洞被红巾军占领后，他们向南逃难，至广东，改“校”姓，又北上到苏州，明初靖难期间，越过长江到江北，繁衍至今（江苏校姓）。还有一家直接北逃，至湖北陨县。

校姓蒙古族先人从山西“洪洞”逃出来的时间可能有两个时段：一是1357年（元至正十七年）刘福通中路红巾军越太行山进军山西；二是1368

年（元至正二十八年）元大都被明军占领后，进而占领山西。

1368年8月2日明军在占领大都后，明太祖朱元璋于8月15日命大将徐达、副将军常遇春率军攻取山西。徐达制定了攻取山西的战略方针，分兵两路，北路作为主力，由河北径取太原，南路作为策应，由河南北向，会师太原，形成南北合围之势。北路由徐达亲自领军，一路连克保定、真定（现正定县）、井陉、平定、寿阳。11月23日，进抵榆次。遣使令南路军迅速北进，夹击太原。南路由冯宗异、汤和率师于10月渡河北上，相继攻克武陟（今属河南）、怀庆（河南沁阳）、泽州（山西晋城）。在攻取潞州（山西长治）时，接到徐达迅速北进的命令，遂日夜兼程北进。

山西洪洞县广胜寺壁画元代“击球图”

从中牟县校姓碑文“趁在草莽册牒沦亡，各以封号记族”可以推测，1368年8月元大都被占领元朝被推翻后，地处山西“洪洞”北边的太原也很快被明军占领，本可以从太原一带向北方草原逃亡，但北归退路已被封死，形势更为紧张，对身为统治者的蒙古皇室贵族的生存更为不利，所以才在躲避明军逃亡中慌忙“各以封号记族”，隐名埋姓的生存下来。如果是1357年的逃亡，离元朝灭亡时间1368年还有11年的时间，作为蒙古皇室贵族人员，是没有必要慌忙“各以封号记族”的。但为何不往西边还属于元朝地盘的陕西和宁夏逃亡，而逃到已被明军占领的今河北石家庄市栾城县，以及随后又有一支继续逃亡到河南郑州市中牟县的原因，目前还不能圆满的解释清楚。也没有史料记载中牟县是校姓蒙古先祖的封地。

校姓蒙古族先祖隐居中牟县的原因有两种可能：

一种可能是，1357年刘福通中路红巾军越太行山进军山西后，校姓蒙古族先人到元朝中书省，今河北石家庄市栾城县封地内居住。在元末战争动乱用人之际，被元朝皇帝抽调部分校姓先族到河南江北行省的开封督战，为元朝效力。1368年2月，明军平定山东以后，朱元璋立即指示北伐军移师河南。在1368年开封被朱元璋明军占领前，开封东、南均被明军占领。攻打开封时，为防止开封北边黄河以北中书省元军的支援，开封北边元朝国道黄河渡口必然也有明军把守。1368年3月29日，开封守将李克彝、左君弼相互推诿却战，最后李克彝率部西逃，左君弼投降。为此，在开封被明军占领前夕，部分校姓蒙古先族只能往开封西边或西北安全地带逃亡。今中牟县雁鸣湖乡一带位于开封西北方向的黄河南岸，距离开封二十多公里，部分校姓蒙古先族逃亡这里，其目的是渡过黄河，前往黄河北边的中书省境内。但也许是黄河河宽浪急，不是渡口就无法顺利渡过黄河。当时的战争形势是，1368年4月8日，徐达率军占领开封后，迅速向西推进，大败脱因帖木儿守军五万人于洛水北塔儿湾（今河南偃师境内），梁王阿鲁温投降，洛阳遂为明军所有。1368年6月初，徐达令河南各军向河阴（今河南武陟西南）集结。1368年闰七月初二日，明军出师汴梁（今河南开封），渡过黄河进军元朝中书省，目的是快速占领元大都。北边有黄河天堑阻隔，西边又有明军，部分校姓蒙古先族无法自由逃亡，为了保命，于是就在当时人烟稀少的今雁鸣湖乡一带低调隐居至今。

刘福通与红巾军

另一种可能就是，1357年刘福通中路红巾军越太行山进军山西后，校姓蒙古族先人是元朝皇室人员，除了在今河北石家庄市栾城县封地内居住外，还有部分人员在元大都居住多年。在1368年朱元璋明军占领大都前

夕，和南阳王姓、河南山东苏姓、河南濮阳郭姓一起离开大都往南逃亡。在经历一些偶然事件后，比如“濮阳兵败”等，就留在当地隐姓埋名居住至今。目前，各姓蒙古族及后裔集中居住地河北石家庄栾城校姓、河北邢台市新河县脱姓、河南五个姓氏、河南山东苏姓、河南濮阳郭姓、郑州市中牟县校姓，其位置均在从大都往南逃亡的路线附近，和南阳王姓碑文“游冀北（河北北部）、走覃怀（今河南省沁阳、温县一带）”、“濮阳兵败，新乡渡河”路线相吻合。各姓先人的传说均是逃亡后隐名埋姓的，经历非常一样。由于逃亡队伍人数不会很少，所以笔者就此大胆递推和猜想，也算一种说法，究竟历史真相如何，有待继续考证研究。

3.校姓蒙古族后裔遗留的风俗习惯

校姓蒙古族后裔风俗习惯已和汉族大体一样。但还有其特点：祖居地有“较家岗”（也叫校岗）遗址，祖坟在遗址的西北方向一公里处。如果站在“较家岗”面向祖坟，按此方向延伸，就指向校姓祖先生活了近一百年山西洪洞。继续延伸，又指向遥远的俄罗斯金帐汗国所在地。祖坟的指向，是有意指向校姓先祖生活和居住的地方，是一种对成吉思汗长子术赤及后人先祖的纪念。校姓蒙古族后裔代代相传他们是元朝“王”的后裔，一个是“木交王”，一个是“车交王”，校姓人从不看《元王失江山》一类的戏曲。

校岗挖掘出来的一对石狮，上面

1843年被黄河冲毁的郑州中牟校姓祖居地“校家岗”遗址

的人物形象异于中原汉人；另一件是一个硕大的“铜铃”，从铜铃的大小判断，这个铜铃应是系在高大马匹脖颈上的，符合蒙古人的骑马喜好。校岗出土了一对“样刀”，每把刀都有百多斤重。还有 “大铁弓”，是中原汉族人所没有的。很多校姓人都是连鬓胡，眼珠比汉族人的浅黄，而且性格温良，这是长期隐姓埋名不惹是非便于隐居沿袭下来的习惯。

栾城校姓先祖的墓穴均呈圆形，直径过丈，封闭方法如蒙古包装，自下而上变小；祖先体态高大，遗骨可以证明。栾城校姓曾是名门望族或贵族，族中专门在县衙建有自己的牢房，族中人犯罪只住自己的牢房。在栾城县北长村曾建有两个花园，其中小花园占地面积40亩。祖坟曾经非常“豪华”，占地数十亩，石碑超过数十层（每代一层），松柏树木参天，人们进去看不见天。“北长村”意即来自北方成吉思汗长子后人所组成的村庄，用一般不宜更改的村庄名字来

郑州中牟校姓祖居地校岗挖掘出来的石狮

告诫世代后人，不要忘记自己先祖的来源。

十一、平顶山市马、宣两姓蒙古族——元朝重臣马秃塔儿和宣帖木儿的后人

马姓、宣姓蒙古族始祖，分别是元朝蒙古族重臣马秃塔儿、宣帖木儿，其后裔主要分布在平顶山市湛河区和叶县。

1.马姓、宣姓蒙古族现状和遗留的风俗习惯

由于马秃塔儿在1349（年元朝至正九年），被追封为范阳郡侯，其蒙古族身份的墓碑证据一直被保存着，所以马姓在解放前就一直是蒙古族身份。部分在平顶山市叶县居住的163名马姓族人，于2006年经叶县民族宗教局确认批准为蒙古族。

平顶山市马姓蒙古族始祖马秃塔儿画像

如今，马秃塔儿的后裔在荆山村繁衍28代，有蒙古族2500多口人，主要分布在：平顶山市湛河区北渡镇荆山村1500人 ，叶县廉村乡马庄村500人，二郎庙村200人，叶县水寨乡姚奉村马姓100余人，叶县仙台镇老陈庄马姓200人。宣姓蒙古族集中分布在叶县廉村乡宣圪垱（今宣庄）500多人。

700多年的时光，使这里的马姓蒙古族几乎完全失去了北方草原蒙古族的传统风俗，但他们还保留一些不同于周围汉族的风俗习惯。比如，同族不通婚，母系均为汉族；马姓家族墓地占地30亩，有一千多人的墓地，位置在荆山村北荆山山顶上，保留在最高处可以最早看到早晨升起的太阳这个蒙古族风俗习惯；族人死后穿着的“老衣”与汉族不同；敬拜蒙古族的英雄成吉思汗；编写家谱《马氏家乘》和四十字派，传承蒙古族属，世代不忘。《马氏家乘》作为独特资料，已被北京图书馆地方志和家谱文献中心收藏。

1981年9月10日将村中小学改名为郊区北渡公社蒙古族小学，1999年学校建起了教学大楼，有专职教师14人，其

荆山村蒙古族人死后穿着的“老衣”

荆山村人家里供奉成吉思汗画像和他们先祖的牌位

中蒙古族教师7人。2001年以来，蒙古族学生已有15人进入本科以上院校深造。他们从内蒙古的家乡请老师，来教蒙古语文、传承本民族的传统礼节和习俗。

1991年5月19日，内蒙古自治区民族事务委员会副主任荣盛专程来荆山调查。7月，马姓蒙古族人前往内蒙古成吉思汗陵祭拜，并得到了荣盛等领导的热情接待，荣盛为《马氏家乘》题词。1995年，第二届中国曲艺节在平顶山市举行，内蒙古自治区代表团了解到荆山村的情况后，特意来到村里探亲。2008年4月25日，内蒙古自治区锡林郭勒盟政协副主席阿格旺等12位一行，前来荆山蒙古族村庄考察访问。他们在马秃塔儿的神道碑前献了哈达，又到马秃塔儿的墓前祭拜，并表示希望今后双方加强联系，走共同发展之路。

穿着蒙古民族服装的荆山村蒙古族学生

内蒙古通辽的蒙古族老师在为荆山村孩子们教授蒙古语

2.马、宣两姓蒙古族的历史和史料

内蒙古锡林郭勒盟政协一行到荆山村

内蒙古锡林郭勒盟政协一行在马秃塔儿墓前祭拜

据《平顶山市志》对马秃塔儿的描述：“马秃塔儿，蒙古贵族出身，世袭军职。状貌魁梧，智略出群。1260年到1263年间，任侍卫军武官，为世祖忽必烈效力，运筹谋划，屡立大功，‘可赠昭勇大将军（正三品），佥书枢密院事，上轻车都尉（正三品）’。后离官，迁移到叶县荆山(今平顶山市郊区)定居，卒于家。元至正九年(1349年)追封为范阳郡侯（正三品）。”

马秃塔儿，是元朝忽必烈时期的一个正三品蒙古大将军。1259年（蒙古宪宗九年），在忽必烈和阿里不哥之间发生的汗位之争中，马秃塔儿立了大功，得到忽必烈的信赖和倚重，被授昭勇大将军等职，担负守卫京都重任。

马秃塔儿生于1224年（蒙古太祖十九年）至1264年（元至元元年），其祖父为成吉思汗统一各部落、建立大蒙古帝国立下了汗马功劳，被成吉思汗封为千户那颜（官人、首领）之一，世袭军职。祖父死后，千户职传袭于父。马秃塔儿父亲曾参与蒙古对金战争。父逝世后，马秃塔儿承袭父职。元世祖中统年间（1260～1264年），马秃塔儿已是大蒙古国宿卫军中的重要人物，官拜宣武大将军（从四品）、右翊蒙古侍卫亲军、千户，保卫元大都附近重要地点范阳郡（现涿州）的安全，后又被赠职正三品昭勇大将军、佥书枢密院事、上轻车都尉（正三品），逝世后，被追封为

1349年（元至正九年）荆山村马秃塔儿墓碑

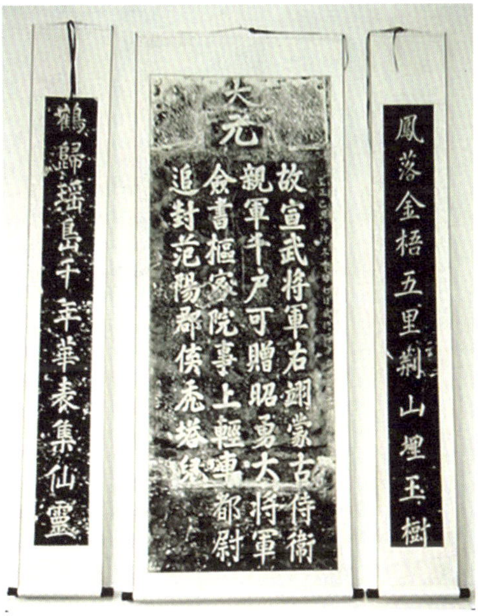

1349年（元至正九年）荆山村马秃塔儿墓碑文拓片

平顶山市北渡镇荆山村马秃塔儿墓

范阳郡侯。

马秃塔儿眷属一直在范阳，元朝成宗铁穆耳即位后，荒淫无度，无视前臣，年过五旬的马秃塔儿面对这种局面，上奏折请求解甲归田。但范阳居京都附近，易受反元起义威胁，发生战争的危险性比较大，于是马秃塔儿南迁中原，定居在昆阳（叶县）北荆山下，马秃塔儿就成为荆山马氏蒙族南迁的鼻祖。

平顶山市北渡镇荆山村马秃塔儿墓立碑保护

大约在元大德（1297～1307年）末年，马秃塔儿病逝荆山，依蒙族礼节，葬于荆山之上。1349年（元至正九年）11月27日，蒙古族武官武德将军（正五品）根据皇帝批复，为马秃塔儿修建了墓石、神道碑、翁仲、华表等，赐进士为马秃塔儿亲书了封爵。马秃塔儿之墓位于湛河区北渡镇荆山村荆山山顶上，1994年，被定为区级文物保护单位，2004年10月被定为市级文物保护单位，2006年6月被定为省级文物保护单位。由于年代久远，当年敕葬于荆山的马秃塔儿墓的翁仲已无存，仅有坟茔、墓碑和华表尚在。

马氏祖坟石碑写道：“先始祖范阳

侯（即马秃塔儿），有功于元，敕赐荆山。明兴，马氏子孙俱以胜国名臣之后获罪新朝（指明朝），因仆茔中碑石及一切天禄辟邪翁仲(陵墓前面的石像)之属而埋之，隐胜名不仕。”

马秃塔儿一家于1285年（元至元二十二年）初来荆山时，并非过隐居生活，到明朝推翻了元朝时，原来高贵显赫的蒙古人，一下子从峰巅跌入了谷底。马秃塔儿的后人因得罪新朝而招致灾祸，便推倒了祖坟中的石碑，隐去了本来姓名，不敢出仕，摘取其祖先马秃塔儿的马字为姓，随汉习，以免明朝统治者识出他们的庐山真面目。

直到明成祖时，才敢透露身份，但墓碑仍不敢再立。清朝乾隆年间，局势平稳，马氏后人把元碑从地下挖出来，立在墓前，并再立碑以记之，于是有了清朝的碑刻。上个世纪60年代“文革”时期，破“四旧”之风兴起，马氏后人担心碑刻被毁坏，又将其埋入地下，直到1987年，他们看到各种历史古迹都得到政府重视和保护，才把石碑又从地下取出，立在先人墓前，并建牌楼为其遮蔽风雨，加以保护。

明清两代马秃塔儿后人易武修文，有多人靠科举取得功名，并跻身仕途。现在马秃塔儿的墓地里还耸立着两座清代石碑，上

马氏陵园华表和雍正皇帝诰敕的功德碑

面镌刻着清代乾隆皇帝诰封马氏后人马盛麟和马周的圣旨原文。荆山村村民谈及先祖，常以“七百余年封侯地，六世明经书香家”为荣，其中“封侯”一事是说马秃塔儿被敕封“范阳郡侯”，“六世明经”则指从明朝隆庆时期马秃塔儿第12代裔孙马克钝中进士算起，到清朝乾隆时期马秃塔儿第17代裔孙马承先中举人，马氏后人连着六代辈辈出进士、举人，光宗耀祖。

马秃塔儿作为元朝驻守都城大将，后来迁居荆山，与两个弟弟均在中原做官有很大关系。据明嘉靖《叶县志》及康熙年间《南阳府志》记载：西汉杰儿在元朝“累官至礼部尚书，封南阳郡侯（正三品）”；宣帖木儿晚年死于叶县东南3.5公里处的堰头（今堰口），“宣帖木儿墓在县（叶县）东南七里，元南阳府尹（正四品）”。西汉杰儿后裔元末隐名逃至宝丰县西，至今没有找到其后人踪迹。宣帖木儿后裔元末从叶县堰头外逃，明朝永乐年间（1403年至1424年）返回，移居叶县廉村的宣圪垱村（今宣庄），随后部分后裔又迁到坟台、廉村、龙泉、旧县、常李等地。长期以来，虽然其族属对外保密，但在其族内仍世代相传，以保

平顶山市北渡镇荆山村马秃塔儿神道

证其民族心理的继承性。

十二、开封市蒙古族——清朝蒙古八旗驻防军的后人

居住在开封市西北角里城大院附近的蒙古族，是清王朝派往开封城八旗驻防军的后裔。1718年（清康熙五十七年），河南巡抚杨宗义奏请清圣祖（康熙帝）批准为八旗兵驻防而营建开封里城，建于1718年至1720年。开封里城，称旗营，俗称满洲城，位于开封城内的西北隅。

旗营驻军除满洲八旗外，还有东蒙古（俗称左翼），西蒙古（俗称右翼），共有10旗。一个旗分4条街，4条街的后面有一条官街，10个旗共有50条街。东边4旗，由南往北依次为正蓝、镶白、正白、镶黄，东蒙古（左翼）住最东端；西边4旗由南往北依次为：镶蓝、镶红、正红、正黄，西蒙古（右翼）住最西端。满、蒙官兵八旗两翼进驻开封，总共有官员32名，兵丁920人。在驻防的初期为三年换防制，后来由于此制不适宜当时的实际需要，改换防制为定防制，防军逐步将家属也迁入其地。民国初年人口达到四千多人（包括家属），其中满族兵占80%，蒙古族兵占20%左右。

开封旗营最高的统治者是城守尉，正三品，设统镇府，即城守尉衙门。旗的最高官职是佐领（俗称大老）正四品；其次是防御（俗称二老）正五品；再次是骁骑校（俗称三老）正六品；其下有领催（俗称千爷）、掌案，负责本旗日常公文事务。其各项供给全由清政府拨给，薪俸远较汉人优厚。清朝后

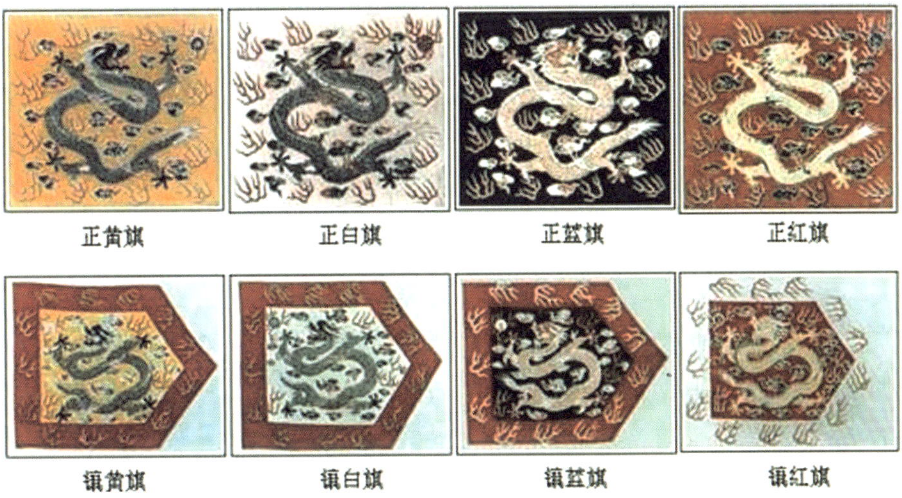

蒙古八旗标志

期，各省督抚、封疆大吏多由汉人担任，但管辖旗营的城守尉和佐领等官员，仍必由旗人担任。

在清代，旗人享有种种特权。孩子生下来即享有一定的俸禄，成年以后顶了缺，其薪俸亦较汉人为高。里城内各旗的行政事务由各旗自己管理。就是民事、刑事案件，也都由本旗自己解决处理，解决不了的，报城守尉衙门处理，如果城守尉衙门仍然解决处理不了，报理事厅衙门处理。防军的内部事务由省理事厅专管。理事厅是专门审理满蒙旗人民事、刑事案件的机构。如满蒙旗人犯罪，需要治罪的，必须经理事厅衙门审理、判决，所以只有少数驻有旗营的地方，方有理事厅的设立。旗人犯了罪，汉人无权审问。

清代取士沿承明制，实行科举制度。旗人虽亦需参加科考，但不论童试（考秀才）或乡试（考举人）都享受优待。童试每6人录取1人；乡试，每10人录取1人。和汉人参加科考，数10人、上百人也录取不上1人相比，旗人进学、中举都较汉人容易得多。但是这样优惠的政策或特权，并未能造就出更多的有真才实学的人才，相反，优厚的俸禄供给，更助长了一些旗人好逸恶劳、贪图吃喝玩乐的恶习。旧时开封一些人好架笼提鸟、遛狗、斗鸡、斗蛐蛐，大多是由旗人开始的。

清廷为维护其封建统治和防止满人汉化制定的《八旗营房制度的十条规定》规定，不准纳妾、不准经商、不准与汉民通婚、不准与民交产、不准卖唱及登台演戏，旗人女子禁效汉人装束，未经选秀不准私相订婚等，这些清规戒律一直到了清代后期才逐渐放松。

1912年清帝退位，民国成立，旗人的一切特权都随着国家的兴替化为乌有，但根据前清和民国临时共和政府签订的所谓“皇族待遇条件四，满、蒙、回、藏待遇条件七”，居住在里城的旗人仍然可以按时领取粮饷。虽然比照过去少了许多，但对于世代依靠俸禄为生的人来说，不劳而获仍然使他们心灵上感到某些平衡和安慰。这项待遇执行一段时间之后，各地陆续断绝了旗营的粮饷供应，据说唯独开封仍然按照民国政府对逊清的“优待条件”全部供给。这种情况一直延续到1922年（民国十一年）10月冯玉祥遣散旗营时为止。

冯玉祥的部队进驻开封后，以搜查枪支弹药为名，搜查了旗营住地。接着，冯玉祥任河南督军，将旗人赶出了里城。1922年，冯玉祥驻豫时，其部鹿钟麟派人将里城大院的城墙及营房全部拆毁，居住在里城大院的满、蒙古族约4000人全部被赶出去。集中满蒙旗人中之青少年一千来人，送至郑州豫丰纱厂做工，学习谋生手段，其余所有成年人带其家人老小，分别迁到通许、杞县、陈留等地分田务农。

不到一年时间，也就是1923年，大部分迁出去的满蒙族人，由于多年来养成了吃喝玩乐、好逸恶劳、提笼架鸟、打猎斗鸡、玩花逗虫的习惯，在工厂里不会做工，在农村不会种地，最主要的是吃不了苦，因生活无着，除郑州留有约300人外，其他的又都陆续回到了开封，在旗营旧址东半部搭起窝棚居住。生活主要靠刮盐土，熬硝碱，熬盐，卖煤土为生，较前一落千丈，极为困难。

1924年，开封满族生物学家、东南大学教授翟炳志（秉志），从南京回到开封，以满蒙族人名义向政府和社会呼吁救济，新盖了一百多间房，即今日的里城大院。但并未能从根本上解决满蒙族人的生活问题，他们绝大多数仍然过着食不果腹，衣不蔽体的穷困生活，一直持续到开封解放，情况才有了改变。

清朝蒙古八旗军排兵布阵

开封古城城门

河南、山东苏姓

苏姓蒙古族后裔——忽必烈第九子镇南王脱欢家族的后人

1.苏姓蒙古族后裔的历史和来源

据2008年《蒙古濮阳苏氏族谱》记载，河南、山东苏姓蒙古族后裔的始祖是苏克明，是元朝蒙古人。目前，苏姓蒙古族后裔已确认其始祖苏克明是元朝皇室义王和尚。而南阳王姓蒙古族人考证后，也认为王姓始祖之一王成也是义王和尚。两地几百年来从没有来往，也不知道对方，而结论相一致，充分说明两地有很近的血脉关系。笔者考证认为：苏姓蒙古族后裔和南阳王姓蒙古同属一支，他们的始祖可能都是义王和尚本人或义王的后代。苏姓蒙古族后裔主要分布在河南省濮阳市、安阳市；山东省菏泽市等地，其中菏泽市皇镇乡王桥村的千余王姓蒙古族，其先祖也是蒙古苏氏的后裔，菏泽市王姓和苏姓同属一支。濮阳市、安阳市、菏泽市，在元朝时期都归中书省管辖。

苏姓蒙古族后裔除了始祖苏克明外，还有和南阳王姓、河南五个姓氏蒙古族后裔一样，世代还传承“四拖王”的传说，充分说明三地蒙古族后裔有着特殊的亲缘关系。

《郓城县志》第三编记载：“五界首乡苏楼苏氏，原系蒙古。元末明初，其祖四处奔逃，被明军围堵在药材地里，追其姓名，遂指苏子（一种药材），明军信其言，放行，自此姓苏。”苏姓先祖取汉名苏克明，意为死而复苏，克明复元。郓城县五界首乡苏楼村苏氏，是蒙古苏氏的长门长支。濮州土地荒芜，人烟稀少，适宜隐居生存。据记载：距元末过23年后的1391

苏姓始祖苏克明画像

年（明洪武二十四年），仅有1734户，人口约有12078人。濮州近领范县、观城、朝城三县，平均一县只有4000人左右。1368年（元至正二十八年）7月28日后的五天内，在元大都被明军占领前，元世祖忽必烈第九子镇南王脱欢家族诸王，包括淮王、镇南王、威顺王的子孙所组成的队伍，在义王和尚的统领下一起逃亡，这些逃亡人员就是南阳王姓和濮阳郭姓蒙古族先祖们。他们在逃亡到河南濮阳与明军偶然相遇后被打败，如今的苏姓和濮阳郭姓蒙古族后裔，

2008年续修的苏氏族谱

是“濮阳兵败”后被迫留在当地的蒙古人。濮阳市濮阳县郭姓蒙古族后裔，他们的始祖是元末蒙古人郭庸，郭庸是与监国淮王等人一起坚守大都的将领。笔者研究后认为：郭庸在大都殉难后，其妻金县公主携带其子，跟随义王所带领的队伍，一起离开大都，沿着元朝官道向河北省和河南省方向逃亡。路经大名（河北省大名县）、彰德（安阳市）、开州（濮阳）、过黄河，以投靠在西北的元军。在“濮阳兵败”后，金县公主及其子，与苏姓始祖苏克明一起，被迫留下隐居在濮阳一带至今。

《苏氏族谱》中称：“高祖府君讳克明，生于元季，上世莫可考者，洪武初占籍于濮，人传闻骁雄勇健，时当草昧，带乘骏（良马）持槊（长矛）以自随卒免于乱，娶赵继郑，生六子，兵戈之后芦苇满目，乃极力恳田，初不下千余亩。子孙至今衣食饶裕皆遗业云。”族谱中所谓六子，即长子苏和，仲子苏义，叔子苏礼，四子苏顺，五子苏德，季子早亡。

苏克明在进行屯垦的同时，又招募了乡兵，并由其次子苏义率兵，在濮

州成城守土，治安平寇。招募乡兵，实行屯垦，以军力控制州县，以此作掩护，安居自保，很快成为濮州望门鼎族。他所领导的乡兵，逐渐得到明王朝的承认，被编为朝廷的正规军，并以苏氏乡军为基础“置平山卫于山东”，在行政上隶山东布政使司东昌府。苏克明次子苏义为平山卫第一任指挥使（正三品），后代世袭。

苏氏乃是官宦之家，各代都有当朝之官或著名人士，尤其是明朝中后期，苏氏出仕做官者比比皆是，族谱记载颇多。据不完全统计，明清两代，苏氏族人考取进士的5人，举人9人，贡生36人。入仕为官的490人。在学业方面，增广生98人，太学生19人，庠生207人，监生87人，武生37人。

苏姓五世祖苏祐画像

历史上，苏姓蒙古族后裔比较有名的是五世苏祐、生于1493年（明弘治六年）死于1573（明万历元年）年。苏祐，字允吉，号舜泽，明代东昌府濮州人，文学家，政治家、军事家。1526年（明嘉靖五年），苏佑中进士，被任命为广东道御史，平大同乱军。后升为江西督学副使，又任山西参政，治理雁门三关，不久，被提拔为大理少卿及右副都御史（正三品），再任刑部右侍郎（正三品）。不久改任兵部侍郎，又以本职兼佥都御史，行宣大总督事。1553年（明嘉靖三十二年），苏佑升为右都御史（正二品）。不久，乱军十万，南入紫荆关。苏佑疾驰前往，顶风冒雨，日夜兼行，在永安堡与敌交战，五天内杀敌四百余人，敌军逃去。此事奏告天子，皇帝下旨，举国欢庆，祭告天地，通告边防，提升苏佑为正二品兵部尚书，并封苏佑之孙为锦衣正千户（正五品）。

当时，苏佑在朝中威望极高，皇帝调他到朝中做官。适逢总兵岳懋诬告苏佑不请兵饷，因而苏佑被逮捕入狱，等查清事实，苏佑乘此辞官归田，自愿为庶人。1573年（明万历元年）去世，享年八十，葬于濮州城东北白云庄。

《苏氏族谱》或《濮阳苏氏族谱》始修于明1533年（明嘉靖十二年），然而世道纷乱这份家谱丢失。1561年（明嘉靖四十年），苏佑率族人修宗祠，续家谱。1925年（民国十四年）重修。明清至今，家谱几经续修。2008年苏姓族人又续《蒙古濮阳苏氏族谱》，共十卷，约百万字。

1756年（清乾隆二十一年），《曹州府志》卷二十二记载："濮州苏氏，其先本元蒙古之后，至兵部侍郎。祐始以进士起家，官总制，以诗文名海内。其祠堂藏始祖某所用铁槊重百斤，今尚存。祐数子皆能文，有苏伯子、

苏姓五世祖苏祐墓地

苏仲子、叔子、季子等集行世。季子任侠，名重一时，人称苏八公子。"宗祠院内现存1896年（清光绪二十二年）的《祖庙碑》两通。碑记中刻有："原余苏氏始祖讳克明，字进迪。公生于元季，明洪武兴，隐居于濮，相传为元室宗派，自来有遗像，瞻其衣冠绅笏，确有足征生平，常持槊自遂，因号钢锸公。"

以上史料均可证明苏氏系蒙古元室后裔。苏克明所用之槊乾隆年间尚存于祠堂中，这杆槊现在仍收藏于苏氏子孙家中。铁槊，是长矛，古代的一种兵器，十八般兵器中的重型兵器之一，是由矛和棒演变而来的，多用于马上作战，力大之人才能使用。

鄄城苏氏居地现存一宗祠，建于明初，坐落在苏氏老家村南600米的"北王召"，即蒙古苏氏祖庙，是各地族人景仰的圣地。蒙古语称寺庙为

苏姓家传八思巴文字印章

“召”，北王召即北王庙，意为从北面大都迁来的蒙古王室族人的祠庙。祖庙始建于洪武初年，是祭祀成吉思汗以下元朝帝王之神圣殿堂，庙院内有石狮一对，是苏克明初建祖庙的实物，可为祖庙始建年代的历史见证。

1399年，苏克明一病不起，逝世于平山卫老家营，享年72岁,葬苏老家西南现鄄城县园艺一场。墓前有五世孙“前兵部尚书苏祐”立的墓碑，现保存完好。苏氏宗祠初建时，门上还有一副楹联，为苏克明亲笔提书，上书“基开蒙古有元世”，下书“家传基业占濮阳”。

苏克明过世后，其子孙将其画像供奉于祠堂中，并为之又增书一副楹联“昔实元朝君亲，今为苏氏始祖”。这些对联中，反映了苏氏是蒙古元裔之实。宗祠中挂有苏克明的巨幅画像一轴，据传，这幅画像是明初人所绘，距今已有六百多年历史。

苏姓蒙古族后裔保存有家传“圣主成吉思汗黄金家族之宝”印，印的文字是八思巴蒙古文字。但据专家考证，元朝没有“圣主黄金家族之宝”的提法，应当是清朝以后一直到现在的说法，应该不是元朝时期的遗物。根据这个印章的内容，可以确定苏姓蒙古族人是成吉思汗黄金家族的后裔。

八思巴(1235～1280年)是藏传佛教萨迦派的第五代祖师。1260年（元

八思巴铜像

中统元年）八思巴被忽必烈尊为“国师”。期间，奉诏创制新蒙古文字,并于1269年（元至元六年）颁行全国，俗称“八思巴文”。八思巴所创制的蒙古新文字属拼音文字，共有41个字母，是根据古藏文字母创造的。八思巴文作为国字颁行全国。使用新字的初衷是译写蒙古帝国、大元疆域内八方民族不同的语言，这实际上相当于现代的国际音标，用八思巴文拼音拼写各民族语言，但在中原民间还是使用汉字。所以，八思巴文最终主要应用于官方文件。国家培养专门人才学习该文，使得八思巴文成为贵族文字。皇帝派遣只懂得八思巴文而不懂蒙古语的汉族官吏，到军营传达情报。这就类似密码，汉族官吏不懂蒙古语，不了解自己带来圣旨的真正含义，而蒙古族将帅却能安全准确地收到情报。伴随着蒙元帝国的消亡，八思巴文亦也逐渐废弃，成为一种“死文字”。蒙古族又使用回鹘蒙古文，经过改革成为我国蒙古族现在使用的蒙古文字。

鄄城苏氏居地还遗留下来一些古迹，例如，苏氏祠堂、堂内供奉的始祖苏克明的牌位、蒙古苏氏敖包、鄄城县苏恩墓和牌坊、苏述御史牌坊、司马桥等。元末明初，濮阳一带人烟稀少，苏克明来到后，保留蒙古习俗，在河南濮阳市华龙区南里商村等地，置办占地面积很大的马场，用于养马驯马。如今的苏姓族人还记得，在新中国建立前，他们的爷辈们还保留有一千亩以上的马场私产，还十分清楚马场的具体范围。

祠堂内供奉始祖苏克明的牌位

苏姓族人，分别于1995年8月、1995年10月、1999年11月、2003年9月，邀请全国相关专家和学者多次到实地进行了深入细致的考察和研究，召开论证座谈会，得出结论：苏姓族人确实是蒙古族。2003年9月14日，有18位专家学者出了一个《苏氏族属认证书》，内容如下：⑴苏氏家庙碑文（明代所立）记载着他们是“元裔”即元代蒙古人的后裔；⑵《曹州府志》也明确记载了苏氏民众为蒙古人；⑶现代苏氏后裔语言中保留了一些蒙古语词汇；在他们的日常生活中遗留着一些蒙古族特有的风俗习惯；⑷有强烈的民族感情和心理素

苏氏四世苏恩墓和牌坊

质。苏氏民众中世代相传他们是蒙古族，具有强烈的民族感情，很多人希望恢复族属，希望国家在法律上承认他们是蒙古族的一部分。

2.苏姓蒙古族后裔现状

从元末明初1368年到现在的640多年中，苏姓蒙古族人，已繁衍29代，主要分布在

苏述御史牌坊

山东郓城苏氏祠堂

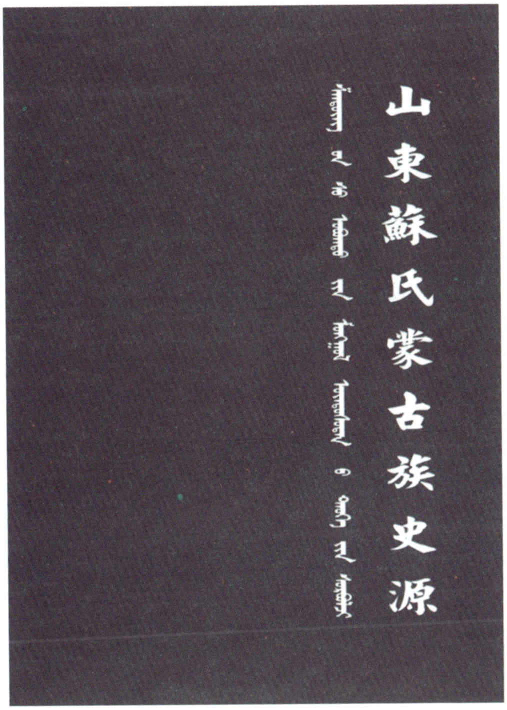

苏姓族人编写出版的书籍

河南濮阳市华龙区南里商村、范县王楼乡苏庄、安阳市内黄县、滑县赵营乡苏寨村、山东鄄城县什集镇苏老家村、北王召村、菏泽市牡丹区沙土集村苏庄、皇镇乡王桥村（王姓蒙古族）、郓城县五界首乡苏楼、江苏南京市、山西交城县、河北河间市等地二百余村，据现有资料统计人口约八万左右，其中山东鄄城县境有45个村，人口约一万一千人。苏姓基本上没有恢复蒙古族身份。苏姓族人在电脑互联网上采用国际顶级域名建有山东省苏氏蒙古族网站，以便于全国苏姓蒙古族人交流。

蒙古苏氏20世前，辈次紊乱，为辈分有序清楚，自21世后须按规定辈次取名，一直排字到40世，以示尊祖敬宗之意，苏氏辈分排字如下：衍、本、照、堪、锡、淑、格、耀、在、铭、泽、林、煜、幸、镜、鸿、栋、焕、佳、钟。

2003年3月，山东蒙古苏氏代表团去成吉思汗陵祭祖，受到了成吉思汗陵园管理局的热情接待。苏氏祖宗画像墓碑、族谱、石刻等大量文献资料，在成吉思汗陵金顶大帐展出，中央电视台国际频道和西部频道摄制组予以纪实报道。最近几年，苏姓族人积极和当地政府联系，希望建立蒙古民俗度假旅游项目，来发展当地经济。2009年，苏姓族人编写出版了《山东苏氏蒙古族史源》一书，摘录了许多学者、名人有关蒙古苏氏族人的精辟论述及各国媒体的报道。

2008年10月，山东苏氏蒙古族族人代表，在鄄城县北王召家庙内进行祭奠先祖苏克明的活动。有来自河南、河北、山西、安徽、内蒙古、江苏、新疆、黑龙江、贵州、辽宁、云南、甘肃、广东等地的苏氏族人参加。

3.苏姓蒙古族后裔遗留的风俗习惯

从语言上看，河南省濮阳苏姓蒙古族人，日常说濮阳方言。山东省菏

苏氏蒙古族人代表在鄄城苏氏祠堂跪拜

泽市鄄城县苏姓蒙古族后裔日常说山东鄄城方言。从风俗习惯上看，与当地汉族已经没有什么大的差别。但是在他们的心理上，蒙古风俗仍占有重要位置，有如下特点：

濮阳蒙古苏氏族人世代保持祭拜祖先的习俗，每年春节，全体族人首先面向西北方向诵经（与佛经类同）祭拜草原的远祖，不忘根本，这种祭拜方式符合蒙古习俗。然后再祭拜来到濮阳的始祖苏克明。苏氏族人世代有习武的习惯，传承蒙古长拳，至今还有很多人在练习此拳法，强身健体。苏氏族人十分团结，极为热爱自己的家族。

山东鄄城蒙古苏氏族人尚保持如下风俗习惯：

⑴“冶铁祭祖”。这一古老传说，仍在这里无声地传承着。相传，几千年前，蒙古人遁入额尔古纳，繁衍生息，最后冶铁出山，徙入草原，成为北方闻名于世的游牧民族。后人为了纪念这次具有历史意义的举族迁徙，每当过年时，蒙古人都要合家作一次冶铁出山的表演，以示纪念。鉴于客观条件的限制，一般都是在除夕午夜，燃一堆篝火，旁边放一铁砧，然后将铁条放入篝火中烧红，拿出来放在铁砧上用铁锤锻打，象征性的祭祀祖先的迁徙。与此同时，举家守火，并向西北方向叩头。后来，随着时间的流逝，这种“冶铁祭祖”的仪式，逐渐演变为只拢一堆篝火，向火献酒、献肉、献奶、叩头，以代替远古的冶铁。

鄄城蒙古苏氏，对这一习俗沿袭至今，每年除夕，在祖宗牌位前，生篝火，献酒、献肉、献香、献糕，然后举家叩头，行祭祖礼。虽然“冶铁”这一形式已消失，但拢火致祭这一仪式仍在继承着。民俗随着客观环境的变化而变化，在蒙古草原地区，按照牧业生产状况，祭祖时要献奶食品，肉食品，而在鄄城地区，他们按照农业生产状况，祭祖时献香，献面食品、糕点等。祭物虽有异，但其形式与意义却相同。这与汉族祭祖显然是有一定区别的。

⑵"代代口传所属部落氏

蒙古先民大火溶洞图（王延青等创作）

族"。这是蒙古人无文字时期最重要的习俗之一。蒙古族部落庞杂，支系繁多，加之13世纪中叶以前没有文字，对自己家族部落支系不能记载，因此采用口传的方式，使后代知道自己所属部落支系。在蒙古族地区，自己属于哪个部落，童叟皆知，尤其远离草原的蒙古人，更为重视对后代的传授。鄄城地区的蒙古人，也继续了这一习俗，尽管他们所居之处，周围村落几乎全是汉族，日常接触的全是汉文化，但他们每个人都知道自己是蒙古人，是元朝皇族的后裔，包括那些正在学校读书的儿童。一个人的民族心理素质，是任何东西也取代不了的。这是积淀最深的一种文化现象。

⑶"实行族外婚制"。这也是蒙古族的古老婚俗。同部落不通婚，实

蒙古人祭火用具

行族外婚制，已有相当长的历史，在蒙古社会，有专门相互通婚的部落，绝对禁止同部落氏族内通婚。鄄城的蒙古族一直在恪守这一原则，祖辈相传，沿袭至今。例如，住在菏泽市皇镇乡王桥村的千余王姓蒙古族人，虽不姓苏，但其先祖是蒙古苏氏的后裔，所以，他们与蒙古苏氏家族从不通婚。

⑷“祭祀敖包”。是草原蒙古人最信仰的一种习俗。蒙古族最初把敖包作为保护神来祭祀，后来逐渐演化为祭天、祭地、祭祖先的形式。元末明初时，鄄城蒙古苏氏仍有这种习俗，后来在农业文化的熏陶下这种信仰淡化了，但是人们仍有记忆。在苏氏老家村北有一高地，正月里人们常到那里去自右向左，按顺时针方向转圈。事实上，这种方式就是历史上曾经信仰过的转敖包习俗的演化。近年，苏氏老家的群众在这里重新垒石建起敖包，并进行祭祀。这说明民族的风俗习惯是根深蒂固的，在相当长的时间内是不会自行泯灭的。

⑸“生诞标志”。蒙古族人家妇女分娩后，要在蒙古包或房门挂一标志，生男婴挂一个小弓箭，意为长大了精武善猎；生女婴挂一个红布条，意为成年后心灵手巧。在鄄城蒙古族中，现在还有这种遗俗，不过已不像草原地区的蒙古族那样完整。他们家中有妇女生孩子后，不论生男生女，门上都挂红布以示吉祥。这个风俗已经演化到只区分生诞，而不区分男女性别的程度，这也是蒙古生诞习俗的嬗变。

⑹“房门朝向”。蒙古人在历史上主要住穹庐毡帐，俗称蒙古包。因为蒙古族是敬天敬日的民族，所以蒙古包的门都朝向日出方向，即向东或向东南。后来农区蒙古族的房舍也根据古老的传统，门向均朝东或东南。这种习俗在鄄城蒙古族中仍有保留，尽管他们住的都是青砖瓦房，四合大院，但他们的房门仍然遵循古俗，门向朝东者颇多。尤其宗祠的广廊门自古以来就朝东。

⑺“图勒失邻”习俗。图勒失邻是蒙古语，意为“烧饭”，烧饭之俗源于契丹人，即人死后，过清明或其他节时，在坟地前或村路口，拢一堆篝火，向火中献各种食品、烟酒糖茶、布条、黄纸、冥钞等，以火焚之并向故人祷告，这就是图勒失邻。蒙古人继承了契丹人这一习俗。鄄城蒙古族中也保存了这种传统文化，他们为故人烧饭时，也随之烧些其他祭品，以示祭奠，实为异曲同工。

山东鄄城蒙古苏氏敖包

山东省

山东，古为齐鲁之地。13世纪蒙古人入主中原，首先经略的地区就包括山东、河南、河北等。元朝时期，山东归中书省管辖。目前，山东有五十多个少数民族。2000年第五次全国人口普查，山东省蒙古族人口23743人。

蒙古圣主成吉思汗当年邀请山东全真道教掌门人丘处机（1148～1227年）远赴西域探讨天下大事，两人建立了密切的个人关系，因此被成吉思汗所敬重。元世祖忽必烈时，追封其为“长春演道主教真人”。元朝时期，大量蒙古军士和官员移住山东，因此蒙古人和山东结下了不解之缘。

一、烟台市都姓蒙古族后裔——元军五部探马赤军帅必里海的后人

1.都姓蒙古族后裔现状

都姓蒙古族集中居住在烟台市牟平区姜格庄镇北头村，旧称北疃，是黄海岸边的一个亦农亦渔村，现有700多户，2000多人，村里98%的人姓“都”。目前，烟台本地“都”姓人口为6597人，其中牟平就有5206人。

1985年5月30日，来自牟平的大连阎店乡郭屯村“都”姓人，恢复了蒙古族身份。据说，全国各地所有姓“都”的人都是先后从这个村子里走出来的，他们称自己是蒙古族必里海的后裔。据最新统计，全国都姓人口目前共计153300人（不包括军人、港、澳、台胞），分布于全国各省、市、自治区。其中都氏人口最多的省份是山东省，共计20367人，其次是河南省，有17025人。都氏人口最多的城市是大连市，有7318人，其次是烟台市，有6172人，在这些人中有一部

丘处机（1148～1227年）

分人恢复了蒙古族身份。

都姓蒙古族已深度汉化，风俗习惯与汉族基本没有区别。都姓蒙古族制定了中华都氏家族联谊会章程、召开过全国以及各地都氏宗亲寻根祭祖会、座谈会和联谊会、建立了各地都氏家族联谊筹委会，举行了都氏渊源历史专题讲座，建有“都氏家祠”博客，方便了全国各地都姓蒙古族人的交流。2007年7月18日，烟台电视台2套《走进乡村》栏目，对都氏家祠守护人都基开进行了专访，拍摄并播出了《祠堂守护人》节目。2008年，创作了都氏家族歌曲《自豪的可汗后代》，由内蒙古都氏族人都业国作词、阿古拉作曲、额尔敦演唱。2010年2月，内蒙古电视台《蔚蓝的故乡》栏目，走进山东牟平都氏家祠拍摄了专题片。

内蒙古卫视《蔚蓝的故乡》摄制组走进都氏家祠

2.都姓蒙古族后裔的历史和来源

烟台市都姓蒙古族始祖是必里海，他是成吉思汗黄金家族宗室出身的元军五部探马赤军帅，进军中原平定金军以后，以其卓越的功勋，被封为中书省益都路宁海州（辖今牟平、乳山、文登、荣成一带）军事、政治、经济的最高长官都达鲁花赤（从四品），兼管本州诸军奥鲁（老少营）劝农事（鼓励耕作之意），并具有世袭特权。“都”是总的意思，都达鲁花赤，官职高于达鲁花赤，兼管几个州府。1857年（清朝咸丰七年）编、1921年（民国十年）续编《都氏族谱》序：“都氏系皇元宗室。始祖讳必里海公，元初为牟平达鲁花赤兼管本州诸军奥鲁劝农事。必里海公卒，讳抄儿公袭，抄儿公袭卒，讳不老赤公袭。嗣后皇元鼎革隐居于乡。明太祖（朱元璋）存先代之后，赐姓曰都，都氏自此始。

全国都氏宗亲座谈会

元至正八年（1348）御赐都氏元帅府青花瓷

都姓族人、辽宁师范大学历史系教授都兴智研究认为，必里海在《元史》和《新元史》里有多处记载，必里海就是《元史》里的五部探马赤军帅“不里海（合）拔都儿”，《元史》里的“孛里海”、“不里海”、“不理合”等，均为“必里海”同一人名的汉字异译。拔都或拔都儿为蒙语“勇士、英雄”之意，在这里是称号而非人名。

1864年（清朝同治三年）重修《宁海州志》：“元初，必里海以功历迁至都达鲁花赤，兼管宁海州诸军奥鲁、劝农事。中统元年，海死，子孙袭其职，遂占籍牟平”、“抄儿，牟平人，海之子，袭本州达鲁花赤职”、“不老赤，牟平人，海之孙，袭本州达鲁花赤职”。

综合各种史料记载：蒙古灭金后，五部探马赤军分镇中原，不里海拔都儿（必里海）以军功授宁海州等处都达鲁花赤，镇守益都路辖下的山东半岛，所赐食邑封地在山东德州等处。1260年

元至正八年（1348）御赐都氏元帅府青花瓷底字

（蒙古世祖元年）忽必烈称汗，必里海死。1271年（元至元八年）忽必烈定国号为元，元朝正式建立。这一时期是必里海的儿子抄儿任牟平达鲁花赤。抄儿去世后，必里海的孙子不老赤任牟平达鲁花赤，历经至元、元贞、大德三朝。不老赤任达鲁花赤的时候，元朝开始恢复科举制度，并取消地方官员的世袭制度。1308年（元至大元年），不老赤去世以后，必里海的子孙不再担任达鲁花赤之职。但是必里海家族，历经整个元朝，在当地已经形成了一个非常显赫的大家族。必里海家族为皇家宗室，必里海及其子孙为官独善慎行，磊落光明，忠厚传家，深得百姓爱戴，在当地一时传为佳话。

不老赤的孙子德里都，在1329年至1348年（天历二年到至正八年）任江西行省广东道宣慰使（从二品），德里都的父亲叫思已古，儿子叫维伊斯坦。

烟台北头村都氏家祠

必里海家族，历经整个元朝，传承脉络清晰，即必里海→抄儿→不老赤→思已古→德里都→维伊斯坦。以上为长子，也是官位继承者。

元朝末年，各地农民起义风起云涌，蒙古统治摇摇欲坠，阶级矛盾上升为民族矛盾，起义军对元朝统治者的仇恨迁怒至整个蒙古族人。必里海及其子孙，虽然居住汉地近百年，并逐渐消除了蒙古人与当地汉族的差别和隔阂，与当地百姓和睦相处，但是自身的蒙古贵族身份却仍然没有影响起义军对他们的仇视。当地汉人感念祖上恩德，在杀戮异族风盛之时，舍命相助，保全了必里海后人的繁衍生息，使都姓在当地扎了根。

烟台北头村都氏家祠内

为避战乱，必里海的子孙们隐居民间。明朝景泰年间（1450年至1457年），有三兄弟分别为都镇、都亮、都宁，离开牟平城，往东北方向仅走了60华里，仍然没有离开故土。此地北为海，东为山，回首西南，一马平

烟台北头村都氏族人祭祖

都氏族谱

川，于是决定在此定居，遂起村名为北头村，即今天的山东省烟台市牟平区姜格庄镇北头村。他们本不懂农桑，又不会捕鱼，汉蒙杂处，习俗各异，语言不通，其生存之难可想而知。但他们不甘就此没落，为谋生存，在当地汉族兄弟的帮助下，勇于开拓，拼搏不已，“养牛习耕作，造船学捕鱼”，经过世世代代的适应、磨炼，终于改变了原来游牧民族的生活和生产习惯，逐步消除了与当地汉族人民的种种差异，而融为一体。

牟平北头村的“都氏家祠”保存完好，是必里海后人保存至今最为古老的都氏家祠，家祠何时所建已经无从考究，镶嵌在院内墙上的一块石碑记载着在1802年（清朝嘉庆七年）曾被修缮过。家祠里至今仍然悬挂着镇、亮、宁三位都姓先祖的宗谱，每逢春节、农历七月十五日，族人祭拜宗祠时，必写一传统对联，以志本族之渊源：“奥鲁劝农，在元朝总执州事；以官为姓，至昭代世处海滨”。

1857年（清朝咸丰七年），都氏子孙都寿仁开始编修《都氏族谱》。此族谱追溯到此前四百余年的亮、镇、宁三位先祖为一世祖。《都氏族谱》记载的都氏辈分共计70辈。排列顺序：镇国应宏汝，呈思丕世悦，元本兴基业，书田永克昌，进修传广训，继述正伦常，大礼允宜守，维新福日长，清官来受宝，德振泰之阳，和贵可明远，鸿启在义方，学络铭玉吉，殿栗乃增光。北头村都姓之族至今已繁衍了17代。

二、淄博市刘姓蒙古族——斡罗那歹氏的后人

1.刘姓蒙古族的现状

刘姓蒙古族，主要集中居住在淄博市临淄区齐陵镇刘家营村，人数一千多人。始祖刘五公，是蒙古帝国时期木华黎经略中原时随蒙古驻军进驻山东的，原系蒙古族斡罗那歹氏族人，后来

定居于此，驻守山东，后人世代繁衍居住在山东省。

1980年，当地政府为临淄区刘营村刘姓蒙古族同胞恢复了蒙古族籍。在这之后十几年，省、市民委先后向刘营村拨款数十万元，扶持该村兴修了水利，新建了学校，购买了大型机械，改善了吃水条件，扶持刘营村建立了颇具规模的蔬菜温室基地。省、市、区都有该村的人大代表、政协委员。1981年10月，刘营村原村支部书记刘玉德，非常荣幸地参加了全国各民族参观团，受到了党和国家领导人胡耀邦、万里、习仲勋、韦国清、倪志福、陈慕华的接见。1988年，该村被省政府授于全省民族团结进步先进集体荣誉称号。1990年，该村被国家民委授予全国民族团结进步先进集体荣誉称号。

2.刘姓蒙古族历史和史料

斡罗那歹氏，是古老的蒙古氏族。据记载蒙古世系和成吉思汗历史的蒙文汉译《元朝秘史》、《蒙古秘史》等史料记载，从传说的蒙古始祖开始，到第18代时有一人名“抄真斡儿帖该”，此人生有六子，长子叫斡罗纳儿，他的子孙就以斡罗那儿为姓氏，也叫斡罗那儿台。《元史》上有斡儿那、斡鲁那台、斡剌那儿几种写法，都是对同一蒙语的不同汉字译写。斡罗那儿是第19代，成吉思汗是第23代，但他们不是直系。斡罗那歹在元代是一个大族姓。

成吉思汗创业建国时，斡罗那歹族的阿术鲁、巴剌、乞失里（启昔

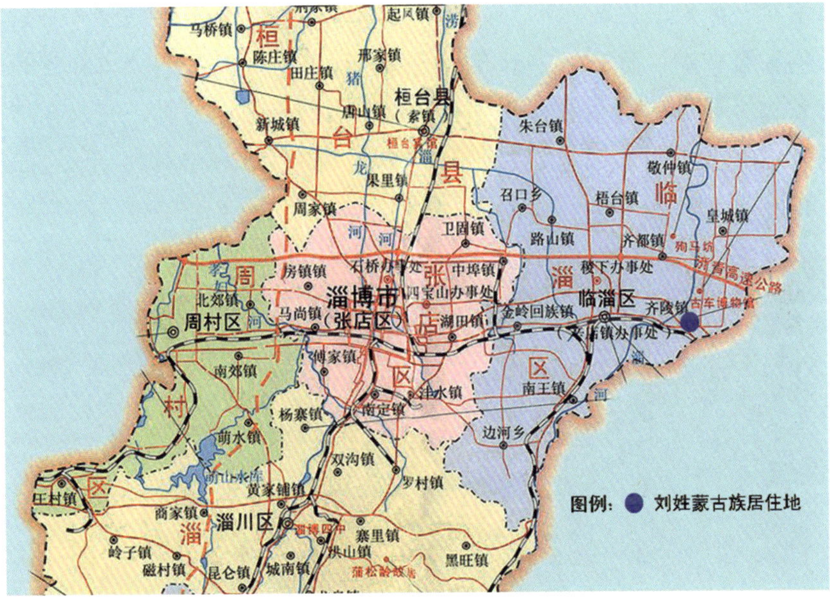

刘姓蒙古族居住地地图

礼）等人都立有功勋。乞失里的曾孙哈剌哈孙，在元世祖（忽必烈）时曾做大正宗（大司法官）、湖广行省平章政事，元成宗时为中书省右丞相。巴剌的曾孙买闾，在1333年（元统元年）曾考取进士，可谓人才辈出。

1979年出土的刘五公碑文记载："高祖五公，系斡罗纳歹之人也，充蒙古军役"；"李侯兵革被俘，英勇不屈，不肯下跪"；"将见勇而忠孝，留之，遂得脱。后之苗裔因留曰姓，故曰刘"。此碑立于1346年（元至正六年），立碑的是第二代僧住和忽都二兄弟。

1271年（元至元八年），元政府充实驻军兵力，每军拨赐草场地七顷，因驻在营丘（临淄）。由于刘五公弓马娴熟，累有战功，1293年（元至元三十年），五公因忠于职守，勤于公务，累有功勋，被擢升为驻军镇抚，并老死于任上。碑末附有四世谱系：第一代五公；第二代四子，捏可罗、艾也赤、僧住、忽都；第三代捏可罗三子，达儿、咬儿、头口。艾也赤一子，囊加歹。僧住二子，完者台、合住。忽都二子，百奴、系住马；第四代只有囊加歹一子清驴。

五公居住的蒙古包，演变为几间茅舍，后来，发展成为一个蒙古族村落。初名留下营，后称刘下营，清末改称刘家营。五公的后代子孙，前五世为蒙古族姓氏，此时为元朝中期和末期。直到刘五公第6代刘爵时，已到明朝，为了避免受歧视和迫害，这支刘氏开始采用汉人姓氏，因他们始祖被叛军留住不杀，因留与刘同音，于是改姓刘。

碑文谱系除记男方名字外，也记下他们配偶的姓氏。从第一代刘五公开始，其后代配偶大部分皆为汉姓汉人，而仅有的一个女儿所嫁的丈夫也是汉人。这说明入居中原的蒙古人，特别是蒙古军人，他们多半同汉人结婚，这一现象非常普遍。因五公所驻守的地方，是偏僻的农村，所以，同汉人结婚的情况更为突出。

元朝官吏

河北省

河北省简称冀，元朝时期属于朝廷统治腹地，归中书省管辖。2000年第五次全国人口普查，河北省蒙古族人数169887人，散居27887人。其中大多数居住在张家口和承德地区，他们主要属于蒙古察哈尔部，小部分属于喀喇沁部和土默特部，本书主要介绍散居的蒙古族。

一、邢台市脱姓蒙古族后裔——元朝右丞相脱脱的后人

邢台市素有“五朝古都”之称，先后做过商朝、邢国、赵国、常山国、后赵五个朝代和国家的国都。邢台是元代大科学家郭守敬的故乡，郭守敬（1231～1316年），是中国元朝的著名天文学家、数学家、水利专家和仪器制造专家。1276年（元至元十三年）郭守敬修订新历法，经四年时间制订出《授时历》，通行三百六十多年，是当时世界上最先进的一部历法。1981年，为纪念郭守敬诞辰750周年，国际天文学会以他的名字为月球上的一座环形山命名。

1.脱姓蒙古族后裔现状

邢台市新河县西流乡东董村脱姓蒙古族后裔，300多户，人口1050人。几百年来，他们和这里的人民和睦共处、互敬互爱。脱家人在该县历史上被称道为“文学相续，世为善族，不乏闻人”，为全县人所推崇。生活方式如今基本上汉化，习俗只有葬礼不同。

邢台市元朝科学家郭守敬像和观星台

新河县脱脱三子周彬墓碑

“祖领孙葬倒下穴”葬法是最明显的特征，即以南为前、北为后，坟地自南部开始，依照辈分依次排列向后（北）的葬法，俗说：“爷爷在前，领着子孙们向前走。”昭示着脱姓蒙古族后裔心系北方蒙古草原，脱姓先人即使自己死了走不到北方，也定下规矩，一心希望让子孙后代往北方走，民族情感，昭然若揭，用心良苦，可敬可佩。此葬法与其周围村以北为上，次第葬埋者正好相反。再者新建宅院，有的在院墙外侧，嵌以砖刻：“太公在此”四字，不同于通常汉俗。每建宅，多在主梁上书写红帖：“姜太公在此诸神退位”等字，两者所书地方字数有差，其含意亦相径庭。

2.脱姓蒙古族后裔的历史

邢台市脱姓蒙古族后裔的始祖，是元朝末期名相脱脱三子周彬（汉名）的后代，集中居住在邢台市新河县西流乡东董村和西董村。保留有脱脱丞相家祠的木刻和家谱，还有元朝右丞相脱脱墓地和其三子周彬的墓碑。

脱氏墓地位于新河县城东南8公里处，在东董村正东100米，南北长80米，东西宽58米，面积为4640平方米。“文革”前这里生长着若干树龄500年以上的古松翠柏，“文革”期间遭到了破坏。脱氏墓基高于地面约两米，尚存原貌，上有六棵柏树（三棵枯死）。墓地发现四块墓碑，其一：“元太师右丞相脱公子周彬故里碑”，仅存碑身，有首、座上有榫槽，现仰卧于地。此墓地左侧为元朝右丞相脱脱之墓。其二：“脱氏墓川故处士东野脱公墓碑”，青石质，首身为一体，身底部有榫无座。碑刻于1567年（明隆庆元年）二月望日，为东昌府同知脱镐立。其三：“明敕封承德郎脱公讳神道”碑。其四为

“脱镐墓碑”埋于地下，只有碑身边暴露于外。

早年墓区有石人、石马、石羊、石狮子等，抗日战争时期，日本鬼子要村里的百姓把它砸碎，砸成石子来修公路。为了把这些文物保存下来，脱氏后裔在一夜之间便把它推倒，挖深坑埋了起来，这些文物如今还静静地躺在地下。1963年发大水时，有的坟墓被冲坏，发现有“元宝枕头”。“文革”中个别墓被毁，有人在墓中发现了“万年灯”，这个灯看着像水缸，但壁周是空的，里面可加入许多麻油，能燃烧半年。

二世祖周彬墓碑文记载：“明天启六年（1626），九世恩赐寿官脱格等率族人一修墓地，立石碑，开神道，植树株，禁戕伐，以杜侵占之害，立下‘子孙贤，则扩之，否则亦严守之’明

新河县脱氏墓地

新河县脱氏墓碑

训。”此墓群确系元脱脱丞相及后裔的墓地，所立之碑年代均较久远，被定为邢台市级重点文物保护单位。

脱脱在元朝末年可以算作一代名相，一度整顿了朝纲。1341年，元顺帝起用脱脱当政，改元“至正”，宣布改革，历史上称为“脱脱更化”。脱脱的主要改革措施有：

⑴恢复伯颜废黜的科举制度；科举制起于隋唐，但元朝建立后直到仁宗的时候才实行科举制度。伯颜掌权后，为防止汉人做官，下令废止科举。

⑵置宣文阁，恢复太庙四时祭。

⑶平反昭雪一批冤狱。

⑷开马禁、为农民减负，放宽政策；脱脱上台后，下令免除百姓拖欠的各种税收，放宽了对汉人、南人的政策。此前民间禁止养马，脱脱上台废除了这一禁令。

新河县元末名相脱脱手笔字迹

⑸主持编写宋、金、辽三史；中国历来有修前朝历史的传统，元朝建立以后，宋辽金三朝的历史一直没有正式编写过。1343年（元至正三年）三月，元顺帝诏修辽、金、宋三史，脱脱担任总裁官。脱脱组织了史学家欧阳玄、揭悉斯等人，畏兀儿族人廉惠山海牙、沙剌班、党项人余阙、蒙古人泰不花等人一起参加修史，开创了各族史家合作修史的先例。后来，这三部史书被列入中国正史《二十四史》，而《二十四史》中，只有《宋史》、《辽史》、《金史》三部是少数民族宰相主编的，也只有这三史是汉族和其他少数民族历史学家共同完成的。

脱脱在四年多时间的改革中，使元朝末年的昏暗政治一度转为清明，取得了不少成绩。1344年（元至正四年），脱脱因病辞职。五年后，1349年（元至正九年），脱脱再次被起用。此时，灾荒频频，国库吃紧。为了缓解危机，脱脱改革币制，印行至正交钞，同时整顿河患。1352年（元至正十二

元朝末年脱脱丞相画像

年），率兵击败徐州红巾军。1354年（元至正十四年），他被朝中政敌弹劾，流放云南。1355年（元至正十五年）被人毒害。

脱脱是元朝后期有作为的政治家。脱脱一死，元朝再无起色，直至灭亡。脱脱流放云南，被毒死。他的三个儿子逃到新河，又从新河分手，三公子隐姓埋名为周彬，在这里繁衍生息，才有了现在的东董村。世道安定后，后人又恢复脱姓，除东董村外，与之相邻的还有西董村，两村原本是一个村，名董村。建国前分为两村，居东的叫东董村，居西的叫西董村，两村脱姓都是脱脱的后裔。

3.脱姓蒙古族后裔历史探讨

国家正史只记载脱脱有两个儿子，长子哈剌章，次子三宝奴，没有第三个儿子的记载。据《新元史》卷二〇二记载：皇太子爱猷识理达腊与脱脱子哈剌章同岁，1343年（元至正三年）皇太子6岁。到1355年脱脱被流放害死时，长子哈剌章18岁，被流放到今甘肃省酒泉市，次子三宝奴被流放到兰州，没有三个儿子逃到新河，又从新河分手的记载。

1932年（民国二十一年）《重修滑县志》卷十八记载："李珪，滑州（今河南滑县）人，笃于义行，尚收藏族人遗骸，并抚其孤。参议脱脱闻而义之，表为通事，及脱脱窜死南海（云南），珪不远万里为之殡殓（下葬）。事闻兼访为之，旌表，河南通志有传。"地方志里的记载再次证明脱脱是死在云南。

元末明初权衡《庚申外史》："至正十六年（1356），上（元顺帝）始悟哈麻谮（中伤脱脱），令脱脱骸骨还京师。"

《元史》卷一三八记载："至正二十二年（1362），诏复脱脱官

爵。召哈剌章、三宝奴还朝，授哈剌章中书平章政事，封申国公，分省大同，三宝奴知枢密院事。”《北巡私记》：“至正二十八年（1368），哈剌章从帝北巡，拜枢密院事。至正二十九年（1369）十二月十八曰，御史大夫朵朵卒，以三宝奴为御史大夫。”

1356年（元至正十六年），奸臣哈麻被流放处死，元顺帝才知道脱脱是被哈麻陷害而死，认为脱脱是忠臣，为感念脱脱的忠心，1362年（元至正二十二年），昭雪复官。除了让脱脱的两个儿子哈剌章、三宝奴还朝封官加爵外，又将脱脱的尸骨从遥远的云南运到大都（北京）。

笔者推测：哈剌章、三宝奴可能是脱脱正妻所生，地位高，史料有记载，而脱脱三公子周彬可能不是脱脱正妻所生，所以史料没有记载。于是元顺帝就将周彬分封在离大都不远现新河县一带作为世代食邑和安家的地方，也算是元顺帝对脱脱一家人的照顾，脱脱的尸骨也就安葬在现新河县东董村，由脱脱幼子周彬世代守墓，这符合蒙古族习俗。

元朝的官宦人家

元朝灭亡时，周彬两个有权势有地位的哥哥是元朝政府高级幕僚，跟着元顺帝仓促北逃，去了北方蒙古草原。而周彬或者是没有及时得到北逃的信息，或者是由于看管其父脱脱墓地的缘故，就没有相随北逃。元末明初，为了安全生存，就隐姓埋名为周彬，后人一直居住至今。

综合分析，“1355年（元至正十五年），脱脱流放云南被毒死，他的三个儿子为了预防被害，便逃到新河，又从新河分手”的说法，是不符合历史事实的。因为，元朝是1368年才灭亡的，而1356年元顺帝“令脱脱骸骨还京师”，脱脱骸骨被埋葬在新河县。1362年脱脱被昭雪复官，两个儿子也封官加爵，三公子周彬不是逃到新河县，而应当是被元顺帝安置在新河县一带脱脱的封地，此时还是元朝，周彬是没有必要隐姓埋名的。

“至元五年（1339），伯彦擅权，假藉皇帝诏令贬斥宣让王帖木儿不花和威顺王宽彻普化。至脱脱为相，始言于帝，辨明两位宗王都是无辜的，皇帝诏令让他们仍旧回原地镇守。”脱脱曾经为忽必烈第九子、镇南王脱欢家族的淮王（宣让王）帖木儿不花和威顺王宽彻普化平反昭雪，关系很好，在元亡之际，脱脱的部分家人也许在北京，与淮王帖木儿不花和威顺王宽彻普化的后代在一起。

因此，笔者还有如下推测：现河北省邢台市新河县脱姓蒙古族人，是元朝末代名相脱脱的后代。他们的先祖周彬，有可能是同河南南阳王姓、河南山东苏姓蒙古族人先祖，在1368年（元至正二十八年）大都被明军占领前，一起从大都逃亡出来。因为他们世代居住的新河县，位置就在逃亡路线附近，极有可能是逃亡过程中发生什么意外，比如“南宫兵败”等事件，而被迫重回故地新河县，繁衍至今。

元朝陶俑

4.现代资料对脱脱家族的记载和分析

1996年《上海民族志》上卷、第一章族源、第二节记载：“由于江南自宋以来即以土地肥沃、物产丰富而闻名全国，一些大官僚皆以占有江南良田为乐事，元代也不例外，元至正六年(1346)，丞相脱脱上表辞位，元顺帝从之，乃赐其松江田，并为立松江等处稻田提领所，兼领故宋亲王及新籍明庆、妙行二寺等田。脱脱之子娶顺帝之妹百花公主，顺帝又拨赐庄园一座，名曰拨赐庄，脱脱家眷遂居上海。”

1998年出版《上海地名志》第三篇第一章第二节记载：“拨赐庄，在区境东南部杜行镇。相传聚落形成先于杜家行，元至正四年(1344)，顺帝拨赐其妹百花公主于盐铁塘畔建庄园，设官兼领，公主下嫁丞相之子，帝赐以宋亲王田及所籍明庆、妙行两寺田产共百顷，故名拨赐庄，别称百花庄。”

《元史》卷一三八列传第二十五脱脱：“至正四年（1344）不利，乃上表辞位。帝不允，表凡十七上，始从之。有旨封郑王，食邑安丰，赏赉巨万，俱辞不受。乃赐松江田，为立稻田提领所以领之。”

《上海民族志》、《上海地名志》与《元史》记载“赐松江田”，十分吻合。说明除了正史记载脱脱两个儿子哈剌章和三宝奴外，还有河北邢台新河县脱姓蒙古族始祖脱脱三子周彬，和上海闵行区故名拨赐庄（别称百花庄）、娶顺帝之妹百花公主的脱脱之子。脱脱至少有四个儿子。

1344年（元至正四年）脱脱30岁（1314年生），其长子哈剌章才7岁，“脱脱之子娶顺帝之妹百花公主”必然不是此时发生的。“公主下嫁丞相之子”的事件究竟发生于何时，嫁给脱脱的哪一个儿子，还不得而知。

元朝公主

山西省

山西之名，因居太行山之西而得名。春秋时期，大部分地区为晋国所有，所以简称“晋”。金元时期，山西的经济、文化在中国北部居领先地位，清代，开始称为山西。元朝时期山西属中书省管辖。元末明初，中原连年战乱，灾荒频繁，但山西尤其是晋南一带，经济繁荣，人口稠密，成为明初向外移民的主要地区。在长达半个世纪的时间内，山西曾向外移民十几次。山西省临汾市洪洞县大槐树是当时一个主要移民站。全国不少地方流传的“问我祖先在何处，山西洪洞大槐树”，即由此而来。山西有54个少数民族，2000年第五次全国人口普查，山西省蒙古族人数为9446人。

阳泉市孙姓蒙古族——元代显贵塔海的后人

1.孙姓蒙古族现状

孙姓蒙古族主要居住在阳泉市盂

山西省洪洞县大槐树华夏之根

阳泉市盂县秀水镇东白水村

县秀水镇东白水蒙古族聚居村，该村位于盂县新县城中心，目前是山西省境内唯一的蒙古族聚居村。2009年，该村被国务院授予“全国民族团结进步先进集体”称号。孙姓蒙古族先祖塔海，在元代为朝中显贵。塔海后代改汉姓孙，历经数代，有兄弟三人，西戌，西泽，西古，后来发展成现在的盂县秀水镇东白水村孙姓蒙古族。2007年底，盂县蒙古族为423人。秀水镇东白水蒙古族聚居村人口1114人，其中，蒙古族410人，占总人口的37%。

村办企业“蒙晋商砼”公司

2005年，山西省民委、阳泉市民族宗教事务局、盂县县委统战部等部门组织调研组，到东白水村进行了实地调查研究，了解到孙氏蒙古族（蒙古姓氏为合鲁氏）自元太祖成吉思汗时代起，多为元朝重臣。元朝灭亡、明朝兴

秀水镇东白水村党支部书记孙祥令

村主任孙豹将

起时，为避改朝换代、政权变革之祸，故改姓为孙。各其子孙姻联当地，娶汉族女子为妻，因人地关系，在元末定居盂县。调研组将有关情况上报到山西省民委。经过省民委认真研究，认为东白水村完全具备少数民族聚居的标准。于是，这个地处太行山腹地盂县的村落被确定为全省唯一的蒙古族聚居村，这也正印合了孙氏在身份证上填写蒙古族的心愿。使党的民族政策得以贯彻落实，也为全村改革发展铺平了道路。

过去盂县秀水镇东白水村村民的经济来源，主要靠村集体的一座小煤窑，一部分人可做工，从煤矿的收入中得到一些分红，其余还有一些小耐火及铁加工村办企业。现在进行了部分转产，组建了村办企业蒙晋商砼公司，生产建筑用混凝土，其前景良好。

东白水村在县委的领导下，在阳泉市民族宗教局的指导下，村里调整了村党支部及村委会两套班子，共计八人，支部书记孙祥令、村委会主任孙豹将均为蒙古族。自从新的村党政领导班子成立以后，他们遵循科学发

东白水村阳光住宅小区

展观，处处以“发展是硬道理”来指导工作，使东白水村进入了快速发展轨道。

近年来，他们充分利用村土地资源优势和地理优势，建设“蒙汉团结一条街”、“阳光住宅小区”、“四通工程”。其中，“蒙汉团结一条街” 一期、二期工程，利用房地产市场，解决资金积累问题。三期乃至以后的工程主要解决村民的住宅问题和就业问题，争取每户有一间门面房，每个村民在物业管理、娱乐业和餐饮业中都有自己的固定工作，实现人均收入翻三番的目标；“阳光住宅小区”主要是解决村民搬迁的住宅问题；“四通工程”是解决旧村改造，实现通上下水、通天然气、通闭路电视和互联网、通柏油路和水泥路等阳光富民工程；现在，村里正在建设富有蒙古民族特色的现代化建筑“民族大厦”，将成为秀水镇东白水村的标志性建筑物。

2006年9月，东白水村荣获山西省人民政府授予的“山西省民族团结进步模范集体”称号，极大地鼓舞了广大蒙汉群众建设新农村的积极性。2008年6月，全省举办少数民族聚居村经济发展研讨会，东白水蒙古族聚居村是大会典型发言单位之一。在短短的几年时间里，东白水蒙古族聚居村已经开始脱胎换骨、跨越发展，“蒙汉”两族村民“共同团结奋斗、共同繁荣发展”。现在的东白水蒙古族聚居村正朝着“生产发展、生活富裕、乡风文明、村容整洁、管理民主”的社会主义新农村建设目标开拓进取，奋力迈进。

村党政领导班子十分重视民族教育和民族文化普及工作。村里多年前就组建了蒙汉合校的民族小学，现在叫做盂县逸夫民族实验小学。为了让村里的蒙古族儿童提高民族情感和逐步恢复蒙古族的语言文字，村党政班子和学校共同决定在学生中加授蒙古语会话和蒙古语文。现在在省、市两级政府民族事务委员会和教育行政部门的支持下，争取到了公办蒙古语文的正式教师指标。特从内蒙古师范大学的毕业生中聘请蒙古族教师来学校教授蒙古语文，同时还打算在村子里开设蒙古语扫盲班，对村里的蒙古族同胞进行适当的蒙古语会话的教授工作。与此同时，在蒙古族群众中开展蒙古族文艺活动，教授蒙古族歌曲，利用本村有较好的器乐爱好者基础，在他们中普及马头琴演奏艺术，以提高民族文化的凝聚力。

当地蒙古族同胞的民族情结十分深厚，根据多年爱好民族体育活动的传统，组建了全省唯一的蒙古族博克摔跤队，并从内蒙古聘请了摔跤教练吉日木图先生来执教。几年来参加了省内外多次中国式、蒙古式摔跤比赛，获得了可喜的成绩。

现任村主任孙豹将在2007年举行的全国摔跤比赛100公斤级项目中

盂县逸夫民族实验小学

获得了总分第六名的好成绩。2011年9月份，本村摔跤队在村主任孙豹将的带领下，被选入山西省代表团参加“中华人民共和国第九次少数民族运动会”，该代表团由阳泉市党委常委、统战部部长刘星同志带队。由于摔跤队在教练的科学指导下，进行了艰苦的训练，并发挥了顽强的精神，因此也夺得了两块银牌的好成绩，其中东白水村运动员获得一块。在运动会期间，村里的运动员利用参加少数民族运动会的机会，与草原家乡蒙古族和其他省市蒙古族同胞进行了多方交流，互相增进了解并加强了民族感情。

东白水村充分利用“全省唯一蒙古族聚居村”这块金字招牌，在民族特色旅游上大做文章。拟将陆续推出蒙古族特色餐饮、蒙古包民俗项目、跑马场等旅游项目。由于东白水村是河北方向前往娘子关、五台山、晋祠等山西省黄金旅游线路的必经之地，也可以利用东白水村现有旅游资源来分流部分客源进行蒙古民俗游。当民族大厦竣工以后，与现有的宾馆、饭店、酒店形成一条龙的餐饮住宿服务体系，可以更好地夯实旅游产业的发展基础，利用这些项目来吸引更多的资金和项目在这里安家落户，更好地发展具有民族特色的旅游产业。

2.孙姓蒙古族的历史和史料

1882年（清道光八年）《盂县

全省唯一的蒙古族博克摔跤队

参加少数民族运动会的部分人员合影

志》卷八记载："元朝请大夫（文散官，从四品）塔海墓在兴道村"；"元达鲁花赤、至治（元英宗1321～1323年）、达失帖木儿、塔海"；"塔海，字天祥，蒙古人，判盂州事，擢庐州路总管时，飞蝗食禾稼，所过残灭海祷，于天蝗引去，有投水死者，民乏食，开仓减直粜（卖粮食）之，然后以闻，升朝请大夫（从四品），金牌虎符，太原府事，子孙家于盂，改姓孙"。

《元史》卷一二二（白话译文）：塔海，世祖（忽必烈）时，跟随土土哈（元文宗朝丞相燕铁木儿祖父，为升王），充任哈剌赤（管马匹的官）。至元二十四年（1287），随从皇帝（忽必烈）征讨乃颜。二十六年（1289），入朝拜见皇上，皇帝任命他充任宝儿赤（皇宫厨师长），又随从皇帝到和林，皇上赐给他只孙（元代内廷大宴时的官服）礼服。大德四年（1300），任命他为中书直省舍人（官名，职责是奏事、差遣、给使）。升任中书客省副使（正六品）。武宗即皇帝位（1308），赐给他中统钞五百锭，以表彰他的才能。不久进封他为和林行省理问所官，后改为通政佥院。曾任和宁路（现蒙古国哈剌和林一带）总管（正三品），改任汴梁路（河南开封）总管（正三品）。

塔海到内地上任前，朝廷让百姓自己核实上报田土，有关部门用严厉的法律惩治他们，百姓们多虚报数字来搪塞朝廷命令，以后无处征收差役赋税，百姓大多逃跑流离。塔海把这些弊病向朝廷陈述，由此免去了民间虚报的税粮22万石，百姓因此得以安生。后来塔海改在庐州（安徽合肥）任职，当时有蝗虫从北方飞来，百姓都为此忧虑，塔海向天祷告，采取灭虫措施，蝗虫于是离去，也有些掉在水里淹死了，人们都认为是件奇事。当时百姓缺乏粮食，他打开粮仓降低粮价，让百姓来买米，救活很多人。

1328年（元天历元年）冬天十月，枢密院官员奏请皇上让塔海充任枢密佥院，镇守潼关及河中府（今山西省运城市永济市蒲州镇）。

皇帝派人骑快马赐给他白银、钱钞和丝绸，并宣读诏书任命他为佥书枢密院事（正三品）。不久西部叛军侵犯南阳（河南南阳），他督领各路兵马前去平定。到了那里，他首先率领勇士与帖木哥等人交战，打垮了他们的前锋将士，夺取了他们的军旗战鼓，西军溃败逃走。皇上赐给他三珠虎符，晋升为大都督，连续做官做到资善大夫（正二品）。卒（死亡）后葬肖家汇乡（现苌池镇）兴道村。塔海祖父为铁迈赤，叔为虎都铁木禄，祖孙三代均为元代显贵。塔海是虎都铁木禄哥哥铁迈赤的儿子。

铁迈赤，姓合鲁氏。他善于骑马射箭，起先是在帷帐殿前侍奉忽兰皇后，曾被任命为挏马官（管理牧马的官）。他跟随太祖成吉思汗平定西夏。又跟随皇子阔出、忽都秃、行省铁木答儿平定河南，多次立有战功。在宪宗蒙哥大汗征伐宋朝的时候，世祖忽必烈以皇弟身份受命攻打鄂州（湖北）。皇帝征伐西川，派遣元帅兀良哈台从交趾（位于今越南）直捣宋朝，与各路军队会合。皇弟忽必烈在鄂渚（湖北省鄂州市）驻军，听说兀良哈台由广西到了长沙，就派铁迈赤率领精兵一千人、披甲骑兵三千到岳州（今湖南省岳阳市）迎接兀良哈台。兀良哈台得到援助后，抵达江夏（今湖北省武汉市江夏区），往北到了黄州（今湖北省黄冈市），铁迈赤在这次行动中出力不少。1260年元世祖忽必烈即皇帝位，命铁迈赤跟随到昔木土地方（即对阿里不哥之战）征讨叛王，铁迈赤功绩显赫。1270年（元至元七年），皇帝任命他为诸万户府奥鲁（掌管留守人员和辎重的官职）总管。1282年（元至元十九年）因病逝世。铁迈赤有八个儿子，其中虎都铁木禄最出众。

虎都铁木禄自小喜好读书，喜欢与读书人和士大夫们交往。学习儒学，取字为“汉卿”。 1274年（元至元十一年），他跟随当朝丞相伯颜渡过长江。攻取了宋朝之后，皇帝派他去视察宋朝的故都宫室，他积极保护府库中的物资。他跟随平章奥鲁入朝拜见忽必烈皇帝，皇上任命他为忠显校尉总把，又改任昭信校尉（正六品）。1285年（元至元二十二年），任命他为奉训大夫（从五品）、荆湘占城等处任中书省理问官。1286年（元至元二十三年），他跟随皇子镇南王（忽必烈第九子脱欢）征伐交趾（今越南）。等到他回到鄂州（今湖北省鄂州市）时，有权势的大臣正在独断专行，作威作福，他于是隐退待在家中。1291年（元至元二十八年），皇帝下诏令太傅、右丞相顺德王答剌罕到鄂州捉拿奸臣。答剌罕就被任命为湖广行中书省平章政事，要请教过去了解地方政务的人，大家推荐虎都铁木禄，于是派使者到南阳他的家中，并用驿车送他到武昌，把事情上奏朝廷，皇帝对顺德王的做法表示赞赏，提拔虎都铁木禄任给事中。又过了一年，提刑按察司改为肃政廉访司，御史台大臣奏请皇上，任命虎都铁木禄为奉议大夫（正五品）、广西海北道副使，他向皇帝辞行，皇帝鉴于他的才能，挽留下他仍任原职。后改任太中大夫（从三品）、河南行中书省郎中，通议大夫（正三品）、枢密院事，又任礼部尚书（正三品）。大臣奏请审查核实江南民田，虎都铁木禄奉皇帝诏令出使江西。改任正议大夫（正三品）、兵部尚书（正三品）。不久又任命他为中奉大夫（从二品）、荆湖北道宣慰使（从二品）。1316年（元延祐三年），因浙东地区的倭奴商船贸易导致混乱，大臣奏请皇上派虎都铁木禄到闽、浙地区宣谕抚慰，他安抚平息

达鲁花赤大印

军民，海上陆地因而得到安定。虎都铁木禄的侄子便是塔海。

塔海祖父铁迈赤，姓合鲁氏，塔海出生在一个世代显贵的蒙古家庭。据有关研究资料表明，哈剌鲁，在其他史料中由于汉译时采用同音字，也称会儿鲁兀、合鲁温、合鲁、匣剌鲁、哈儿鲁、罕禄鲁等不同写法。合鲁氏即唐代的葛逻禄，是突厥诸族姓氏之一，成吉思汗统一蒙古诸部，合鲁氏也在其中，于是成为蒙古姓氏。

孙氏家谱

孟县还有其他史料：据清光绪时编著的《孟县志》载，元代墓葬就有22处。其中，属蒙古族者至少有3处，即：塔海墓、乞合亥墓、拜不花墓。这样看来，在孟县不仅只有塔海之后，可能还会有其他姓氏的蒙古族之后。

《重修孟县志》记载的有关史料：

(1) 清乾隆年间《重修孟县志》第一册卷四记载："元知汾州都监事乞答亥墓，在县北三里。"

(2) 清乾隆年间《重修孟县志》第三册卷八记载："孙浩，字养气，明人，元塔海之后，为诸生有声，弘治间以贡授阜平训导，严课程，甚寒暑，不懈士，多成就，秩满归喜，以学行规人少年，跅弛之士每避不敢见。"

(3) 清乾隆年间《重修孟县志》第三册卷八记载，"拜不花，字元臣，乞答孩子，蒙古人，授忠勇较蔚，监平定州事，寻拜内府断事。明兵下太原，不花之间革，后子孙改姓孙，家于孟"

（赵用贤孙继先墓志）。

⑷ 1992年9月出版的《盂县历史人物》记载：拜不花，字元臣。元朝蒙古族人。汾州都监事，乞答亥之子。拜不花曾授忠勇校尉，监平定州事。拜内府，断事公正明允。兵下太原，死于战乱之中。元朝灭亡后，其子孙定居盂县，改姓孙。故录。其墓在今县城北坪。

祖辈传说：孙姓老家在蒙古，是塔海、拜不花的后代，之后，不知经历几代，有弟兄5个，大都在白水定居，姓孙。此外，牛村镇元吉村鲍姓是五兄弟中老大的后代，西烟镇、东梁乡南蒋村的孙、鲍两姓、路家村镇皇后村的鄯姓都与白水的孙姓一脉。

在现盂县宾馆前，有一坐北朝南的圣旨木牌楼，上书蒙汉两文，是县衙迎接圣旨之处，后毁于“文革”中。孙姓的祖坟中，原有书写蒙汉两文的墓碑一块，可惜“破四旧”中散失。孙姓长辈孙赐芹老人至今还保存

孙赐芹老先生

有元代的圣旨，上书蒙汉两文。“文革”前有人见过一把蒙古大刀，上面镶嵌宝石一颗。还有蒙古木碗一只，形如卖油的油勺，现在二者均不知散落何处。盂县煤炭公司奠基时有过一碑，上书蒙汉两文，以前有人见过蒙汉两文的布面折叠书，现在均不知下落。

孙赐芹老先生早年毕业于山西美术专科学校，早在抗日战争时期就参加革命，解放后在县文化局工作，是山西省第一届人民代表，曾出任盂县政协祖国统一战线工作委员会主任。他的民族情结十分浓厚，热心于本民族的历史文化，多年来团结本族群众，收集有关民族历史文物资料，教育后代树立民族自强不息的精神，对传承蒙古族历史文化作出了很大的贡献。老人不幸于2010年去世，享年80岁，他是盂县东白水村孙姓蒙古族带头人。

3.孙姓蒙古族遗留的风俗习惯

⑴ 上坟：孙姓蒙古族人每年大年初一上坟，所有的供品每家一份分开，而当地的汉族则是小年才上坟；孙姓出嫁的女儿，大年初一和清明都可回娘家上坟祭祖，而汉人出嫁的女儿一般只有七月十五才可以。

⑵ 文艺生活：盂县的“牛斗虎”和“掇搁”是每年街头表演的两项重要内容，“牛斗虎”的表演唯白水独尊，其风格独特，鼓点迥异，蒙古族风味十足。“掇搁”乃成人半穿衣袖掇起小孩表演的一种形式，与蒙古族舞蹈有一定的相似之处。

⑶ 墓葬：当地蒙古族坟墓的深度在八尺之下，而汉族在七尺半左右。

⑷ 择供（选择供品）：元、明、清三代，该村遇有丧事，娱乐班（吹鼓手等）择供，如遇办事的是汉族，择一碟，而如果是蒙古族则不择。说明当地孙姓不是皇封，也是有在朝为官者。

陕西省

陕西，古为雍州、梁州之地（陕北、关中属雍州、陕南为梁州），简称陕或秦，也称三秦。因在陕州（现河南省陕县）以西，故称陕西。陕西位于中国地理中心区，是举世公认的中华民族的摇篮和中华文明的发祥地，中国有13个王朝先后在陕西建都，时间长达1100多年，一直是古代中国的政治、经济、文化中心。

在元朝以前的陕西，并不包括汉中、安康等秦岭以南今属陕西管辖的部分，元朝时期陕西行省辖境包括今陕西及甘肃、内蒙古部分地区。2000年第五次全国人口普查，陕西省蒙古族人数6060人，其中集中居住3000人左右。在这里还居住着历史证据比较清楚的蒙古族后裔，他们主要集聚在宝鸡市凤翔县陈村镇紫荆村和渭南市大荔县官池镇拜家村，另外散居在各地的蒙古族有三千多人。

一、宝鸡市屈姓蒙古族后裔——太宗窝阔台的后人

宝鸡，古称陈仓，是华夏始祖炎帝的故乡，市区南郊清姜河古称姜水，是炎帝部落发祥壮大的地方，也是周秦王朝的发祥地。有炎帝活动过的天台山等文物古迹。宝鸡历史悠久、人杰地灵，古往今来，要想入主

凤翔县陈村镇屈姓蒙古族居住地紫荆村

宝鸡凤翔县屈姓蒙古族祭祖

中原，必须控制宝鸡，因为宝鸡是扼守中原、川蜀、西北、漠北的咽喉要道，兵家必争之地，蒙古人也深深知道这一道理，在蒙古帝国和元朝的历史中，蒙古大军数次在此征战，后派重兵守护这一要地，因而在这关中大地也遗留下蒙古族的后裔。

1.屈姓蒙古族后裔现状和风俗习惯

屈姓蒙古族后裔世代居住在宝鸡市凤翔县陈村镇紫荆村。目前，当地屈姓蒙古族后裔约有四千人左右，屈姓蒙古族后裔的始祖经过论证，确定是成吉思汗三子元太宗窝阔台，他们在关中大地已经居住五百多年了。陈村镇紫荆村是个远近闻名的先进模范村，是2010年经宝鸡市委、市政府表彰的“五星级示范村”，是全市经济社会发展“百强村”之一。该村辖3个自然村，11个村民小组，1039户，4558口人，4700多亩耕地。先后被市委、市政府评为“生态文明示范村”、“农民增收先进村”。

宝鸡市凤翔县陈村镇紫荆村屈姓蒙古族后裔，虽然与草原蒙古族分离五个多世纪，但是仍然保留有部分蒙古风俗和遗迹。他们非常注重天地祭祀和祖先祭祀。修筑祭祀台，专供祭祀。屈姓祭祀台位于屈姓堡子南面，现残存一丈多宽一百多米长的土台。祭祀台修筑于1368年（元至正二十八年），与此同时还修筑了堡子（屯兵驻守的城堡）。祭祀台东西长137步，暗指屈姓家族在凤翔驻守137年，南北宽15步暗指蒙元15代帝王，高一丈，东西各有18级台阶。每逢春夏秋冬四个祭日，屈姓人必定要合族去祭祀台祭祀，保佑屈姓家族人口兴旺，家业旺盛。

祖先祭祀分为春节祭，清明祭，十月祭，除夕祭等。春节祭：屈姓人称之为“吃关节”、“端关节”。每年正月初一早上天色未明，家族中主祭人首先在家中挂起祖案，宰杀一只整羊作为祭品，五房中男丁陆续前去祭祀。在人数基本到齐之后在族长的指挥下，大家一起抬着祭羊祭酒等

屈姓蒙古族祭祖挂祖像

供品去陵园祭祀祖先。五房人按照辈分依次上香祭奠，三跪九叩之后，由主祭人将供羊黄酒等供品分成若干份分给族人。后来屈姓家族的人口越来越多，紫荆村就有两千多人，一只整羊不够吃，“吃关节”演变成了“端关节”，每家拜祖的从挂宗族影的主人家里，都要端回一大海碗羊肉，合家享用。清明祭、十月祭、除夕祭，大部分和周围汉族基本相同，唯独不一样的是，屈姓人全族还要共祭先祖。解放前称呼自己家人去世为“晏驾”、“升天”，灵柩送往墓地必须用“龙杠”，很少立碑纪念。族内不准通婚。

屈姓人自古就有屠羊的手艺，至今依旧是这里农民增收的一大特色，现在“大海子”还建成了闻名的蒙古族民俗村，其中有烤羊肉、烤全羊、羊肉泡馍，依然崇尚的是蒙古族的民族待客风俗；屈家山的地名有“大海子”、“小海子”之称，海子是蒙古族对湖泊的叫法，也叫“淖儿”，明显带着蒙古族的文化影子；有习武、摔跤的尚武习惯，每逢节日，族内还要进行摔跤比赛，场面甚是壮观，堪比草原那达慕大会。屈姓人性情平和，平时很少与人争斗，但是族内团结，在家族遭受攻击时，都显得异常英勇；屈姓人喜欢栽植紫荆树和槐树，门前院中，随处可见。栽种紫荆树以示不忘先祖“孛儿只斤”，不忘自己蒙古皇室家族的身份。栽种槐树则因为槐树枝繁叶茂，籽粒众多，象征着“多妻、多子、多势”，希望家族人丁兴旺、家业蒸蒸日上；屈姓人很多是秦腔迷，但决不能唱《元王失江山》这出戏；每逢春节屈姓人喜欢荡秋千，可以给屈姓子弟带来一年的吉祥、幸

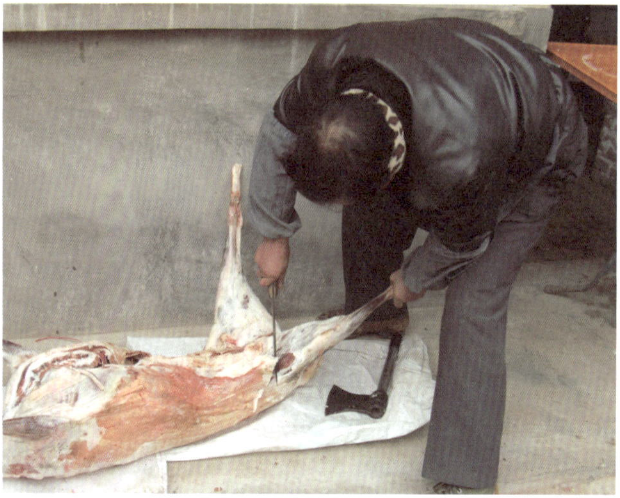

屈姓蒙古族到挂祖家宰羊众人吃关节

福、安康，正月初六开始，直到正月十六；屈姓人自古豪爽，性喜喝酒、斗酒，以会远方来客和自己的亲朋好友。解放前，屈姓人不吃月饼，不过中秋节，不吃元宵。

2.屈姓蒙古族后裔的历史遗迹和史料

早在2003年秋天，在修建拓宽凤翔至马道口的公路时，考古工作者曾在凤翔县陈村镇紫荆村发现了一通刻有“大元天潢初立凤翔府城子达鲁花赤屈术之茔”的墓碑。墓碑是墓主人的曾孙那海（时任凤翔县达鲁花赤），为其曾祖父屈术（原名扎儿台祗），于1341年（元至正元年）清明节而立。到了1743年（清乾隆八年）时，因为年代久远墓碑损毁严重，屈姓后人经过商量委托墓地经管人屈复基等六人将原碑文誊录后，另请石匠刻在新的墓碑之上。墓碑原文为：“大元天潢。高祖哈失，曾祖扎儿台，祗受凤翔府凤翔县达鲁花赤兼管本县诸军奠农事；曾伯祖答喇罕哈刺铁木尔，敬受脱脱大王右丞相都总裁兼管府达鲁花赤；曾叔祖脱

蒙古太宗窝阔台（1186～1241年）

因不花，祇受大将军兼司都元帅府扎付。”立碑人：“曾孙那海，受达鲁花赤兼管本县诸军奠农事；”立碑时间：“大元至正元年（1341）清明日，大清乾隆八年（1743）清明日重修。”碑文里记载了屈姓先祖那海出身于“大元天潢”的元朝皇室，从高祖几代起为朝中显贵，受命担任凤翔达鲁花赤的经历。

村里有个屈家山，依山势而建造了屈姓陵园。屈姓陵园始建于1341年（元至正元年），距今已经有六百多年历史。陵园占地12亩，旧址位于现在的紫荆村的中心，陈村二中学校院内，与建于屈家山最高处的堡子遥相呼应，屈姓人更视为家族风水所在。几十年前，陵墓前面还残存华表、石羊、石供桌等，陵园里有数百年的五棵大柏树，人们称作云柏、人柏、血柏、槐柏、刺柏，树木颜色各异，需要两个人合抱。墓周围种植有来自蒙古草原的“羊胡子”草，黄而不衰，墓地显得肃穆庄严。

从1341年（元至正元年）至中华人民共和国成立六百多年间，历经元末大乱、明代的张家川回民聚义、李自成血屠凤翔、清代的大规模回民起义、民国的党拐子割据，屈姓陵园除了四周的围墙稍有破损外，石刻的碑文风剥雨蚀，石羊、华表、供桌依旧，墓地没有任何损坏或损失。

1976年春季，在“文革左倾”思想的影响下，紫荆大队革委会不顾屈姓村民和外村的反对，花费大量人力物力耗时一年多平整陵园所在斜坡，毁坏屈姓家族陵园，建成现在的“陈村二中”。屈姓家族陵园在这次

屈姓先祖明初所建防御工事堡子遗址

建校活动中受到毁灭性破坏，不但许多珍贵文物流失，地表遗物亦荡然无存。但保存有几件文物，元代羊皮盖罐、元代黑半釉碗、釉双耳罐，最珍贵的要数一只元代堆塑青花盖罐，不但绘制精美，盖罐的顶上，是一只象征王权的狮子，罐底的铭文，“上内府公用至正元年（1341）九月大元成吉思汗纪国用”，与后发现的石碑铭文日期一致，均为1341年（元至正元年）。

屈姓堡子遗址位于现凤翔城西南10公里处的紫荆山南段最高处，面积8100平方米，占地12亩。元末大乱，屈姓始祖，元末凤翔府最后一任达鲁花赤，成吉思汗七世孙那海，率家族隐居于凤翔西南紫荆山，部卒大都散于凤翔西部。为了保全家族，联络部卒，从1368年（元至正二十八年）到1380年（明洪武十三年），屈姓族人历经13年花费大量资财，修建城堡以居住自卫。堡子本身地势较高，修筑有城墙，周围挖有堡壕，上下垂直落差达三丈多，堡子内打有水井、屯有粮食、藏有武器，可供屈姓人长期居高临下坚守。屈姓人据守堡子，进可以俯瞰凤翔西南，侦查安危；退可以守堡御敌于堡壕之下；如果不支，还可以逃之西北丘壑甚至翻越灵山到漠北草原。

从1380年（明洪武十三年）到20世纪初，屈姓人在堡子里居住了530多年。1912年陕西军阀郭坚、党毓昆先后盘踞凤翔，将堡子内的屈姓人先后全部赶出，据为军事要地，屈姓人才无奈散居于紫荆山下。解放后堡子逐渐失去作用，城墙被毁，堡台被紫荆六组村民辟为耕地，残留12亩大小5米多高的土台一座，但雄姿依然。屈姓堡子是关中地区少见的建于高土台上的蒙古城堡，为研究元史留下了宝贵的资料。

1223年，蒙古元勋木华黎率10万大军围攻凤翔月余，面对拼死抵抗的金军和义军无可奈何，“吾奉命专征，今攻凤翔不下，岂吾命终耶”，最后死于山西闻喜的军中；1227年6月，成吉思汗挥军经清水县再攻凤翔月余，仍以失败而告终；1229年，成吉思汗三子元太宗窝阔台继承汗位，又于1231年亲率蒙古大军由山西入陕三攻凤翔，最终才破宋灭金，足见凤翔在当时的地理位置对于蒙古入主中原和建立统治多么重要。

元太宗窝阔台生有7个儿子，其中第五个儿子“哈喇察儿王哈失家族”受命兼任凤翔府达鲁花赤，镇守西府重镇凤翔。所谓“达鲁花赤”，是蒙古贵族征服其他民族和国家后，便委付当地统治阶级人物治理，再派出达鲁花赤监临，位于当地官员之上，掌握最后裁定的权力，以保障蒙古大汗和贵族的统治。屈姓先祖扎儿台兼任凤翔府达鲁花赤之后，二子扎儿台（屈术）继任世袭，到了立碑人那海，已经是扎儿台的曾孙。

元朝统治中国之后，到了1248年（蒙古定宗三年），蒙古大汗在中国的统治集团由当初的窝阔台系转入拖雷系，窝阔台系自然心存不满而发动政变，却被拖雷系镇压。作为元太宗五子哈失的后裔，扎儿台自然心中不服，但也无可奈何，于是就有了屈氏家族流传后世的“老祖宗不在凤翔，而是来自口外”、“官占平，汗占坳，把我赶到山窝窝”的传说。扎儿台客死凤翔，后人心中当然不平。至于曾孙那海为曾祖父立碑重葬，是元

元代达鲁花赤铜印

顺帝时期为开国元老们“落实政策”，才有了屈家山的大陵墓。扎儿台改姓为“屈”，是取了蒙古族“奇渥温”的谐音，实在有“屈才不遇”的遗憾。石碑额头上的“大元天潢”，专家定论：“凤翔屈氏家族就是元代皇族分支确凿无疑”。

经过专家考证得出结论：“元代的凤翔史，就是另一本屈氏家族史，元代的凤翔达鲁花赤，一直由屈氏后

人世袭。"附近大海子、小海子村，大都是从紫荆村迁出去的屈姓和嫁出去的闺女，同紫荆村屈姓是一个祖先，拜的是同一个祖宗。

《新元史》卷一〇四列传第八太宗诸子　太宗皇帝七子："孛剌合真皇后生合失；乃马真皇后生定宗；乞儿吉思皇后生阔端；次阔出、次哈喇察儿，并不详其母氏族；业里乞纳妃子生灭里；庶长子合丹，其母氏族亦佚"。

另据《新元史》记载：合失，是元太宗窝阔台的儿子，生于太祖十年（1215），嗜酒早卒。蒙古谓西夏曰河西，合失与河西音相近。及卒，左右讳言河西，惟称唐古特云。合失之子海都。

海都（1235～1301年）

合失之子海都（1235～1301年），是蒙古帝国成吉思汗子窝阔台之孙，也是窝阔台汗国的实际创立者。忽必烈建立元朝后，海都以成吉思汗曾经说出，"只要窝阔台有一个吃奶的后代，都比其他人优先继承"，因此他不断反忽必烈，积极谋求自立为大汗。他为人聪明能干而狡诈，逐渐纠集部众，以海押立（今哈萨克斯坦塔尔迪·库尔干尔）为基地，势力日盛，成为窝阔台系诸王的首领。1269年（至元六年），海都同八剌等察合台后王、术赤后王于答剌速（今塔拉斯）河畔召开忽里台。众推海都为盟主，一致对抗忽必烈和伊儿汗国大汗阿八哈，誓约保持游牧生活与蒙古习俗。从此，双方不断发生战争。元军虽始终占上风，却无法彻底击败海都。八剌死后，海都扶植其子笃哇为察合台汗国之汗，建立

凤翔紫荆屈氏蒙古族溯源研讨会会场

了窝阔台、察合台两汗国的联盟，连年对元朝统治区发动侵掠。1301年（元大德五年），海都与笃哇的联军越阿尔泰山南来，忽必烈之孙甘麻剌和皇侄海山率元军迎击，两军激战，海都和笃哇取胜。海都死于归途，子察八儿继位。海都等兴兵同忽必烈长期对抗，迫使忽必烈全力应付，耗费大量的人力、物力，东亚、中亚、西亚人民大量流徙死亡，田野荒芜；同时也扩大了成吉思汗家族的内讧，进一步加深了各汗国的分裂。

屈姓先祖与海都为同父兄弟，海都所为必然造成屈姓先人在元朝境内凤翔地区的失势，因此才产生了“官占平，汗占坳，把我赶到山窝窝”的传说。

二、渭南市拜姓蒙古族后裔——木华黎的另一支后人

1. 拜姓蒙古族后裔现状和风俗习惯

拜氏蒙古族人已在渭南市大荔县官池镇拜家村生长了三十余代。在拜家村、帖家村、官池村等村居住着一千多户拜姓蒙古族后裔，总人数达到七千人左右，其中拜家村人数最多，占到半数。拜氏蒙古族后裔后来有迁徙到渭南孝义镇、陕南商洛地区山阳县、宁夏泾源县、江苏泰州市等地。

据该村年长者回忆，拜家村建有祠堂，定有族规，立有家法，所以村风蔚然。村名由东杨村、梧柳村、兴平村等几经变更，土改时确定为拜家村，第一次人口普查登记时，将拜氏

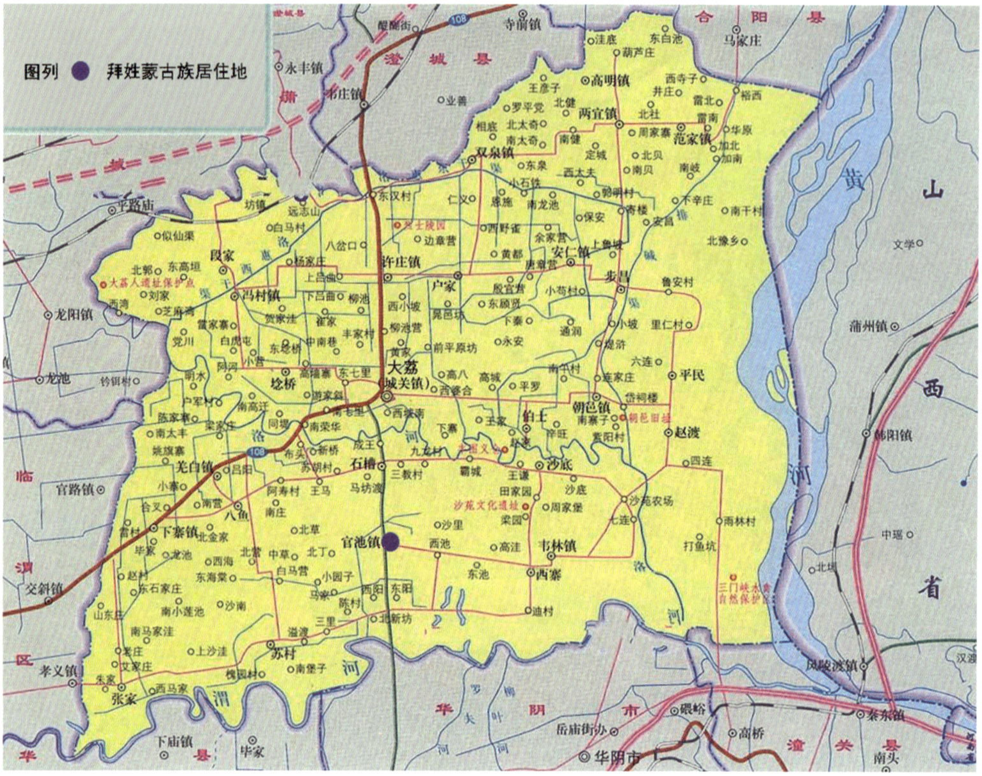

大荔县地图

蒙古族后裔统登记为汉族。拜氏蒙古族人已经被汉化，与其他居民没有什么两样。

1956年修建三门峡水库，黄河下游诸支流河床将要抬高，拜家村全村“舍小家、顾大家”整体迁移。拜家村当时一千三百余口人，三分之一的人家外迁到宁夏中宁县金沙乡，新建的村庄起名“新民庄”，剩下的三分之二的村民向北内迁一千米到沙苑区，即现在拜姓居住的村庄。1962年，国家制定政策同意将原迁到宁夏的全部村民迁回原址，叫“返陕”，拜氏家族全体在拜家村的团聚。

拜姓各门户每遇过年和婚丧大事，家家都悬挂“神轴”祭奠敬拜祖先。而“神轴”最上边七代世祖遗像均是孔温窟哇、木华黎、孛鲁、霸都鲁、安童、兀都带、拜住。他们披蟒腰玉，位列王公。祭奠跪拜时先是前七世祖，尔后才能轮到当世至亲，这种祭拜传统一直延续到现在。

拜姓的祖坟，是拜姓人拜祭先人的地方。每年清明节，全村拜姓上坟扫墓是很隆重的。拜姓各家各户都采用传统的古典祭祀方式，每大户干架祭祀的

黄河三门峡水库

人员都到齐之后，便上香、烧纸、敬酒、响鞭炮，集体叩拜，庄严肃穆，祭拜场面规模很大，这种传统一直延续到现在。

随着拜姓人口的繁衍和发展，家族按血脉远近分成十多个大的门户，门有门长、户有户主。每逢大年初一清晨，各户家中只留下老人，其他人男女分成两队，穿着一新，浩浩荡荡，按门户中的辈分高低，按顺序到各家磕头拜年。为了互相帮助，各门户都成立了“孝子会”，大家集资备有桌椅碗筷，家具杂物。某家如遇红白大事，免费使用。尤其老人去世，“孝子会”成员倾力出动，披麻戴孝，入殓抬棺，挖墓埋葬，善始善终。村中其他门户的族人也闻讯赶来，烧香冥纸，络绎不绝，多日不息，悼念活动非常隆重，以祭祀亡灵。在南社中央坐南朝北修建拜家祠堂一座。祠堂立有家谱神轴，除供族人逢年过节祭拜祖先，婚丧嫁娶奠礼之外，还立有族规。对那些不贤不孝、横逆不道、粗野不恭、临事怠慢、游手好闲、患难不相恤的人采取惩罚措施。如罚跪、罚款、罚粮、鞭抽板打等，这就是原始的家法一直传到现代，这种家法起到了很好的作用，使拜姓族人尊老爱幼、团结友爱。

2. 拜姓蒙古族后裔的历史

渭南的拜氏蒙古族，是元朝初年蒙古大将木华黎六世孙拜住的后人，

对祖先和木华黎神矛的祭祀

集中居住在渭南市大荔县官池镇拜家村。其世系为：孔温窟洼（忠宣）→木华黎（忠武）→孛鲁（忠定）→霸都鲁（武靖）→安童（忠宪）→兀都带（忠简）→拜住（忠献、文忠）。

木华黎是蒙古名将，攻金统帅。成吉思汗"四杰"之一。1217年，成吉思汗把蒙古兵主力转向西方，把进攻金朝的战争任务完全交给木华黎指挥。木华黎在燕京、云中分别设置行省进行管理。他统帅的亲军，有汪古骑兵1万、兀鲁兀惕部4000、混合兵卒1000、孛图驸马率领的亦乞烈思兵2000、蒙和哈勒札率领的忙忽惕兵1000、木华黎的兄弟岱孙率领的札剌亦尔兵1000，总计约两万人。其他兵卒，主要是招降的金兵和汉军。经过6年的征战，木华黎征服了金朝大部分疆土。1223年四月班师归途中，病逝于山西闻喜县，年仅54岁。木华黎墓位于今陕西省榆林市榆阳区西北23公里的小纪汗乡金肯梁村西北。木华黎的苏勒德一直在陕西榆林金肯梁，后来移到鄂尔多斯市乌审旗乌兰陶勒盖白音敖包。每逢农历五月十一，都要接受人们顶礼膜拜和举行庄严神圣的祭祀活动。

元朝末代皇帝元顺帝北迁蒙古，王公贵族纷纷逃出京城大都，隐居生活。木华黎六世孙拜住次子拜笃麟铁木尔（后称笃麟）也隐居到父亲的平江（苏州）封地，躬耕于田，不受新朝的官封。后来为了躲避战乱，在明朝官吏

蒙古名将木华黎（1170～1223年）画像

的追查下，被迫率领家人隐迁至现在的大荔县洛南冯翊，为了纪念父亲拜住，确立了以“拜”为世传家姓，以姓隐其身。

拜住（1298～1323年），安童之孙，元英宗硕德八剌时代的大臣。他的五世祖是木华黎。拜住在1309年（元至大二年），袭为宿卫长。1315年（元延祐二年），为太常礼仪院使。好儒学，通汉族传统礼仪。1320年（元延祐七年）三月，元英宗硕德八剌即位，拜住任中书平章政事；5月，升中书左丞相。时太皇太后答己与右丞相铁木迭儿相勾结，广立朋党，势倾朝野，拜住助英宗力予抵制，使中书省摆脱铁木迭儿控制。1322年（元至治二年）秋，铁木迭儿与答己相继病死，拜住揭发铁木迭儿父子及御史大夫铁失等贪赃枉法，诛其党羽，特赦铁失。12月，英宗授拜住为右丞相，不设左丞相，以免掣肘。君臣着手改革，推行新政，起用儒士，访求人才；罢徽政院及冗官冗职；行助役法，减轻徭役；岁减江南海运粮二十万石；制定和颁行《大元通制》。因继续追究铁木迭儿及其余党罪行，引起铁失忧

惧，其改革也遭守旧的蒙古上层贵族集团反对。1323年（元至治三年）八月初五，拜住随英宗由上都南返，宿营南坡（今内蒙古正蓝旗东北），被铁失袭杀，年仅26岁，英宗同时被弑。

拜住死后，葬于平江（苏州）。明代永乐年间，为追远报本，修家庙祖茔，族人将忠献公拜住和母亲怯烈氏夫人的灵柩，从封地平江迁葬至陕西省关中平原东部的大荔县沙苑南拜家村。1821年（清道光元年），皇帝下旨将拜住尊于同州“忠义祠”内。1832年（清道光十二年），皇帝下旨在拜住墓前树一通天大石，碑额上刻“圣旨”两个大字，碑文竖写“皇清敕旌元右相东平王忠献公墓”等字样。坟园在“文革”中受到了极大的破坏，后来随着村子朝北的搬迁，加之渭河河水的漫涨，现在拜住坟墓已经被夷为平地。

元朝官员陶俑（摄于艾博云集博物馆）

根据《新元史》卷一一九列传第一六记载，从孔温窟哇至拜住家族七世皆为元朝重臣，为元朝的兴盛立下了不朽之功勋，其功名载于史册。拜住前六世为：

一世孔温窟哇，姓札剌儿氏。元世祖时丞相，元代前期政治家。1321年（元至治元年），元英宗硕德八剌下诏封他为推忠效节保太佐运功臣、太师、开府仪同三司、上柱国、鲁国王，谥号是“忠宣”。

二世木华黎（1170～1223年）追随成吉思汗，参与统一蒙古各部的战争，屡立战功、蒙古建国，他被封为左手万户长。他去世后，成吉思汗下诏封他为体仁开国辅世佐命功臣、太师、开府仪同三司、上柱国、鲁国王，谥号是“忠武”。

三世孛鲁，蒙古国大将军，他继领其父木华黎的职务，掌握着经略汉地的大权。后被诏封纯诚开济保德辅运功臣、太师、开府仪同三司，上柱国、鲁国王，谥号是“忠定”。

四世霸都鲁，佐元世祖忽必烈为元帅，屡立战功，1304年（元大德八年），追赠推诚宣力翊卫功臣，太师、开府仪同三司、上柱国，追封东平王，谥号是“武靖”。

五世安童，1265年（元至元二年）任中书右丞相，积极协助忽必烈推行“汉法”，元代前期政治家。1303年（元大德七年），制赠为推忠同德翊运功臣、太师、开府仪同三司、上柱国，追封东平王。敕立保定新成开国元勋，谥号是“忠宪”。

六世兀都带，元仁宗时为太师之职、诏长宿卫事，以孝闻。1309年（元至大二年），制赠辅诚保德翊运功臣、太师、开府仪同三司、上柱国，追封东平王，仅活31岁，谥号是“忠简”。

七世拜住，元泰定初年，中书奏拜住尽忠效节，殒于群凶，乞赐褒崇，以光后世。诏赠清忠一德功臣、太师、开府仪同三司、上柱国，遣封东平王，谥号“忠献”。到了元至正初年，改至仁孚道一德佐运功臣，进封郓王，改谥“文忠”。

拜姓前六世都保留蒙古姓札剌儿氏，死后皆葬于内蒙古的只兰（今陕西省榆林市木华黎坟）。大约是从元大德年间到元至治年间，（1297～1323年），才改姓拜。从七世拜住到十二世先祖都埋葬于大荔县拜家村的祖坟。拜氏蒙古族人迁徙路线是：漠北（鄂嫩河东岸）→大都（北京）→平江（苏州）→冯翊（大荔）。

骆驼陶俑（摄于艾博云集博物馆）

甘肃省

甘肃省，简称甘或陇，因甘州（今张掖）与肃州（今酒泉）而得名。甘肃省有55个民族。2000年第五次人口普查甘肃省蒙古族为15774人，主要为蒙古和硕特部。元代始设甘肃行中书省，辖黄河以西七路二州，黄河以东地区为陕西兴远路。

一、白银市马姓蒙古族后裔——元裔铁礼棉、铁礼秀后人

马姓蒙古族主要居住在白银市靖远县中堡乡营防村、扇马塬、碾子塬和景泰县芦塘，至今，人口已达三千之众。他们的始祖是蒙古皇室贵族铁礼棉、铁礼秀兄弟二人。

1. 马姓蒙古族后裔的历史和史料

白银市管辖的靖远县，在明朝时期，是明王朝与北元频繁的军事接触地带，属于明边内。在元代，为会州，属陕西行省巩昌府。明置靖虏卫，清改靖远县。

1890年（清朝光绪十六年）《马氏家谱》序言写道："太祖元始，本系前元国姓。兄弟二人名铁礼棉、铁礼秀，元末时由汴都而北迁，至红罗以南渡，率水浒而走马，向山曲以胥宇（选择建营扎寨之地），住扎营儿门，为始托之地，由斯易铁为马。"

这里的"太祖"不是指元太祖成吉思汗铁木真，而是指铁礼棉、铁礼秀兄弟二人的先祖。"前元"是指元王朝。"国姓"即国之皇族之姓"孛儿只斤"。汴都即汴梁，指今河南开封。营防村有个营儿门，坐落在关爷山和黑崖山之间的一个极普通的小山

流过甘肃省的黄河

沟里，原住着一户马姓人家，人们常常戏称他们为“马鞑子”，又流传着“七人七马过黄河”、“马鞑子占天下”之类的传说。元末明初时，营儿门有一堵由蒙古人夯筑的土墙，还矗立于横切沟口的红崖之上。“红罗”即寺儿湾石窟所在地的红罗山，与营儿门隔河相望，山下有黄河古渡口之一，“七人七马过黄河”的故事就发生在这里。“易铁为马”，应该是易“孛儿只斤”为“马”。

1917年（民国六年）《马氏族谱》讲得更为明确：太祖之所自出，原属元室苗裔。马氏祖先驻进汴都，并“历皇祚九十春秋”而北迁，“由金台而启行”，“倚黄流为尺堑，始停住营儿门以固圉（防御），继税驾芦塘以开疆”。

20世纪50年代《马氏族谱》序言中写道：“溯马氏原系铁木耳之本姓”。20世纪60年代《马氏族谱》也写道：“马氏其先世以国为姓，系铁木耳后。”

据研究，“铁木耳”应该就是察罕帖木儿或扩廓帖木儿(即王保保)。《元史》记载，元末时，从河南起兵，最后到甘肃兵败的就是他们，而且兵败的时间正好是1370年（明洪武三年），这和几个家谱记载的马氏祖先“水浒走马至红罗以南渡”的时间完全一致。

今甘肃定西市境内沈儿峪

“金台”在黄河之北。扩廓兵败时，马氏祖先等，不在战争前哨阵地的巉（险峻陡峭）口，而在作为后防的“金台”，沿黄河之北寻找“金台”。“金台” 就是当年作为元军后防的兰州王保保（扩廓帖木儿）城，沈儿峪（今甘肃定西市境内）交

战，以金台为后防大本营，控制兰州，并作为北撤的退路。南渡以后，马氏祖先以营儿门为“始托足之地”，然后设法和败逃的扩廓帖木儿取得联系，以图东山再起。芦塘在景泰县境内，当时归靖远管辖，这里是从兰州到蒙古的重要通道之一。他们估计芦塘可能还掌握在蒙军手中，扩廓帖木儿可能从芦塘逃去，故派人去芦塘联络，打探虚实，可是他们估计错了。明将徐达也是这么估计的，并派兵去芦塘堵截。而作为精明军事家的扩廓帖木儿，其行动完全出乎他们的预料，他没有去芦塘，而以“流木渡黄河”后，直奔和林去了。这样，使马氏祖先的联络行动未能实现，也使徐达的围追计划扑了空。

芦塘联络行动的失败，迫使马氏祖先不得不放弃一切北撤计划，被迫隐姓埋名，实行汉化改汉姓，生存下去。蒙古族是马背上的民族，马是他们的生活资料，又是生活中的伴侣，放牧、打猎、旅行、作战、娱乐等无

原蒙古帝国都城哈剌和林遗址

不与马联系在一起，马背上打天下坐天下，故以“马”为姓。北迁，南渡，指马为姓，这就是营儿门马氏的渊源史。

马氏祖先的北迁，始终同依靠地主武装起家的察罕帖木儿和扩廓帖木儿、为挽救元王朝进行的一系列军事活动联系在一起。1368年（元至正二十八年）明军攻下大都，元顺帝率后妃太子逃到上都，元朝遂亡。而扩廓帖木儿则拥兵数十万，据守太原，对明军构成巨大威胁。1368年，扩廓被徐达、常遇春所败，西奔甘肃。次年，徐达又率明军出西安，捣定西，取扩廓帖木儿。扩廓帖木儿方围兰州，又回兵定西，于沈儿峪与徐达屯兵会战。1370年（明洪武三年）4月，扩廓帖

木儿兵败，明军擒郯王、文济王及国公、平章以下文武僚属1865人，将校士卒84500人。扩廓帖木儿又携妻子数人北渡黄河，奔和林。扩廓帖木儿兵败，把人军及追随他们的朝臣都留在了甘肃，除被杀和被抓者外，其余皆四散流落、自行逃命，营儿门马氏祖先就在这流落、逃亡者之列。

扩廓帖木儿，即王保保，母亲是察罕帖木儿的姐姐，元顺帝赐名为扩廓帖木儿。从小就被舅舅察罕帖木儿收养。在元末袭职总兵，后拜太尉（正一品）、中书右丞相（正一品），光禄大夫（从一品）、中书平章政事（从一品），兼知河南、山东等处行枢密院事（从一品）、同知詹事院事（正二品），封河南王（正一品）。元亡前夕，尽管元顺帝既重用过他也打压过他，但他始终对元朝忠心耿耿，朱元璋也先后给扩廓帖木儿写过至少七次信，想降服于他，但最终扩廓帖木儿回应他的全是刀枪兵马。扩廓帖木儿是残元唯一能与明军对抗的将领，从而赢得了朱元璋的敬重。

元末将领扩廓帖木儿（？～1375年）

扩廓帖木儿北逃和林后，辅佐昭宗爱猷识理达腊（元顺帝子）。次年，大败明军于岭北，迫使明军据塞为守。1372年（明洪武五年），渡漠南扰雁门（山西代县北），大掠而还。后随昭宗徙金山（阿尔泰山），1375年（明洪武八年），扩廓帖木儿病死于“哈剌那海之衙庭”，其妻毛氏亦“自经死”。 扩廓帖木儿的部下都非常有气节，降明的极少。

马氏祖先在营儿门住的时间约

三十年左右，随着人口增加，开始分散迁移。相传，铁礼棉生二子，长子留住营儿门为大房，次子随其父迁入扇马塬，为二房。铁礼秀生三子，均随其父迁入扇马塬，形成三至五房。在扇马塬居住百年之后，又迁移到与扇马塬仅一沟之隔的碾子塬。移居碾子塬之后，马太太母因儿子入“芦塘军”的缘故，以她为首的五房又远迁甘肃景泰县芦塘。从此，马氏家族最终形成了一个房头占据一个地方、自成一个村落的格局。马太太母迁入芦塘，以她的刚毅和干练，开创了马氏族人生存的新天地。到清朝乾隆年间（1735～1795年），芦塘马氏已成为当地远近闻名的名门旺族。

2.对马姓蒙古族后裔历史的探讨

马姓蒙古族始祖姓氏 “系前元国姓”， 应当是蒙古族姓氏，“易铁为马”，应该是易“孛儿只斤”为

成吉思汗一家（下排戴帽者为铁木哥斡赤斤）

马。“系铁木耳后”，只可能是马姓蒙古族始祖和察罕帖木儿一起作战，或者随后与扩廓帖木儿一起到甘肃与明军打仗有关，但不一定是察罕帖木儿或扩廓帖木儿的后代。

察罕帖木儿，本乃蛮氏，系出北庭（今新疆一带）人，非蒙古人，疑其为色目人。1996年第6期《文物》“元赛因赤答忽墓的发掘”一文介绍：扩廓帖木儿的生父是赛因赤答忽，蒙古人，族属伯也台部落。论民族身份扩廓帖木儿当是蒙古族人。

有考证人员说，“系铁木耳后”是指察罕帖木儿的后代，察罕帖木儿是皇族，“因为察罕帖木儿曾祖阔阔台、祖乃蛮台、父阿鲁温为成吉思汗四弟铁木哥斡赤斤的后代”。查“《元史》卷一〇七表第二宗室世系表 铁木哥斡赤斤国王位”可知，成吉思汗四弟铁木哥斡赤斤（1168年～1246年，相传有子孙八十人）有一个曾孙“寿王乃蛮台”，但没有“阔阔台”和“阿鲁温”的记载，世系不联续，“乃蛮台”应当是重名的结果，考证察罕帖木儿“为成吉思汗四弟铁木哥斡赤斤后代”的说法有误。

《新元史》卷九八列传第二记载，铁木哥斡赤斤是成吉思汗父亲也速该和母亲诃额仑的小儿子，比成吉思汗小六岁，不是成吉思汗四弟，而是幼弟，他深得哥哥铁木真和母亲诃额仑太后的疼爱，人称铁木哥斡赤斤那颜。根据蒙古人的幼子守灶习俗，斡赤斤继承了父母遗产。

成吉思汗诸弟的封地在蒙古高原的东部，称东道诸王。铁木哥斡赤斤的封地位于今大兴安岭西麓、海拉尔河以南到哈拉哈河流域的大片地区。1221年，长春真人邱处机觐见成吉思汗途中曾参拜铁木哥斡赤斤。负责中原汉地的

成吉思汗三弟哈赤温（1166～？）

木华黎名义上也受斡赤斤节制。成吉思汗死后，察合台、拖雷和铁木哥斡赤斤分别护持着窝阔台的右手、左手和腰部，把他扶上了汗位。窝阔台时期，铁木哥斡赤斤向辽东和大兴安岭以东扩张势力。窝阔台死后，乃马真后摄政，铁木哥斡赤斤想夺取汗位，贵由继位后，将铁木哥斡赤斤处死。他的后王继续统治东北，玄孙乃颜在忽必烈时曾经叛乱。北元时期，斡赤斤后裔组成了“山阳万户”， 斡赤斤后裔所属的部落就是现在的翁牛特部，他们现在居住在内蒙古赤峰市翁牛特旗。

据《元史·诸王表笺证》（法国韩百诗著张国骥译）记载：寿王“乃蛮台”是成吉思汗幼弟铁木哥斡赤斤长子斡端的孙子，“乃蛮台”在《元史》里有三个同名者。察罕帖木儿和扩廓帖木儿的姓氏不是国姓，因此，“前元国姓”与察罕帖木儿和扩廓帖木儿的姓氏没有关系。马姓蒙古族始祖姓氏“系前元国姓”应当指成吉思汗黄金家族“孛儿只斤”。铁礼棉、铁礼秀的“铁”姓，可能是取“铁木真”的第一个字，这样的情况与西南“铁改余姓”类同。

二、白银市赵姓蒙古族后裔——成吉思汗三弟哈赤温后人

白银市会宁县赵姓蒙古族，主要居住在郭城驿镇黑虎岔村、扎子塬村等，被称为“黑虎赵家”。赵姓蒙古族人始祖是成吉思汗三弟哈赤温谪裔孙昴空。目前在黑虎岔村赵姓有 330户近2200人之多，占了整个村人口的绝大多数。

2005年8月21日，会宁县郭城驿镇一所630多年前的明初赵氏家族墓被盗，揭开了元末一支皇族人马流落会宁的尘封多年的面纱。

1370年（明洪武三年），明将徐达奉命北征，将元朝的势力压在甘肃一隅。在沈儿峪明朝大军与元朝势力隔沟对垒，七天七夜的恶战，双方死伤无数、血流成河。20万元兵败在了徐达军队之下。元军主帅扩廓帖木儿败逃，徐达部将孙兴祖引兵追击，至毛不剌川(今靖远境)与扩廓帖木儿再战，元军反败为胜，明军败走，孙兴祖阵亡，扩廓帖木儿夺得水筏，顺黄河而下，奔往漠北和林。

在这次大战中，有一支元朝皇室幸免遇难而逃脱，他们由九人组成，出没于黄河南北，成了徐达重点剿灭的对象，在战退防守之中，二人流落吴家窑(今白银境内)。昴空、三狼济王、铁礼棉（前述马姓蒙古族人始祖之一）等七人依然骑马奔逃。

然而，明军依然不放弃对元皇室的搜寻。于是元室七人化整为零。除铁礼棉留守营门儿外（改姓马），三狼济王隐居平川小水村，娶张媪为妻，遂以张为姓。一姓吴，隐于黄草湾（今平川区大坝沟），其后裔散居

白银市会宁县郭城驿镇黑虎岔村

于大、小芦子（今靖远县）。

黑虎岔的赵氏始祖昴空，为元军中押粮官。在明军的继续追剿下，一日昴空在黑虎岔东侧的一个叫上岔的东山上与明军相遇，一场战斗打响，昴空长子驼喊身先士卒，英勇奋战，不料被敌箭射中。中箭后的驼喊从山上滚落下来，明军蜂拥而上，提走了驼喊首级。久经沙场的昴空望着长子的残躯，无比悲痛，他用荞面为儿子做了个头颅，挥泪掩埋儿子残躯于上岔里东山下(坟墓今犹在)。

明军提走驼喊首级后，停止了对昴空的追剿。眼看元朝大势已去，昴空亦无心再战，遂解甲归牧，隐居于黑虎岔东侧老庄沟（今塌窑沟），在其山头筑盘营（今遗址尚存），过起了隐居的牧民生活。据平川区《吴氏家谱》载：张、赵、吴本是一族，相互不得通婚。

据黑虎岔《赵氏家谱》载：昴空夫妇生有五子，前四子依次名为驼喊、返都、孛罗、孛哪，第五子随母入镇番（今甘肃民勤县）未归而失名。昴空及其子都未改蒙古族别，名讳皆是蒙语，还未姓赵。到了第三世，朱元璋建立的大明江山已稳，在1387年（明洪武二十年），明廷开始清查户籍，制定“鱼鳞图册”和“赋役黄册”。隐居于此的昴空孙辈，为了躲避因是元朝皇室而招来杀身之祸，只有改族换姓，方能避免灾难。并以《百家姓》的第一姓，作为了他们的姓氏，流传至今。当地人称他们是“元朝余种”。

隐居后，由于昴空精于牧业，加之黑虎岔水草丰茂，昴空带来的白头顶蒙古战马，不多年就繁衍发展到八百余匹。为饮马而修的饮马泉，其遗址今犹在。家业发展很快，人口骤增，很快成为一方之巨族，并且逐渐向附近村落散居。二子返都一支散居于会宁县腰井村一带，距黑虎岔东十里；三子孛罗一支散居于靖远芦茨沟一带，距黑虎岔北十五里；四子孛哪一支仍留居于黑虎岔；昴空五子随母入镇番柳林湖，五子于该地也成了一大族；以后历代陆续散居省内外许多地方，但以黑虎岔附近二十余村最多。从昴空流寓会宁黑虎岔至今640余年，传25代，今现存者尚有九世。

在与当地民族融合的过程中，“元朝余种”的观念在当地人心目中逐渐淡化。赵氏家族的家族个性开始张扬。1437年（明正统二年）修起了一座占地40亩的城堡。赵氏家族集居城堡，集体防卫，有族长主持城堡防卫和农牧事务，整个城堡内的赵氏家族的社会生活方式依然是蒙古氏族部落的形式，这座城堡至今基本保持完好。

根据《平川区志》记载，“黑虎赵姓乃烈祖也速该之三子，成吉思汗之三弟哈赤温一族也。”

也速该，蒙古乞颜部首领，以孛儿只斤为姓氏。长期与塔塔儿人争战，被塔塔儿人毒死。正妻诃额伦生四子：铁木真（成吉思汗）、哈萨尔、哈赤温、铁木哥斡赤斤。另一妻

明正统二年（1437）修建的“黑虎赵”城堡遗址

速赤格勒生二子：别克帖儿、别里古台。1266年（元至元三年），追谥也速该为烈祖。

哈赤温比成吉思汗小四岁，死的比较早，成吉思汗分封土地时，他的儿子按只歹接受分封。按只歹，在不同的史料中又译阿勒赤歹、按只带、安赤台、按只吉带等。成吉思汗分封左翼宗王，其封地在东部兀鲁回河（今内蒙古东乌珠穆沁旗）及其以北地区。1230年（蒙古太宗二年），按只歹随太宗窝阔台攻金。1232年（蒙古太宗四年），率师先渡黄河，与拖雷会师三峰山（今河南禹县南），大败金兵。次年，与窝阔台子贵由率军征辽东，擒灭割据辽东的金叛将蒲鲜万奴。1236年（蒙古太宗八年），受济南路分邑。1287年（元至元二十四年），其后裔也只里始封济南王，授驼纽金印（三等王）。1307年（元大德十一年），其裔孙朵列纳晋封为济王，授兽纽金印（一等王）。1312年（元皇庆元年）改封吴王（一等王）。

黑虎赵氏虽户大支繁、人口众多且散居各地，但家有谱牒，分支清楚，辈分分明。《赵氏家谱》版本较多，计有：1765年（清乾隆三十年）本；1860年（清咸丰十年）本；1895年（清光绪二十一年）本等。《家谱》多处摘录成吉思汗家训，以诫后人。

赵氏始祖昂空及其子、孙皆葬于黑虎岔东十里的上岔里老坟湾。老坟湾群山环抱，地形隐秘。主山雄伟，场面宏大，虽经六百多年，坟墓保存完好。这里共有十七座坟茔，葬有昂空、昂空二子返都、三子孛罗、四子孛哪等四世十七墓，分四组排列，其中不乏合葬者。赵氏家族从第三世起，在墓地下侧安排了守墓人，世代住守。

由于赵氏历代为当地望族，所以该坟墓附近再无他人葬坟。赵氏家族极其重视祭奠祖先，每隔十年都要在昂空的坟前

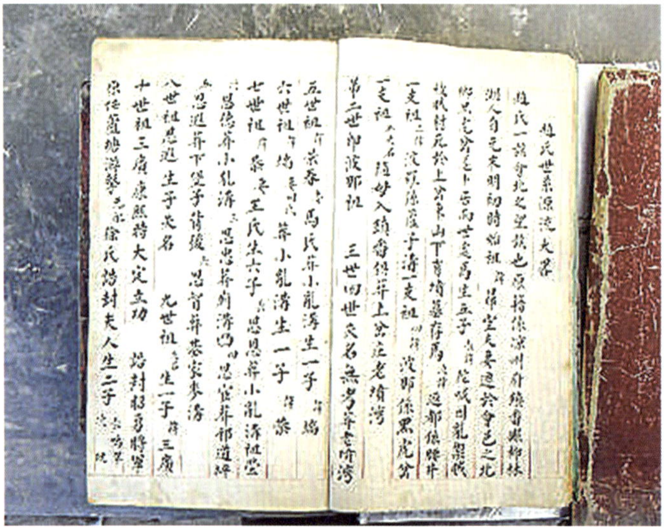

清朝咸丰十年（1860）黑虎岔村赵氏蒙古族《赵氏家谱》

举行一次规模宏大、仪式隆重的公祭活动。虽然近年来仍有所活动，但已成为不定期举办。1963年正月，黑虎赵氏举行隆重的公祭始祖昴空活动，且重新修续家谱，拟出了从二十三世起的宗派命语：“中一昌立宗，其言再本真，和顺要通远，历代祝清平”，这样就使辈分更加清晰明了。

黑虎村的赵姓一族在见面时都依照长幼辈次相互尊称，俨然是真正的一家人。赵氏家族和平川的张、吴本是一族之人，虽然散居各地，但大家辈分长幼次序都十分分明。虽然姓氏不同、人口繁多，但见面以后，大家都能准确无误地叫出尊称，纹丝不乱。

2005年8月21日赵家祖坟老坟湾被盗的墓就是昴空的坟茔，排在最前列。从外观上看，这个皇室后裔的墓葬群与当地的其他坟茔没有任何的区别。昴空墓室的构造非常复杂，先是竖井，然后向西打开砖制的墓壁方可进入墓室。在墓穴中，昴空的遗骨完好。墓内陪葬品大多被盗，遗留有陶器、木器和铁箭头等物。昴空的墓室别有洞天。整个墓室呈蒙古包状，墓室上顶距地面约五米，墓室高约四米，内壁直径约三米，均由青砖砌成。整个墓室分上、下两部分，上空下实。上部分圆拱尖顶、中空，高约两米有余。尖顶无眼，用两片青砖封盖。下部分圆柱形，高约一米有余，内填黄土，昴空遗骨埋于其中。

昴空作为元室贵族，随身带有不少珍贵物品，如画像、银制腰牌，金骆驼(驼纽金印，现存于陕西博物馆)等等。赵氏家族世世代代保持着蒙古民族剽悍顽强的特性。和赵氏家族同村而居的土著，在清朝几次大的灾难面前几乎全部灭亡了，唯独只有赵氏家族因具有极强的抵御灾难的能力而

黑虎岔村老坟湾赵氏蒙古族始祖昴空及其子孙墓地

生存了下来。

昂空一族隐居后，随着家业的发展，先后有几人在不同地方任职。据黑虎岔1860年（清咸丰十年）所修的《赵氏家谱》中记载，“赵氏一族，会北之望族也。原籍系凉州府镇番县柳林湖人，自元末明初时，始祖昂空夫妻迁于会邑之北乡黑虎岔，遂卜居而世处焉。十世祖三广康熙时大定立功，诰封昭勇将军（正三品），原任芦塘游击。十一世鸣翠祖原任四川懋州营参将，乐业四川有后；十一世琏祖（字玉声）原任四川威茂汶保管，辖土番副府”。

赵氏家族至今保存着显明的蒙古民族习俗和风格，例如，游牧习俗，同姓不婚，十月一日不送寒衣等。赵氏家族的家训从一个侧面反映了家族的渊源，如“折箭遗训”、“大汗言训”等悠久的历史。赵氏家族的“大上坟”（公祭始祖昂空）仪式，不仅远近闻名，声势浩大，而且具有显明的民族特色，比如祭祀仪式中的羊血祭就是对蒙古祭祀方式的承传和发展。

2010年新修的黑虎岔村赵氏蒙古族始祖昂空陵园

江苏省

江苏得名于清朝江宁府（今南京市）和苏州府二府之首字。江苏省正式建制始于1667年（清康熙六年），由原江南省析分为江苏、安徽两省。元朝时期，苏北属河南江北行省，苏南属江浙行省。2000年第五次全国人口普查，蒙古族人数为14167人。

一、无锡市李姓蒙古族后裔——成吉思汗女婿嘉那的后人

1.李姓蒙古族后裔的现状

江阴市青阳镇附近居住有李姓蒙古族后裔，他们是蒙古圣主成吉思汗的女婿嘉那的后人。他们现在居住在江阴市青阳镇树家村的有1300余人，邵歧村有800多人，华士镇向阳村有1300余人，北国镇赤岸村有1800多人，另外散居在其它村镇的还有近万人，总共约两万余人。在京、津、沪、渝等省区，港、澳、台及海外也有分布。

华士镇向阳村位于江阴市华士镇西隅，全村总面积2.09平方公里，7个村民小组，640户，总人口2542人，其中李氏户数327户，占全村总户数的51%。随着这些年改革开放的步伐，他们已经完全进入到小康社会，是社会主义新农村的典范。向阳村紧邻著名的“天下第一村”华西村。

截止2005年，向阳村累计建成别墅式住宅600余幢，每幢面积达到300平方米左右，全村95%的村民住进了居民新村，他们住在宽敞明亮的别墅式住宅；全村家庭轿车基本普及，有很多都是豪华型；住宅四周、道

江阴市华士镇向阳村别墅式住宅

江阴市华士镇华西村别墅式住宅群

路两旁，植树栽花种草，进行了全面的绿化，嫣然是一座大型花园；近几年来，全村在公益事业上投入了巨大的资金，用于完善新农村配套建设。新开一条环村河，改建了宽敞的向阳大道，建好五个别墅住宅区。全村道路宽阔路灯配套公用设备齐全，上下水管道通畅。新建杨春桥，重建向康桥，拓宽新村桥。新建了商品市场一条街，各种商贸门脸和服务设施齐备，极大地方便了村民日常生活。新建了社区医院，内有多种先进医学诊疗设备。建成了山上、山下两个老年活动室。向阳村已经完全城镇化。

全体村民有工作能力的全部都有了工作岗位，年劳动分配达到本地区前列；村民口粮全部由村里供应，村集体为村民补贴了巨额粮款；村民全部参加医疗保险，企业职工都参加了人寿保险；对女年满55周岁，男60周岁以上的人员，不论参加工作与否，按规定享受每年2200～5000元的养老金；担任过村干部的每年发5000元，90岁以上的老人每年发5000元，95岁以上的每年发放1万元养老金；投资巨额资金建造了5.5万平方米的外来职工宿舍、夫妻房；对6000多名外来职工实行集中居住，统一管理。

2003年8月31日，村办企业顺利进行转资，实行村企分开。企业名称为江苏向阳集团，是国家大型企业，全国民营企业500强。向阳村及向阳集团获得了诸多的荣誉：全国先进乡镇企业集团、省明星企业、江苏省卫生村、江苏省文明村、江苏省首批百佳生态村、江苏省农业科技示范园、江苏省新农村示范

江阴市华士镇向阳村江苏向阳集团

村、江苏省民主法制示范村、无锡市示范村、无锡市十佳村、无锡市工业百强百佳企业、江阴市十佳明星村等等。

2.李姓蒙古族后裔的历史

李姓蒙古族后裔，主要居住在无锡市辖江阴市青阳镇树家村、邵歧村、华士镇向阳村、北国镇赤岸村等，他们的始祖是统军将领嘉那。成吉思汗的女儿越姬公主下嫁嘉那。嘉那成为成吉思汗的乘龙快婿，成为大蒙古帝国的驸马，蒙古人称之为“塔布囊”也就成了忽必烈皇帝的姑父，是元朝皇室宗表，其地位可谓显赫。嘉那后代的世系为：嘉那→子霑柯→子八撒→长子脱脱、次子脱因。

在忽必烈建立元朝的同一时期，蒙古统军将领嘉那，娶元世祖忽必烈姑姑越姬，世居蒙古，辅佐忽必烈定天下，战功卓著，官拜行军大元帅（正三品），赐佩金虎符。嘉那遂为江阴李氏南迁始祖。1265年（元至元二年）元廷置中书省河间路（今河北省沧州市、 德州市、河间市）总管府，成吉思汗第六子阔列坚孙兀鲁带封为河间王。嘉那即驻扎河间路。死后，埋葬在山东宁津县，墓有纪绩碑。越姬诰封为河间郡一品夫人。

嘉那子霑柯，袭大元帅荫（得到封赏可以免罪）守镇江，再调江阴路，1277年（元至元十四年），升为江阴路总管府，加封万户，是元代驻守江阴的第一任蒙古族将军。死后也葬于山东宁津县父亲墓旁。其妻为右丞相燕帖木儿（元顺帝时的权臣）之女，他们的儿子叫八撒。

嘉那、霑柯父子二人，前者的妻子是皇姑（忽必烈的姑母）、后者的妻子是丞相之女，确实是蒙古权贵勋臣，属于元朝皇室宗表关系，父子两人的社会地位显赫，均受到当朝皇帝和丞相的垂青和抬爱。

霑柯的儿子八撒（亦名伯察），世袭父职为江阴路的万户之职，在元朝至元年间（1264～1294年），皇帝加封为万户，赐号“忽哩哈赤”（名号），死后，葬于现江阴市青阳镇。

八撒生有两个儿子，长子脱脱，次子脱因。脱因字明善，仍然世袭万户

江阴市《李氏宗谱》（重修）家谱出版发行庆典仪式

之职，赠明威将军（正四品），死后葬于江阴市青阳镇。

脱因生四个儿子，长子帖帖，字淡如，世袭祖父官职并加封昭武大将军（正三品），授达鲁花赤，死后也葬于青阳镇祖坟。

脱因次子名叫丑斯，字静如，世袭昭勇大将军（正三品）、镇守江阴州监制万户府。1351年（元至正十一年），奉命“督军九江”，率部进入宣让王帖木儿不花（镇南王脱欢的第四子，镇守合肥）的管辖区。宣让王根据圣旨，命令丑斯万户进驻安庆。1352年（元至正十二年），威顺王宽彻普化（镇南王脱欢的第三子，镇守武昌），因为武昌失守，恳请丑斯进入他的驻地，并且在郊野为丑斯设帐宴请。丑斯率军镇压叛贼捷报频传。然而不幸于

1352年（元至正十二年）十一月，在追缴叛贼中不幸中箭而死，皇上下诏追封大元帅，葬于江阴州。

帖帖的第二个儿子名叫“定”，字正三，具有才干，承袭祖辈万户之职。到了元朝至正中期以后，明军朱定攻打江阴，他不幸殉难，他的儿女年幼，由伯父“宣”养大成人，迁往砂山居住，他们成为今天向阳村李姓的始祖。

嘉那的后人，直到元朝灭亡前的八十余年间，有五代六位将军驻守江阴，是这个地区的最高军事长官，其中有三位将军（脱因、丑斯、定）为维护元朝政权而殉职，其忠诚之气，是其显赫家族的真实历史写照。

1348年（元至正八年）江阴李氏家谱的创修者正一公（帖帖长子“宣”），完成了《李氏宗谱》的编撰工作。正一公是江阴李氏始祖嘉那的第五世孙，是迁居江阴六世祖庄肃公八撒的曾孙。

江阴李氏共有济美堂、衍庆堂、世德堂，邵岐支、桐岐支、砂山支、赤岸支三堂四支，从元代开始，前后共经过18次修订宗谱，每次均有详细记载，但受条件限制，每次修谱只能依照江阴李氏三堂四支单独修立。

2004年，江阴李氏第二十四世孙李国良遵循先贤“修谱宜合不宜分”的教诲，提出合修宗谱，他的倡议得到了江阴李氏后人的一致响应，前后共有两百余名后人参与采集撰写，其中八人脱产撰写宗谱，修谱前后历时四年，耗资150万人民币，共收录江阴李氏“三堂四支，五十三个支脉”

江阴市出版的《李氏宗谱》（重修）家谱

两万余人，于2008年1月正式出版，并举行了《李氏宗谱》（重修）家谱出版发行庆典仪式。

2009年2月19日，江阴华士镇向阳村党委书记、江苏向阳集团董事长李国良先生派专人前来苏州市档案馆，捐赠了由他担任主修、江苏文艺出版社于2008年出版的《中国江阴李氏宗谱》一部。该谱为宣纸印刷，线装本，共6函38册，装帧精良。《江阴李氏宗谱》曾受到中国家谱协会的高度评价，不少家谱研究人员认为，这是目前我国除山东孔子家族宗谱外，历时最长、保存最为完整齐全的家族宗谱之一，在国内并不多见。

根据《李氏宗谱》记载：先祖嘉那是辅元世祖忽必烈汗统一中原的行军元帅，至元初南宋亡，其子霭柯受朝廷封派袭元帅，镇守镇江路再调江阴路，其孙八撒又袭父荫镇守江阴路，始为江阴一世祖，从霭柯始，经八撒、脱因、帖帖、丑斯、定等，均为万户，自此世代在江阴繁衍生息。

明代，驻镇江阴蒙古将军后人生存险恶。先是帖帖长子"宣"，字正一，初出任元崇庆府太守，后来升任福建宣慰使，浙西道参知政事。1348年（元至正八年），弃官归隐，纂修家谱。入明遭追杀被绑在树上，当问及姓名时，他灵机一动隐姓为树，方才逃过一劫并生存下来。自此即以树为姓，现青阳镇树家村之村名由此而来。后改姓为李。直到清末民初，祖上才恢复李姓。几百年来，后人都不敢、也不愿说出自己蒙古族后裔的历史事实。

八撒墓，位于江阴市青阳镇树家村中檀树坟，现尚存墓碑，碑高1.28米，宽0.46米，厚0.2米，石灰石质。遗憾的是碑文在"文革"中被破坏，字迹辨认不清。此方向，历来与蒙古人居住的蒙古包方向相同。立碑时间，约在元至正年间（1341～1368年），该碑十分珍贵。八撒之后人树家村李氏，自元代至解放前一直派专人守护，最后一位守护者的后代叫李根富。树家村所有李姓后人的住房，都是环八撒墓而居。

八撒后裔，依照家规，隐德不仕，居乡务农，读书明理，繁衍生息。树家村及至嘉那第十二世孙，诩，字原德，号戒庵，生于明正德元年(1506)七月十二日，卒于万历二十一年（1593）五月十七日，年八十八。明嘉靖丙申（1536）以增广授例入监历事，掛选期满不赴，隐居乡里，专事著述，培育后人。著有《戒庵老人漫笔》，该书现为元、明史料笔记丛刊之一。

诩次子果，号复庵，字硕卿，以孙应昇死忠追赠太仆寺卿。

鹏翀，果次子，字程叔，号复见，邑庠生。例授光禄寺监事。以子应昇贵，先封南康府推官，后封福建道监察御史，加封太仆寺正卿。

鹏翀次子，应昇，是为嘉那第十五世孙，明代东林党“后六君子”之一。生于明万历二十一年（1593），字仲达，号次见，自称石炤居士。他是江阴赤岸人，其父李鹏翀。

应昇，明万历四十四年（1616）进士，授江西南康府推官，以清廉著称。

明朝末年宦官魏忠贤，是中国历史上臭名昭著的一个宦官，正是因为有了这个人，才出现了中国历史上延续了数十年的东林党与阉党之间的斗争，才产生了感天动地的东林精神。东林书院位于无锡市旧城区东门内，创建者为北宋理学家程颢的掌门弟子杨时。元代书院荒废。明万历二十二年（1594），官至吏部郎中的顾宪成被革职，回到家乡无锡讲学。万历三十二年（1604）经官府批准修复东林书院，并且与其弟顾允成，及左都御史高攀龙共同携手办学，学人来自全国各地，不收学费，提供食宿。办学以联系社会、关心国事为宗旨，习课之余，议论时弊，抨击宦官弄权，主张开放言路，实行改良，提倡躬行

李姓组团前往成吉思汗陵寻根

实践，强调气节。

李应昇，深受东林书院学风影响。天启四年(1624)，因觉魏忠贤必祸国家，密修阉党魏忠贤十六大罪状，代东林党首领左都御史高攀龙作“骇崔呈秀疏”，以声援杨琏等东林党人，遭魏忠贤大恨。天启五年（1625）三月，工部主事曹钦程授魏忠贤指使，劾李应昇护法东林，被削籍还乡。

天启六年（1626）三月，借李实劾周启元疏，将李应昇列入周启元案中，事传至江阴，故人劝其离乡躲避，但是应昇不应。遂被逮送至大都，遭严刑酷掠，于六月二日被杀，年仅34岁。崇祯初年，予以平反昭雪，赠太仆卿，谥忠毅，录其一事。

在八撒墓之东60余米处，有一座李氏宗祠，每年在阴历三月份，在祠堂都要举行祭祖仪式，树家村男女老少都来参加，祭祀毕聚餐。在村子北面还保留有一片犹如草原般的开阔地，是早年放养军马的地方，几百年来一直保持原样。

2006年4月18日，李姓族人李德荣、李生荣前往内蒙古呼和浩特和鄂尔多斯成吉思汗陵寻根。见到了内蒙古社会科学院研究员、元史专家、内蒙古民族事务委员会秘书长，以及自治区政协副主席末代王爷奇忠义老先生等人，众多专家在详细翻看家谱后，表示家谱中出现的人物和历史与蒙元史上都能对应上，专家对李氏宗谱作出了肯定，并希望把这份元史资料捐给成吉思汗陵文史馆作收藏和研究。

二、镇江蒙古族——清代蒙古八旗军的后人

江苏镇江有蒙古族约两百多人，他们的先辈大部分是清代从漠南察哈尔八旗及东北应征入伍的蒙古族士兵。1763年（清乾隆二十八年），驻防南京的这支蒙古八旗兵携带家眷一起移防镇江，守卫南京门户。镇江市中心的红旗口、黄旗口、大小教场等，就是当年蒙古八旗驻防军的练兵场。现镇江蒙古族有敖、洪、何、柏、王、李、阎、傅等姓氏。

福建省

福建省，简称闽，以汉族为主、另有54个少数民族，是全国畲族人口最多的省份，2000年第五次全国人口普查，福建省蒙古族人数为6114人。1278年（元至元十五年）福建全境成为元帝国的一部分，期间隶属于江浙行省，辖境包括今江苏南部，浙江、福建二省及江西部分地区。1356年（元至正十六年），撤福建路，成立福建省，此为福建设省的开始。

一、泉州市出姓蒙古族——木华黎在福建的后人

1.出姓蒙古族现状和风俗习惯

泉州市泉港区有出姓蒙古族2200人，主要分布于泉州泉港区涂岭镇小坝村及仙游县枫亭所属的小坝、洪厝坑、涂岭新村、横溪、上衍、九社、甘蔗林、前欧、后头、西坑、东周、南型等方圆十二公里多的十三个自然村里，洪厝坑是泉港出姓的发祥地。

1985年1月5日，当地政府为隐居山林523年的出姓群众恢复了蒙古民族身份，于是出姓蒙古族就把1月5日（农历十一月十五）确定为泉港出姓蒙古族的盛大节日，年年庆祝。

出姓蒙古族大多具有鼻子普遍较低、宽低前额、颧骨突出、脸色乌红的蒙古人特征，且性情爽直，与北方草原蒙古人极其相似。出姓蒙古族同族不通婚，世代和汉人通婚杂居，生

小坝村出姓蒙古族人居住的古老房屋

小坝村洪厝坑出科联的翰林第故居

活习俗大多已被汉化，仅保留少许特别的风俗。

大年除夕他们没有与汉族群众一样，举行跨火盆的民俗活动。原来当时元朝统治者把民族分为四等，对汉人和南人实行民族压迫政策，下令三家要养一元兵，他们定期给元兵称重，如果瘦了便要重罚，并规定合用一把由元人掌管的菜刀。到元末，随着明起义军节节胜利，当地人民也奋起反抗元军。一个大年除夕，村民们利用庆祝佳节的机会，相约以点火盆为号，杀死所寄养的元兵，当火盆相继点亮时，元兵便全被杀死。这便是民间流传着的“三家养一元，一夜杀完完”的典故。

出氏族人在元宵节也不进行游灯等庆祝活动。因为“元宵”与“元消”相谐音，含有元朝灭亡之意。而佛家奴为元朝重臣后裔，避入穷乡僻壤之后，自然会尽力避免做出对元朝不敬的事来，于是便作为习俗代代流传下来。

出氏族人信奉的神佛屈指可数，只有观音、仙公（即何氏九仙）、土地公，境主公张巡、许远，以及出氏家庙所供奉的祖先出大人即出科联和出大人的恩师金大人。历史上，出科联是小坝村出氏最出名的先祖之一，他的故居翰林第是小坝村出氏族人引以为傲的历史古迹，还存于洪厝坑。

每年正月，出氏族人也和周围的汉族一样举行“游朝拜”民俗活动，即于农历正月十六，在出大人和金大人神像前卜杯（占卜）确定出游的日子，然后在这个日子将张巡、许远、出大人和金大人的神像抬出巡游。对仙公（即何氏九仙）信仰，认为是仙公保佑着出氏在这深山之内繁衍发展，便建燕山宫供奉九仙香火。燕山宫所在的山名为烟倒山，现在不少出氏也以“燕山”称之，以示不忘祖籍。

出氏族人豪饮，并能自家酿造白酒和红酒，如洪厝坑的出姓几乎每户都自酿白酒，备于家中，不但每逢佳节畅饮，就是闲时也常常喝上一两

出氏家庙

泉港区蒙古族小学校园

杯。要是有客前来，他们更是热情备至，认为清洌甘醇的水酒刚好表达宾主的情谊，宴席上必迫不及待地取出家中佳酿，非得敬客人几杯不可。这种好客豪迈的性情，应是蒙古人的固有天性。

出氏繁衍至今，除聚居在泉港深山的村落之外，还有部分散居在仙游、泉州、厦门及台湾、菲律宾、马来西亚等地。1833年（清道光十三年），该乡的出氏举家迁居台湾鸡笼（基隆）；清光绪年间，出氏十七世出锥英也到台湾建家立业，现今出氏族人主要居住在台湾新竹、彰化、台北、宜兰和高雄等地。

泉港区蒙古族小学，位于泉港区涂岭镇前欧村，下设燕山、小坝、土型三个教学点。2009年10月，沙特阿拉伯国家石油公司向泉港区蒙古族小学捐款150万元人民币，2010年3月16日向该校捐赠衣物。

2.出姓蒙古族历史

泉州市出姓蒙古族始祖，是成吉思汗四杰之一木华黎八世孙纳哈出，是木华黎在福建的后人。他们主要居住在泉州市泉港区涂岭镇小坝村洪厝坑。其世系为：木华黎→孛鲁→塔思→乃燕→硕德→拜住→朵儿只→朵儿值班→纳哈出→佛家奴。

纳哈出次子佛家奴，1381年（明洪武十四年）从燕山北平（今北京）入闽。闻长兄察罕被诛，担心受株连祸及九族，便弃职归田，乃尊纳哈出为始祖，去纳哈以出为姓，隐居惠安之北九都象狮乡（现泉港区后龙上西村）。12世出舜宾，适居涂岭新厝乡，13世出光育再迁照船山下洪厝坑，一直自称为汉族，隐而不宣十二世。一世至五世三迁，故只有总牌名字，祖系一世祖纳哈出，不归公（死于道中不归之意），二世祖佛家奴公，三世祖通昭公，四世祖舜宾公，五世祖光育公。

涂岭镇小坝村洪厝坑，有一座“三开间”明代古建筑，门匾上书“出氏家庙”。大门对联云：“燕南无二族，惠北自一宗。”家庙为二进木石结构建筑，中间有天井，中厅悬“忠节”匾额，左挂“进士”、“文魁”，中梁挂有“解元”等鎏金横匾多块。厅堂对联云：“一案拱门楣预占遇试皆一，三台壮屏翰早卜达尊有三。”从这些匾联可以看出，“出”姓来历非同寻常，而且隐姓埋名之后又曾显赫再起。

二十世纪六七十年代，族谱曾被视为“四旧”。而家住泉港区涂岭镇小坝村的出其英，曾经上演一出“狸猫换太子”，用手抄本换下族谱原件。多年以后，正是因为这本族谱原件做为重要证据之一，小坝村出姓一族在山

蒙古名将木华黎（1170～1223年）雕像

泉州市泉港区涂岭镇小坝村洪厝坑的出氏家庙

林隐居五六百年后，才得以于恢复蒙古族身份，小坝村因此成为福建省最大的蒙古族聚居村。

从《出府族谱》的序、志等内容可以了解到，出姓二世祖佛家奴弃官隐居泉州后，其后代一直隐姓埋名，低调行事。家族脉络的传承只是通过口耳转述，不敢修族谱，直到明朝被清朝取代，隐居深山的出姓族人才逐渐崭露头角。而这本《出府族谱》是出氏十一世祖质侯根据先辈口耳相传的旧闻，于1720年（清康熙五十九年）所撰写。在当时，修族谱的人还刻意隐瞒了出姓的根源等一些内容。这些隐瞒的内容直到十二世太史公（出科联）时才得以大白于天下。康熙、乾隆年间，出氏族人方才重修族谱，翻盖祠堂。

清朝小坝村出姓重新崛起，人才辈出，其中代表人物就有十二世出科联。出科联(1685～1765年) 又叫出梦鲤，出身于书香门第，家广有资产，得以专心致志读书，十八岁中秀才，十九岁受知于程学宪，补弟子员，旋朗冠三军，补邑优行廪生。1735年（清雍正十二年）举人，做过德化教谕（学官：掌文庙祭祀和教育所属生员），升南部知县（正七品）。1738年（清乾隆三年)，三十岁登本省乡试榜首第一名中解元。1739年（清乾隆四年)，联捷进士，钦点翰林院庶吉士，特授检讨。

翰林院庶吉士，官名，亦称庶常，始置于明初，是中国明、清两朝时翰林院内的短期职位。由科举进士中选择有潜质者担任，目的是让他们可以先在翰林院内学习，之后再授其他官职，情况有如今天的见习生或研究生。庶吉士号称“储相”，能成为庶吉士的就有机会平步青云。清朝时汉人大臣中，亦多出于翰林庶吉士。庶吉士一般为期三年，期间由翰林内经验丰富者为教习，授以各种知识。三年后，在下次会试前进行考核，称“散馆”。成绩优异者留任翰林，授编修或检讨，正式成为翰林，称“留馆”。

小坝村洪厝坑出氏家庙的出科联画像

相传，出科联曾随乾隆下江南巡游，乾隆皇帝对这位随臣的姓名很好奇，即予询问。出科联趁机奏明出氏得姓的来龙去脉，遂使隐姓埋名数百年的出氏源流明白于天下。乾隆当即称誉：“好个奇姓！”从此出姓人不再遮掩自己的根源。

在明朝时期，出氏虽然不敢明目张胆称自己是元朝功臣之后，但在他们死后的墓志铭上还是会详细写明，自己的根源自何方。墓志铭，是存放于墓中载有死者传记的石刻，是一种悼念性的文体，主要是对逝者一生的评价，类似今天的追悼词。在小坝

泉州市泉港区涂岭镇小坝村洪厝坑出氏家庙的墓志铭

村洪厝坑出氏家庙里，就有几方墓志铭。墓志铭表明：出姓是元将纳哈出之后，1387年（明洪武二十年）封为海西侯，散所部隶黔、粤、闽之处，其先祖因人居惠安燕山，去纳哈名号，以出为姓。

纳哈出（？～1388年）札剌尔氏，蒙古族。元太平路（治所今安徽省马鞍山市当涂县）正三品万户。1355年（元至正十五年），朱元璋克太平将其俘获，朱元璋以其为名臣后人，待之甚厚，劝其归顺，但其坚决不肯。后来朱元璋好言相抚，厚赠银两，准其北归元朝。元亡后，元顺帝北逃，史称北元。以纳哈出手握重兵，封其为丞相，继封太尉。不久，元辽阳行省平章刘益降明，辽东大部为明所有。纳哈出领兵踞开元路（今辽宁开原市），屯兵二十万于金山（今吉林省四平市双辽市东北），持畜牧丰盛，与明军对峙。当时元顺帝早已于明洪武三年殁（死），不久太子又死，由顺帝孙脱古思帖木儿继位，纳哈出成为元末主要势力，有史料言，曾封其为开元王。明取得辽东后，明太祖数遣使招抚，其置而不答。1375年（明洪武八年），入犯辽东，兵锋直达金州（今辽宁金县西），为辽东都卫马云、叶旺等击败。其后屡入塞犯，皆为明军所败。1387年（明洪武二十年），冯胜率大军二十万逼

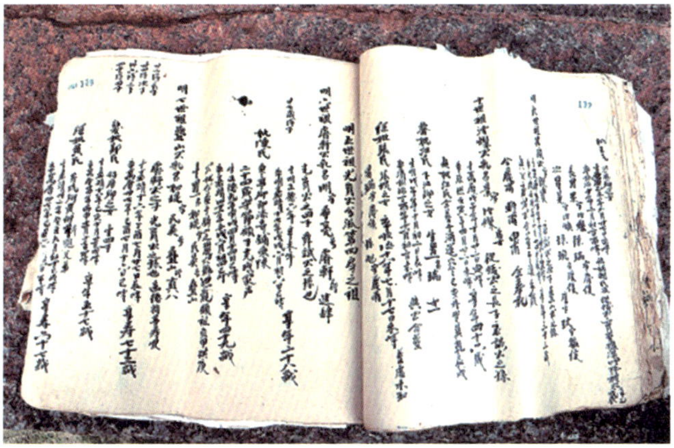

出氏族谱原件

金山，再遣故元将乃剌吾，至纳哈出处招抚。纳哈出见大势已再难更变，遂降于明。降后，朱元璋亲封纳哈出为海西侯，讳不归公，明廷将其所属的20万蒙古军，分隶云南、两广、福建各处。1388年（明洪武二十一年），纳哈出从傅友德往征云南，途中卒于武昌舟中，葬于南京。子察罕改袭沈阳侯，1393年（明洪武二十六年），坐蓝玉党伏诛。纳哈出及其长子察罕均没有到过福建。

二、泉州石狮市干姓蒙古族——明朝蒙古族将军干八秃帖木儿的后人

1. 干姓蒙古族现状

干姓蒙古族人主要在福建境内和东南沿海地区，总人数不详，现在永

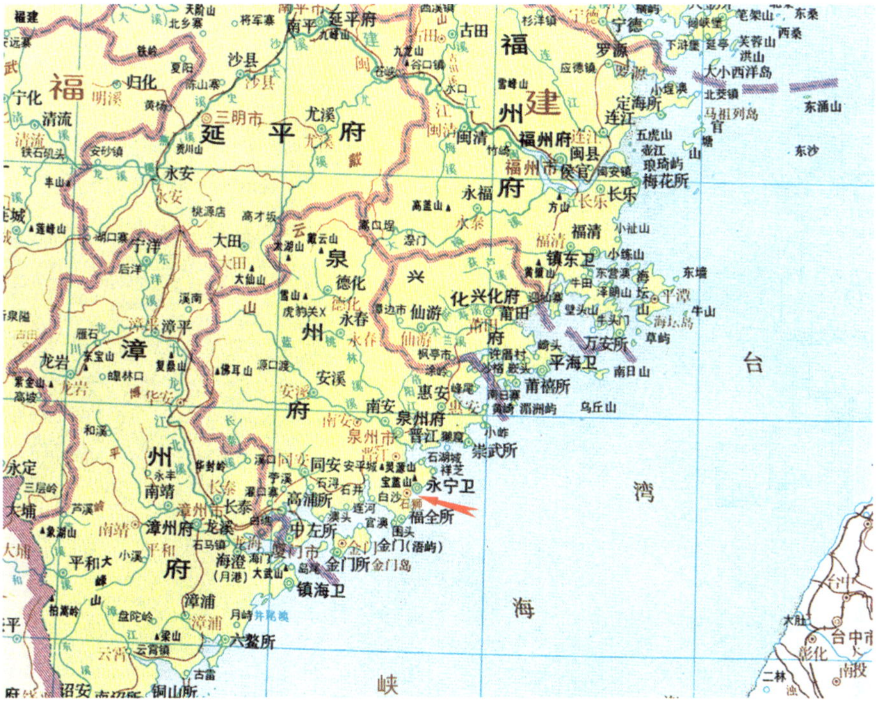

明朝福建沿海地图

宁镇内干姓人口不多，只有80多人，其他人早年陆续迁往外地。还有很多干姓蒙古族后裔分布在香港特别行政区、台湾、美国等国家和地区。干姓蒙古族始祖是干八秃帖木儿，为蒙古巴阿邻氏。明朝以后来到福建取干为姓。1955年汉字简化方案实施之后，“幹”字简化为“干”，在大陆的该支干氏一族随后也将姓氏简为干氏，而在香港、台湾、海外的干氏一族仍旧写作幹氏。

明朝永宁干姓世袭指挥使官职是当时的武士望族，原房屋院落有好几座，他们居住的地方被称为干厝巷。“干厝巷”的来历，与郑和下西洋有关。永宁卫将军府遗址依然存在，干八秃帖木儿的墓地在“文革”期间被拆，现只留有墓穴。

2. 干姓蒙古族历史

泉州市干姓蒙古族始祖，是明朝蒙古族将军干八秃帖木儿，信奉伊斯兰教。《泉州府志》、《晋江县志》卷之二十九　职官志　武秩记载：干八秃帖木儿，原居河北通州顺天府宝坻县（今天津市宝坻区）。明初随郑和下西洋有功，封万户侯，调任泉州石狮永宁卫指挥使（正三品），后人世袭指挥使。永宁卫就是现今石狮市永宁镇，为东南海防重镇。永宁卫古时与天津卫、威海卫并称全国三大卫城。

据史料记载：明初，为巩固海防，郑和曾抽调沿海卫所将士随同下西洋，充当护卫，事后有功人员均得到封赏。据保存在中国第一历史档案馆的明代《卫所武职选簿》的不完全统计，曾随郑和下西洋因功封赏的石狮永宁卫所将领共有8名，分别是：干八秃帖木儿封永宁卫指挥使（正三品），钟王宣封永宁卫指挥同知（从三品），李实封指挥佥事（正四品），潘佑封永宁左千户的副千户

郑和（1371~1433年）雕像

（从五品），宋德封左千户所副千户（从五品），穆斌封中千户所正千户（正五品），徐海封百户（正六品），李忠封百户（正六品）。干八秃帖木儿是其中之一。据《瓦希德传》称，印度尼西亚前总统瓦希德的祖籍在泉州，其先祖陈金汉极有可能是永宁卫的一位将军，跟随郑和下西洋而留居印尼。干八秃帖木儿的后代世袭指挥使，并取“干”字为姓，繁衍至今。

据姓氏研究学者朱彪宏对福建干姓蒙古族研究后认为，干姓出自明朝蒙古将军，干八秃帖木儿。其先祖就是成吉思汗属下的巴林部左千户述律哥图，高祖为断事官阿剌，曾祖为跟随旭烈兀夺取西域的断事官晓古台，祖父为著名的元朝丞相、淮王伯颜，父亲为蒙古将领也不干八秃儿，后升迁顺天府将军。

巴林亦作“巴阿邻”，与成吉思汗所在的“乞颜”氏族同属“尼伦”蒙古。据《蒙古秘史》载，成吉思汗十世祖孛端察儿掳来的妻子生下札只剌岱后，又生一子，取名巴阿里岱。他组成了巴阿邻氏族，其后人形成为巴阿邻氏。十二世纪末，巴阿邻部起初依附札答兰部，后分裂，有一部分部众在豁儿赤率领下归附成吉思汗，

蒙古围猎图

元朝贵族图

余者在“十三翼之战”中与札木合联合，兵败后全归成吉思汗。元代大将伯颜（1236～1295年）出自巴阿邻部，以深谋善断著称。他官拜丞相，领兵攻宋取胜，又率师北伐，平定诸王叛乱，1304年（大德八年）被封为淮安王，1344年（至正四年），追封为淮王。北元时期“巴阿邻”汉语固定为“巴林”，成为成吉思汗后裔苏巴海所部之号。1628年，巴林部依附后金，不久被编为巴林左右二旗，牧地在西拉沐伦河北岸，现在是内蒙古赤峰市巴林左旗和巴林右旗。

也不干八秃儿，曾在1322年（元英宗至治二年）农历五月因戍边有功，受到元英宗的嘉奖，赐以金钞。干八秃帖木儿袭其父职，为顺天府将军，其将军府位于今北京市通州区。在元末明初归降于明朝，明太祖朱元璋授封其为永宁卫指挥使，镇守水澳寨，率军驻守于今福建泉州、晋江、惠安、石狮一带地区，他的警戒管辖范围达到毗舍耶海岸线(今菲律宾群岛)，以防御日本倭寇和其他侵略者侵扰晋江沿海。

干八秃帖木儿是伊斯兰教教徒，但不是回族，仍为蒙古族，其后裔子孙大多留居在福建泉州一带。有相当一部分人在明、清之际以及后来的民国初期自称为汉族，目前，干姓信奉伊斯兰教的人很少。明代，永宁干姓人才辈出，且多有建树。如干公辅，曾出任福建泉州指挥使，在1507年（明正德二年）参与重修泉州清净寺，至今寺内碑刻尚存题名。干以临掌管永宁卫军储、屯田，调度有方，为官清廉，当时地方为他树碑立传，刻有《永宁卫户侯干君督屯德政之碑》和《卫侯俨峰干君德政碑记》，现保存于永宁镇海石风景区，成为珍贵的历史碑刻。

干姓家族不仅以武绩显赫一时，明代还出了一名著名诗人干宗亮，与晋江朱梧、江一鲤、陈鸥、朱汶合称“晋江五子”。著名文学家王慎中称赞他们的诗歌格调清新，音节铿锵。干宗亮作的《送派上人移居巢云》诗中“小径松筠长，新堂雪月明”等佳句，至今仍为人们所津津乐道。

相传，永宁干姓世袭传至四五代时，还信奉伊斯兰教，并修清真寺。由于干八秃帖木儿，是信奉伊斯兰教的蒙古人，而元朝开国者元世祖忽必烈之孙阿难答，是元代信奉伊斯兰教出了名的蒙古贵族，所以干姓蒙古族自认为，干八秃帖木儿是阿难答之子安西王月鲁帖木儿的后代。

阿难答之子月鲁帖木儿的世系为：成吉思汗→拖雷→忽必烈→忙哥刺→阿难答→月鲁帖木儿。忙哥刺是忽必烈第三子， 1272年（元至元九年）十月，被封为安西王，节制枢密院，兼领陕、甘、川等处军政。1280年（元至元十七年）忙哥刺长子阿难答袭封为安西王。阿难答在幼年时，由于其父忙哥刺忙于征战，遂被托付给伊斯兰教徒阿黑塔赤抚养，因此皈依了伊斯兰教。1294年（元至元三十一年），忽必烈去世，成宗铁穆耳继位。阿难答的军队多达十五万人。他还使属下的蒙古军队大部分归信了伊斯兰教。当成宗得知后很气愤，认为他背叛“祖宗之道”，并将其拘捕下狱。元成宗于1307年（元大德十一年）病逝后，阿难答被仁宗皇帝赐死。但是阿难答及其部下改宗伊斯兰教，对中国回族的形成和伊斯兰教在中国的传播起了很大作用。1323年（元至治三年）八月，阿难答之子月鲁铁穆儿杀死英宗。泰定帝也孙帖木儿即位，下诏：“月鲁铁木儿袭封安西王。”后不到半年，月鲁铁木儿因谋反事发，被杀。

3. 干姓蒙古族历史中待考的问题

学者朱㴱宏研究的结果认为，福建干姓蒙古族后裔出自蒙古巴林部的干八秃帖木儿，其父亲为蒙古将领也不干八秃儿，但与干姓蒙古族后裔自认的结果有出入。干姓蒙古族后裔认为，其始祖干八秃帖木儿的父亲是阿难答之子安西王月鲁帖木儿。

1323年（元至治三年）4月，信奉伊斯兰教的阿难答之子安西王月鲁帖木儿，因谋反在云南被杀，到元朝灭亡的1368年，已经过了45年的时间。1405年（明永乐三年）至1433年（明宣德八年），郑和受朝廷派遣，率领规模巨大的船队共进行了七次出海远航，干八秃帖木儿随郑和下西洋的具体时间及参加出海远航次数均不清楚。从元朝灭亡的1368年，到1405年（明永乐三年）郑和首次下西洋，时间差是37年。假如干八秃帖木儿随郑和七次下西洋均参加了，那么从1323年安西王月鲁帖木儿被杀到1405年首次下西洋，时间差是82年，在这

么长的时间里已经繁衍了几代人。因此，从时间上推算，干八秃帖木儿如果是安西王月鲁帖木儿后裔的话，他绝对不是月鲁铁木儿之子，只有可能是其孙子甚至是重孙。

笔者认为，干八秃帖木儿成为伊斯兰教徒，最大的可能是干八秃帖木儿随郑和下西洋的过程中皈依了伊斯兰教。众所周知，三宝太监郑和，本人是出生于云南的回族，应该信奉伊斯兰教。八秃帖木儿与郑和共事多年，下西洋所到之处也大多是伊斯兰国家，在下西洋的过程中和在郑和的影响下，皈依伊斯兰教是顺理成章的事。但这种推测还需要第一手史料来证明。

反映部分蒙古人皈依了伊斯兰教的伊儿汗国细密画

广东省

广东省，简称粤，元朝时期属江西行省管辖，治所在隆兴（今江西南昌），辖境包括今江西省大部及广东省。今广东省境分为广东道和海北海南道。广东道道治在广州，海北海南道道治在今雷州市。广东古为百越之地，民族成分复杂多样。随着历史上汉族人的不断南迁，民族间不断融合，现在广东有52个少数民族。2000年第五次全国人口普查广东省蒙古族人数20669人，主要是散居的蒙古族。

一、河源市沙姓蒙古族——元朝达鲁花赤阿里沙的后人

河源市是历史上形成的客家古邑，全境五县一区皆为客家人，客家人是从中原地区移居到南方的汉族，河源市是目前中国内地唯一的一个纯客家人的地级市。公元前214年（秦始皇三十三年），秦平百越，开发岭南，置南海郡，派屠睢、任嚣、

河源市火车站广场赵佗雕像

赵佗带50万兵卒驻守，还下令将数十万名“罪人”发配到岭南。在东江中上游流域设置龙川县，首任县令是后来统一岭南，被汉高祖封为南越王的赵佗，县治设在现龙川县佗城镇。

沙姓蒙古族始祖阿里沙画像

1.沙姓蒙古族后裔现状

沙姓蒙古族后裔始祖是元朝循州（治所在佗城镇）从五品达鲁花赤阿里沙。如今阿里沙后裔主要集中居住在河源市龙川县佗城镇塔西、田排村、新渡村、灵江村、佳派村；龙川县四都岭凹坪、附城涧洞、老隆下泡水等地，全龙川县有6000余人。另有从佗城镇走出去的沙姓子孙分布在全国各地，兴宁县有千余人，江西和湖南有千余人，总人口近万人。沙姓十四世从龙川分流到江西省吉安市泰和县水槎乡的沙姓几十人现已批准为蒙古族，其余大部分沙姓没有恢复蒙古民族身份。

公元前214年始设龙川县。龙川县佗城镇，有着2200多年的历史，是岭南最早设置的古县龙川县城，原称龙川城，后称循州城。1941年（民国30年）为纪念龙川首任县令赵佗，改名为佗城。佗城镇有179个姓氏几乎占了《百家姓》的三分之一，在中国是绝无仅有的，成为“中华姓氏第一村”。佗城镇有179个姓氏和37座姓氏宗祠遗址，是当年南下秦军在此驻扎、杂居、生息、繁衍乃至散行到岭南和世界各地的历史见证。

2.沙姓蒙古族后裔历史

《兴宁县志》记载，“兴宁沙氏为元朝人达鲁花赤阿里沙之后裔，元顺帝至正二十年（1360），阿里沙从今江苏江宁县（今南京市江宁区）调粤为循州刺

史，元亡后滞留循州，卜居善庆厢（今龙川县佗城镇新渡谷门一带）。从二世始改称沙氏，四世沙景宏为兴宁水口司牧，明天顺四年（1460）定居水口，为兴宁沙氏开基祖。”1818年（清朝嘉庆二十三年）编撰的《龙川县志》记载：“达鲁花赤阿里沙至正二十年（1360）任，有治状民留之，随家于循。”

《沙氏家谱》记载：“始祖达鲁花赤阿里沙，由上元（今南京市江宁区境内）籍登元进士，至正二十年(1360)任循州刺史，下车问民疾苦，严革陋规，百姓相安。捐俸筑鳌湖，垦辟大路田三百七十余亩，引湖水溉之，遇疫瘴为灾，创建五显庙宇，为民祷祀。时伪汉陈友谅，据江西，南北路梗。明太祖与谅大战与鄱阳，灭之。遂命移师定粤，江西分省左丞何真奉表归附。祖志不从，真寓书与祖曰：‘明太族宽仁大度，四方望风景从，乃不审己量力，夜郎自大，此友谅所以亡也。况元运既倾，天意，已不在公，岂可以渔阳构难天子乎？’祖曰：‘吾元人也，世受元

沙姓蒙古族始祖阿里沙墓碑

沙姓蒙古族始祖阿里沙神位牌

恩，国存与存，国亡与亡耳！’祖知孤城无援，欲单骑北归，循州父老攀辕留曰：‘公惠爱吾民，如同慈母，今危乱未定，一旦离去，今一州生灵谁其主之？曰者黄河清甘露降，应有真命圣人出焉。与其归于漠北苦寒之地，何如保全一州，占籍南方裨子孙世守文物与吾民共居此土也？’祖不得已，乃家于循州，卜居善庆厢，偕妣宜人彭氏（惠州人）卢氏（归善人），始为子孙治生计。值兵寇大乱，家避居与惠城，妣与四子留焉。洪武三年（1370）与长子回循，祖以疾得正寝。洪武四年(1371)龙川县县丞严重为祖卜葬于邑北二里天湖寨雷公凹。雷公凹始有刺史墓。始祖阿里沙公与妣彭氏生一子：仁礼。卢氏生三子：仁义、仁智、仁信。”

劝阿里沙投降朱元璋的是元朝高官何真。《明史》卷一三〇列传第一八何真：“东莞圆头山村人。元至正元年(1341)为河源县务副使。时中原兵荒马乱，波及岭南，他弃官归家，组织地方武装，保卫乡里。至正十四年(1354)，东莞人王成、陈仲玉义举，各据一方。他率兵生擒陈仲玉，又带兵攻打惠州，占惠、循二州，以功授惠州府判。不久，升为惠阳路同知、广东都元帅，守惠州。”

1363年（元至正二十三年），何真率元军收复广州，被朝廷提拔为江西、福建行中书省左丞（正二品）。1368年（明洪武元年）三月，何真看到元朝大势已去，归降明朝。广

广东龙川《沙氏族谱》

东大部分地区因为何真的维护，基本上没有遭到兵火的洗劫。何真被明朝先后任命为山东行省参政、四川、山西、浙江、湖广布政使等职。后来何真被封为“东莞伯”，煊赫一时。在明朝蓝玉案喋血时，何真已死，其子牵扯其案，何真的八个儿子只有何崇祖侥幸逃生，从此隐姓埋名。

元亡后，阿里沙滞留循州，卜居善庆厢（佗城镇新渡谷门一带），从阿里沙之子仁礼公二世开始取最后一个“沙”字为姓。建立沙氏祖系，与当地的南越族人以及先后移居龙川的各民族人融为一体，通称为客家先民。从阿里沙入粤至今已六百余年，繁衍至今约25世，已完全汉化，操客家话，生活习俗、外表相貌已和一般客家人没有差别，蒙古民族的风俗习惯已消失殆尽。沙氏在龙川是名门望族，率真豪爽，人才辈出。从始祖阿里沙开始，沙姓家族出过五名进士，九十多名举人。

《沙氏族谱》经过四次编修，分别是：1579年（明万历七年）首编，1694年（清康熙三十三年）和1771年（清乾隆三十六年）两次续修，经过237年后的2007年又进行了第四次续修。沙氏蒙古族人，民族感情深厚，将其始祖阿里沙的经历与蒙古草原结合起来，由沙石彬、沙龄增作词、徐仕新作曲编写“沙氏族歌”一曲，在沙氏族内传唱，目的是让后人永世不忘自己的祖先是来自蒙古草原，不忘记是蒙古族。

从龙川县佗城镇分出去的沙氏族人分布很广，主要在湖南省茶陵县平水镇、城关镇、严圹镇；江西省兴国县方太乡丰根村、丁龙乡、石源乡、崇贤乡、泰和县水槎乡、小龙镇、老营盘、中龙乡，奉新县石溪乡桃源村；惠东宝口镇、安墩镇、梁华镇；龙门县龙华镇；和平县东水镇乌田、热水村；遂川县；广西贺州市等。

沙氏比较集中的地方，都建有“沙氏宗祠”。龙川县佗城镇后堂街建有沙氏总祠，但因历次政治运动和1964年洪水已全部毁坏。保存较好的

建于明嘉靖年间的龙川县佗城塔西沙氏宗祠

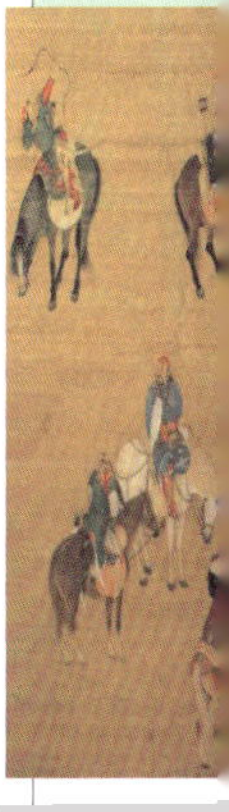

祖祠有龙川县塔西羌头、田排大坵头、四都岭凹坪、附城涧洞兴宁、惠东等。沙氏墓地包括始祖阿里沙的墓地50多穴已全部被毁。

内蒙古兴安盟地方志办公室的陶格特、张立国，会同有关专家，对阿里沙考证研究后认为：蒙古族兀良哈·阿里沙，亦称阿日沙，兀良哈氏，蒙古贞部人（高原森林部落），祖籍在今蒙古东部绰尔河畔的朵颜山，就是今内蒙兴安盟扎赉特旗神山（宝格达山）。兀良哈·阿里沙是著名的元朝将领，打过仗，立过功，被元顺帝封为达鲁花赤。1360年（元至正二十年），兀良哈·阿里沙从江苏江宁调粤为循州刺史，在元朝灭亡后，兀良哈·阿里沙滞留循州，偕家人卜居善庆厢。从第二代开始，其子以父亲名字首音的谐音汉字改为汉姓沙氏。

建于明嘉靖年间、2003年重修的佗城田排大坵头沙氏宗祠

建于明万历年间、清嘉庆二十年重修的四都岭凹坪沙氏宗祠

二、阳江市沙姓蒙古族后裔——元朝达鲁花赤沙不丁在广东的后人

1.沙姓蒙古族后裔现状

阳江市沙姓蒙古族后裔的始祖是元末德庆路达鲁花赤、官至太尉、平章政事的蒙古贵族沙不丁。他们主要居住在阳江市江城区，120户、430人；欧坑村（东新花寨村），25户、100人；南排村，150户、680人；沙屋围村，183户、800人；金郊坪村，133户、610人；岗头村，72户、480人；沙屋寨村78户、340人；铺仔村，41户、250人；大八沉松村，75户、400人；阳东县，80户、300人；阳西县沙扒镇，约75户、280人；阳春市，约150户、400人；广州市，约62户、300人，共计约1244户、5670人。此外，北京、南京、济南、昆明、江门、三水、惠州、肇庆、湛江、四川、香港、台湾、美国等地还有沙氏后人，出自阳江的沙氏总人数约有6000人。沙姓姓氏，应当是取其始祖沙不丁的

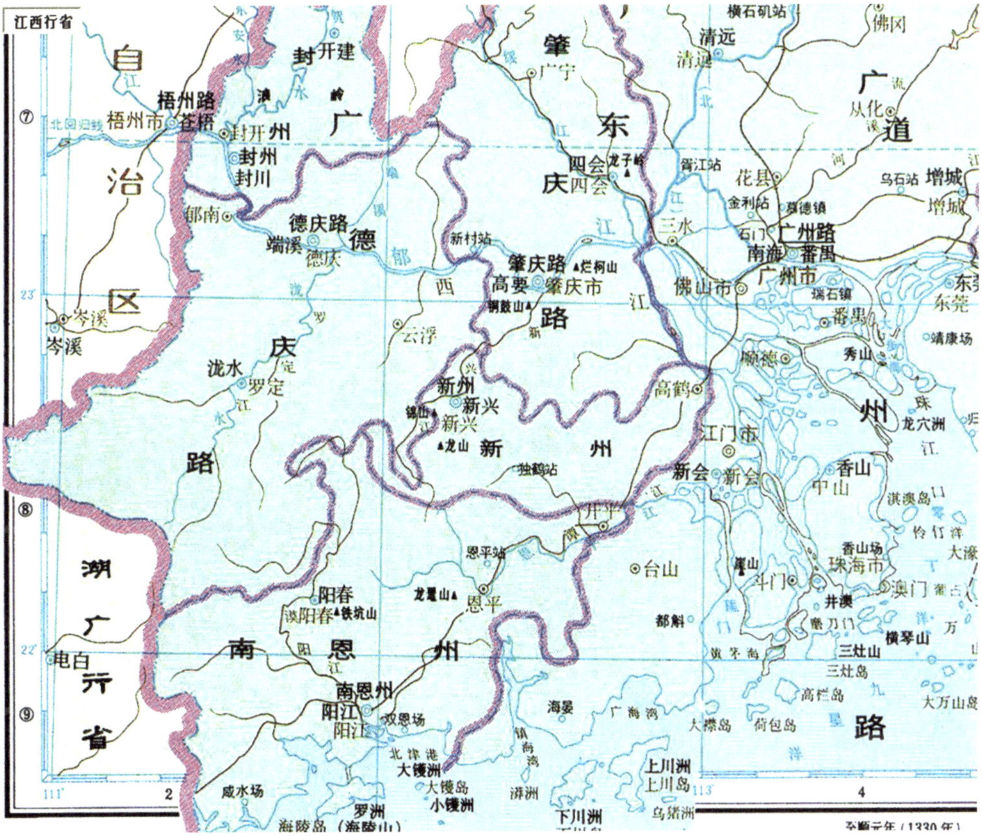

元朝时期德庆路、南恩州地图

第一个字，以“沙”为姓，至于何时改姓，已不可考。

640多年后的今天，阳江沙氏族人，风俗习惯已完全汉化，日常所操语言为阳江话，已不知何时与汉族融合，身份早已变为了汉族，目前还没有恢复蒙古族身份。阳江沙氏人才辈出，为国家和民族作出了不少贡献，这是阳江沙氏的光荣。

2.沙姓蒙古族后裔历史

历史上阳江《沙氏族谱》共编修三次。第一次是1784年（清乾隆四十九年）；第二次是时间过了104年后的1888年（清光绪十四年）；第三次是时间过了121年的2009年成稿，2010年付印，已历经四、五代人。第一次编修的族谱（现称第一卷）至今尚未找到；第二次编修的族谱（现称第二卷）仅找到残缺不全的一本；第三次编修是依据第二次的版本，从2005年发起开始，于2010年编修完毕。以后将每隔30～50年续编一次，传至后代，延绵不断，传承阳江沙姓蒙古族后裔的辉煌。

广东阳江《沙氏族谱》第二卷里的内容，基本上是影印照抄清1888年（清光绪十四年）的内容，按其记载可知，前五世的顺序为：一世沙不丁公（娶汉人叶氏、孔氏两夫人）→二世祖福公（娶汉人张氏）→三世双顶公（娶汉人张氏、孔氏两夫人）→四世源公（娶汉人两夫人）→五世长子浩、次子海、三子济、四子澄、五子庐（庶出）、六子清（庶出）。

广东阳江《沙氏族谱》

正妻所生的儿子谓嫡生、嫡子，非正妻所生的孩子叫庶出、庶子。从沙不丁及后代所娶汉人妻子来看，沙不丁一家是长期生活在汉地的，生活习惯和风俗已经慢慢汉化。能够娶两个妻子，说明沙不丁家庭

广东阳江沙氏始祖沙不丁公墓墓碑

富足，也符合元朝蒙古人的习俗。

沙姓族人从2005年发起开始，到2010年止的5年时间内，共做了四件有利于本族的大事：第一件是，发起重修始祖沙不丁公墓。沙不丁公墓在1800年（清嘉庆五年）重修过一次，沙姓族人于2006年9月再次重修并已竣工。第二件是，向阳江市、阳东县人民政府申报沙不丁墓为重点文物保护单位。沙不丁墓依山傍水，集天地之灵气，属于风水宝地，被称为阳江四大古墓之一，已六百多年，历史悠久，从元末明初至今，是阳江唯一完好保存下来两个中的一个，山也是阳江的四大名山。2008年7月12日，阳东县第三次全国文物普查领导小组办公室已发出公函，将沙不丁墓选定为重点文物保护普查单位。第三件是，重修《沙氏族谱》。第四件是，联系

广东阳江沙氏始祖沙不丁公墓全景

惠州、河源市沙氏寻根问祖，联宗祭祖。2010年清明节有两百多沙氏族人前来始祖沙不丁公墓前拜祭,其中很多人都是从各地赶过来的。

根据1888年（清光绪十四年）手抄的《沙氏族谱》记载：“始祖沙不丁公，任元德庆路达鲁花赤总管，历官至太尉，同平章事”、“妣叶氏、孔氏俱封一品夫人，生子祖福公”、“自不丁公而上，故里徒存珠玑而渊源莫溯，不丁公而下，世次井然不紊，而先人故事仅存十一丁千百阙”、“计开宗派（辈分）于后：道德恒传，光开世业，文才广振，大启鸿基”，至今沙氏族人仍按此宗派执行，但已快用完了。经《阳江沙氏族谱》编委研究，重新拟定十六字接上。十六字为：“荣宗耀祖，兴家贞祥，源远宏昌，永宇贤良”。目前十六字处于征求意见中。

根据1925年（民国十四年）《阳江志》记载：“沙不丁，蒙古人，元末官德庆路达鲁花赤。官至太尉，同平章事，统领部队驻在广东。明洪武三年（1370）在抗击明军中，病死恩平（今广东省恩平市）境内。其子祖福，将沙不丁葬在阳东县新洲镇那笃鸡冠岭背南坑处。清道光年间（1820～1850年），该坟地被异姓侵葬，经官府查究后才移葬于沙帽山。”

阳江市、阳东县文化局工作人员与沙氏族人考察沙不丁墓

据《阳江文史》1987年第三期和阳东县文化局提供的史料：“元太尉沙不丁墓葬，坐落在阳东县新洲镇石岗村委会南红村东南五公里的沙帽山东南坡山腰。始建于明洪武三年

广东阳江沙氏族人在始祖沙不丁公墓前祭祖

（1370）。坐西北向东南，面向南坑水库，周围群山环抱，峻岭重叠，一片秀丽的山林景色。墓为灰沙青砖结构，西北宽11.8米，东南深14.36米，占地面积2160平方米。墓首坟堂的铺筑为曲尺形砖纹，坚实简朴华美。封土堆高2.1米，直径1.5米，墓前竖有青石碑，碑高72.5厘米，宽58.5厘米。右署‘嘉庆五年岁次庚申仲春月吉旦’，中行署‘元太尉同平章事始祖考讳不丁沙公之墓’，左下署‘阖族众裔孙重修立石’。与墓顶后枕相距30米处立一石碑：‘沙氏税山后土’。沙不丁墓为研究当地历史及葬俗提供了参考实证资料。”

沙不丁公墓“坐西北向东南”，与蒙古族人早有的生活习惯有关系。这个埋葬方式与全国许多其他姓氏蒙古族先祖墓地的埋法一样，例如：河南省新乡市获嘉县可、冯、张姓蒙古族始祖及其三个儿子墓地，其埋葬方式就是如此。

元朝时期广东省阳江市属于江西行省管辖范围。1277年（元至元十四年）置江西等路行中书省，第二年，江西行省并入福建行省。1280年（元至元十七年），仍置省于龙兴府（今江西南昌），而福建自为福建行省，省会治泉州。到1285年（元至元二十二年），福建行省并入江西等处行中书省。一年后，福建转入江浙等处行中书省。

江西行中书省为直属元朝中央政府的一级行政区，为元朝中国本部的10个行中书省（不含征东行省）之一，辖境包括今长江以南、江西大部、湖南部分，除雷州半岛外的广东全省及福建小部，下辖龙兴、吉安、南康、赣州、建昌、江州、南安、瑞州、袁州、临江、抚州、饶州、信州

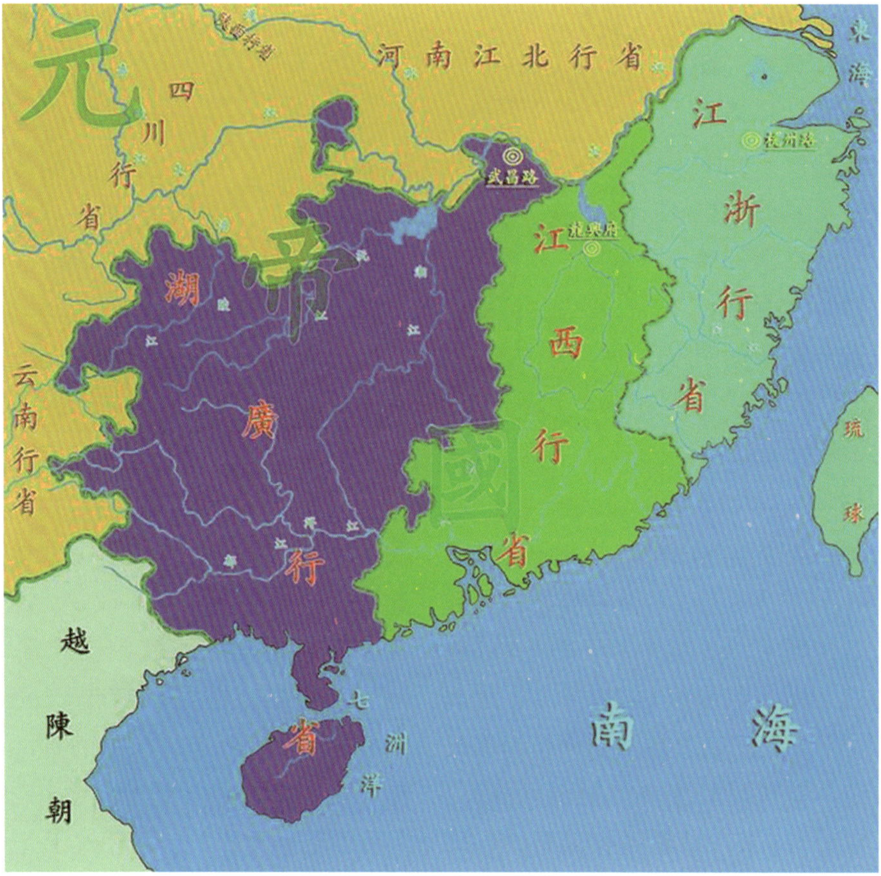

元朝时期江西、湖广、江浙行中书省辖境图

等13路和南丰、铅山2直隶州以及48个县、16个县级州。今江西东北地区隶属于江浙行省管辖。

3.对沙姓蒙古族后裔历史的探讨

广东阳江沙氏族人，毫无疑问是蒙古族后裔。但《沙氏族谱》对其始祖沙不丁的身份和官职及死亡时间的记载，查找史书无法确证。沙氏始祖沙不丁的情况，和全国众多同属于隐姓埋名蒙古族人一样，都无法完全说清楚。在元末明初朝代更替之际，原处于统治地位的蒙古人，为了安全保命，纷纷隐藏自己的真实身份。经过几百年后，他们的后代对其先祖的信息掌握的支离破碎，除了个别能一直保留其族属证据外，大部分均无法甚至永远也说不清楚了。这些就是隐居蒙古族的特点，也是其所付出的代价。对阳江沙姓始祖沙不丁有几个问题需要讨论：

(1) 关于沙不丁的官职问题

“沙不丁，元末为德庆路达鲁花赤总管，历官至太尉，同平章事”。

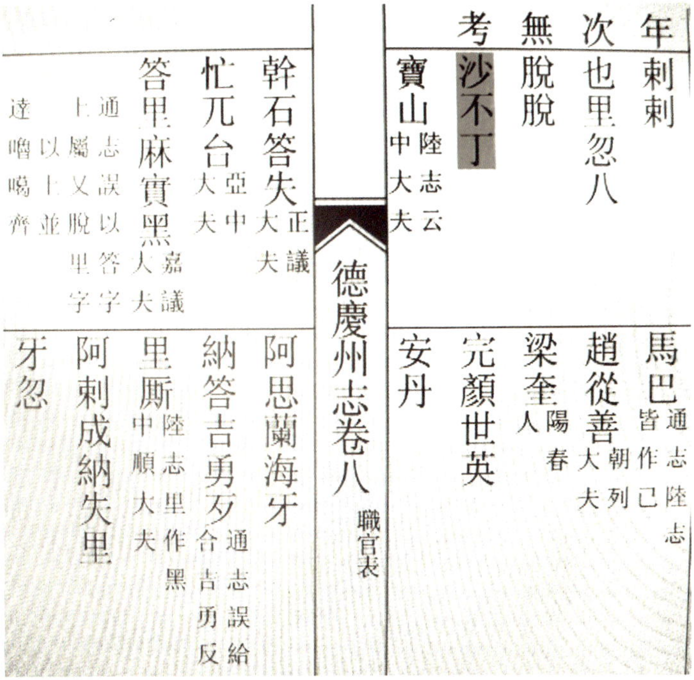

年 次 無 考

刺刺
也里忽八
脫脫
沙不丁
寶山 陸志云中大夫
斡石答失 正議大夫
忙兀台 亞中大夫
答里麻實黑 嘉議大夫
通志誤以答字上屬又脫里字
以上並達嚕噶齊

德慶州志卷八 職官表

馬巴 通志陸志皆作己
趙從善 朝列大夫
梁奎 陽春人
完顏世英
安丹
阿思蘭海牙
納答吉勇歹 通志誤給合吉勇反
里廝 陸志里作黑 中順大夫
阿刺成納失里
牙忽

清光绪二十五年《德庆州志》达鲁花赤万户总管“沙不丁”

查元朝官员品级，德庆路为下等路，达鲁花赤级别为从三品。太尉是正一品，中书省平章政事或行省平章政事均为从一品。

清光绪二十五年（1899）《德庆州志》卷八职官表十五：达噜噶齐（达鲁花赤）万户总管一览里有众多具有蒙古人特点的名字，其中也有“沙不丁”的名字。按元朝“达鲁花赤一职只有蒙古人或少数由色目人担任”的规定，“沙不丁”的身份首先应当是蒙古人。

德庆路总管府达鲁花赤及万户府总管均为从三品官职，品级一致。阳江《沙氏族谱》记载的“德庆路达鲁花赤总管”，应当是“达鲁花赤”一职，与“万户府总管”一职的合写。按照元朝统治制度的规定，达鲁花赤是所在地方、军队和官衙的最大监治长官，位于当地官员之上，掌握最后裁定权力。根据沙不丁的任职经历，沙不丁还是个能带兵打仗的官员，他除了任“德庆路达鲁花赤”外，还应当是“德庆路万户府总管”，是 “德庆路”地方军队和官衙的最高官员。

“同平章事”等同于“平章政事”，元朝常见的是“平章政事”，而无“同平章事”。“平章政事”分中书省（相当于中央）和行中书省（相当于地方各省）。中书省平章政事和行省丞相、平章政事，品级一样，均为（从一品）。中书省“平章政事”是丞相的副职。各行省所设平章二员，掌管地方军政，兼管军事，总督本省军马。当某一地区发生战乱，先由枢密院传旨所在行省平章，调派军队镇压。行省平章一般以蒙古人充任，间或择用色目人，汉人不得

任职。“太尉”（正一品）一职，在元朝不常置，主要是对特别的功臣给予的加官和赠官，是个虚衔。加封“太尉”一职，必定还有被加封人所兼任的“平章政事”等一类的实职。史书有这方面的记载。

《元史》就记录有多处“平章政事，加太尉”之例，如：“诏拜太不花河南行省平章政事，加太尉，将兵往代之”、“扩廓帖木儿袭职总兵，后拜太尉、中书右丞相，光禄大夫、中书平章政事，兼知河南、山东等处行枢密院事”、“太尉、平章政事李思齐统率军马，南出七盘、金、商，克复汴洛”

元朝达鲁花赤骑马狩猎图

由上例可知，具有太尉和平章政事官衔的，都是主管行政和军事的长官。太尉，是荣誉爵位，是虚衔。加封“太尉”一职的人员，其实职或是中书“平章政事”或是行省“平章政事”。“沙不丁，历官至太尉，同平章事”，很符合上述记载，说明沙不丁的官职是真实的，是一个有权总督元朝行省和军队的高官。

《元史》是1369年（明洪武二年）2月正式开局编写，八月结束，仅

用了188 天的时间。1370年（明洪武三年）二月重开史局，经过143天，7月书成。《元史》卷一一二“表第六宰相年表”里关于中书“平章政事” 包括名字、任职时间等记载均十分详细，从成吉思汗时期一直记载到至正二十八年（1368）元朝灭亡，但无“沙不丁”这个名字。元朝全国各行省“平章政事”并无列表，对行省“平章政事”的记载仅在《元史》各章节里叙述，也不全面细致。因此，加封“太尉”的沙不丁，其实职可能是某个行省的“平章政事”。从其最后死在广东的情况来看，他应当是元末时期长江以南江西、湖广、江浙、云南四个行省中某个行省的平章政事，最为可能的是江西和湖广行省的平章政事，其次是江浙、云南行省的平章政事。

沙不丁历任的官职品级，应当是步步升高的。结合湖南、湖北《沙氏族谱》记载，沙不丁还任过从二品的“镇国将军”一职，说明沙不丁是从“德庆路达鲁花赤”（从三品），先晋升为从二品的“镇国将军”，随后才逐步晋升为从一品“平章政事”和正一品“太尉”的。除了没有正三品和正二品官职外，其他官职的晋级基本上是连续的，也属于跳级升职，可能是沙不丁作战功劳太大的原因。

元朝末年南方的战争形势如下：1351年（元至正十一年）8月，麻城人邹普胜和蕲州徐寿辉起兵，发动红巾军起义，并建立了“天完“政权，夺取江西和湖南一带。1364年（元至正二十四年），朱元璋统一义军各部占据了湖北、湖南、河南东

元末农民起义图

部、江西、安徽、江苏和浙江。元末南方的形势是，方国珍占据浙东、陈友定据有福建、明玉珍控制着四川，广东和广西则仍处在元朝的统治下。1367年（元至正二十七年）方国珍归降朱元璋。次年正月，朱元璋杀陈友定，占据福建。同年三月，元朝江西、福建中书省左丞的何真归降，使广东大部分地区兵不血刃就归于明军。1371年（明洪武四年），朱元璋平定四川，1382年（明洪武十五年）占领云南，明朝基成上完成了南方的统一。

从元朝末年的战争形势来看，南方均处于连年战乱之中，作为元朝蒙古贵族、统帅军队的高官沙不丁，为了维护朝廷的礼仪，必然要积极参与镇压平叛立功，步步晋升是不足为奇的。根据1888年（清光绪十四年）《沙氏族谱》记载：沙不丁，“妣叶氏、孔氏俱封一品夫人”，“ 一品夫人”与沙不丁最后的一品官职“平章政事”和“太尉”相吻合。

⑵ 关于沙不丁的死亡时间问题

1925年出版的《阳江志》卷三十八记载如下：“沙不丁，蒙古人，元末为德庆路达鲁花赤。历官至太尉，同平章事。统师驻粤，甚得军众。时明兵四逼，不丁独当一面，拒战数载，粮尽援绝。至明洪武三年（1370），误中敌计，背城一战，失陷营垒，不得已退次恩平，犹召集散亡，誓图恢复，未及，忧劳成疾，口吐鲜血，望北稽首曰：‘天不祚元，非臣之不力也。’言讫气绝。其子祖福，负尸走阳江，葬于那笃鸡冠岭背之南坑（阳江县新洲镇）。清道光年间，被某姓侵葬并匿骸他处。经讼究复而遗骸莫辩，其裔孙中玉、兆龙、镇邦，同赴公堂，刺血渍入遗骸案遂定后，三人俱有行伍升至大员。”

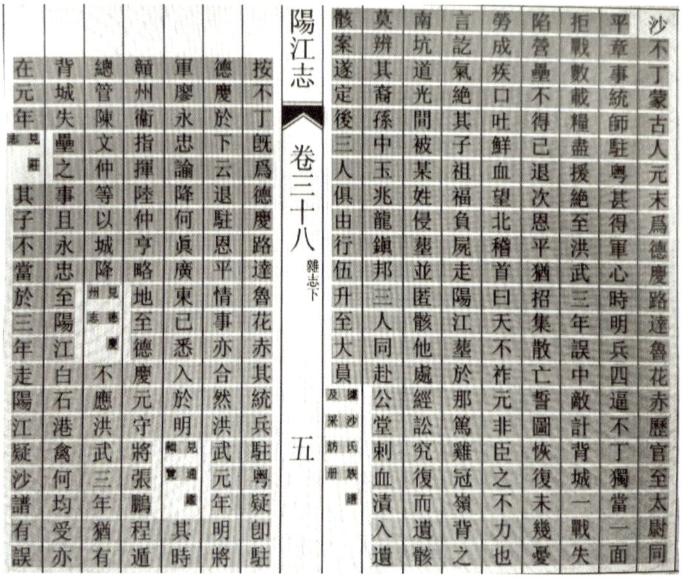

陽江志 卷三十八 雜志下 五

沙不丁蒙古人元末爲德慶路達魯花赤歷官至太尉同平章事統師駐粵甚得軍心時明兵四逼不丁獨當一面拒戰數載糧盡援絕至洪武三年誤中敵計背城一戰失陷營壘不得已退次恩平猶招集散亡誓圖恢復未幾憂勞成疾口吐鮮血望北稽首曰天不祚元非臣之不力也言訖氣絶其子祖福負屍走陽江葬於那篤雞冠嶺背之南坑道光間被某姓侵葬並匿骸他處經訟究復而遺骸莫辨其裔孫中玉兆龍鎮邦三人同赴公堂刺血漬入遺骸案遂定後三人俱由行伍升至大員（據沙氏族譜及採訪冊）

按不丁既爲德慶路達魯花赤其統兵駐粵疑即駐德慶於下云退駐恩平情事亦合然洪武元年明將軍廖永忠諭降何眞廣東已悉入於明（見明史）其時贛州衛指揮陸仲亨略地至德慶元守將張鵬程遁總管陳文仲等以城降（見德慶州志）不應洪武三年猶有背城失壘之事且永忠至陽江白石港禽何均受亦在元年（見府志）其子不當於三年走陽江疑沙譜有誤

民国十四年（1925）《阳江志》里关于沙不丁的记载

从上记载可知，1368年（元至正二十八年）3月何真归降，“使广东大部分地区基本上没有遭到兵火的洗劫”，也即广东大部分地区已没有明军与元军军事对抗的条件。无论是德庆还是蜑户何均受占据的阳江，均被明军占领，即使尚有元军，也是小股残军。

长江以南的南宋旧地，是属于最后纳入元朝版图的地方，所以被划分为第四等南人，受到的压迫也最为残酷，所以，在元朝末年，就相继爆发了农民起义。面对农民红巾军势力如火如荼的局面，元朝皇帝和政府对南宋旧地几个行省的控制，是依赖新兴起的军阀来勉强维持着的。这些军阀主要有浙东的方国珍、福建的陈友定、江西的何真等，元朝以高官厚禄让这些军阀听从元朝的指挥，而当地的蒙古贵族，则处于次要地位。当朱元璋明军攻取南方各行省时，除了陈友定死不投降被杀外，方国珍和何真均投降了朱元璋。

元朝时期的头盔

今广东阳江市及附近云浮市、肇庆市，元朝时期均属于江西行省南恩州、德庆路、肇庆路管辖。德庆路一带属于江西行省和湖广行省交接地带。沙不丁，元末为德庆路达鲁花赤总管，最后也死在德庆路附近，说明他对德庆路一带十分熟悉，他在与明军进行作战步步失利后，被迫撤离到他熟悉的地方。

在明军攻势迅猛的形势下，沙不丁的小股部队是无论如何也无法与强大的明军抗衡的，只有节节败退。正常情况下，沙不丁可以带着他的部队西去，过湖广行省到现广西境内，前往属于元朝势力范围的云南行省，也是最短的路程。但是，西去的道路已被封锁，明军已占领广西，沙不丁已无法逃离险境，只能与明军死战到底。

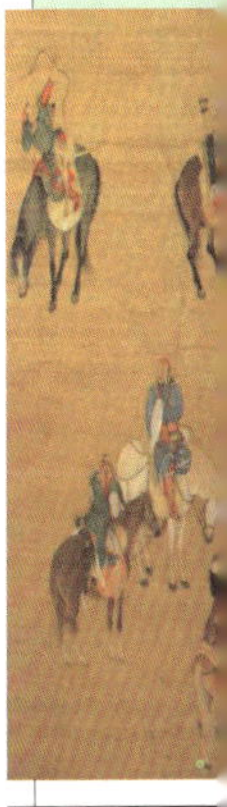

沙不丁“独当一面，拒战数载，粮尽援绝”、“不得已退次恩平，犹召集散亡，誓图恢复”。这些对沙不丁处境的描述，展现出沙不丁是个至死效忠元朝的人。虽然沙不丁的军事实力不强大，但他并没有投降明军。史书记载，在明军攻占元朝许多重镇时，除了投降和被俘的元朝官员外，都有始终忠于元朝的忠臣可歌可泣的事迹。比如：1368年8月2日，元朝监国淮王帖木儿不花等一批高官，在元朝国都大都被明军占领后，誓死不降。占据福建的陈友定，是元朝的官员，也是宁死不屈。不管是世界历史还是中国历史，在朝代更替之时，都会出现一批忠臣义士。沙不丁就是这样的人，是蒙古人的英雄。

在明朝建立初期，明军主要是以占领重镇，尽快扩大地盘，招降和消灭元军主力，巩固明朝政权为主，对于小股元军，可能是随后围剿铲平。沙不丁所带领的部队，应当属于被明军打散以后又誓死效忠元朝的残军，逃进山区之中“打游击”，做最后的顽抗。所以，在元朝灭亡之后，又存在了两年时间。如此分析，沙不丁死于1370年（明洪武三年），应当属实。

⑶广东、湖南、湖北沙不丁应当为一人

广东阳江沙氏和湖南、湖北沙氏，均有自己的《沙氏族谱》，这两支沙姓几百年来素不来往，但对始祖名字沙不丁及其官职、经历等记载，都惊人的相似。这一情况又进一步印证了沙不丁其人的真实性。沙不丁是蒙古贵族，居元朝高官，必然有很多后代。这些不争的实事，都在证明，两地沙姓族人，同属于沙不丁后裔，是一家人（详见湖南湖北沙姓）。

⑷“元末时沙不丁护元顺帝带兵进入广东”的说法有误

元顺帝，名字叫孛儿只斤·妥懽帖睦尔（1320～1370年），是元朝第十一位皇帝，也是元朝最后一位皇帝。在元顺帝的经历中，1330年（元至顺元年），母亲被杀，元顺帝被驱逐，先是被驱逐到高丽的平壤（今朝鲜），后来又到广西桂林。1332年（元至顺三年）11月，元宁宗逝世。1333年（元统元年）元顺帝13岁继位，1368年（元至正二十八年）从大都退回漠北草原，在位37年，享年51岁。元顺帝自1333年从广西桂林到大都（今北京后），就一直生活在大都，没有来到广东的经历。

因此，阳江《沙氏族谱》里记载“元末时沙不丁护元顺帝带兵进入广东”的说法，在史书中从无记载，是不符合历史事实的。

元顺帝妥懽帖睦尔（1333～1370年）

元朝时期的蒙古人石雕像

湖北省

湖北省，简称鄂。湖北省有55个民族。2000年第五次全国人口普查，湖北省蒙古族人数10887人。元朝时期属于湖广行省，辖境包括今湖南、贵州、广西三省的大部分及湖北部分地区。

一、恩施州鹤峰县部姓蒙古族——忽必烈第九子镇南王脱欢家族另一支后人

1. 部姓蒙古族现状

部姓蒙古族始祖是成吉思汗的六世孙，是元世祖忽必烈第九子镇南王脱欢的曾孙大圣奴。居住在湖北省恩施土家族苗族自治州鹤峰县中营乡三家台。其世系初步考证为：成吉思汗→拖雷（第四子）→忽必烈（第四子）→镇南王脱欢（第九子）→镇南王脱不花（第二子）→镇南王孛罗不花（长子）→镇南王大圣奴（长子）→部官荫(部姓一世祖）→部政二→部友缘→部熹→部天寿→部逢春→部朝举→部维垣→部受瑜→部钘→部锡候(定居鹤峰第一人)，至今已历20代。

2002年，鹤峰县政府决定：以原

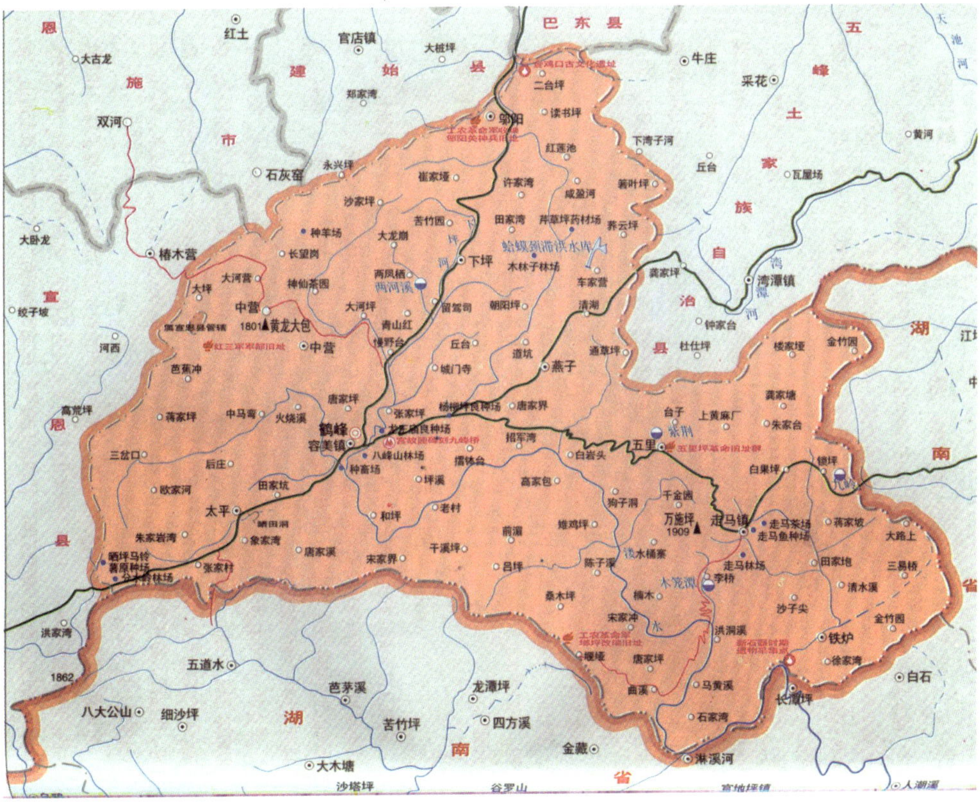

湖北省恩施州鹤峰县地图

三家台村为中心，将周边几个村蒙古族聚居的村民小组合并，成立三家台蒙古族村，并于当年12月24日正式挂牌。现在的三家台蒙古族村共有七个村民小组、全村人口915人，其中蒙古族605人，占总人口的66%，绝大部分村民的姓氏为部氏。

由恩施土家族苗族自治州民宗委拨款五万元，鹤峰县民族宗教配套五万元修建的蒙古族标志性建筑——蒙古包，在鹤峰县三家台蒙古族村建成。蒙古包建成后，三家台村将以其独特的民族特色、原始自然景观和淳厚的乡情作为基础，搞好生态旅游开发，招揽八方游客。当地政府决心把三家台蒙古族集聚村建设成为全省的先进文明村。

三家台村人口不多，生活习性已经被当地人同化，村民居住比较分散，山上林木成荫，清泉流淌。稻田很少，但旱地较多，当地的经济作物以水稻和玉米为主，种植烟叶也是当地增收的一个重要途径。

2. 部姓蒙古族历史

1284年（元至元二十一年）6月，忽必烈的第九子脱欢被册封为“镇南王”，成为河南、湖北蒙古族分支的始祖。镇守湖广行省的鄂州地区。后因率军出征安南（越南）失利，被调到江浙行省的扬州地区镇守。镇南王脱欢于1301年（元大德五年）去世。脱欢有六个儿子，长子叫老章，1301年承袭镇南王。1310年（元至大三年）因“僭”

镇南王脱欢像

（犯上）被皇帝赐死。脱欢长子死后，其次子脱不花继承镇南王之位。脱不花于1325年（元泰定二年）去世，但他的儿子孛罗不花年幼，其弟弟帖木尔不花袭封镇南王。1329年（元天历二年），帖木尔不花看到侄子孛罗不花已进入成年，则让位于孛罗不花。1356年（元至正十六年），孛罗不花死于淮安。孛罗不花死后，他的儿子大圣奴继承镇南王之位，1359年（元至正十九年），与枢密判官度闰守卫江西信州地区（今江西上饶市）。这时，农民起义军领袖陈友谅、王奉国来攻，最后城池陷落，大圣奴死于乱军。城破时大圣奴之子被陈美（亲兵家将）藏在观音像下得以幸存，因以“官荫”为名，取“观音”二字的谐音。并改用汉姓“部”，意为祖先曾是蒙古草原上骁勇善战的“部落”。部官荫便是部姓的始祖。

1826年（清道光五年）《部氏族谱》记载可知：伊祖系元镇南王将官，陈友谅寇信州。王子战败走荆州……隐荆郡之松滋（今苦竹寺一带），氏称部。至第三世，第四世有一支迁往湖南澧州，至清代建部氏祖祠。清乾隆二十一年（1757年）十一世祖部锡侯从澧州迁鹤峰三家台神仙茶园（今中营乡三家台村）。光绪年间，又有一支从鹤峰迁恩施。

在三家台村，部先瑞老人还保存有被族人奉为至宝的家谱，这是一本已经发黄的家谱，但上面的字迹仍清晰可辨。开篇写道：“旧有记云，吾家铁木真姓也，原籍蒙古，元太祖之后。元史顺帝时，信州镇南王之子，被陈友谅兵败，大圣奴不知所终，公之先远祖有讳斡难，兀者因居斡难河之源，因以为氏，其以部为姓，则始于公，故奉为一世祖，葬松滋苦竹寺，今称部家大坟者是。”这段文字清楚地说明鹤峰三家台村部氏家族是元太祖的后代，在松滋一个叫苦竹寺的地方，还葬有他们的祖先，遗憾的是，部氏族人从没有到过松滋对这段历史进行考证。

这本家谱中还记有这样一段文字：“道光十五年州主登诠手书曰，博儿济吉特氏，哈拉部者，从部落中部字起也，今绎汉姓，自京中八旗此姓最多云。”当地部氏族人也据此认为，他们的祖先应该是草原中一支骁勇善战的部落，后从汉姓，以部自称。

二、黄冈市红安县王姓蒙古族——元末显贵也先不花的后人

红安别称将军县，原名黄安。革命战争年代，红安的14万英雄儿女为中国革命的胜利献出了生命，查明登记在册的烈士有22552人。在这块土地上，诞生了223名将军，其中被授予上将军衔的8人，中将军衔的12人，少将军衔的52人，是全国将军人数最

多的县，是名副其实的“中国第一将军县”。在中国工农红军的队列中，曾经每三个人中就有一个红安人，每四名英烈中，就有一个属红安籍。中华人民共和国成立后，我国的10大军区，其中8大军区的司令员或政治委员由红安籍将军担任。后来10大军区改为8大军区，先后又有6大军区的司令员或政委是红安人。

元朝时期黄州路辖黄冈、黄陂、麻城三县，黄冈属河南江北行省黄州路管辖，处于与湖广行省交界地带。

红安县烈士纪念墙

1.王姓蒙古族现状

黄冈市王姓蒙古族，集中居住在湖北大别山深处的红安县永佳河镇沙河村、曲阳畈和高桥镇一带，散居在城关镇、高桥镇、二程镇等地，目前约有一万多人。始祖是元朝末年蒙古显贵也先不花，1306年（元大德九年），开始担任湖广行省左丞相，1309年（元至大二年）死于武昌。

王姓世系为：昔剌斡忽勒→孛鲁欢（云王）→也先不花（提领王、恒阳王、瀛王）→亦伶真？（累拜湖广行省左丞相，武昌王、冀王）→君用。

永佳河镇以大别山为屏障，是华中咽喉、鄂北门户，恰在南北天险中央，自古为兵家必争之地。现在，这里有一个很大的王姓村落，为元代蒙古显贵也先不花始建，后辈中不乏人才，也走出过王近山、王建安两位共和国将军。两位将军有些相似：性格直率，桀骜不驯，战功显赫。两人属于同宗，先祖是同一个蒙古王爷也先不花，湖北省红安县曾经是其先祖的封地。王建安比王近山辈分要大。

王近山（1915～1978年），原名王文善，和李先念、陈锡联、胡奇才等都是湖北省黄安（今红安）县红安高桥镇人。王近山是高桥镇许田家村

王近山中将（1915～1978年）

人。有人叫他“王疯子”，也有人叫他“二杆子”。中国人民解放军著名高级将领，1955年被授予中将军衔，荣获一级八一勋章、一级独立自由勋章、一级解放勋章。王近山为中将，其为《亮剑》李云龙原形，被誉为二野战功最大的将领。1991年纪念王近山的文集出版，老首长邓小平特意为这位桀骜不驯而又战功赫赫的爱将深情题词：“一代战将”。

王建安上将（1907～1980年）

王建安（1907～1980年）原名见安，1907年11月8日出生于湖北黄安县（今红安）桃花沙河村。1954年，王建安历任沈阳军区副司令员、济南军区副司令员、福州军区副司令员，中央军委委员等职。1956年，他被授予上将军衔，荣获一级八一勋章、一级独立自由勋章和一级解放勋章。曾当选为第二、三届国防委员会委员，第二、三、四届全国人大代表，国防委员会委员。

2. 王姓蒙古族历史

清代《黄安县志—氏族》里有红安沙河王姓的记载："沙

王建安上将墓地

河王胜，始祖百大，曾为元代官‘百户’，其孙也先不花表封‘提领王’，平章黄州路兼封邑桃花，遂居黄安，卒赠‘恒阳王’，子孙因以王爵为姓。”

也先不花任黄州路平章(官名)兼领桃花站要塞，期间积极采取惠民措施，使得当时的黄州呈现出繁荣景象。民间自发于省府武昌建名宦祠以纪念，朝廷也为表彰其文治武功，加封爵为提领王。

《新元史》卷一三三列传第30对也先不花家族及本人有下述记载：“祖父昔剌斡忽勒兄弟四人（排老三），长子叫脱不花，次子叫怯烈哥，幼子叫哈剌阿忽剌，俱隶王罕（蒙古国建立前克烈部首领）部下。当元太祖成吉思汗地位尚未显赫时，怯烈哥就和太祖有很深的交情，后来兄弟四人都率领部属来归附。太祖因为他们是旧时好友，款待他们特别不同于其他的家族，任命为必阇赤（管理中央文书的官）长官，朝会饮宴群臣，让他们位居上列。昔剌斡忽勒为千户，早死，孛鲁欢是其长子。”

元朝蒙古王爷

“也先不花父孛鲁欢，幼事睿宗（拖雷），为护卫。定宗（贵由）崩，与亲王拔都拥立宪宗（蒙哥）。即位之日，文臣以孛鲁欢为班首，掌宣发号令、朝觐、贡献及内外闻奏诸事。二年（1209），又以孛鲁欢掌必阇赤，写发宣诏及诸色目官。谒（说明）真定之束鹿（河北辛集）为其食邑（封地）。宪宗崩于军中，以序为贤，世祖当立，而先朝旧臣阿蓝答儿等谋立阿里不哥，孛鲁欢亦附之。至元元年，阿里不可来降，帝令四亲王、三大臣鞫(告诫)其逆谋。阿里哥曰：‘鲁欢、阿蓝答儿二人劝我：先帝崩，两兄将兵在外，

我为留守，应即大位’。帝因孛鲁欢勾结阿里不哥论罪被处死，等阿里不哥不问，后赠推诚赞治功臣、仪同三司、太傅、昌国公，谥庄愍。孛鲁欢子四人：长子叫也先不花；次子叫木八剌，刚开始设置御史台，任中丞；三子叫答失蛮，历任至银青荣禄大夫；四子叫不花帖木儿，拜受荣禄大夫、四川省平章政事。”

“也先不花开始继承父职，任必阇赤长。裕宗被封为燕王（真金），世祖命令也先不花作为他的辅佐之官，并且跟燕王说：‘也先不花，是我旧臣的子孙，端正贤明诚实，熟习典制掌故，你每件事问他，一定不会使你干不好的事’。二十三年，拜受上柱国、光禄大夫、云南诸路行中书省平章政事。当时阿郎、可马丁各族焚夷（西南某一少数民族）叛变，讨平他们。于是设置登云等路、府、州、县六十余所，得到民户二十余万，任命他们的首领为官，规定他们的贡税，边境得以安宁。”

“大德二年（1298），迁任湖广行省平章。处理政务不发脾气而有威信，不详察而情况清楚。有大事聚集一起商议，大家意见不一致，他从容不迫一句话做出决断，切合事理，都出人意料。正值汴梁行省有反常怪异的讼事，流言蜚语牵连湖广平章政事刘国杰、右丞燕公楠，朝廷通过驿站征召他们二人入宫。二人对也先不花曾经有过不满的言论，也先不花急忙派遣使者寄递奏章，说明他们没有他意，二人都得到释放。八年（1305），迁任河南行省平章，黄河在落黎堤决口，形势非常危急，监督官吏身先士卒来防备洪水，汴梁（开封）因此没有灾害。九年（1306），进拜上柱国、银青荣禄大夫、湖广等处行中书省左丞相，赏赐每月都有，地方得以安定。至大二年（1309）亡故。天历二年(1330)，追赠推忠守正佐运翊戴功臣、太师、开府仪同三司、上柱国、恒阳王，谥号文贞。子五人：叫亦怜真、叫秃鲁、叫答思、叫怯烈、叫按摊。”

“亦怜真，侍奉裕宗于東宫，任家令。历任银青荣禄大夫、湖南等处行中书省左丞相。延佑元年（1314）亡故。天历元年（1329），追赠推诚辅治宣化保德功臣、太傅、开府仪同三司、上柱国，追封武昌王，谥号忠走。”

“秃鲁，先后奉事四朝，被征召出任宗正府也可达鲁花赤，拜受开府仪同三司、中书右丞相、御史大夫、太傅、录军国重事，亡故。天历二年（1330），追赠怀忠秉义昭宣弼亮功臣、太师、开府仪同三司、上柱国，追封广阳王。”

“答思，做官至资德大夫、湖南宣慰使。怯烈，做官至中政使。”

“按摊，事奉成宗，袭任宿卫

长，有旨给予七辆驿站传车，派遣他前去湖广侍候其父也先不花。诸道宪司将按摊孝敬父母的德行传布朝廷，拜受中奉大夫、海北海南道宣慰使、都元帅，、海康与安南、占城接壤，海岛生黎反叛降服不定，按摊威望向来显著，夷人顺从信服，生黎王高等二十余洞，都愿意献纳贡税。他在此镇守一周年，因探亲辞官离去。至大二年(1312)，拜受资德大夫、中书右丞，兼代浙東道宣慰使司都元帅。不久，奔父丧去武昌，因悲伤過度而得病，亡故。天历二年（1330），追赠秉义效忠着节佐治功臣、太保、开府仪同三司、上柱国，追封特进赵国公、中书左丞相，谥号贞孝。子阿荣，由宿卫出任湖南道宣慰副使，历任奎章阁大学士、荣禄大夫、太禧宗里院使都典制神御殿事。”

“搠思监，亦柃真（也先不花长子）之子。至正十八年（1358），加太保，诏封其首祖孛罗欢为云王，祖也先不花为瀛王，父亦伶真为冀王。二十四年（1364）四月，孛罗帖木儿遣秃坚帖木儿称兵犯阙，必得搠思监、扑不花乃已。帝不得已，缚二人畀(给予)之，皆为孛罗帖木儿所杀，没其家产，窜其子宣徽使观音奴于远

元人骑马图

方。怯烈氏四世为丞相者八人，至搠思监竟隳(毁坏)其世业焉。”

也先不花孙子君用继位，时逢元末朝廷衰败，天下动荡不安，君用审时度势，最后率一万多元军归顺了朱元璋。明朝建立后，朱元璋敬君用为名门之后，且才智过人，感谢他帮助完成统一大业，亲诏恢复君用的元朝官职。君用不敢领受，生怕日后罹生祸端，于是请辞。皇帝自然不会强留，仍赐空头王位，准其解甲归田，来到麻城仙居里(即今红安桃花镇沙河)居住。从此，这支叱咤风云的蒙古王族就以王爵为姓改姓王，融入了当地汉族人群之中。也庆幸祖先当日能明哲保身，远离政治漩涡，这才有了此地王氏29代人的源远流长。

在永佳河镇沙河村，依然可以见到清晰的寨墙轮廓，到处散落的元青花瓷残片和雕花石板、石柱，依然可以看到传说中也先不花的旗杆石、系马桩柱石、八十余斤重的大刀及古墓群等文化遗物，至今保存完好。还有帅府、大庙、宗祠、哨楼、榨房、店铺、粮库等遗址。以前仙居里（沙河村）的乡民并无贫富贵贱之分，只有长幼辈分之别，他们甚至还藏着元明两代朝廷特赐的“金书铁券”，赖此在元、明、清三朝享受免税、不纳粮、免服徭役、犯罪免死等政府的优待。

3.王姓蒙古族民俗

在这一带方圆二十里的老百姓仍然保留着部分蒙古文化，如红安刺绣、荡腔锣鼓等。红安近代流行过的滴水床上的帐沿图案，与当代蒙古族装饰品的图案相仿。红安绣花鞋垫已被国务院列入第二批国家非物质文化遗产名录。

红安荡腔锣鼓是红安县独有的一种表演形式，源远流长，系元朝由蒙古人传入红安，是蒙古人融入红安的珍贵文化遗存，流传至今。它先于中国戏曲数百年，而如今的京剧、汉剧、楚剧所用的吹奏、打击乐曲谱都可从荡腔锣鼓中找到它的痕迹。解放前，荡腔锣鼓属红安地方流传最广的一种民间文艺表演形式，当时全县表演班子不下百套，但现在能全套表演的班子仅剩下四套，濒临灭绝。

三、荆州洪湖市陆姓蒙古族后裔——阿里不哥的后人

1.陆姓蒙古族后裔的现状

陆姓蒙古族始祖，据说是成吉思汗的四子拖雷的第六个儿子阿里不哥的后裔。世代居住在湖北省荆州洪湖市下新河乡陆庄等四个自然村。1964年全国第二次人口普查时，陆姓中的多数人把自己的民族填写为蒙古族，但在一部分有权威的老人的劝诫之下，又改成汉族。今天当地陆氏大多数人都希望能够尽快恢复自己的民族成分。在元朝时期

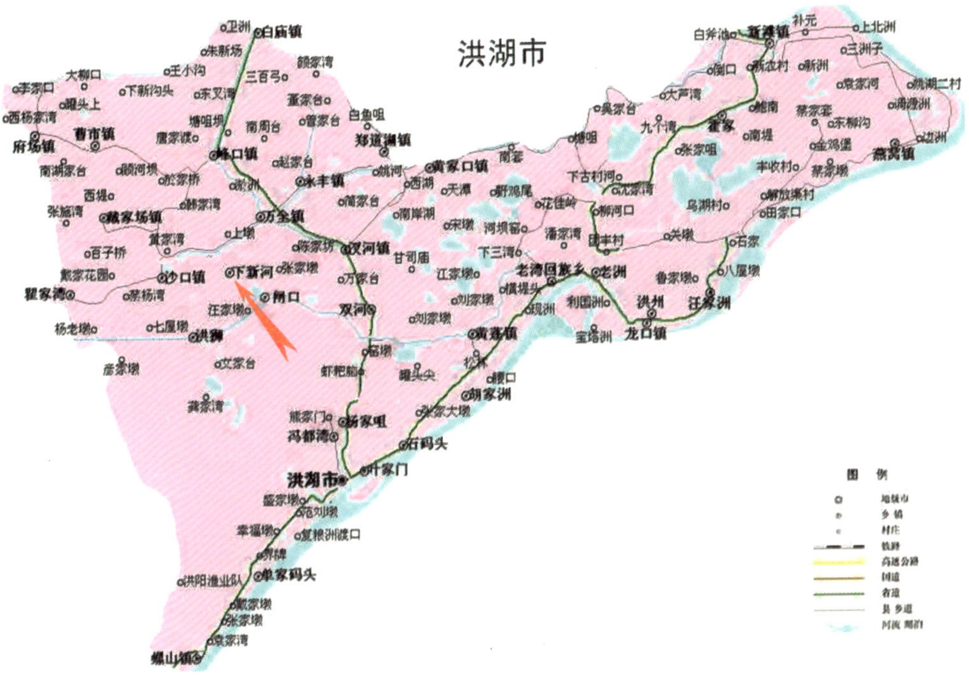

湖北省洪湖市地图

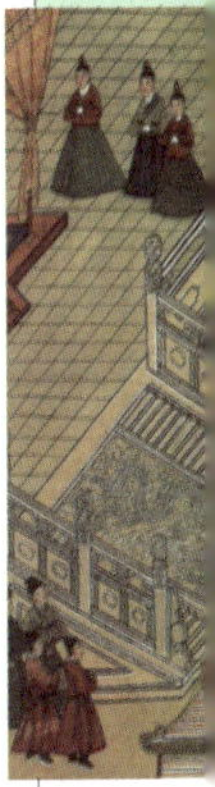

他们惧怕忽必烈，因为阿里不哥曾经与忽必烈争夺蒙古大汗之位而兵戎相见，到了明朝又怕被视为蒙元遗族而被灭族，到了清朝和中华民国又担心会有种种不便，到了今天，在隐姓埋名七百多年后，也没有什么可以顾忌的了。

2.陆姓蒙古族后裔的历史

阿里不哥曾经与自己的哥哥忽必烈为汗位而展开了激烈的争夺，终被击败。一般说来，在正规出版物上，对阿里不哥的记载是：因病而死于1266年（蒙古至元三年）。

这种说法流传很广，但是究其来源，应该是在拉施特的《史集》中有这样的记载：“阿里不哥于伊斯兰教历664年（1266）秋天患病死去”，同时还详细记载了忽必烈对阿里不哥的亲属给予适当的照顾和安排。但是，在《元史》和其他蒙古史料中对阿里不哥只有十分粗糙的混乱记载。除了《史集》，其他的蒙古史料对阿里不哥的终年都没有清楚的记载，而且这些记载都还有一定的差异。

在20世纪80年代，湖北省洪湖市的陆氏祖谱首次向专家公开，在这部祖谱的“源流序”中，可以清楚地知道湖北洪湖陆氏正是成吉思汗的四子拖雷的第六个儿子阿里不哥的后

阿里不哥（？～1266年）

裔。他们今天仍珍藏着阿里不哥之子陆弈公的画像，从画像上看，陆弈公的姿态和穿着有蒙古人的特点。

根据这本祖谱的记载，经过1260年（蒙古世祖元年）到1264年（蒙古世祖四年）争夺汗位的血腥战争，阿里不哥被忽必烈降伏之后，虽然忽必烈暂时没有杀他，但是他的大多数亲信和将领都被处死。因此，阿里不哥感到十分恐惧，他的子孙就有可能带上家人、亲信和仆人等向南逃去，经过河北、河南，逃到了湖广的古云梦则遗址，也就是今天的洪湖，最初他们居住在监利县，后移至现址，他们改姓陆氏，其后人葬在陆氏祖坟上。当地称之为“陆家大坟”，墓地的遗址至今仍有痕迹。当初之所以姓“陆”是因为阿里不哥是拖雷的六子，六字的大写与陆字同形，因此以陆字作为姓氏。

至于阿里不哥只有在拉施特的《史集》中被记载为因病而死于1266年（蒙古至元三年），而其它史料对阿里不哥的终年没有记载，可以认为是阿里不哥的子孙从忽必烈那里悄悄溜走之后，忽必烈很久没有得到阿里不哥后人逃到西域的消息，猜测到一定是躲到某个偏僻的地区了，于是，就向西域的伊利汗国和蒙古诸国捎去阿里不哥病死的假消息。忽必烈之所以这样做也许为了达到遮掩阿里不哥支持者的目的。拉施特编写《史集》时，只能根据他人所述，而无法证实其真正内幕。同时，忽必烈对内地的蒙古人和中原地区也掩盖了所有的真相。否则，曾一度登汗位，并与忽必烈争斗多年的阿里不哥，在众多蒙汉文蒙古史料中却没有他的简史或较详细的记载，这在某种程度上是不可理解的。

陆氏蒙古人，无论是男女老少都知道自己是成吉思汗的后代，能清楚地叙述他们的直接祖先阿里不哥在同忽必烈争夺汗位的斗争中最终失败，后人几经周折移居，最后定居在现今洪湖市下新河乡的历史。

他们祭祖的牌位能表现其特征，正面与汉族无异，而背面却有“蒙古”二字。汉族祭奠祖先时，常在神位前设玉磐，敬拜时敲击。陆氏蒙古

拉施特的《史集》

人则不设玉磐，他们认为磐是不祥之物。

他们过去一直隐瞒着民族成分，在13世纪中后期他们初到洪湖时，由于他们刚刚从北方逃到长江流域，在语言、外貌、风俗、服饰等方面必然与当地人有很大的差别，因此，他们称自己为色目人，后改为汉族。二十世纪初，陆家庄建造一座祭祖的家庙，开典大庆时他们特邀请了陆庄出身的、在北平辅仁大学任教的陆开钧教授（1883～1958年）写了对联。陆教授书写“蒙古风派”四字为横额。当时有些人怕因此招来祸患，就改了这四个字。

3.陆姓蒙古族后裔历史的存疑

《元史》卷一〇七的宗室世系表记载："拖雷有十一子：长子宪宗蒙哥、次子忽都秃、四子世祖忽必烈（元朝皇帝）、六子旭烈兀（伊儿汗国大汗）、七子阿里不哥、八子拨绰、九子末哥、十子岁哥都、十一子雪别台，三子和五子名字不详。"

阿里不哥(1259～1266年)，元朝蒙古宗王。成吉思汗孙，拖雷幼子，蒙哥(元宪宗)和忽必烈(元世祖)的同母弟。曾经被部分蒙古宗王在大忽里台（蒙古最高议事大会）上推举为蒙古帝国大汗，类似于明朝的建文帝，只不过明朝建文帝是被他的四叔燕王朱棣推翻，而推翻阿里不哥的是他的亲二哥忽必烈。成吉思汗第四子拖雷与其正妻唆鲁禾帖尼，生长子蒙哥汗（第四位蒙古帝国大汗）、忽必烈（建立元朝）、旭烈兀（建立伊儿汗国）和阿里不哥。

元双人石雕像

1258年（蒙古宪宗八年），蒙哥率军攻南宋，阿里不哥留守和林，统领在本土的蒙古军队和斡耳朵（意为宫帐或宫殿）。蒙哥死于四川后，忽必烈于1260年（中统元年）抢先即位于开平（元上都附近）。阿里不哥在和林西按坦河召开忽里台，得到诸王的拥戴，即大汗位。随后两兄弟为争夺皇权发生战争，经过四年征战，阿里不哥战败，支持他的诸王军将大部分离去，辖区又发生大饥荒，无力再支撑下去。1264年（中统五年）8月，向忽必烈投降。忽必烈赦免其罪，后病死，应该死在漠北。史料还有记载阿里不哥死在北京，有的说是被忽必烈毒死的，这也是个谜团。在北元时期，阿里不哥后裔也速迭儿，是北元第三任皇帝元平宗脱古思帖木儿的部将，1388年（元天元十年、明洪武二十一年），在卫拉特人的支持下，用弓弦缢杀了脱古思帖木儿和太子天保奴，登上了北元大汗位，报了祖上

阿里不哥被忽必烈废汗之仇。从各种资料来看，没有正史资料证明阿里不哥的后人来到内地湖北，大量资料证明阿里不哥的后人活跃在西部蒙古卫拉特（瓦剌）中。

《新元史》卷一〇三列传第七太祖诸子五拖雷下“阿里不哥，拖雷第七子，世祖（忽必烈）同母弟也”、“三年（1266），阿里不哥卒于大都（北京）。四子：长子明理帖木儿、次子药木忽儿、三子乃剌忽不花、四子剌甘失甘”。

“长子明理帖木儿，初从海都叛。大德十年（1306），始弃察八儿降于武宗。明年（1307）正月，从安西王阿难答入朝。成宗崩，伯岳吾皇后与左丞相阿忽台等谋立阿难答，仁宗执杀阿忽台，废伯岳吾皇后。明理帖木儿党于阿难答，帅众抗命。兵败，执送上都，与阿难答同赐死。曾孙阿儿帖，嗣旭烈兀后王不赛因之汗位”。

“次子药木忽儿，至元八年（1271）从皇子北平王那木罕备北边，驻阿力麻里（今新疆伊犁霍城县）。药木忽儿旋附于海都。元贞二年（1296）秋，与昔里吉之子兀鲁思不花俱来降。明年正月入朝，成宗大悦，为之改元肆赦，命药木忽儿屯田和林，与晋王甘剌麻同御海都，率阿速千户玉哇失败海都兵于巴阿邻之地。

大德三年（1299），封定远王，赐鎏金银印龟纽（五等王）。九年（1305），改威定王，换金印驼钮（三等王）。至大元年（1308），进封定王（一等王）。三年（1310），设王府官如例。寻卒。子薛彻干嗣，至治三年（1323）泰定帝即位，授以其父金印。泰定三年（1326），又增置定王总管府”。

“三子乃剌忽不花子孛罗，大德六年（1302）以诬告济南王，谪（降职）于四川八剌军中自效。七年（1303），以破贼有功，征诣京师。十年（1306），封镇宁王（三等王），赐金印。延祐四年（1317），进封冀王（一等王）”。

“四子剌甘失甘子那海，亦封镇宁王（三等王）”。

从以上史料可知：阿里不哥，在拖雷十一个儿子中排第七位，在拖雷与正妻唆鲁禾帖尼所生儿子里，排第四位，而不是第六位。因此，“阿里不哥是拖雷的六子，六字的大写与陆字同形，因此以陆字作为姓氏”的说法，和正史记载不吻合，是个不解之谜。史料记载，阿里不哥有四个儿子，除了长子明理帖木儿因反叛被赐死外，其他三个儿子及后代均被重用封王，地位显赫。他的哪个后代逃到湖北避难仍然是个谜团。

元宫廷图

湖南、湖北沙姓

洞庭湖位于长江中游，以湖为界，分为湖南湖北两省。湖南省大部分地区在洞庭湖之南，故名湖南。境内湘江贯穿南北，又简称为湘。湖南有41个民族，世居少数民族大多数居住在湘西、湘南和湘东山区。2000年第五次全国人口普查，湖南蒙古族人数为15869人，主要是散居蒙古族。目前，湖南沙姓蒙古族人有3760多人。

湖北的沙姓蒙古族人沿长江中游两岸世居，从恩施、鹤峰、来风、咸丰、江陵、公安、石首、监利、到沔阳，蜿蜒四百余公里，以零星居住为主，家谱载沙姓人口650人（江陵、监利、沔阳沙姓未载入）。

本章节仅介绍湖南、湖北沙姓蒙古族人的历史源流和现状。查阅历史资料，沙姓蒙古族人居住在湖南湖北、长江中游一带，犹以江南分布较为密集。其两省近二十个县市的沙姓蒙古族人同属一支，同一家谱，为了便于叙述，将其一并撰书。

元朝时期，今湖南、湖北大部分地区属于湖广行省管辖；今湖南部分地区属于四川行省管辖；今湖北长江以北地区属于河南江北行省管辖。

湖北、湖南沙姓蒙古族后裔分布图

湖南湖北沙姓蒙古族后裔——元朝达鲁花赤、沙不丁在湖北、湖南的后人

1.湖南湖北沙姓蒙古族后裔现状

沙姓蒙古族人始祖是元太尉，改授平章，敕封镇国将军沙不丁。主要分布在湖南、湖北两省，在广东省阳江市还有部分同宗沙姓蒙古族后裔。湖北、湖南与广东的沙姓族人没有往来。族史考定他们是一脉相承，家谱文字传承已440多年，准确的家族信息传递上溯明弘治（1488～1505年）初年，至今已有五百多年的历史。沙姓姓氏，应当是取其始祖沙不丁的第一个字，以“沙”为姓，至于何时改姓，已不可考。

沙氏族人主要分布在：湖北荆州市辖石首市380多人，公安县37人，恩施板桥12人，新田18人，鹤峰县走马坪镇北镇村50多人，来凤、咸丰150人、湖南桃源县县城、九溪、双溪、漆河、郝坪、黄石、热市约2600人，桑植县县城、河口、陈家河约500人，慈利康家坪、桑树湾、磺厂约680多人，澧县张公庙185人，石门东方红茶厂50人，临澧佘市镇123人，重庆奉节含瑞坝92人，共计4500余人。湖北江陵、沔阳有一支族沙姓分出，未载入沙姓族谱中。

1981年湖南张家界市桑植县四百多人，经政府批准已恢复蒙古族身份。湖南、湖北大部分沙氏族人，基本上还没有恢复蒙古族身份。六百多年的今天，湖南、湖北沙氏族人，已完全汉化，日常语言为当地方言，风俗习惯已和当地人没有什么两样。

2.湖南湖北沙姓蒙古族后裔历史

沙氏蒙古族人共进行了五次修谱，时间分别为：

一修族谱：1828年（清道光八年）到1840年（清道光二十年），历时12年。湖南、湖北两省沙氏尊崇沙不丁为第一世祖，从一世祖开始合定百字派，沿用至今；

二修族谱：1885年（清光绪十一年）到1890年（清光绪十六年），历时5年。刊印了历代皇帝对沙姓所赐荣誉，计圣谕共十六条；

三修族谱：1947年（民国三十六年），承二修干支下往，共分十二册；

四修族谱：2004年，以湖南、湖北两省为主，辖十多个县市，川陕粤亦有零星载入；

五修族谱：2007年，内容基本接四修抄承，传承序碑文等，增添部分主要是几篇传承文章和陕、粤零星丁口。并郑重说明：后世修谱应以五修为基准。

根据四修《湖南、湖北沙氏族谱》和湖北省石首市沙氏族人沙永松所写文章摘录如下：

“湖南、湖北沙氏尊元太尉（正一品），改授平章（从一品），敕封镇

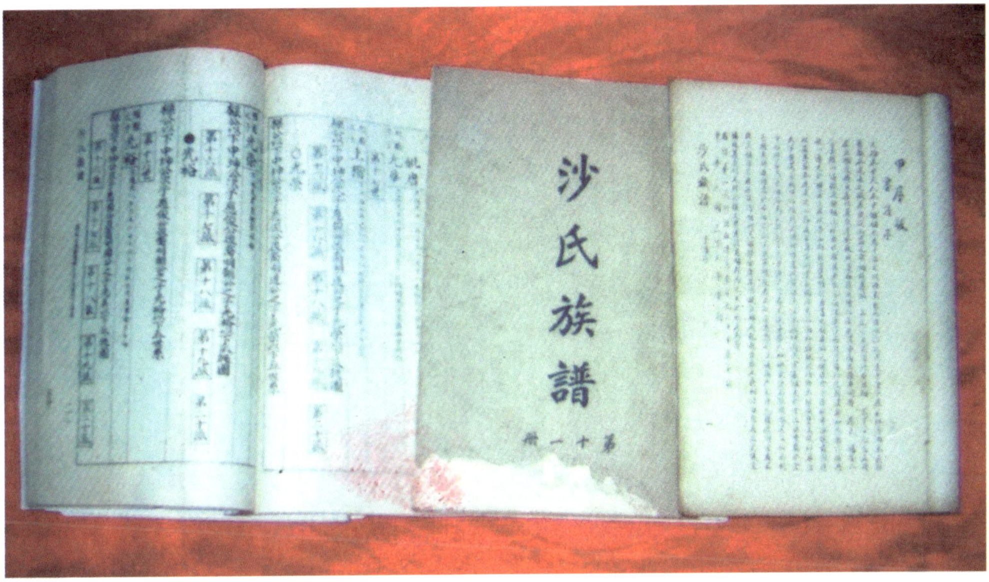

1947年三修的湖南、湖北《沙氏族谱》

2004年四修的湖南、湖北《沙氏族谱》

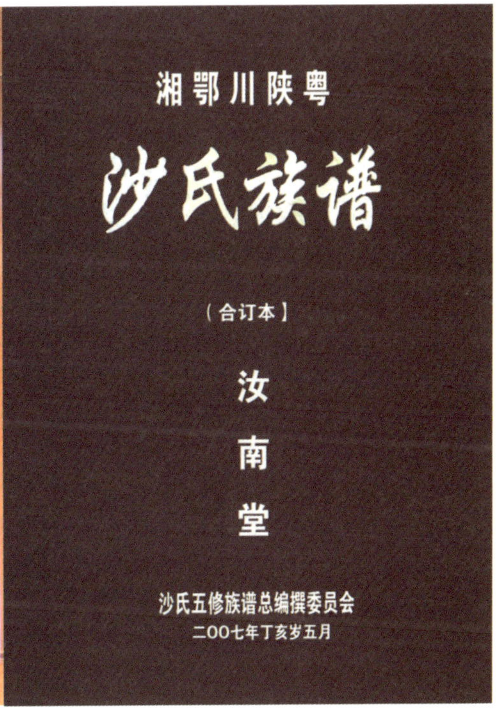

2007年五修的湖南、湖北《沙氏族谱》

国将军（从二品）沙不丁为一世祖。元至正二十八年（1368），不丁公护顺帝北狩，驻守应昌府（故址在今内蒙古克什克腾旗西北达里诺尔西）。明洪武三年（1370），顺帝殆于应昌，同年五月三日，元兵北进至骆驼山（今内蒙古锡林郭勒盟太仆寺旗骆驼山镇），不丁公与平章朵儿只领兵拒战，殁于王事，国史立有忠臣传。公死后其子沙盟、孙沙昊可能担心兵败株连，扶棺南往，至慈利（今湖南张家界市慈利县）时葬于杜坦坪（旧谱还有一说葬于今湖南常德市澧县沙家坪），时有碑文。元末明初，沙不丁有三个儿子，分别是沙盟、沙海、沙太三弟兄，最初定居在今湖南常德市临澧县佘市桥殷家溪沙家坪，现地名为沙家老屋。随后他们的后裔游居于湖南、湖北两省诸县，有的因仕途而涉川、陕、贵、江浙等地。”

“沙盟居今湖南临澧县，死后葬今湖北石首市西乡伍家岗（今藕池镇南口对河，柳湖坝江堤边）。沙海迁居今湖北石首市治八家铺后沙丘垸祖师宫，死后与其兄盟公同坟共葬伍家岗，立有二公墓志碑文。此碑是明隆庆二年（1568）所立，是最早的文字记载，在清乾隆四十年（1775），因海盟二公墓碑被奸人觊觎田产而毁匿，合众重立于原址伍家岗。可惜的是，二公墓葬于

盟、海、太最初定居的今临澧县佘市桥殷家溪沙家坪（沙家老屋）

湖北石首市西乡伍家岗沙盟和沙海同坟共葬遗址

湖南桃源县双溪口乡大公村原沙氏祖祠旧址

1998年在抗洪中被毁。沙太迁居湖北沔阳（今湖北省仙桃市），后人丁众多，自清道光二十二年（1842）水泛为患，转徙流离，莫如其所。一修族谱时沙太名下记载，前慈利谱载湖北江陵东乡沙家台、太公后裔大盛一支，自定派别正大光明，家传到本次合修通谱时，以其大字派合湖南文字派。”

“在湖南常德市桃源县双溪口乡大公村建有沙氏祖祠，目前已没有了原貌。在石门安福、马家港等地也建有沙氏祖祠。”

“沙氏族人历朝历代能人倍出，出类拔萃者甚多。如清同治三年

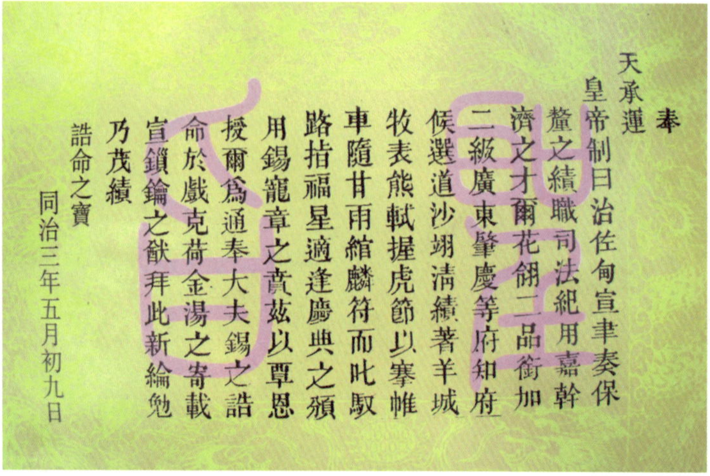
奉
天承運
皇帝制曰治佐甸宣聿奏保
釐之績職司法紀用嘉幹
濟之才爾花翎二品銜加
二級廣東肇慶等府知府
候選道沙翊清績著羊城
牧表熊軾握虎節以搴帷
車隨甘雨綰麟符而叱馭
路指福星適逢慶典之頒
用錫寵章之賁茲以覃恩
授爾爲通奉大夫錫之誥
命於戲克荷金湯之寄載
宣鎖鑰之猷拜此新綸勉
乃茂績
誥命之寶
同治三年五月初九日

清朝赐给沙氏族人沙翊清授为通奉大夫的诏书

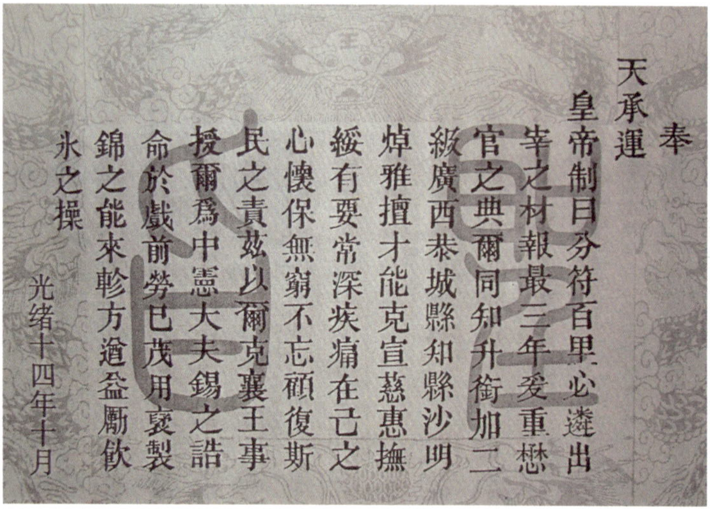
奉
天承運
皇帝制曰分符百里必遴出
宰之材報最三年爰重懋
官之典爾同知升銜加二
級廣西恭城縣知縣沙明
焯雅擅才能克宣慈惠撫
綏有要常深疾痛在己之
心懷保無窮不忘顧復斯
民之責茲以爾克襄王事
授爾爲中憲大夫錫之誥
命於戲前勞已茂用褒製
錦之能來軫方遒益勵飲
冰之操
光緒十四年十月

清朝赐给沙氏族人沙明焯授为中宪大夫的诏书

（1864），前赠登仕郎太学生沙洪钧花翎二品衔加二级，赐为通奉大夫，其何秦氏赐为二品夫人；广东肇庆等府候选道沙翊清授为通奉大夫，赐之诰命，其罗夏氏封为二品夫人；光绪十三年（1887），登仕郎太学生沙明域赐尔为文林郎，其伍张氏封为安人；同治三年（1864），处士沙启明赐为通奉大夫，夏氏封二品夫人；清光绪十四年（1888），生员沙清湘，乃同知升衔加二级，封为中宪大夫，其方氏封为太恭人；广西恭城县知县沙明焯授为中宪大夫，其陈氏封为恭人。”

3.对湖南湖北沙姓蒙古族后裔历史的探讨

⑴ 湖南湖北沙姓与广东阳江沙姓家谱记载异同点

相同点：两地共奉始祖名字相同，均叫“沙不丁”；沙不丁在元朝的官位、品级相同，均为正一品“太尉”、从一品“平章（平章政事）”；沙不丁的死亡时间相同，均为“明洪武三年（1370）”；沙不丁作战对象相同，均为“抗击明军”；沙不丁后代繁衍辈数和人数基本相同，均在二十代左右，阳江沙氏总人数约为6000人，湖南湖北沙氏总人数为4500余人（还有部分没有联系上）；两地后代起名字均有字派。

不同点：前期为官官职和品级不同。广东阳江沙不丁为从三品“德庆路达鲁花赤总管”；湖南湖北沙不丁为从二品“镇国将军”，后者比前者品级高两级。沙不丁儿子名字不同。广东阳江沙不丁只一个儿子，叫“祖福”；湖南湖北沙不丁有三个儿子“盟”、“海”、“太”，和一个孙子叫“昊”。

死亡地点和方式不同。广东阳江沙不丁是“病死恩平”（今广东省恩平市）境内；湖南湖北沙不丁是在

八思巴文左监军印

“骆驼山”（今内蒙古锡林郭勒盟太仆寺旗骆驼山镇），与明军作战战死。

埋葬方式和地点不同。广东阳江沙不丁死后，“其子祖福，将沙不丁葬在阳东县新洲镇那笃鸡冠岭背南坑处”。元朝时期，阳江属于江西行省管辖范围（在江西行省与湖广行省交接地带）；湖南湖北沙不丁死后，“其子沙盟、孙沙昊可能担心兵败株连，扶棺南往，至慈利（今湖南张家界市慈利县）时葬于杜坦坪（一说葬于今湖南常德市澧县沙家坪）”。元朝时期，湖南张家界市慈利县或湖南常德市属于湖广行省江南北道管辖范围，两地家谱记载始祖墓地直线距离八百多公里。

墓地保留不同。六百多年来，广东阳江沙不丁墓地保留至今，而湖南湖北沙不丁墓地仅在家谱里记载，没有发现实际墓地。

地方志记载不同。广东阳江沙不丁在地方志里有记载，而湖南湖北沙不丁没有发现在地方志里有记载。

初次编修家谱时间和次数不同。广东阳江沙氏第一次是1784年（清乾隆四十九年），湖南湖北沙氏第一次是1840年（清道光二十年），前者比后者早56年。编修家谱次数不同，前者为三次，后者为五次（后两次仅隔三年，实际只修了四次）。

⑵ 湖南湖北《沙氏族谱》与史书资料的比对

2004年四修《湖南、湖北沙氏族谱》记载：“明洪武三年（1370），顺帝殆于应昌，同年5月3日，元兵北进至骆驼山，不丁公与平章朵儿只领兵拒战，殁于王事，国史立有忠臣传。公死后其子沙盟、孙沙昊可能担心兵败株连，扶棺南往，至慈利（今湖南张家界市慈利县）时葬于杜坦坪，时有碑文”。

查《元史》，无沙不丁传，但有朵儿只传。《元史》卷一三九列传第二六：“朵儿只（1304～1355年），木华黎六世孙脱脱的儿子，元朝中书左丞相。至正十五年（1355），年五十二死于军中。”这个“朵儿只”是在元朝灭亡十三年前就死了，与上述记载的“朵儿只”不是同一个人。因此，《沙氏族谱》里“国史立有忠臣传”的说法是有待商榷的。

1370年（明洪武三年），今北京、河北、河南、湖北已被朱元璋明军占领，从今内蒙古锡林郭勒盟太仆寺旗骆驼山镇，到今湖南张家界市慈利县或湖南常德市澧县，直线距离在1500公里以上，沙不丁骆驼山死后，“其子沙盟、孙沙昊，扶棺南往，至慈利”的说法，也是有待商榷的。

从全国各地众多隐姓埋名蒙古族人先祖的经历中可知，在元末明初朝代更替之际，处在内地的蒙古人，绝大部分都是带着俱祸的心理，纷纷逃亡到人烟稀少的偏僻山区或平原地带，都是在隐族属改姓氏的状态下低调匿居下来的。《沙氏族谱》里所记载沙不丁战死在北方、埋到了南方的叙述，这也需要有新的佐证。

无可否认，没有前人的考证，后人更是无所适从，因此，前人的考证成果是值得后人尊重的。但前人受各种条件的制约，在元朝灭亡几百年后对始祖的记载，往往是有很大出入的。在科技、交通、信息高度发展的今天，作为后人的我们在利用前人成果的时候，不能机械地照抄照搬，那样的话就会延续前人的错误而影响到后人。正确的做法应当是，对前人的成果要重新考证研究一遍，取前人真实可信的部分，对模糊的部分要与国家正史及地方志史结合起来，进行理性的分析。湖南、湖北沙氏族人对始祖无法说清楚的问题，是与全国许多隐姓埋名蒙古族人一样的，是普遍存在的现象，不

元代蒙古人陶俑（摄于艾博云集博物馆）

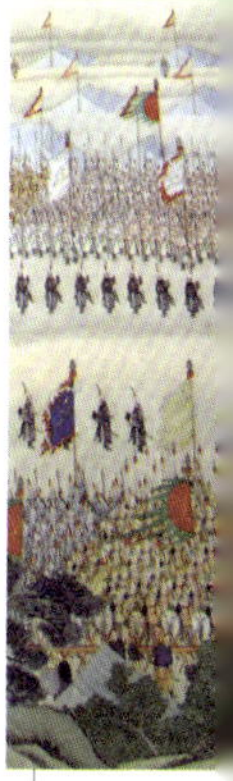

足为奇。

湖南、湖北《沙氏族谱》，最早编修于1840年（清道光二十年），距离1370年（明洪武三年），时间已过了470年之久，记载“元太尉，改授平章，敕封镇国将军沙不丁”的内容，应当是正确的。但对始祖沙不丁的战争经历叙述，就有点牵强附会。清朝时期的沙氏前人，在书写族谱之前，应当是查看过史书的，对史书中记载几个沙不丁的问题，估计也和我们现在一样是没有研究透彻的。之所以将1370年在骆驼山与明军作战后战死的沙不丁，作为湖南、湖北沙姓始祖沙不丁，来加以书写，其原因很简单，那就是二者均是“平章”身份。但这个结论是无法讲通的，不符合当时的战争形势。

在清朝第二次和民国第三次修编的《沙氏族谱》族谱序里，沙氏前人对其始祖沙不丁的真实身份也提出过种种质疑，但均无说清，遗留至今。

史书记载，元末明初的蒙古贵族们，在逃亡到北方以后，除了被杀、被俘、投降外，一般是不大可能主动回到已被明军统治的内地的。即使被俘，也要被朱元璋押送到南京看管一些时日的，有的被贬到遥远的边疆地带，有的失去了史书记载，没有了下落。朱元璋对投降的蒙古贵族，即使对其封官加爵，也是谨慎使用的。沙不丁，是元朝级别较高的蒙古贵族，如果其后代投降或被俘，朱元璋也不会让其随意到南方的，必然予以监管，《明史》也应当会有记载的，但并没有这样的内容记载。因此，湖南、湖北沙姓始祖沙不丁，不是在骆驼山与明军作战后战死的沙不丁，二者不是一个人。

如果二者是一人，只有一种可能，那就是，在骆驼山战死的沙不丁，元朝时在南方有其封地，其儿子的亲人还在南方。沙不丁战死后，北方草原无牵无挂，其儿子就投降了朱元璋，并得到朱元璋的许可，才能无危险的顺利前往南方。如果是这样的话，沙不丁是将南方的家眷丢在了南方，自己带着儿子跟随元顺帝北逃。而南方的家眷，也处于明军统治之下，为了保命，其家眷也必然会逃亡到安全的地带隐居下来。但南北方距离遥远，家眷也会和沙不丁及儿子失去联系的，儿子和孙子拉着沙不丁的棺木前往南方也就失去了具体目标。因此，这种可能性不大。

⑶ 湖南湖北沙姓与广东阳江沙姓始祖沙不丁应当为同一个人

通过上述分析，虽然湖南湖北沙姓与广东阳江沙姓对他们始祖沙不丁的说法，既有共同点，也有不同的地方。但两地始祖沙不丁应当是同一个人。理由如下：

两地始祖同名同姓，全国少有。

两地相距八百多公里，分处于不

元朝时期石狮

同的省份，除了最近几年才相互知道对方外，六百多年来，两地从无来往。但两地在清朝时期第一次编修家谱时，都认定始祖名字叫沙不丁，一字不差，并且其官职、经历、死亡时间等，几乎类同。两地第一次书写的族谱，应当是根据两地几百年来世代口头传承的内容来真实记载的。由于时间久远，两地记载有出入的地方，也是在所难免的。阳江《沙氏族谱》上卷著明“迁移者不上谱”，这个规定是只关心本地沙姓族人，而不去追踪外迁者或同族人的踪迹，这也是两地六百多年来互不来往的原因之一。

无独有偶，在河南和山东也有与两地沙氏类似的情况。比如：河南南阳王姓蒙古族人（约10万人）、与河南安阳、濮阳、许昌董、李、马、关、陈五个姓氏蒙古族人（约2万人）及河南山东苏姓蒙古族人（约8万多人），相互距离400多公里，600多年来从无来往，最近几年才相互知道对方，并且都在世代传说是四拖王的后代。虽然目前还无法知道四拖王的真实身份，但初步考证，三地蒙古族人应当是血缘挚亲关系。

两地始祖沙不丁真实墓地只有一个。虽然湖南、湖北《沙氏族谱》

也记载有其始祖沙不丁的墓地位置，但仅仅是个传说，并没有发现沙不丁的真实墓地。湖南桑植县的沙忠孝，在《沙氏族谱》里所撰《四修族谱源流考》里说：“为了考证沙不丁墓，前往慈利县杜坦坪，实地寻访当地老人，没有听说沙不丁墓在杜坦坪一事。”

在湖北石首市西乡伍家岗有沙盟、沙海两兄弟合葬墓地，按照常理，还应当有他们父亲沙不丁的墓地。因为沙不丁儿子沙盟及其孙子沙昊，是千辛万苦将沙不丁“扶棺南往至慈利”的，沙盟、沙海两兄弟及其后代，死后都应当围绕着沙不丁的墓地埋葬，形成沙氏家族墓地，才合乎传统的，但至今并没有发现沙不丁的墓地。这从侧面证实，“骆驼山战死的沙不丁”不是湖南、湖北的沙不丁，更不可能有“扶棺南往至慈利”这样的实事。广东阳江沙不丁墓地是真实存在的，才是三地沙氏共同始祖的墓地。

沙不丁是元朝达鲁花赤显贵身份，品级很高，其后代的官位均没有超过他的。正常情况下，其后代应将沙不丁作为家族的荣耀予以树碑立传，并看管好沙不丁的墓地，这样做既符合传统，也符合常理。但实际情况并非如此，沙不丁的后代，从其儿子们开始就分散各地居住，并没有形成一个以沙不丁墓地为中心的家族居住地，十分反常，只能说明，在湖南、湖北不存在沙

湖南、湖北《沙氏族谱》里的阳江沙不丁墓地照片

不丁的墓地。

湖南、湖北沙氏族人，在寻找不到其始祖沙不丁墓地的情况下，偶然知道了广东阳江沙不丁墓地，就派人前往考察，并在2004年四修《沙氏族谱》时，将广东1925年《阳江志》中关于沙不丁的记载进行了全文摘录，也刊载了沙不丁的墓地和墓碑照片。家谱是极为严肃的，有如此动作，就体现出了湖南、湖北沙氏族人对广东阳江沙不丁墓地的初步认同，阳江沙不丁墓地可能就是他们始祖的墓地，两地应当为同一祖先。

(4) 从沙不丁后代生辰时间推算，《沙氏族谱》存在的问题

推算沙不丁后代任官时间，《沙氏族谱》里记载的“骆驼山战死的沙不丁”是应该予以否定的。沙不丁“长子”沙盟，曾任四川知州，正七品。沙盟长子沙昊，1478年（明成化十四年）任湖广荆南道，1481年（明成化十七年）升常德监军道，正五品。沙盟次子沙冕，1485年（明成化二十一年）参加科举，1486（明成化二十二年）任四川高邮州知州，正七品。

按《沙氏族谱》理的说法，沙盟长子沙昊，也即沙不丁的“孙子”，任职时间为1478年（明成化十四年），与沙不丁死亡时间1370年（明洪武三年）相差一百年有余，1370年沙不丁的孙子沙昊还没有出生，是不可能与其父亲沙盟一起将沙不丁“扶棺南往至慈利”的。

沙盟长子沙昊，在1478年（明成化十四年）任湖广荆南道，其年龄至少有30岁，沙昊应当出生于1448年（明正统十三年）左右；沙盟次子沙冕，1485年（明成化二十一年）科举，年龄至少在30岁，沙冕也应当在1448年前后出生。作为他们父亲的沙盟，年龄应在45岁以上，沙盟出生时间应在1400年左右，与1370年沙不丁去世时间相差30年左右。1370年沙不丁去世，其年龄少说也在40岁以上，其儿子至少也在20岁以上。假如1370年沙不丁的儿子有了孩子，也即沙不丁有了孙子。到1400年（明建文二年），沙不丁的孙子必然也有了儿子，也就是沙不丁的重孙（曾孙）。对于1400年左右出生的沙盟而言，只能是沙不丁的重孙（曾孙）辈。沙盟与沙不丁之间，至少还有2至3代的人。因此，沙盟不是沙不丁的儿子，沙盟只有是沙不丁曾孙，时间上才能吻合。1370年沙不丁去世时，如果沙不丁年龄在50至60岁以上，那么沙盟应该是沙不丁的玄孙辈才合理。

(5) 对两地《沙氏族谱》推算接轨

1888年（清光绪十四年）广东阳江《沙氏族谱》第二卷里记载，前五世的顺序为：

一世沙不丁公→二世祖福公→三

郭守敬设计制造的计时用天文仪器

世双顶公→四世源公→五世长子浩、次子海、三子济、四子澄、五子庐（庶出）、六子清（庶出）。

广东阳江《沙氏族谱》第二卷里记载：沙不丁的后代第五世长子浩、次子海的孙子，也即第七世均出生在明成化年间（1465—1487年）。比如，浩的孙子强公、生于1486年（明成化二十二年）。海的三子沂州有四子（即海的孙子），长子汉公、生于1472年（明成化八年），次子淋公、生于1474年（明成化十年），三子沔公、生于1476年（明成化十二年），四子濽公、生于1479年（明成化十五年）。

而湖南、湖北《沙氏族谱》记载：沙盟长子沙昊，次子沙冕，在明成化年间已经开始入仕当官，应当是广东阳江沙氏第七世的父亲辈，即沙昊和沙冕应当是第六世，沙盟应当是第五世。两地族谱进行对比可知，如果两地是一家人的话，沙盟是沙不丁的玄孙，也即沙盟与沙不丁之间缺少三代人。另外，广东阳江《沙氏族谱》第二卷里记载，沙不丁五世孙沙浩“自幼颖悟，年十七即领永乐十五年丁酉（1417）乡试”。沙浩十分准确的出生年是1400年（明建文二年），与上述递推沙盟1400年左右出生相吻合，更加确定沙盟与沙浩均为第五世，他们两个同为沙不丁的玄孙，两地族谱很好的接了轨，应当是一家人。湖南、湖北沙氏世系应应当为：一世沙不丁公→二世？→三世？→四世？→五世沙盟（沙海、沙太）→六世沙昊、沙冕（沙海儿子彬、沙太迁沔阳后代失传）。

元末明初，蒙古人尤其是蒙古贵族，为了家族的安全，隐藏自己的真实身份，仅靠口传来传递身份信息，几百年后，这种传递的信息往往是支离破碎的。在沙不丁与沙盟之间还有3代人，但他们的真实姓名已不被后人所掌握。之所以将沙盟、沙海、沙太三兄弟直接作为沙不丁的儿子，是因为，沙盟、沙海合墓有1568年（明隆庆二年）所立的墓碑，也是最早的文字记载。但在核算时间上出入太大。

两地《沙氏族谱》均有沙不丁的

龙头底座

后人在明朝前期做官的记载，这些事实不足为奇。沙不丁是蒙古显贵，在元朝中后期，沙不丁作为蒙古统治者，长期居住在汉地，又娶汉人女子为妻，其后代深度汉化，并在良好的家庭环境里，受到较高水平的汉文化教育，所以，在极度缺乏人才的明朝初期，沙不丁的后代能够脱颖而出、出仕为官。

⑹ 两地沙姓应当为同祖同宗

元朝时期，湖南、湖北和广东阳江基本上属于湖广行省和江西行省管辖范围，两地相距800多公里，同

在一个区域内，对始祖沙不丁有着共同的传承。六百多年后的今天，后代繁衍人数和代数，基本相当，误差不大，他们的始祖应当是同一时代的人，这些事实就足以证明两地沙姓应当为一家人。

沙不丁是元朝带兵打仗的高官，从先在他的后代子孙所分布的范围来看，元朝末年，沙不丁主要活动范围应当在今湖南、湖北、广东、江西一带。因此，沙不丁不可能是中书省（中央）平章政事，最为可能的是湖广行省和江西行省的平章政事。沙不丁所带的行省军队，应当是元朝的正规部队，由于多年与红巾军或朱元璋的军队作战立功，维持着元朝对南方湖广和江西行省的统治，被元朝加封为并不多见的正一品太尉官衔，其实权官职是平章政事（从一品）。在此之前，沙不丁的官职是德庆路达鲁花赤总管（从三品）和镇国将军（从二品）。

一般而言，沙不丁在南方应当有封地的，其子孙可以世代食邑。元代蒙古社会中存在一夫多妻制，那些拥有众多财富的蒙古显贵，男人可以随意娶少则几个、多则十几个妻子，不受限制。

元人对弈图

为了保持蒙古本俗，大多数蒙古人仍然坚持至少要娶一个本民族女子为妻，这种状况一直延续到元朝末年。沙不丁作为蒙古高官显贵，必然有多个妻子和众多孩子，这个从广东阳江《沙氏族谱》第二卷里就得到反映，沙不丁有两个汉人叶氏、孔氏两夫人。沙不丁的家眷也必然跟随他在南方一带生活。他的成年儿子们，也会在其所带领的军队里任职效力。在元末明初，是战乱不断的多事之秋，面对强悍的红巾军或朱元璋的军队，沙不丁所带领的元军只能节节败退，到处流动。在恶劣的战争环境里，沙不丁的部队会在不断的战斗中被消耗，部队人数会越来越少，最后成为了小股部队的残军。

朱元璋在占据长江中下游军事实力大增后，除了制订北伐计划，占领元朝首都大都（今北京），推翻元朝外，也同时向南派兵进攻还属于元朝管辖的南方各行省。如今湖北、湖南和广东有沙不丁后代，呈南北分布，沙不丁最后死在广东阳江。从这些现象可以推测，沙不丁应当是从湖北、湖南一带被朱元璋明军，驱赶到广东沿海阳江一带的。在湖北、湖南一带，应当发生过激烈的战斗。在沙不丁的部队被明军打败后，沙不丁的部分子孙可能被打散，在与沙不丁主力部队失去联系后，只能就地保命隐居，静观其变。如今湖南、湖北沙姓族人，应当是沙不丁的部分子孙在当

元朝时期反映蒙古族家庭的壁画

年被打散后遗留在当地的后人。此时的沙不丁一直处于败退状态，直到病死在广东阳江为止。而一直跟随沙不丁的部分子孙，在失去沙不丁后，也被迫就地隐居，就有了如今阳江的沙姓族人。两地沙姓族人都是沙不丁的后人，他们是一家人，应当是准确的推测。如果不是一家人，在六百多年后的今天，两地就不可能有惊人相似的传承家谱和传说。

湖南、湖北《沙氏族谱》记载沙不丁有三子（时间推算有误，应当是沙不丁的玄孙）：沙盟、沙海、沙太。广东阳江《沙氏族谱》明确记载沙不丁有一子叫祖福。阳江还有别的说法，沙不丁有四个儿子，两个在阳江，一个在福建，一个在北方。沙不丁究竟有几个儿子，目前已无法考证。但两地有共同的始祖、共同的传承和有众多的沙姓人口，这些事实，都在证明沙不丁至少有两个家庭有两个儿子是十分肯定的。六百多年后的今天，两地繁衍人数相当，辈分相近，广东阳江明确记载沙不丁有一子叫祖福，那么湖北湖南沙姓始祖，当是沙不丁另外一个不知名字的儿子才对，这样的递推是合情合理的。

元朝时期人物砖雕

四川、重庆、贵州、云南余姓

四川省简称川或蜀。以益州路、利州路、梓州路和夔州路四路，合称为“川峡四路”，简称“四川路”，四川由此得名。元朝时期，四川行省辖境包括今四川省大部及湖南、陕西部分地区。

四川省有55个少数民族，是“中国第二大藏区”、“唯一的羌族聚集区”、“最大的彝族聚集地”。已建立凉山彝族、甘孜藏族和阿坝藏族羌族三个自治州。由于历史原因，四川省也散居若干蒙古族同胞及后裔。2000年全国第5次人口普查统计，四川蒙古族人数为42316人，居四川少数民族人口第6位。

贵州省简称“黔”或“贵”，以境内贵山得名。元代置行省，今贵州分属湖广、四川、云南三省。明初维持元代土司制度，1413年（明永乐十一年），设贵州承宣布政使司，贵州正式建省，成为全国13个行省之一，是为贵州得名的开始，后置贵州布政使司，清改贵州省，省名至今未变。

贵州省有49个民族，少数民族个数仅次于云南和新疆，居全国第三位。2000年全国第5次人口普查统计，贵州蒙古族人数为47531人。

四川、重庆、贵州、云南余姓蒙古族及后裔——黄金家族南平王铁木健的后人

1.余姓蒙古族后裔的历史和史料

据了解，西南余姓蒙古族及后裔有几十种老家谱记载他们是蒙古族，并且是成吉思汗的后裔，但在他们具体祖系来源上还有不同的说法。笔者没有条件得到余姓其余几十种版本的老家谱，只有一本“中华余姓（蒙古族）历史文化研究中心全国修谱编委会”在2008年最新编写出版的《蒙古族皇室后裔铁改余姓总谱》。该《总谱》记载全面、系统、翔实、可信。西南铁改余姓蒙古族后裔是元太祖成吉思汗第三子、元太宗窝阔台的四世孙南平王秃鲁的后代子孙。此外，笔者与西南部分余姓蒙古族同胞进行了沟通，他们认为，西南铁改余姓蒙古族后裔的祖系还有记载的是元太祖成吉思汗第四子、拖雷的儿子元世祖忽必烈的后代子孙。这些不同的观点属于学术研究范围，有待于今后进一步探讨完善。

按照2008年版《铁改余姓总谱》里的叙述，笔者对余姓蒙古族后裔的历史，重点叙述其发源地四川省（含重庆）的余姓同胞，对随后迁移到贵州省、云南省的余姓蒙古族，由于不掌握详细的资料，故不做重点叙述。

据不完全统计，在全国内地各姓氏蒙古族后裔中，余姓蒙古族后裔人口在120万以上，是人数最多、分布最广的内地蒙古族后裔，主要分布在四川、贵州、云南、重庆等地。按照2008年版《铁改余姓总谱》里的叙述，其始祖是元太祖成吉思汗五世孙南平王秃鲁，其具体谱系为：元太祖成吉思汗→元太宗窝阔台→元定宗贵由→三子大名王禾忽→长子南平王秃鲁（又名铁木健）→他的九子一女。

综合《元史》、《新元史》、《史集》、《青神谱》等史料和家谱，对余姓的祖先历史简述如下：

成吉思汗传位于三子窝阔台，窝阔台传位于长子贵由。贵由有三个儿子，长子忽察、次子脑忽、三子禾忽。忽察，以定宗长子身份企图继承父位，但是由于蒙古的传统习惯要通过忽里台大会推举蒙古大汗，由于忽察众望不高而无缘即位。成吉思汗长子术赤的次子拔都是金帐汗国的创立者，在蒙古贵族中威望极高，在以他为首的宗王推举下，拥立成吉思汗四子拖雷的儿子蒙哥为蒙古大汗。蒙哥即位以后，忽察心里不平，图谋作乱。他与弟弟脑忽、从兄失烈门（窝阔台第三子阔出的长子）在去汗廷大帐时把军兵藏于车中图谋不轨，最后事情败落而失败。他们被擒获以后经过审讯，供出了全部谋反经过。忽察、脑忽被免于处死，被限制居住在和林的“西失剌豁罗罕”之地。

《元史》记载忽察有两个儿子，长子亦儿监藏，次子完者也不干。《史集》里记载忽察两个儿子的名字是托赫马和巴速珠也不干。脑忽有一个儿子，叫察拔特，脑忽事发后，察拔特由他的弟弟禾忽扶

元定宗贵由汗（1206～1248年）

养。《元史》和《史集》中名称记载的不同可能是由于音译不同造成的。

禾忽继承了贵由汗的食邑大名路（今河北大名县），所以当时称“大名王”，但他的具体封地在现新疆塔城额敏县的“叶密立”之地，后来以叶密立为中心由窝阔台后王建立了蒙古四大汗国之一的窝阔台汗国。这里是贵由在继承汗位之前所居住的地方。阿里不哥与忽必烈争夺汗位时，妄图胁迫禾忽站在他的立场上反对忽必烈。1262年（蒙古中统三年），禾忽来到“忽只儿”之地，与察合台后王阿鲁忽合兵一处，并拒绝服从阿里不哥。时间不长，禾忽率领本部人马返回叶密立。这时，阿里不哥的兵马赶到，禾忽率兵马转移到“孛劣撒里”，后又辗转来到“不剌城”，把妻子儿女和辎重留在“彻彻里泽剌山”。

阿里不哥的大将哈剌不花前来袭击，禾忽与阿鲁忽联军打败了阿里不哥大军，并杀了哈剌不花，首战告捷。1263年（蒙古中统四年）的春天，阿里不哥率兵报复，与禾忽、阿鲁忽联军在“浑八升城”展开大战，最后禾忽的联军失利。阿里不哥由于粮草用尽也决定退兵，遂与禾忽、阿鲁忽议和。1268年（元至元五年），忽必烈大汗因禾忽拒绝与阿里不哥同流合污而赐给禾忽及诸王帛六万匹。1268年，窝阔台之孙海都叛乱，禾忽也参与其中。在平叛中元朝中书右丞相安童率领大军前来平息叛乱，禾忽大军的辎重和粮草被安童

元定宗贵由汗三子禾忽大王画像

南平王秃鲁（又名铁木健）画像

截获。《史集》记载，禾忽参与海都叛乱以后，又娶妻生了十个儿子，名字分别为：乌儿花、贴赫什、依基尔歹、忽木、洪察赫、托布什、贴忽斯不花、达拉布赫、多尔济、原文阙。禾忽虽然随海都参加了叛乱，但他的儿子秃鲁却不知此事，依然在忽必烈麾下效力。

禾忽的儿子秃鲁，在1272年（元至元九年）正月，随从忽必烈之子西平王奥鲁赤（忽必烈第七子），南征元朝西南的现缅甸北部“建都”政权，并屡建奇功，受到元世祖忽必烈皇帝的嘉奖，受封“南平王”，赐给银印龟纽的六等王爵位，赐予金、银符各五枚，另对有功人员35人赐银钞，卫士每人赐马三匹、随从一匹。1275年（元至元十二年），秃鲁奉命镇守云南代理云南王，与云南行省平章政事赛典赤胆思丁（明代郑和的五世祖，是穆斯林）共事。同年六月再次得到忽必烈皇帝的银钞和马匹奖赏。1276年，（元至元十三年）4月，进封驼纽鎏金银印四等王爵位，受命镇守今甘肃和宁夏的六盘山地区。这时秃鲁闻讯他的父亲禾忽已经跟随海都反叛，遂于1277年（元至元十四年）冬天举兵起事。这时安西王派遣大将巩昌挂帅、汪惟正等随军征讨，在今呼和浩特武川一带打败秃鲁的军队

并将其擒获。

元世祖忽必烈念其前功，将其降职待用，并在湖广行省的麻城地区划给他一块封地，赐予公田百亩，可以不纳税粮，并协助朝廷谋划国事，待命调遣。秃鲁四十岁以后得子，他的妻子张氏生了四个儿子，名曰：秀一、秀二、秀三、秀四；另一妻子洪氏生了五个儿子一个女儿，名曰：根五、根六、根七、根八、根九，女儿名曰金莲又名寿英，这样秃鲁就有了九个儿子和一个女儿。相传南平王秃鲁在年近古稀时曾经率领金侍郎、寿英出征平叛金、辽残军，凯旋途中于紫荆树下无疾而死，终年85岁，埋葬在湖广行省麻城的凤岭坡，与母亲潘氏同一墓地。

《青神县志》记载："先世出自蒙古铁氏，复载九子十翰林（皇帝的文学侍从官）为荣，来居青神在元末世。"贵州省大方县保存下来的、距离元朝灭亡1368年（元至正二十八年）156年后的1524年（明嘉靖三年）《余氏族谱》记载，"我余氏祖姓奇渥温，胡人也。入华夏而起朔漠，初号蒙古，铁木真出焉"、"不料红巾扰乱天下，又被奸臣诽谤，元顺帝听信奸臣之言，有诛我九族之意，统家窃负而逃，来到四川，改铁为余，余字万代不改，一行来到泸州（泸阳）风锦桥，人多影大，难以一路，乃联诗盟诗遗嘱作证，四散各处"。在姓氏渊源上为了藏匿原来的真姓，是由原来的"铁"去失改"金"，然后去掉"金"下面的一横改

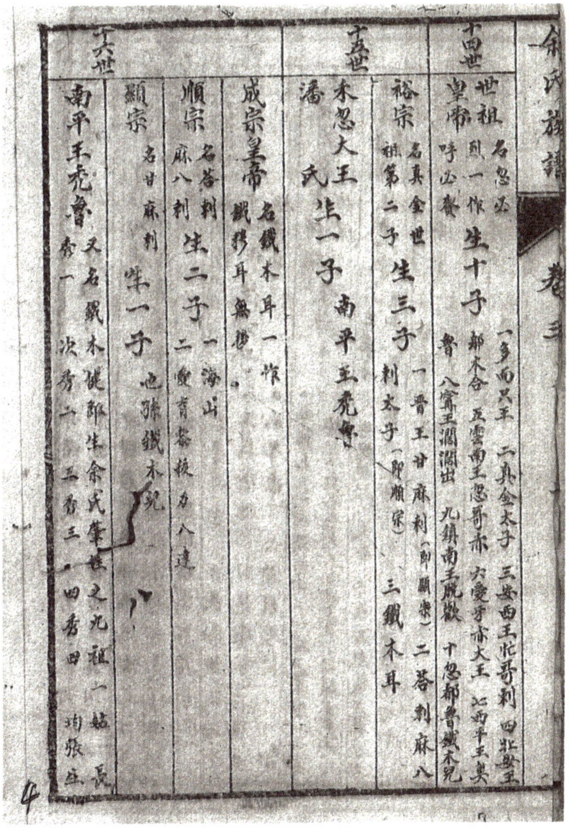
余氏族譜 卷三
十四世
世祖皇帝 名忽必烈 一作呼必賚 生十子 一多而只王 二真金太子 三安西王忙哥剌 四北安王那木合 五雲南王忽哥赤 六愛牙赤大王 七西平王奥魯 八寧王闊闊出 九鎮南王脫歡 十忽都魯鐵木兒
裕宗 名真金 世祖第二子 生三子 一晋王甘麻剌（即顯宗） 二荅剌麻八剌太子（即順宗） 三鐵木耳
十五世
木忽大王 潘氏 生一子 南平王秃魯
成宗皇帝 名鐵木耳 一作鐵穆耳 無嗣
順宗 名荅剌麻八剌 生二子 一海山 二愛育黎拔力八達
顯宗 名甘麻剌 生一子 也孫鐵木兒
十六世
南平王秃魯 又名鐵木健郎 生余氏肇姓之九祖 一姑長 秀一 次秀二 三秀三 四秀四 均張出
4

青神余姓家谱关于南平王秃鲁又名铁木健的记载

为余姓。（摘自1999年《贵州省志·民族志》）

1841年（清道光二十一年），秀四公后裔贵州省提督军门余步云，遵母嘱亲自送族谱到贵州毕节歹构家族中。同年，根十公后裔泸定沈边第十七代长官余铭恩，进京朝贡。首次回蒙古祭祖，并去山东、福建永福县、湖北等地寻宗祭祖。1865年（清朝同治四年），秀四公房锦阳公后裔余兆琼、余兆琳等组织修撰《大成宗谱》。谱中载有："要知铁余根，须问奇渥温，知道诗十句，便是一家人。"1934年（民国二十三年）根六公后裔三代十八位懂历史知识和有经济实力的族人，根据余子俊撰的《余氏族谱》而续修，1938年族谱成册族内发行。该谱主要有卷一、卷二、卷三，在云贵川渝族人中简称"青神谱"。

2008年编写的余姓总谱

到20世纪初，中华余姓（蒙古族）历史文化研究中心全国修谱编委会收到近40部各种各样的老谱，历经10年坎坷，终于在2008年7月30日，编写出版《蒙古族皇室后裔铁改余姓总谱》，在余姓族内发行保存。《总谱》前面写道："《总谱》代表六百多年来全国铁改余姓蒙古族首本家谱，是余姓家族盖世之作，传世之宝。凡我铁改余姓子孙必读有益，为国家强盛，民族复兴，人类进步做出积极贡献。"《总谱》编写十分精致，内容全面丰富，图文并茂，透射出余姓蒙古族后裔热爱自身民族历史文化的炽热心境，笔者看了后也十分感动。余氏历史上人才辈出，其后辈在宗族繁衍中几经磨难，发展到现在川、渝、黔、滇一百多万人。下面对《总谱》重点内容进行载录并附加笔者的感慨。

1486年（明成化二十二年）2月，南平王秃鲁的五世嫡孙余子俊，在58岁时撰写了《余氏族谱》。余子俊（1429～1489），四川青神县人，是明代景泰年间（1450～1457）的进士，初授户部主事，在户部十年以廉洁奉公著称。后来升任正三品右副都御使巡抚延绥（今陕北地区），督建延绥段700华里明长城，经营榆林20多年，边务整饬，军民相安，当地蒙汉人民和睦往来频繁。1476年（明成化十二年）改巡陕西，开挖西安城西北开渠，称“余公渠”凿山引水灌田千余顷。1484年（明成化二十年）以户部尚书兼右副都御史总督大同、宣府军务。当时灾害频繁、吏治腐败，他力主清廉并奏书揭发弊端。在1486年（明成化十三年），因为官清正廉明而遭受奸臣诬陷，官终兵部尚书（统管全国军事行政长官，正二品）而解甲归田。1489年（明弘治二年）去世，享年六十一岁，朝廷赠他太保的官衔（从一品），谥号为肃敏。死后葬于现四川省乐山市夹江县青州乡麒麟村，建有余子俊陵园，占地50亩，规模宏大，气势雄伟，1986年5月被立为乐山市文物保护单位。遗憾的是陵园已毁，改成了学校。相邻的余家祠堂也遭到同样的命运，变成了民房。

夹江县青州乡麒麟村余子俊墓园文物保护碑

四川泸县县城南福集桥

余氏祖居之地的原元朝黄州路麻城县，在1351年（元至正十一年），爆发了红巾军起义。这一起义对余姓十兄妹婿一生影响巨大。当时麻城铁匠邹普胜、江西宜春县和尚彭莹玉等人在麻城、罗田一带发动红巾军起义，邹、彭推举罗田布贩徐寿辉为首领，封邹普胜为太师。当时，麻城是红巾军的起义中心，也是征集兵源、粮草的基地。一些当地人为了躲避战乱，纷纷离家出走，身为元朝贵族的余氏家族首当其冲成为红巾军重点骚扰的目标。

余姓家谱记载，在红巾军起义军占领长江中下游以南大片土地时，十兄妹婿及其眷属和随从380余人，聚集在现湖北麻城境内以观其变，但时局动乱民不聊生，余氏家族决定举家迁徙。遂于1359年（元至正十九年）冬天，十兄妹婿从湖广行省的麻城县孝感乡，经安徽安庆县、休宁县，再经江西的九江，然后沿长江而上，过四川的万州、涪州、渝州，进入四川境内的泸县。由于人员众多，目标太大，人困马乏，前行困难，于是在泸县凤锦桥（今福集桥）召开家族会议，决定改汉姓，改铁为“余”姓，从汉俗，化整为零，散居各地隐居谋生。十兄妹婿居住麻城七十多年的经历，使他们早已懂汉语汉俗，也为顺利隐居提供了便利。为了日后相认，十公撮土焚香，朝北而拜，在桥头插柳为记，盟诗为证，咬指为笔，以血代墨，每人一句。诗曰：

“本是元朝帝王家，
红巾赶散入西涯；
泸阳岸上分携手，
凤锦桥边插柳桠；
否泰是天皆由命，
悲伤思我又思他；
十人誓愿归何处，
如梦云游浪卷沙；
余字并无三两姓，
一家分作千万家。”

同时对天盟誓：“余姓后世子孙，不论贫穷富贵均得相认，不能视

十兄妹婿在泸县凤锦桥（今福集桥）边插柳盟诗挥泪誓别图

若路人，且金、余二姓不准通婚，倘若不依祖训，败坏纲常，不认宗支，罚他身生一石二斗麦肤癞，全家灭绝。”誓毕，十兄妹婿挥泪而别，并约定来年清明节在此看柳相会。次年，十兄妹如期相聚，悲喜交加，再次相泣而别，分散安居各州县落迹。

南平王秃鲁（铁木健）九子一女一婿情况介绍如下：

长子：秀一公，名铁承良，更名余清，字德元（后改德明），爵位王爷，曾任濠州（安徽凤阳县）太守，1305年（元大德九年）生，1380年（明洪武十三年）卒，年龄76岁。匿居成都简州（四川简阳），后携家移至重庆市垫江县，卒后葬于今垫江县境内。有妻子陶氏、姜氏、汪氏三人。

次子：秀二公，名铁承勋，更名余祯，字德朝，爵位王爷，韶州（广东韶关）太守，1313年（元皇庆二年）生，1373年（明洪武六年）卒，年龄61岁。匿居今四川省眉山市洪雅县，卒后葬于今重庆市长寿境内。有妻子郑氏、聂氏、姜氏、李氏四人。

三子：秀三公，名铁承模，更名余醇，字德真，爵位王爷，苏州（江苏苏州）太守，1314年（元延祐元年）生，匿居华阳（成都市），卒葬无考。有妻子李氏、杨氏二人。

四子：秀四公，名铁承猷，更名余和，字德辅，爵位王爷，集庆（江苏南京）太守，1316年（元延祐三年）生，1393年（明洪武二十六年）卒，年龄78岁。匿居内江（四川内江），葬地无考。有妻子朱氏、陈氏二人。

五子：根五公，名铁承业，更名余璠，字德弼，爵位王爷，刑部尚书（元朝正三品），1310年（元至大三年）生，匿居叙府（四川宜宾），卒葬无考。有妻子程氏一人。

六子：根六公，名铁承烈，更名余垣，字德成，爵位王爷，兵部尚书（元朝正三品），1312年（元皇庆元年）生，1388年（明洪武二十一年）卒，年龄76岁。匿居青神（今四川省眉山市青神县），卒后葬于青神县西四十里之西坝子。有妻子赵氏一人。

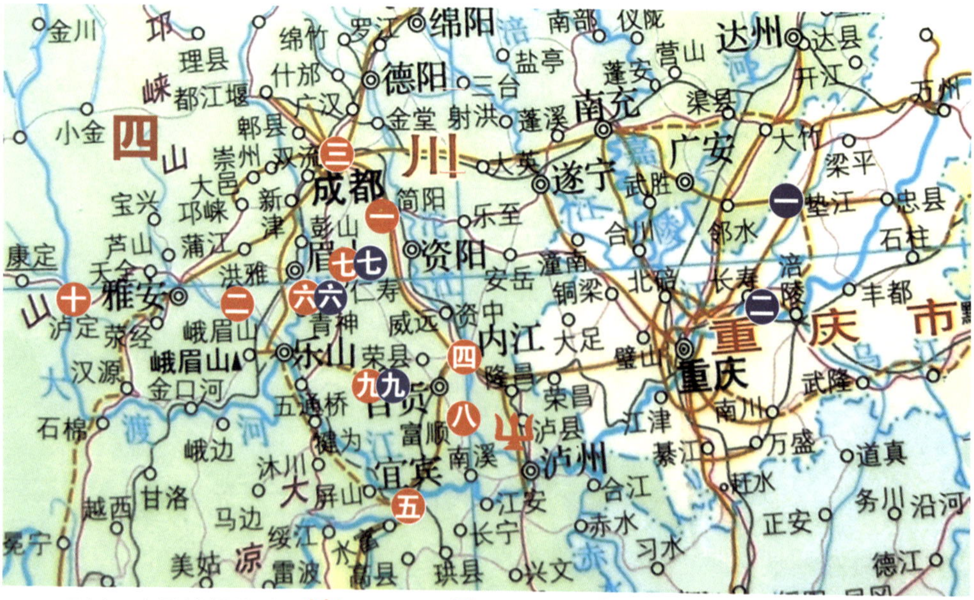

图例：十兄妹婿分别地 匿居地 卒葬地 （数字为十兄妹婿排行标志）

余姓九子一女一婿拜别后匿居卒葬地位置示意图（根据《中国地图》地形图部分标绘）

七子：根七公，名铁承德，更名余屏，字德盛，爵位王爷，吏部尚书（元朝正三品），1313年（元皇庆二年）生，1397年（明洪武三十年）卒，年龄85岁。匿居仁寿（四川省仁寿县），卒后葬于仁寿县碗厂镇。有妻子肖氏、王氏、欧阳氏、韩氏、杨氏、黄氏、张氏七人。

八子：根八公，名铁承光，更名余翰，字德隆，爵位王爷，户部尚书（元朝正三品），1315年（元延祐二年）生，匿居富顺（四川自贡富顺县），卒葬失考。有妻子刘氏、姚氏二人。

九子：根九公，名铁承英，更名余芳，字德兴，爵位王爷，礼部尚书（元朝正三品），1316年（元延祐三年）生，1380年（明洪武十三年）卒，年龄65岁。匿居荣县（四川荣县），卒后葬于荣县龙潭场祠堂湾尚书坝。有妻子邓氏、佘氏、游氏三人。

幺（排行最末的）女：根十姑，名铁金莲，更名寿英，字德仙，爵位郡主，1317年（元延祐四年）生。赘女婿铁金镕，入赘赐名铁承弦，更名余伯锡，爵位王爷，兵部侍郎（元朝正四品），1316年（元延祐三年）生。泸县凤锦桥分别后，至嘉州（四川乐山）立足，归顺明朝，被授长河西鱼通宁远（四川省石棉县）正六品百户。其后代子孙世袭正六品沈边长官司职衔。沈边长官司最早建署衙在今四川省甘孜藏族自治州泸定县沈村。据余子俊《青神谱》载：“卒后葬于河南省南阳府。”

九子的妻子共有25位，再加上根十姑赘女婿余伯锡，共有余姓26个支脉。随从改姓干勾“于”，意为上不戴帽，下不穿衣，永世小三代。

综上所述，余姓始祖十兄妹婿为什么要从湖广行省的麻城地区迁往四川呢？所选择的具体迁徙时间是何时呢？笔者认为，余姓始祖十兄妹婿是元王室蒙古贵族成员，是红巾军首先要打击的目标。麻城离武昌较近，1351年（元至正十一年）被红巾军占领，1356年（元至正十六年）武昌失守，为了安全，余姓始祖十兄妹婿是不会一直留在麻城的，要想家族安全必须避开红巾军的起义中心麻城县，进入当时还在元朝管辖下的四川。但是进入四川的时间应当在1351年，最有可能是1356年，而非1359年，因为1357年春，红巾军已攻下了重庆，在四川境内建立政权，占据了四川、重庆境内的长江中上游水路军事重点防线，从长江逃亡到四川的危险性增大。更不可能是在元朝灭亡1368年才从长江逃亡到四川的，因为1371年（明洪武四年）朱元璋统一义军后，四川、重庆境内的长江中上游水路军事重点防线被明军所控制。

元朝时期的陶俑列队（摄于艾博云集博物馆）

2.对余姓蒙古族后裔历史的探讨

在全国内地各姓氏蒙古族中，有三个地方蒙古族人的始祖名字里均有象征成吉思汗黄金家族后代的“铁木”二字。河南南阳王姓蒙古族中的一支，传说始祖是“铁木花儿”。一说是元世祖忽必烈的三世孙淮王帖木儿不花（元朝监国）的后代；一说是元朝末代皇帝元顺帝的四子，至今还没有证据完全说清楚；河南安阳市，濮阳市，许昌市的董、李、马、关、陈五个姓氏，始祖是“铁木黎”。内蒙古有关专家认定“铁木黎”为元世祖忽必烈的五世孙，豫王阿剌忒纳失里，他是忽必烈的第七子西平王奥鲁赤的后裔；西南几省分布最广、人数最多的余姓蒙古族始祖“铁木键”，明代初期高官、四川青神人余子俊，编写《余氏族谱》中有“南平王秃鲁又名铁木健”十个字。2008年版《铁改余姓总谱》里的叙述是：“这十个无价的字，架起了族内与社会接轨的桥梁，是寻根访祖的一盏明灯，在这里深谢余子俊祖。”

余子俊是明朝初期人，他生在距离元朝灭亡（1368年）51年后的1429年

（明宣德五年），死于距离元朝灭亡121年后的1489年（明弘治二年），时间不是很长。余子俊是个有知识有文化有地位的人，对其先祖的来源应当是很清楚的，他是不会不慎重地去认错祖宗的。因此，余子俊所编写的《余氏族谱》是最早、最权威的一部家谱，全国仅有。余姓蒙古族人是成吉思汗的后代，是十分可信的，也是无可置疑的。余子俊是余姓蒙古族人的最大功臣。

虽然如此，余姓蒙古族历史中还存在一些需要进一步搞清楚的疑难问题。笔者通过对余姓《总谱》的研究，提出如下需要探讨的问题，希望余姓蒙古族同胞们能够找出更多的历史资料来，还历史本来面目，使余姓蒙古族的历史渊源更加充实完善。

(1) 其他蒙古族中存在与《青神谱》类似诗的关系问题

重庆彭水县张、谭二姓蒙古族也有被当年红巾军追击时的诗：

“本是元朝帝王家，
红巾追散入川涯。
绿杨岸上各分手，
凤柳桥头插柳椏。
咬破指头书血字，
挥开眼泪滴痕沙。
后人记得诗八句，

市井图

五百年前是一家。”

重庆彭水县谭姓另一首诗：

“本是元朝帝王家，
红巾赶散入西涯。
红阳岸上分携手，
凤凰桥头插柳桠。
一姓改为几样姓，
几姓分居百千家。
要想兄弟同相会，
一梦云游海推沙。
后人记得诗八句，
五百年前是一家。”

四川省凉山州西昌市俞姓蒙古族诗：

“吾本元朝宰相家，
红巾作乱走天涯。
庐阳岸上分携手，
凤锦桥头折柳桠。
否泰是天还是命，
悲伤思我又思他。
十人今散归何处，
如梦云游浪卷沙。
俞字本无三两姓，
一家分作万千家。”

在四川、重庆、贵州等地还有部分余姓家谱里的诗：

“本是元朝宰相家，红巾作乱入西涯。
泸阳岸上分携手，
凤锦桥头插柳桠。

红巾军作战图

否泰是天还是命，
悲伤思我又思他。
十人识别归何处，
散时犹如浪卷沙。
余字更无三两姓，
一家分作万千家。”

笔者分析认为，四川、重庆、贵州各姓蒙古族人有相似的诗，说明他们隐名埋姓之前有很相似的逃亡经历。诗中所反映被迫逃亡的原因，均与红巾军起义有关。1368年（元至正二十八年）正月，朱元璋即皇帝位，建立明朝，年号洪武，八月二日，占领大都（北京），推翻元朝，也即原来也是红巾军的朱元璋，只有在1368年正月以后才被称为明军，在此之前均被称为红巾军。为此，逃亡四川的时间绝对不是1368年明兴元亡这一年，而最有可能的应当是在1356年（元至正十六年）长江中下游被红巾军起义占领后，相继或者是一起从长江中下游逃亡到四川的。

笔者推测，由于受红巾军起义大战乱环境的影响，众多世代生活在长江中下游的元朝蒙古、色目贵族，几乎是在同一时间段内，被迫从长江中下游世代封地里撤离，逃亡到相对安全的四川省。逃亡人员应该是由不同始祖来源、有着不同家族背景的人所组成，人数不会太少。在逃亡的蒙古、色目贵族中，既有元朝皇室人员，又有曾经在元朝里居官为宰相的人。不同的家族分散后，又相互掺杂在四川一个相对集中、距离不是很远的地区隐居了下来。例如，余姓十兄妹在泸县凤锦桥（今福集桥）分手后，他们的后代集中分布在四川成都以南各地市县，大部分相距在一百多公里范围内，最远的是根十公及其后代，距离泸县有三百多公里。

在明朝276年的时间里，他们基本上是处于惧祸隐居状态，到了清朝，政治环境相对宽松，他们的后代在书写家谱时，必然要进行调查和考证，既相互打听，又相互传播着已不完整的口传历史，进而又相互参照，相互交叉，相互混淆。由于逃亡经历相似，就出现了相似的分别诗句，结果就有了“帝王家”和“宰相家”的不同说法。明末清初，由于张献忠入川乱蜀，被迫迁移进入贵州和云南余姓的先族们也就带着这种已经相互混淆部分失真的传说，世代传承下去，其结果是把原来部分真实的历史来源给淹没了，在不同的家族里就出现了类同的说法。这样的情况在全国内地部分隐居蒙古族中也普遍存在，有的历史来源恐怕是永远也考证不清楚了。

余姓与重庆彭水县张、谭姓和四川省凉山州西昌市俞姓之间的关系，是下一步应重点研究考证的问题，也是解决相似诗句不同祖源的关键。

⑵对部分余姓家谱记载内容与《青神谱》提法有出入的讨论

部分余姓家谱记载“元朝东路不花元帅”、“吾本元朝宰相家”，与《青神谱》的提法有出入。元朝社会是中国历史上皇权最弱的社会，元代中书省是全国最高行政机关，“军国之务，大小由之”。元朝统治者们把整个大元帝国看成是君主与贵族们的共同财产，这反映出元朝贵族在元廷有很大的政治权力。宗室诸王外戚各居封地，养尊处优，与国家日常政务已基本无涉。终元一代，迄今还找不出明确的证据能够证明哪一位宗室成员曾任宰相，外戚拜相者也只有寥寥数人。相反，由异姓权臣组成的怯薛组织却是高级官僚的主要来源。异姓权臣把持朝政最严重的当属元文宗、元顺帝时期燕铁木儿家族。1312年（元皇庆元年），燕铁木儿袭父职左卫亲军都指挥使。1329年（元天历二年）正月，设立燕铁木儿任都督的都督府，统领钦察卫、龙翊卫、哈剌鲁东路蒙古二万户、东路蒙古元帅府，使燕铁木儿名正言顺地掌握了一大批精锐部队，成为专权擅政的后盾。同月，文宗还任命燕铁木儿为御史大夫，让他掌握了司法、监察大权。

笔者推测，在1351年（元至正十一年）和1356年（元至正十六年）是红巾军起义高潮时期，南平王秃鲁家族已经失势近80年，几代人不被重用。江南和麻城均地处南宋旧地，是红巾军起义军首先打击占领的目标。在等级分明的元朝，南平王秃鲁家族是王室成员，从狭窄的长江逃亡到四川的路上，也许其他元朝官吏家族的人或者和其他蒙古人、色目人遇到一起，但是奴仆分明。在分手之际，为了便于安全隐居，除了一些非蒙古贵族

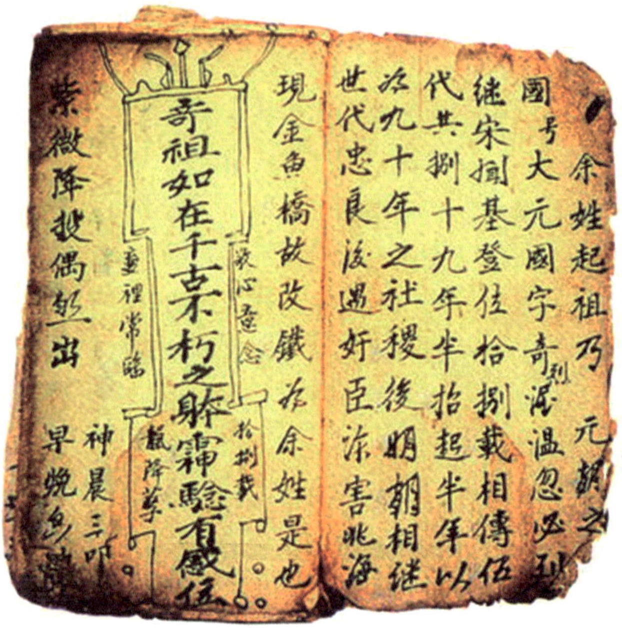

余姓家谱保留下来的部分残页

随从改姓“于”外，非元朝皇室的蒙古、色目贵族就和皇室主人保持口径一致，同改姓余。但传说不一，于是就出现不同的说法。

1356年（元至正十六年）是红巾军起义第二次高潮的开始，红巾军首领刘福通分兵出击，发动了著名的三路北伐，意欲一举包围大都，推翻元朝。长江中下游的徐寿辉、张士诚、朱元璋都进行了一定规模的扩张进攻。当时元朝主要兵力仍然集中在北方地区，尤其是靠镇压红巾军起家的察罕帖木儿、孛罗帖木儿、李思齐等元朝势力，全力以赴围剿北方红巾军等各路义军。1356年，长江中下游元朝军事重镇扬州、庐州（合肥）、武昌相继失守，处于长江中下游南宋旧地的蒙古、色目贵族们不得不被迫逃亡，此时的北方和长江中下游南宋旧地均处于战争混乱状态，其逃亡路线只有走长江到还属于元朝管辖的四川行省，才是唯一可以选择的逃亡路线。所以，在四川就遗留下了众多隐居改姓的蒙古、色目贵族后代。

⑶余姓蒙古族众多的人数问题

根据《西南地区蒙古族人口概况》介绍：据初步统计，目前四川的蒙古族人口已近8万人，据四川省西昌蒙研会统计，仅凉山州的蒙古族已近6万。据有关部门初步统计余姓蒙古族后裔人数约在50万至60万之间；重庆市2000年第5次人口普查蒙古族人口20000多人。余姓经济文化研

具有鲜明蒙古族相貌特征的曲靖老人余春先

究中心提供的材料称“重庆的余氏家族有32万人”；云南省2000年第5次人口普查蒙古族人口28000多人，现在约4万多人，余氏家族约8万余人，合计约12万人；贵州省2000年第5次人口普查蒙古族人口47000多人，现在约52000多人，余氏家族约23余万人，合计约29万人；根据以上统计，2000年云、贵、川、渝余姓蒙古族人约在127万人。

九子妻子总数25位，再加上根十姑赘女婿余伯锡，共有余姓26个支脉。经过六百多年的繁衍，人数达到一百多万。问题的关键是，380名随从改姓“于”的后代具体人数是多少，是否有“于”姓蒙古族人。掌握“于”姓人数，可以佐证和验证余姓蒙古族人数。

当然，时间已久远，众多的人口可能已无法分清楚了，但余姓蒙古族来源的真实性是无可置疑的。在已经隐居六百多年的今天，余姓蒙古族有着非同寻常的经历，能够在较短的时间内挖掘出民族的根源已经是艰辛万难的事情，他们做出了整个蒙古民族值得喝彩的一件大事。今后能够世代保持蒙古民族心理，长久传承和弘扬蒙古民族文化，还有相当多的事情要做。

(4) 对余姓历史上“进士”、“太守”、“尚书”的认识

元朝科举考试制度是当时特殊政治社会结构的反映。蒙古、色目统治者地位高于汉族。蒙古、色目人虽然人数较少，但在科举中与汉人、南人享有相等的配额，占有绝对优势，考取进士的比率甚大。据对元朝科举录取进士的有关研究表明，其特点如下：

从家庭背景而言，多达八成的蒙古、色目进士出身于官宦家庭，而来自布衣之家的不过二成。可见科举制度的主要作用在于为官宦子弟增加一条入仕的途径，是官宦家族延伸身份的一种手段。科举考试内容是汉文和汉学，蒙古、色目子弟必须熟读儒家汉学，才有更多机会被录取。因此，从婚姻关系而言，很多蒙古、色目进士的家族早已与汉族建立了密切的通婚关系，其结果是家族或家庭整体汉化。嫁入蒙古、色目家庭的妇女不少来自汉族士大夫之家。这些汉族妇女往往知书达理，对其子孙的教育和灌输颇具书香门第的教育方法，因此，对其子孙通过科举中举具有重要的影响。大多数蒙古、色目进士来自于汉化最深的族群，尤其是元朝初期就进入中原，汉化较深的中上层蒙古、色目文官子弟，是最容易中举的。进入中原较早的蒙古、色目武官家族，在平定南宋后，靠奋身疆场，立功升官的机会不多，受科举制度的激励，也开始教子读书，通过科举进入仕途。从《余氏

宗谱》记载“九子一婿”的年龄看，最长者秀一公1305年生，也只能参加1330年（元至顺元年）以后的科举考试。因为元末名相脱脱在1330年以后恢复了被废止的科举考试制度。

南平王秃鲁在1277年（元至元十四年）冬举兵随父起事失败后，被贬湖北麻城，是在1271年（元至元八年）元朝之初就进入汉人腹地的，到1330年恢复科举，“九子一婿”的年岁正进入科举适龄年龄，他们家族已经在汉人腹地生活了50余年。南平王秃鲁母亲潘氏、两个妻子张氏和洪氏以及“九子”妻子均为汉人，说明南平王秃鲁家族已经深度汉化，汉文和汉学水平应该很高，他们通过科举考试考取进士也是水到渠成的事。又因为南平王秃鲁被贬，直接影响了其家族子女的升迁，只有走科举之路，“九子一婿”才能重新出人头地。所以在1330年之后的科举考试中，能够连连考取进士。这一传统也直接影响了余氏后代，使得余氏人才辈出。这为余氏九子一婿担任“太守”、“尚书”铺平了道路。

元朝宫廷图

例如，明朝期间，根六公后代余子俊，明朝景泰年间（1450～1457年）进士，官至正二品的兵部尚书。其子：寰，举进士，终从五品户部员外郎。其曾孙：承勋、承业，皆进士。承勋，翰林修撰。承业，云南佥事。居住在今四川省自贡市富顺县的根八公儿子余瑛、余瑛儿子余璞、余璞儿子余止，三代明朝进士。余璞官至正二品的礼部尚书，余止官至正二品的户部尚书。此后，余姓后代中举者不断，成为明朝时期富顺县的名门

望族，继承和延续了其进士之家的美名。

太守之职，古代为地方行政长官，源于战国时期，汉朝时期把郡一级行政长官称为太守，到了隋唐以后废弃了太守之职，称为知府，元朝废府设路，路一级的地方长官为达鲁花赤，只在一些散府设有“知府”的官职。由于文人墨客好古，他们经常雅称知府为太守。因此后人书写时可能由于好古，将实为正四品的知府写成了太守。

尚书，中国古代官名，执掌文书奏章。作为官名，始置于战国时，或称“掌书”，尚即执掌之义。因尚书在皇帝左右办事，地位逐渐重要，后各朝均有设置。元代存中书省之名，而以尚书省各官隶属其中，其官级为正三品。元朝尚书有礼、户、吏、兵、工、刑六部。明初犹沿此制，其后废去中书省，径以六部尚书分掌政务，六部尚书遂等于国务大臣，正二品，清代相沿不改，从一品。

根据《蒙古民族通史》（内蒙古大学出版社2003年）记载：元朝时期，各个统治机构原则是“其长则蒙古人为之，汉人、南人贰焉”，也即首席长官必须由蒙古人担任，而汉人、南人只能担任副职。蒙古贵族在元朝统治官僚体制下是占绝对控制地位的，其贵族政治的特点是“宗亲分封，家臣治国”，这是说元朝的政治制度，一般皇族是不在地方担任官职的，他们被受封王职后养尊处优，负责监督地方达鲁花赤执政，对他们有监督和处罚权。

南平王秃鲁又名铁木健，是元朝皇室成员，在正常情况下，1341年（元至正元年）南平王秃鲁去世后，其后代应当有一位出众的儿子袭封南平王位。但在1277年（元至元十四年）冬，秃鲁举兵反叛后被贬麻城，其家族也受到极大的影响。在史料上没有查到秃鲁的儿子们袭封南平王王位，而且还要去努力学习汉文汉学进入科举来获取官职。

按照元朝的规定，秃鲁的儿子们是元朝皇室蒙古贵族，即使被贬，他们也应该比当地太守（知府）职位还要高才更为合理。四个太守（知府）所处的位置（凤阳、韶关、苏州、南京），均在长江以南的南宋旧地，在红巾军起义的冲击下，四个太守可以相对比较近距离地聚集在麻城一带。但五个尚书均在元大都（北京），同时脱离岗位到麻城，然后一起逃到四川，需要充分的证据。因此，查找史料，求得元朝后期有关“进士”、“太守”、“尚书”的具体记载证据，是解决问题的关键。

⑸ 余姓蒙古族的祖源在几个家谱中的记载

1934年（民国二十三年），根据余子俊撰的《余氏族谱》而续修的《青神谱》里面，对佘姓蒙古族始祖“南平王秃鲁又名铁木健”的记载，是孤本。2008年“中华佘姓（蒙古族）历史文化研究中心全国修谱编委会”，在编写出版的《蒙古族皇室后裔铁改佘姓总谱》里给予充分的肯定和沿用，并签发了《关于处理好各地〈佘氏家谱〉有关问题的决定》和《关于统一各地编修支谱名称的通知》。决定里特别强调，过去各地老谱记载不一致，要求把原来祖源定为“拖雷→忽必烈→真金或铁蔑赤”的，纠正为“元太宗窝阔台→元定宗贵由→三子大名王禾忽→长子南平王秃鲁（又名铁木健）”。

其他《铁改佘氏家谱》记载祖源内容的主要有：始建于1776年（清乾隆四十一年）春三月望日的四川省泸州崇义乡董元坝佘氏祠堂供奉的塑像是“世祖忽必烈、太子真金”；四川省青神县根六公《佘氏族谱》中《南平王考释》记载“皇孙铁木耳立号成宗。改元曰元贞，曰大德，在位十三年，封其弟铁木健为南平王”；贵州省遵义县明朝进士佘之纲写的《佘氏族谱》中记载：“世祖皇帝的皇孙铁木耳即位，追尊其考真金为帝，庙号裕宗皇帝。尊母弘吉剌氏为皇太后，又追封庶母潘氏亦为皇太后。于此可见，木见祖与木耳乃同父异母之兄弟也”；还有的族谱写有“继世祖而王者成宗，铁木见其人也，世祖之孙”、“皇孙铁木儿立为成宗，封其弟铁木见为南平王”等的记载。另外，重庆垫江佘姓德明公后裔修谱委员会不认同本族是秀一公之后，这一问题也值得商榷。

珍贵的家谱

有几个版本的家谱把真金作为佘氏先祖。真金（1243～1285），是元世祖忽必烈的第二子。1285年（元至元二十二年），因与元世祖政见不合，忧郁病死，庙号裕宗。由于元世祖按中原传统制度仪礼册立真金为太子，虽然他在继位前就去世，但他的子孙一直被视为元朝皇位的正统继承人。

《新元史》卷一〇六记载：“真金有三子，长甘麻剌（1263～1302年），至元二十三年（1286）出镇漠北，二十六年（1289）召还，封梁王，出镇云南。二十九年（1292），封晋王，复镇漠北‘祖宗根本之地’，守太祖大斡耳朵；次子答剌麻八剌（1264～1292年），即元武宗、元仁宗之父；第三子即元成宗铁木儿。”没有元成宗有个弟弟叫“铁木见”的记载。

此外，史书对南平王的明确记载是“大名王禾忽之子秃鲁”。在《元史》卷一〇八记载，“南平王，秃剌，至元九年（1272）封，仍赐金银符各五”；在《元史诸王表笺证》（法·韩百诗著）记载：“只有贵由之后秃鲁于至元九年载他为南平王。”

其他《铁改余氏家谱》记载祖源内容与2008年出版《蒙古族皇室后裔铁改余姓总谱》不一致的问题，有待于今后继续探讨。这些对祖源记载不一致的内容，不影响余姓蒙古族后裔是源于成吉思汗黄金家族的真实性。

3.余姓蒙古族后裔现状和遗留的风俗习惯

余姓蒙古族十兄妹在四川泸县凤锦桥泪别后，先隐居在四川行省境内，在明末清初，由于张献忠入川乱蜀，余姓由四川辗转迁入贵州毕节地区的大方、黔西等地和铜仁地区的思南、石阡等地，落籍为业。蒙古族进入贵州的时间，也是余姓蒙古族进入贵州的时间，与汉族大量迁居贵州时间大体相当。在清朝康熙年间，天下太平，余姓才陆续返川，有的则定居云南。云、贵、川、渝西南地区是铁改余姓主居之地，主要分布在：

四川省：泸县、青神、乐山沙湾区、峨眉、宜宾、成都、双流、仁寿、井研三河村、犍为同兴乡余家湾、眉山、西昌、泸州、都江堰、大邑、崇州等近60个地方；贵州省：贵阳、遵义、安顺、毕节、大方、黔西、六盘水、铜仁市思南、石阡县中坝镇河西村等地；云南省：宣威、曲靖、昭通、麻栗坡、马关、昆明等地；重庆市：长寿、江津、万州、忠县、丰都包鸾镇飞仙洞村等地以及湖北省咸丰等地。还有其他各省市和港、澳、台及海外等地；云、贵、川、渝各地有字派大约748支。

十兄妹入川避难深山老林，人烟稀少，交通闭塞，远离战争，远离社会，安全隐居，几百年的蒙汉联姻，风俗习惯早已经汉化，早不会蒙语蒙文，

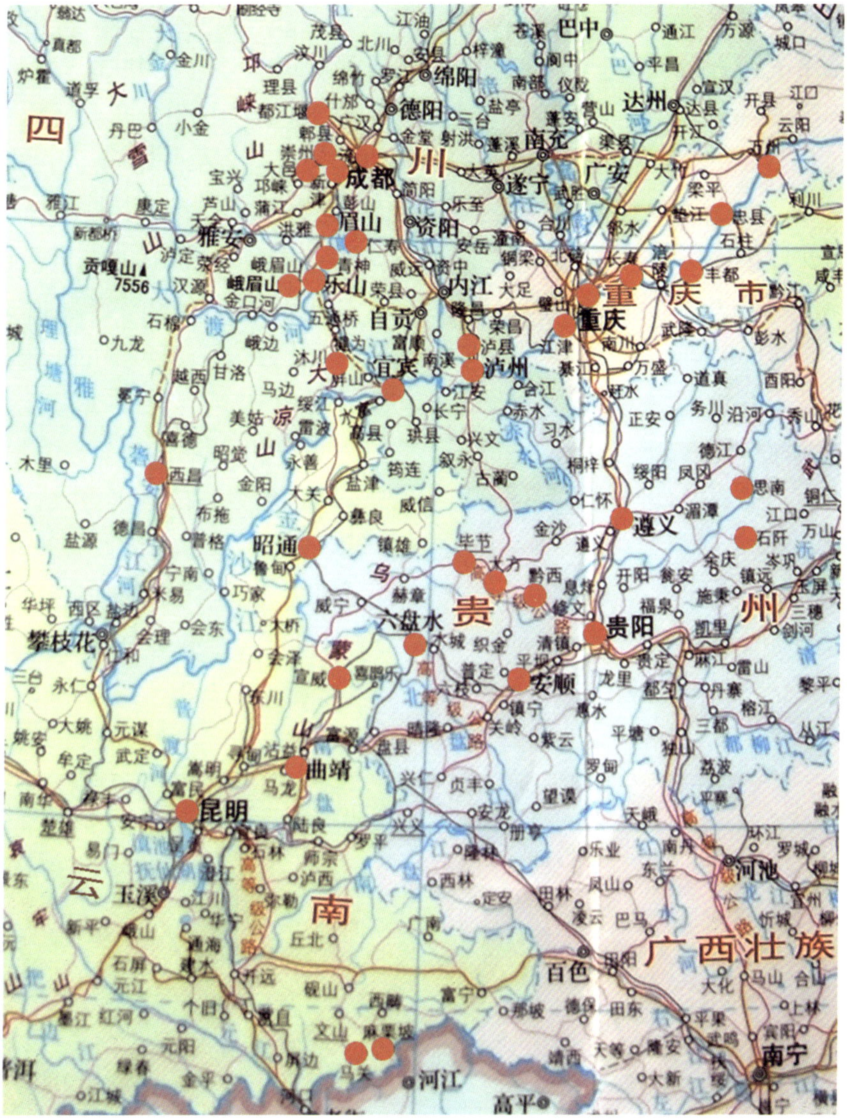

余姓蒙古族后裔在西南地区的分布图

均说当地方言，但世代不忘是蒙古族，是成吉思汗铁木真的后代。尚存一些古墓碑、墓志铭、石刻画。墓碑上刻有金戈铁马、草原鼠、蒙古人装酒的皮囊等。还有南平王遗物“象牙朝笏”，四川越西县保存有“玉杯”、“象牙筷”。

余姓蒙古族老谱还有一些传说记载“癞僧点地”、“九子十进士”、“九子不葬父，一女打荆棺”、“九枪梦”、“南瓜佑”、“紫金盅”、“铁改余姓的来历”等传说。

据统计和考证，云、贵、川、渝各地还保留有清朝及其以前所修建的余姓祠堂共13处，其中四川6处，重庆2处，云南3处，贵州2处。

根据祖训，新中国成立前结婚时，男女均穿长袍，也要扎腰带，袍子多为蓝色，头上也要缠头巾，也有蓝色、青布的。每年只过清明节，必须要为祖先和亲人上坟。不过中秋节。房前屋后栽插柳树。余金两家不准结婚。死后有条件的都要穿蒙袍下葬，坟头向北。祭祀时面向北方或山丘跪拜。近几年挂的是成吉思汗画像，每天都要注目几分钟。有的族人求祖宗保佑，每天先上香祭拜后才出门办事。余姓族人在婚姻、敬酒、服饰等方面仍保留有蒙古族的一些习俗。

据2002年10月1日出版的《贵州省志·民族志》，作为贵州省少数民族之一的蒙古族，绝大多数是余姓蒙古族，占全省蒙古族的80%以上。贵州省87个县（市）中有68个县(市)有蒙古族分布。贵州省蒙古族最多的三个县是大方县、思南县、石阡县，这三个县的蒙古族人数在1990年占全省蒙古族总数的77%。蒙古族最多的是大方县，余姓的蒙古族占全省蒙古族总人口的46%。在文化习俗、生产生活习俗等方面与所居各地汉族较为一致。民族语言已经消失，使用的语言与所居各地汉族方言一

云布龙(左二)亲切接见余氏蒙古族代表

致。民族习俗特殊部分，不过中秋节，宰杀大牲畜不是割颈而是以杀心为主，符合蒙古族风俗。

内蒙古自治区民委副主任、政府参事室主任荣盛，多次去西南余姓居住地区考察、座谈，参加余姓族人组织的活动，并写出文章《贵州省余姓蒙古族族籍试考》、《云南省文山州蒙古族考察记》，得出结论：余姓“属于铁木真后裔无疑，应为蒙古族同胞”。

当地政府根据党的民族政策，进行了认真的民族识别，于1984年云南省麻栗坡县为石龙乡22户恢复蒙古族籍。1985年四川汉源县和贵州省大方县余姓万余人恢复蒙古族籍，同年大方县凤山彝族蒙古族乡成立。贵州省铜仁市石阡县中坝镇河西村近千人、思南县、黔西县余姓恢复蒙古族籍。1987年云南省文山州广南、马关、西畴等县、曲靖市、丽江地区部分余姓恢复蒙古族籍。1992年云南省曲靖市余姓31人恢复蒙古族籍。

2003年3月27日，蒙古族铁改余姓在四川省宜宾市党校召开“西南地区蒙古族历史与文化学术研讨会”，全国姓氏学会、中央电视台姓氏栏目、四川政协、民委及姓氏学会负责人和内蒙古、甘、湘、云、贵、川、渝同胞四百余人参加，掀起了全国范围的寻根找祖潮。2002年创作出《铁改余蒙古族歌》，歌曲由蒙古族歌唱家腾格尔作曲，铁改余集体作词。1997年7月，余姓蒙古族代表团一行六人，前往成吉思汗陵祭祖。

余氏蒙古族拜谒成吉思汗陵

2003年11月21日，经四川省历史学会中华姓氏文化学分会批准，成立了“四川省历史学会中华姓氏文化学分会余姓历史文化研究中心”、“余姓文化专业委员会”。“中心”在四川、重庆、贵州、云南分别建立了4个分会和63个办事处或联络处。定期出简报，宣传和介绍“中心”开展民族文化活动的内容。

2007年1月6日“中心”在重庆召开会议，通过《关于启用新字派的决议》，将编写的全国统一九十九个新字派，从31代启用，并在《总谱》里十分详细地列出“各地支系新老字派对应全国统一代数辈分接轨表”，便于统一对照，和谐接轨，做到代数不断，字派不乱，永世传承。

2008年1月16日、5月19日“中心”两次在云南昆明召开“续修《铁改余姓总谱》专题会”。强调血缘、祖源、族源统一，各地资料共享。2008年5月和11月，“中心”分别下达文件《关于处理好各地〈余氏家谱〉有关问题的决定》和《关于统一各地编修支谱名称的通知》，规范和统一各地家谱，与《总谱》保持一致。2008年7月携四川青神县《余氏族谱》前往内蒙古寻根认祖。经蒙古末代王爷奇忠义（自治区政协副主席）长子沙若飞先生（鄂尔多斯市统战部副部长，市侨联主席）与《蒙古世系》相对照，共同认为青神县余姓家族为蒙古帝国窝阔台皇帝长子贵由之孙，南平王秃鲁乃禾忽长子，贵由之孙。2009年3月13日在昆明召开《蒙古族皇室后裔铁改余姓总谱》发行会。2010年4月19日将再版的《蒙古族皇室后裔铁改余姓总谱》从昆明向各地发行。

余氏蒙古族召开第三次代表大会

重庆市

重庆，简称“渝”，多山多雾，故又有雾都、山城的别名，世界著名的长江三峡水库，如同一颗灿烂的明珠，就镶嵌在重庆大地上。从古到今共有三次建都于重庆，分别为巴国都、大夏国都、民国陪都，自此重庆又有“三都之地”之称。重庆市有55个民族。2000年全国第五次人口普查统计，重庆蒙古族7846人。元朝时期重庆属于四川行省。

重庆市北合川区的钓鱼城在1258年（蒙古宪宗八年）曾经发生了一场蒙宋之战。1257年，蒙古帝国第四任大汗蒙哥决定发动大规模的灭宋战争。第二年秋，蒙哥率四万蒙古铁骑分三道入蜀，打算攻下四川后，顺江东下，与诸路会师，直捣宋都临安（今杭州）。沿途所经各山城寨堡，多因南宋守将投降而轻易得手，但在

重庆长江三峡水库

钓鱼城下受阻。蒙哥派人前去招降，宋严词拒绝并杀了使者。蒙哥遂决心用武力征服钓鱼城。蒙军连续攻打钓鱼城及其周围的营寨，都被击退。由于屡攻不克，加上夏季到来，蜀地炎热，疫症流行，令蒙军士气低落。蒙军攻城五个月而不克，蒙哥汗也在督师攻城时负伤，后伤重死亡，征蜀的蒙古大军被迫撤退，进攻荆鄂的忽必烈也于年底北还，与其弟阿里不哥争夺汗位。

钓鱼城之战，其影响是十分巨大的。它导致蒙古第一次灭宋战争的瓦

元宪宗蒙哥汗

解，使宋朝得以延续20年之久；它使蒙军的第三次西征行动停滞下来，缓解了蒙古势力对欧、亚、非等各国的威胁。早在1252年，蒙哥汗遣其弟旭烈兀发动了第三次西征，先后攻占今伊朗、伊拉克及叙利亚等阿拉伯半岛大片土地。正当旭烈兀准备向埃及进军时，获悉蒙哥死讯，旭烈兀遂留下少量军队继续征战，而自率大军东还。结果留下的蒙军因寡不敌众而被埃及军队打败，蒙军始终未能打进非洲。钓鱼城之战使蒙古的大规模扩张行动从此止步。因此，钓鱼城之战的影响已远远超越了中国范围，它在世界史上也占有重要的一页，被欧洲人誉为“东方麦加城”、“上帝折鞭处”。另外，它为忽必烈执掌蒙古政权提供了契机，对中国历史的发展产生了重大影响。忽必烈登上大汗宝座后，推行汉法，使中国的经济和文化有了很大的发展。

钓鱼城宋蒙军作战油画

彭水县谭、张两姓蒙古族——传说是元顺帝弟兄的后人

1.彭水蒙古族的现状

彭水苗族土家族自治县，境内居住着11个少数民族，是重庆市唯一以苗族、土家族为主的少数民族自治县，另有近两千蒙古族同胞。2000年全国第五次人口统计，彭水县蒙古族1871人，主要集中居住在鹿鸣乡向家坝村。1982年5月，彭水县256人被政府恢复为蒙古族身份。

我国分布在渝东南地区的蒙古族

在六百多年的时间内，形成了总体散居与局部聚居的格局，彭水蒙古族同胞也是这样，他们与境内的汉族和其他少数民族形成了大杂居、小聚居的格局，居住地域的相近，使彭水蒙古族同胞与其他民族关系密切。然而各民族仍选择了各就其位，各自在自己的领域内维持自己的生存。彭水蒙古族同胞同姓氏、同家族相邻而居，且人口较为集中，从而形成了小规模聚居的蒙古族乡。在小规模聚居中，通过崇拜家庭共同祖先，维系着群体成员。

彭水蒙古族同胞在几百年的岁月中，受到现实环境的制约，逐渐由游牧经济向农业经济、游牧文化向农业文化转化，在社会生活、服饰、习俗等方面已基本趋同于当地民族，然而，他们仍通过自己的方式传承着自己的历史与根源，体现出不屈不挠的蒙古族民族精神。

2.谭、张二姓蒙古族历史

1368年秋，朱元璋军队攻进大都，推翻元朝统治，先后攻克西北、东北和西南广大地区，把中原内地原来居于统治地位的蒙古族人往中国西南部驱赶。元朝末代皇帝元顺帝妥懽贴睦尔八弟兄被逐散后，向南溃逃，其中五兄弟逃到四川西涯。1374年（明洪武七年），明朝派兵入川征剿，五兄弟被

重庆彭水向家坝村蒙古族张氏蒙古人坟墓上方保留有“苏勒德”石雕

追到凤柳江边桥头（今嘉陵江畔合川一带），决定解散自求生路，临别时盟誓吟诗：

“本是元朝帝王家，
红巾追散入川涯。
绿杨岸上各分手，
凤柳桥头折柳桠。
咬破指头书血字，
挥开眼泪滴黄沙。
后人记得诗八句，
五百年前是一家。”

分别后，五兄弟中其中一人改姓谭，来到夔府（今奉节），定居 240 多年，传九代，清代顺治康熙年间，清廷查剿反清复明残余势力，谭启鸾携眷属潜来彭水下塘口，隐居在张帮墨家。因张妻姓谭，便攀亲认张帮墨为姑爷，并从其姓，改名攀桂。夫妻育有三子，一名张侨，一名谭能，一名斗，后迁到鹿鸣向家坝村定居，至今又传十六代。

此外，彭水县还有另一支谭姓蒙古族人，居住在太原乡香树坝村。据《谭氏族谱》记载，元顺帝至正二十八年（1368）正月

成吉思汗像

初二晚，朝廷中有人托付心腹谭国知（化名谭国明）带着铁木耳（具体身份不明）十子中的铁满四等七人，装扮成汉人，改姓谭，逃出大都，远走河南灵宝以北隐居。次年二月初二，他们来到洛阳桥边，插柳为记。后又迁至四川万县三稹里龙王坝，于当年八月十五日夜，兄弟几人共议七言诗八句：

“本是元朝帝王家，
红巾赶散入西涯。
红阳岸上分携手，
凤凰桥头插柳桠。
一姓改为几样姓，
几姓分居百千家。
要想兄弟同相会，
一梦云游海推沙。
后人记得诗八句，
五百年前是一家。”

从此，七兄弟分手。他们虽改为谭姓，但那几句诗却代代相传，且只传子不传女，只传内不传外。谭满四与妻黄氏曾落业于忠州，又迁至巫山县，再迁往石柱县沙子关。他们的长子元龙及其子宗贵，于明永乐年间，迁徙到彭水县谭家堡定居，至今全家已繁衍达三百余人（不包括外嫁女性）。

《四川蒙古族》一书记载：“明时，有部分驻防江南、安徽、江苏、长沙的蒙古族统帅和军户，随着红巾军起义，朱元璋的崛起，元朝王室北迁而无法北撤，退到当时属蒙古人统治的地区。住长沙、武汉（即谭州）的拖雷支系的一支人马，从谭州顺长江撤出后，驻在长江沿岸地区的万县、忠县、开县及酉阳、秀山、石柱、彭水等大山中，改姓谭，少数改姓花、张、余，只有彭水向家坝村约有1500人。”

3.谭、张二姓蒙古族历史的讨论

谭、张两姓蒙古族历史源流说法中，元朝末任皇帝元顺帝妥懽贴睦尔八弟兄被逐散后，向南溃逃，其中五兄弟逃到四川西涯。从下面史料记载中可以看出，元顺帝妥懽贴睦尔有八个兄弟的说法值得探讨，因为元顺帝是明宗的长子，9岁时其父亲明宗就被人毒死了，他是否有八个兄弟呢？

史料记载：明宗的皇后八不沙，生子懿璘质班。明宗的皇妃迈来迪，生子妥懽贴睦尔（元顺帝），妥懽贴睦尔比懿璘质班年长。根据元朝的皇位继承惯例，他们的皇位继承序列，要排在文宗的儿子阿剌忒纳答剌和燕帖古思前面。

妥懽贴睦尔是明宗的妃子所生，虽是长子，地位低下，母亲迈来迪是回族女子，元朝民族歧视严重，妥懽贴睦尔的地位就更低了。他出生时，母亲迈来迪还没被收房，所以他还算是个私生子。生下来后，父亲明宗开始不知道，母子俩无人供养。后来明宗得知还有这

写有蒙古文的石碑，系当地村民为纪念先祖成吉思汗而立

么一个儿子，就收养了他们母子俩。等妥懽贴睦尔长到7岁，母亲迈来迪去世，他失去了依靠。9岁时，父亲明宗被人毒死，文宗即位，文宗皇后卜答失里与宦官拜住同谋，害死明宗皇后八不沙，请立文宗的儿子燕王阿剌忒纳答剌为太子。十二月，文宗立燕王阿剌忒纳答剌为太子，诏告天下。不到一个月，1331年（元至顺二年）正月，太子死了，这时孤苦无依的妥懽帖睦尔被流放到了高丽（今朝鲜）的大青岛。一年后，又移居广西静江（今广西桂林）。

三年后，29岁的元文宗死去，没有太子，燕铁木儿请文宗皇后卜答失里，立文宗的另一个儿子燕帖古思为太子，以便即位。燕帖古思不是卜答失里亲生，她怕燕帖古思即位自己大权旁落，就不答应，反而立了明宗的次子懿璘质班，就是宁宗。宁宗只做了几个月的皇帝就死了。燕铁木儿又请立燕帖古思，文宗皇后卜答失里却立了13岁的明宗长子妥懽贴睦尔。

据有关研究资料说，四川彭水县向家坝的谭、张二姓，也有可能是当时与余姓蒙古族九子十进士一起逃入四川的，这一点可以参考西南余姓蒙古族的历史。

4.谭、张二姓蒙古族遗留的风俗习惯

向家坝、马颈一带的张、谭姓蒙古村，残留的遗文、遗物和遗址较多，依然保留着苏勒德节、供奉白马、灵牌上对联、射箭等蒙古习俗。

每年农历2月17日，全村蒙古族人都要聚集在一起，共同祭祀他们的先祖。祭祀仪式上，由族里传人讲述蒙古族逃难迁徙的历史，然后一起吃顿饭，当地人称苏勒德节。1947年，全村蒙古族人举行了最后一次苏勒德节，此后，族人再没举行过苏勒德节。除年纪高一点的人知道苏勒德节外，现在的年轻人已经很少有这个节日的概念。

向家村村口有长约700米、宽约80～100米不等的平地，是蒙古族人当年练习骑射的场地。骑射场由点将台、马槽、跑马场、箭池、跑马拐弯的窝子等组成，农闲时，同族人聚集在此，训练骑射。八世祖张汝器在高坎子招生练武，一批招四五十人不等，一人一骑，

当年供奉白马的八角庙，现在只剩下残破的一角

专门训练骑马射箭。人在马上背三支箭，马在道子里长驱直入，到尽头急转弯时，骑士连发三箭，箭箭命中靶心，才算毕业。

村里有个八角庙，原来规模很大，供有一匹泥塑白马，村里同族人每年都要到庙里祭祀。“文革”破“四旧”，八角庙大部分建筑被毁，随之被毁的还有泥塑白马。蒙古族虽然很多，但供奉白马的蒙古族才是真正的皇族，即成吉思汗的后代。族人中有老者去世，写包封时，有人还会把成吉思汗叫汗，当做祖先写上。

弟兄分手时的八句诗，大人小孩多能背诵。为使后代不忘本民族和被追赶分散时是八弟兄，两姓人共建一个祠堂；屋内石凳、水缸、灶头等用具都喜欢做成八面、八方或八个角，有的连菜刀刀把也做成八棱形。房子结构也很少见，一幢多间，中间一间的柱头比两边小一间的柱头高出一公尺多，四角如虎爪高高伸出，正中有顶，称为纱帽顶，大致同蒙古包的顶部式样相仿。

向家坝蒙古族人祠堂正厅上面为八角形的“沙帽顶”，一般民居的屋顶为两重檐，即正中两空要高出两边约一米，形成两个四角，即八角；水缸、柱础、灶头都是八面；庙上所把武将的刀把为八棱，甚至民间常用的柴刀、菜刀的刀把也是八棱。据传，元顺帝妥懽贴睦尔为八弟兄，为纪念他们而不离八。通过这些，当地群众认为，在蒙古语里，八字并非实指，而是其子孙流入彭水后，为纪念其祖宗，才将八字按汉语所指具体化。

原来，族间有本世代遗传的家谱，前面一部分是蒙文，后面一部分是汉文，由每代传人保管。家谱除保管的传人，其他人不能随意翻看。“文革”期间破“四旧”，家谱被焚毁。向家村几乎每家灵牌上都有这样一副对联，上联：元蒙尚古挥戈耀祖一代英豪乃文乃武千秋百代振箕裘（“簸箕”，比喻祖先的事业），下联：舜尧虞后讨伐荣宗百载雄王能谋能征亿年万世建宏阁。这副对联之所以被供上灵牌，就是纪念先祖成吉思汗，让他流芳百世。这充分说明这里的蒙古族人民数百年来对先祖成吉思汗及其后代叱咤风云的壮举伟业顶礼膜拜、永志不忘，又一代代传承赞颂着，成为他们的精神脊梁。

另外，在姓氏方面，也作为区别于当地其他民族的一个特征体现出来，聚居于彭水鹿鸣乡的向家村和太原乡的香树坝村的蒙古族，都姓张、谭，因为张、谭两姓同宗同族，因此至今仍不通婚。

重庆彭水向家村张氏蒙古族家中的楹联

云南省

云南省下辖少数民族自治州8个，少数民族自治县29个。云南是全国少数民族数目最多的省份，全省共有25个少数民族，其中世居在云南的民族有15个。2000年第五次全国人口普查，云南蒙古族28110人。2008年，全省蒙古族34000人。元朝时期云南行省辖境包括今云南省全境，四川、广西部分地区以及泰国、缅甸北部一些地方。

云南石林

一、通海县旃、官、华姓蒙古族——滇南宣慰使司都元帅阿喇帖木耳的后人

旃、官、华姓蒙古族人的始祖是滇南宣慰使司都元帅（从二品）阿喇帖木耳蒙古右旃（蒙古族崇右且旃为旗），其后裔主要居住在通海县。

保存于兴蒙乡三圣宫的《敕授宣慰司总管始祖公讳阿喇帖木耳蒙古右旃墓志》有“吾家籍原蒙古，随大元入中国，官于陕西西安府长安县，于至元二十年（1283）始祖公讳阿喇帖木耳蒙古右旃奉命平滇。任宣慰司总管”的记载；兴蒙乡后面山墓地中的《明、清故越氏门中历代先远昭穆考妣神之墓》的碑记中也谈到：“吾家系蒙古籍，自蒙古入滇，居河西下渔村住，世远年久矣”；兴蒙乡三圣宫所存的下村《以垂永久碑》也说：

“盖闻本村原籍蒙古，自元时随斿元帅莅任滇南，镇守曲陀关，流落河西东门外土住”。从这些碑刻的记载可以十分清楚地看出当地蒙古族的先辈是从北方迁徙而来的。

曲陀关在今通海县河西以北30华里，是元代“临安元江车里等处宣慰司都元帅府”所在地，是当时设立在滇南的最高军政机关。元代立在曲陀关的一块《都元帅府修文庙碑记》说“云南去京师万里，诸彝杂处，叛服不常，必威之以兵则久安而长治”，这就是在曲陀关建立元帅府的目的。

云南蒙古族

阿喇帖木耳于1284年（元至元二十一年）经始都元帅府于曲陀阳关之原，并建孔庙以“崇儒重道为本，报德报功为心”。阿喇帖木耳本为边将，“披坚执锐，驰骋游猎”是其分内事，但却能在曲陀关任元帅时“崇尚斯文，投戈讲道，能为人之所不能”。也是有“高世之志，绝伦之才”才能如此。《河西县志》褒其为“开县人文之始”者。据今所知，阿喇帖木耳所建之文庙为附近之最早者。元中书省郎李泰称其为“横槊赋诗，讲论书史，文武岂为二致，观元帅此学之建，诚不易得也”。因此在历代《河西县志》中，将阿喇帖木耳列为名宦第一。

曲陀关都元帅府遗址位于云南省通海县河西镇北12公里的一个平顶山上，历史上曾是滇中南军事战略要地。元代蒙古族的都元帅阿喇帖木耳曾经驻治此地。在明初，由于战争，曲陀关的元帅府被毁，曲陀关原有的“帅府地”、“帅府桃林”、“卧龙祠”、“锁井”、“千户营”、“百户营”等遗址，早已被开垦成田园。现在的曲陀关是通海县河西镇的一个乡。

在曲陀关半山腰上，有口水井叫“马刨井”。传说当年忽必烈带领蒙古

通海县曲陀关“马刨井”遗址

大军征战来到这里，险峻的山道上荒无人烟，军困马乏，无水可饮，行军非常困难。正在无法可施的时候，忽必烈骑的高头战马在悬崖上扬蹄嘶鸣，马蹄不断地在地下翻刨，尘土飞扬。不一会儿，马蹄刨出了一个小凹塘，泉水滚滚而出，供人马饮用，这就是“马刨井”的来历。由于渴中得水，激励了军心，蒙古族的骑兵“日夺三关，夜占八寨”，取得了胜利。

曲陀关第一任“宣慰使司都元帅阿喇帖木耳蒙古右旃”便是今天旃氏的得姓始祖。阿喇帖木耳老家原住蒙古，曾在陕西省西安府长安县为官。1283年（元至元二十年）奉命调任云南“宣慰司总管”，后来被特授为元帅府都元帅，他带领着山东、江苏、浙江、河北、山西、陕西的“一十五翼”兵马镇守曲陀关，管辖着今通海、峨山、华宁、建水、石屏、蒙自、开远、泸西、弥勒、师宗、元江和西双版纳等广大地区四境百户、千户及万户府。阿喇帖木耳蒙古右旃成为手握重兵、统治滇南广大地方的边疆大吏。阿喇帖木耳老死于职守后，由他儿子旃檀荫袭其父之职为都元帅。旃檀从小英俊敏捷，长大后精于骑射，还特别爱好文学，常邀文人讲论经史。他在曲陀关建立卧龙寺、武安王庙，绿化驻地，据《敕授宣慰司总管始祖阿喇帖木耳蒙古右旃》墓志讲：“缘大明肇兴，元祚以终，公尽节，谥忠勇。”

旃檀可能是在与明军作战中寡不敌众，战死或者自杀的。

阿喇帖木耳蒙古右旃之子以旃为姓，以檀为名。旃檀一生中征战过许多地方，今天，在中国的一些风景名胜地区还留有纪念。如北京北海公园后爱民街的旃檀寺，杭州的旃檀公园，华山的旃檀禅寺和云南大理洱海中心岛的旃檀碑等，从这些足以见得，他对当世和后世产生过很大的影响。

阿喇帖木耳蒙古右旃当出身于元朝蒙古族一个地位十分显赫的家庭，从元朝皇帝对阿喇帖木耳蒙古右旃和其子旃檀的无比宠信和重用来看，与成吉思汗黄金家族可能在血缘上有一定的关联。成吉思汗曾经将诸子及部分贵族分封于汗庭的西方，史称“西道诸王”，将其诸弟及贵戚分封于汗庭的东方，史称“东道诸王”。蒙古族在习惯上将汗庭西面称为右翼，东面称为左翼。“右旃”表示阿喇帖木耳出自蒙古右翼，其子名旃檀，是以父亲部族方位中的“旃”字为姓，说明阿喇帖木耳出身于“西路诸王”或显贵之家，与成吉思汗黄金家族有着特殊的关系。

旃檀有四个儿子，大儿子和二儿子的子孙后裔都以“旃”为姓；其三子的子孙以“华”为姓；其四子的子孙以“官”为姓。旃氏子孙自明清以来，发展缓慢。四百余年前，旃檀的八世孙旃大洪由河西县城（今通海西城）迁到了

云南蒙古族庆祝蒙古帝国建立800周年

者湾，这个村子后来成为旃氏最主要的一个聚集地，目前有四十多户两百多人。旃姓，是中国人口最少的姓氏之一，今天旃姓家谱记载在全国人口大约仅有一千余人。

旃姓目前主要分布于通海县境内的西城、者湾、大坝塘、赵家沟埂、兴蒙、石山嘴、七街、龚家嘴、二街、漠邑和曲陀关。通海西城是旃姓的发源地，其他地方的旃氏都是从这里外迁出去的。主要迁居到云南峨山、石屏、蒙自、开远、昆明、北京、南京、武汉、贵阳和内蒙古等地。

在明清两代，旃氏的后裔既不受歧视，也不被当做少数民族看待。在云南众多蒙古族姓氏中旃氏是唯一一个不受歧视的蒙古族，而是以元代名宦的后代和汉族等两重身份出现，其社会地位与一般汉族没有区别。旃檀的第八世孙旃大洪，在明代由河西县城迁居者湾，被地方官员作为历史事实记录在地方志上。明清两代，旃氏在外做官的有五人。旃姓蒙古族人在语言文字、服饰饮食、起居娱乐、宗教信仰、婚嫁生育、节庆礼仪等各种文化习俗和生活方式，都已经汉化了。

二、文山州火、伙姓蒙古族——元枢密院虎都帖木儿的后人

玉溪市通海县的火姓蒙古人和文山壮族苗族自治州的伙姓蒙古人，他们的始祖同为元朝枢密院虎都帖木儿，是在明初随明军占领云南时一起进入云南的。集中居住在通海县、西畴县西洒镇、麻栗坡县铁厂乡、八布

云南蒙古族在祭祀圣主成吉思汗

乡和关告、马关县的都龙镇、砚山县、文山县城及附近，共约有两千多人。

1368年（明洪武元年），明朝建立后，对元朝旧部大肆清洗。虎都帖木儿一家，因其外祖父安某在明朝中央政府做官，才幸免于祸，虎都帖木儿还被明朝留用。但随后明朝统治者迷信，认为“虎会吃猪”，“猪”同“朱”同音，使虎都帖木儿难以继续为官。1376年（明洪武九年），虎都帖木儿被迫与神保太尉率领大小头目三百人离开南京，到山西大同任职。经外祖父安某向皇上说情，明廷才继续重用虎都帖木儿，但要求他必须效忠朝廷，不得参与反明活动，改换姓氏，虎都帖木儿均欣然接受，将“虎”姓改换为“火”姓，变成火都帖木儿。为报答外祖父安某营救之恩，还姓“安”，从此以后虎都帖木儿和他的后代对明朝忠心耿耿。

1381年（明洪武十四年），明军进军云南。此时云南还是元朝的属地，为梁王统辖，拒不降明。朱元璋派火都帖木儿随军到云南。平定云南后，火都帖木儿助讨有功，特任命他为滇南临安卫摄守，其后又调往通海任守御，举家便定居通海。1386年（明洪武十九年），明廷恢复了火都帖木儿的世袭百户（正六品）职事。1405年（明洪武二十三

云南蒙古族召开蒙古人历滇750周年庆典大会

年），升授世袭昭信校尉（正六品）管军千户（正五品）。1409年（明永乐六年），火都帖木儿病故于通海任上。

此后，火姓蒙古人世代都有人在明朝的云南地方政府中做官，官职世袭，为明朝统治云南出了力，其中八世祖火凋鼎于1636年（明崇祯九年）战死沙场，得到明廷褒纪遗属受到明廷的从优抚恤。明亡之后的清朝统治者对世代效忠明廷的火姓蒙古人自无好感，没有重用，他们基本上务农。1774年（清乾隆三十九年），第十三世祖火天畅、火成南兄弟俩从通海县迁居砚山，将“火”字加上人旁，正式变“火”为“伙”。清光绪末年，十五世祖伙世明，从砚山县迁居麻栗坡县铁厂乡和八布乡一带，其后代又迁居西畴县西洒镇，民国年间，又迁居马关县都龙镇和文山县城附近。子孙后代字辈：“斗、世、文、田、朝、万、心、辅、国、安、邦、定、太、平”。云南通海县的火姓蒙古人和文山州的伙姓蒙古人，是一家人。

伙姓蒙古族约700人，1984年，文山壮族苗族自治州人民政府正式批准恢复州内伙姓由汉族改为蒙古族，男女老少无不欢天喜地，拍手庆贺。

三、红河开远市州伍姓蒙古族——元宣德王不答失里的后人

据云南省蒙古族研究会红河州蒙

云南开远市伍姓蒙古族人

古族历史研究组文件及资料记载：红河州开远市伍姓蒙古族，始祖是忽必烈之孙元宣德王不答失里。

1.伍姓蒙古族现状

伍姓蒙古族主要居住在开远市区、小龙潭及大庄，昆明和蒙自也有分布，具体人数不详。从1979年至2005年的26年间，开远市区已有一百多位伍姓族人恢复了蒙古族身份。

伍姓族人伍振礼回忆：家族中老人一代代告知后人，说自己的祖先是蒙古皇族。原来收藏的家谱里第一页第一个人的名字是铁木真（成吉思汗），家谱在“文革”时被毁。在开远城区东升巷（今团结巷）有伍氏宗祠，所建年代不详，祠中供奉有孔子及其祖先的牌位，还有“开远城隍像”（传说开远城隍是伍姓姑爷）。伍氏大家族的家庙原来在开远市北门外，位置就在今开远工人文化宫，所建年代也不详，在抗日战争时期家庙被日本飞机炸毁，一直无人料理。随后，伍姓后人将家庙里的部分牌位捡回，在今开远市北正街（原北门街）新建伍氏小家庙，分上家庙和下家庙，相距50米左右。无论是大家庙还是小家庙，都有专人看守，每天都要上香祭祖。

成吉思汗像

家庙里供奉的一块木制牌位上，刻有涂金粉的蒙汉文字，两边是蒙文，中间是汉字，上书“兀吃都他拉都兀不答失里”，这是伍姓一世祖。一始祖牌位下边是一块四方的已经改姓伍的二世祖大碑文。过去族人每年都按期到家庙和宗祠中举行祭祀活动，表达对蒙古祖先的哀思。现在家祠和家庙已毁，遗址已被他用。

伍氏墓地在开远市北郊十里村，墓地前面有两个华表，还有两块墓碑，壮观气派，现墓地已被平整，华表和墓碑在“文革”时期丢失。1949年以前，伍姓在过春节时，家家户户贴的对联是“发祥蒙古家深远，威扬四海四泽长”，横联是“兴旺蒙古”。

2.伍姓蒙古族历史

1985年，为查明“兀吃都他拉都兀不答失里”牌位的蒙语意思，云南省蒙古族研究委员会理事万钟龄先生给内蒙古民委去信，请求查译。1985年5月13日，内蒙古社会科学院回复如下：“经我院情报所敖敦那同志查阅《蒙古世系》（高文德、蔡志纯合著），《元史》卷三三、卷一〇七等资料，译出信中蒙文名字是忽必烈之孙“不答失里”，可证是蒙古族。”

民国《阿迷县志》记载：“伍姓蒙古籍，元末时入滇。”阿迷县，即今云南开远市。元朝为阿宁万户地，明朝初置阿迷州，1913年以后改为阿迷县，1931年改称开远县，1981年设市。

清嘉庆年间（1796年至1820年），伍姓一个外孙傅尔睿，在今开远市北十里村附近山丘之伍氏墓地立《伍公墓表》青石墓碑，碑体高约1米，宽0.8米。此碑在20世纪90年代前被人移动为搭沟石使用，幸得开远市文化馆文物工作者发现，于1990年2月28日拓片，由文管所收藏，此碑今已不存在。拓片云：“外祖父讳□

元人牵马图

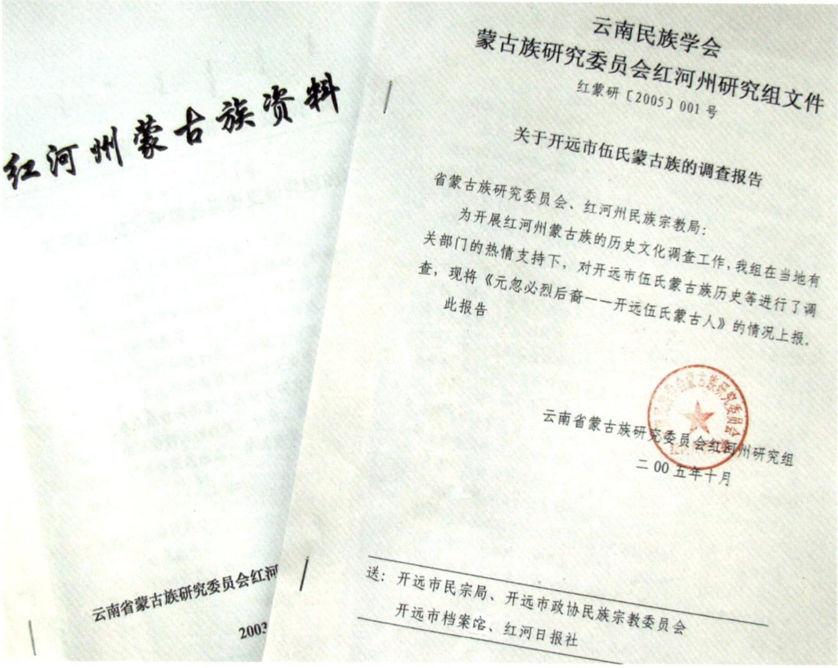

红河州蒙古族资料

云南省蒙古族研究委员会红河

2003

云南民族学会
蒙古族研究委员会红河州研究组文件
红蒙研〔2005〕001号

关于开远市伍氏蒙古族的调查报告

省蒙古族研究委员会、红河州民族宗教局：

为开展红河州蒙古族的历史文化调查工作，我组在当地有关部门的热情支持下，对开远市伍氏蒙古族历史等进行了调查，现将《元忽必烈后裔——开远伍氏蒙古人》的情况上报。

此报告

云南省蒙古族研究委员会红河州研究组
二00五年十月

送：开远市民宗局、开远市政协民族宗教委员会
开远市档案馆、红河日报社

云南蒙古族研究会红河州蒙古族文件及资料

字德先，号明暹，源出蒙古，始祖金□随元帅把匝剌瓦尔密，官通海路（在今云南通海当官），管阿迷（管理今开远市），遂家焉（随后全家定居开远）。”

云南省蒙古族研究委员会理事万钟龄先生查阅《临安府志》（治所在今云南通海县）和《阿迷州志》等资料考证后认为：“始祖金□”，可能是元朝上将军“金吾”。把匝剌瓦尔密是元末军事人物梁王的名字，是忽必烈第五子、云南王忽哥赤后裔，封梁王后，镇守云南。1368年（元至正二十八年）元朝被朱元璋推翻后，梁王仍然坚守云南13年，并派遣使者去漠北朝见北元蒙古汗。1381年（明洪武十四年），朱元璋派兵进攻云南，梁王兵败后自缢身亡。

在明朝，伍姓蒙古人无政治地位，直到清朝才始有功名。1681年（清康熙二十年）举人伍士琪，历任湖南平江县、泸溪县、桂阳县等县令，山西朔州牧所、户部浙江司员外郎（从五品）。民国初，族人伍敦仁曾任广东虎门要塞司令，去世后追授为陆军中将。

3.需要探讨的几个问题

（1）对“不答失里”名字的认证

单纯对伍姓家庙牌位上“不答失里”这个汉语名字来准确认证，是相当困难的，要想得出相对准确的结论，必

蒙古小王子骑羊图

须与伍姓家族世代的传说和家谱记载的内容相结合。“伍姓族人回忆：老人一代代告知后人，说自己的祖先是蒙古皇族；家谱里第一页第一个人名是铁木真（成吉思汗）。”这些事实说明“不答失里”是元朝蒙古王室人员。

“不答失里”这个名字在《元史》和《新元史》里共有四位，分别是：宣德王“不答失里”、元文宗皇后“不答失里”、 刑部尚书“不答失里”、 廉访副使“不答失里”。在其他资料里发现有两位：元朝畏兀儿人高昌王之后“不答失里”、 哈密国国王“不答失里”。

元朝贵族政治的特点是“宗亲分封，家臣治国”。刑部尚书和廉访副使这两个职位级别较低，一般应由非蒙古王室人员来担任，故刑部尚书“不答失里”和廉访副使“不答失里”，不符合蒙古王室人员的要求。

高昌王之后“不答失里”和哈密国国王“不答失里”在今新疆一带，

也不符合要求。符合要求的只有宣德王“不答失里”和元文宗皇后“不答失里”。但元文宗皇后“不答失里”是女性，伍姓先祖牌位上没有“皇后”二字，故可以排除。唯有宣德王“不答失里”一人符合条件。这也是内蒙古社会科学院敖敦那专家研究后认为蒙文名字“不答失里”应为忽必烈孙子的原因。由此可以断定，伍姓家族应当是宣德王“不答失里”的后裔。

内蒙古社科院敖敦那先生查阅《元史》卷三三、卷一〇七里，有关宣德王“不答失里”的记载，也是《元史》里仅有的记载，内容如下：

《元史》卷三三记载：“天历二年（1329）春正月，高丽国派使臣前来朝贺。派前翰林学士承旨不答失里北回皇兄的行在所，又命令太府太监沙剌班带金币前往。”“承旨不答失里”，说明“不答失里”的地位相当高，属于王的身份；“北回皇兄”，说明“不答失里”是元朝蒙古皇室人员，应当指宣德王“不答失里”。这段文字内容，也是《元史》里对宣德王“不答失

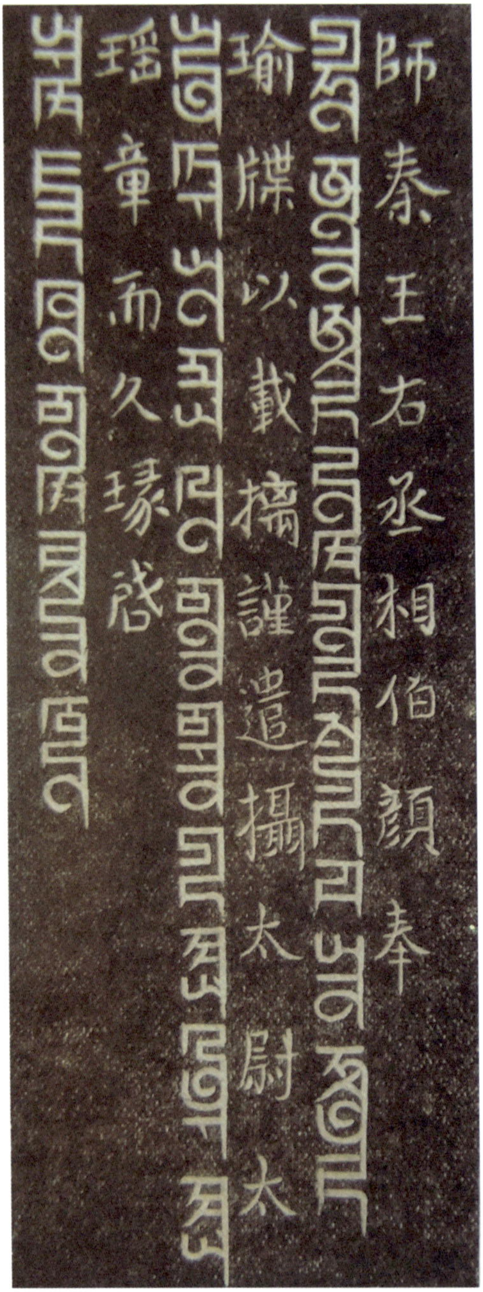

元顺帝上皇太后尊号拓片

里” 唯一一次参与元朝政府事务的记载。

《元史》卷一〇七表第二宗室世系表世祖皇帝九子“镇南王脱欢位”里有“宣德王不答失里”。敖敦那先生查阅《蒙古世系》里的内容当与此内容类同。

《新元史》卷一一四列传第一一“忽必烈第九子镇南王脱欢”有六子：长子镇南王老章和次子镇南王脱不花，均镇守扬州；三子威顺王宽彻不花，镇守武昌；四子镇南王、宣让王、淮王帖木儿不花，镇守合肥；五子文济王蛮子，镇守今河北省大名县；六子宣德王不答失里。

不答失里，1312年（元皇庆元年），赐福州路宁德县（现福建宁德市）一万三千六百四户为食邑。1313（元皇庆二年）十月，封安德王，驼纽鎏金银印（四等王）。后进封宣德王，换螭纽金印（二等王）。安德，指今山东省德州市陵县。宣德，指今河北省张家口市宣化县，元朝为宣德县。

史书对宣德王不答失里镇守何地没有记载，但从其封王名号上看，镇守地可能与封王名号一致，在今山东省德州市和今河北省张家口市，均在元朝大都（北京）周围，属于中书省管辖的范围。食邑地在福州路宁德县（今福建宁德市），位于中国东南，必有不答失里的子孙常住此地世代食邑。

分析和推测伍姓先祖进入云南的大致过程，必须结合元末明初时的战争形势。元末明初，福建的战争形势

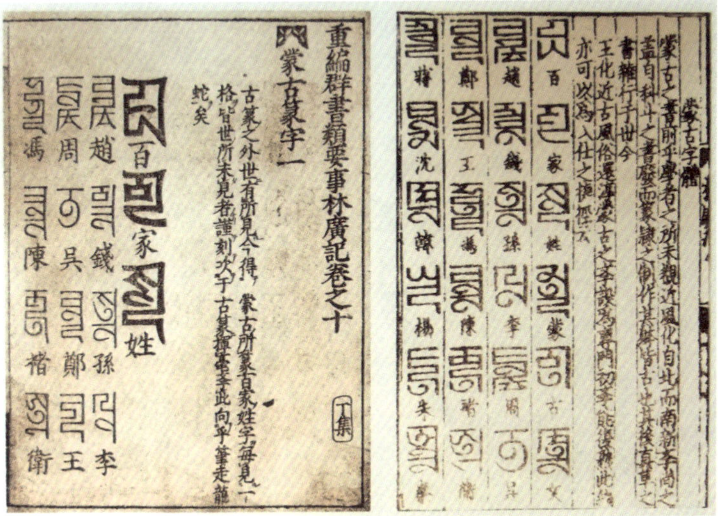

元朝时期八思巴蒙古文百家姓

如下：1368年（元至正二十八年，明洪武元年），朱元璋称帝，并于当年五月派胡美、汤和率大军分别从闽北和海路两路进攻福建。汤和于十二月中旬从海路经五虎门入闽江口，在福州城南的南台河口对福州发动进攻，并攻占福州，元朝行宣政院使朵耳麻拒绝投降而死在明军监狱中，佥枢密院柏铁木儿也杀死家人后自尽，此外闲居福州的广东廉访司佥事荻独步丁和江西行省左右司都事吕复也都自杀殉国。

汤和攻下福州后与胡美合力，分别自闽江下游和上游合攻延平，对元军陈友定形成夹击之势。胡美曾遣使劝降陈友定，但陈友定誓忠元朝。不久，延平城被明军攻陷，城破之时，陈友定让部下各自择路，而自己要誓死报效元廷，于是在大堂服毒后按剑待死，但药量不足，仅致昏迷，最后明军抵达大堂，将不省人事的陈友定用担架抬出，途中遇上大雨，陈友定被雨浇醒，最后被押解往南京应天府。陈友定的儿子陈宗海领兵前来救援，也被俘虏，一同押送往南京。

在南京时，因陈友定拒绝投降，明太祖朱元璋问他：“元朝已经灭亡，你为何还死忠元朝，杀使者参军胡琛、并斩劝降的来使。”陈友定回答：“事败身亡，惟有死耳，尚何言！”他拒绝投降，终于和他的儿子一起在南京被斩首。世称闽之三忠，遂号福王。

元朝令牌

史书记载，1368年元朝灭亡时，宣德王不答失里的四哥淮王帖木儿不花，被元顺帝诏命在元大都监国，83岁不屈被杀。1368年，不答失里的年龄应该在70岁以上，他的三个儿子的年龄应当在45岁以上。宣德王“不答失里”的可能镇守地在今德州市和今张家口市，食邑地在福州路宁德县（今福建宁德市）。但是，这些地方被明军占领时，在《元史》里对一般的元朝官员都有记载，唯独没有蒙古王室不答失里的任何记载，销声匿迹是不正常的，说明高龄的不答失里可能已经去世。这种情况也包括元亡13年后的1381年，云南被明军占领时，也无不

云南蒙古族研究委员会所编的《云南蒙古文化通讯》

答失里的记载。

此笔者推测，没有镇守地记载的伍姓先祖，可能在其父不答失里的福建食邑地居住。在1368年之前元顺帝统治末年，由于福建经常处于动乱之中，为了安全起见就提前进入了云南。元末长江以南大部分地区已被朱元璋占领，福建远离北方蒙古本土，如果此时伍姓先祖还在福建的话，逃亡北方已不可能，他们只能带着家人往西逃亡到距离最近尚属于元朝管辖的云南方可安全，所以才有“伍姓元末时入滇”的记载。

（2）伍姓家谱始祖“金”姓与伍姓不一致问题

伍姓家谱记载“始祖金□”，这个似乎表明伍姓始祖姓“金”。有学者认为，伍姓始祖是蒙古黄金家族的人，姓“孛尔只斤（金），可能取里面“金”字为姓，但现实是，只有“伍姓”族人，而没有“金”姓族人。

万钟龄先生认为，“金□”可能是“元朝上将军金吾”。这个说法仅是推测，需要史料证据来佐证。元朝有正二品武散官“龙虎卫上将军”、“金吾卫上将军”、“骠骑卫上将军”。“金吾”，是“古官名，负责皇帝大臣警卫、仪仗以及徼循（巡查）京师、掌管治安的武职官员”。唐宋以后有金吾卫、金吾将军、金吾校尉等；“卫”是保卫之意。“金吾卫”就是掌管皇帝禁卫、扈从等事的亲军。因此，“金吾”是官名不是人名，把一个普通的官名作为始祖名多有不妥。

在中国传统里，直呼先祖全名是不敬的行为，在伍姓族谱里，省略“伍”姓，仅书写其名是正常的。为此，笔者认为，“始祖金□”可能是“始祖伍金□”的简写。

（3）陆良县他姓、石屏县李姓与开远市伍姓先祖是三兄弟问题

在2005年云南蒙古族研究会所编《云南蒙古文化通讯》里，有很多学者的文章其观点基本上是：红河州开远市伍姓、曲靖市陆良县他姓、红河州石屏县李姓蒙古族，始祖是元宣德王不答失里的三个儿子伍（兀）吃都、他拉（喇）都、侣食达。主要依据是，“伍（兀）吃都”、“他拉（喇）都”与伍姓家庙牌位上的汉字“兀吃都他拉都兀不答失里”，前面六个字吻合。“侣食达”，是“答失里”的反写“里失答”，等等，这些仅是推测，还存在争议。为此本书暂时没有进行详细记述，需要进一步考证研究。

在中国几千年的传统文化里，敬祖是一件十分严肃的事情，无论家祠家庙牌位和墓地，都有很严格的规定，不得越雷池一步。如果他姓、李姓、伍姓先祖是三兄弟的话，按常理，伍姓家庙

云南蒙古族召开那达慕大会

里的牌位应当是：最高处，是一世祖“宣德王不答失里”一个牌位；紧挨下面的，是二世祖“伍吃都”、“他拉都”、“侣食达”三个牌位。然而，事实却只有 “兀吃都他拉都兀不答失里” 这么一个牌位，并且书写了三位先祖的名字，并且是父子关系。

《元史》对宣德王“不答失里”的记载内容仅寥寥数语，也没有记载其后人的具体名字。如果“伍吃都”和“他拉都”是宣德王“不答失里”的两个儿子的话，那么，他们的名字是万不能在其父亲名字之上的，更不能父子同在一个牌位上。因此，按照父子关系的理解，这个牌位是违背常理的。问题的焦点是，伍姓家庙牌位上的汉字“兀吃都他拉都兀不答失里”蒙古语是何意，尤其是“兀吃都他拉都兀”的蒙古语是何意，目前还暂时无法理解。

四、红河州蒙自市汤姓、董姓蒙古族——元朝汤撒喇忽、花严奴、察杜董的后人

蒙自市，是红河哈尼族彝族自治州人民政府驻地。1257年（蒙古宪宗七年）置蒙自千户，属阿僰万户。1276年（元至元十三年），改置蒙自县至今。隶属临安广西元江宣慰司临安路（治所在今云南通海县）。明为蒙自县，隶属临安府（府治在今云南建水县）。

汤姓蒙古族始祖是汤撒喇忽，世袭蒙自百户（从七品）。1995年

《蒙自县志》记载："汤姓，始祖汤撒喇忽，蒙古人，元初入滇，明传至九世，改姓汤。至民国十六年（1297），传二十二世，计百余户。"主要居住在红河哈尼族彝族自治州蒙自市城南新安所镇、芷村镇、冷泉镇及昆明等地。人数不详。

董姓蒙古族人始祖是花严奴、察杜董。1776年（清乾隆四十年）《董氏历代宗支考》记载：始祖花严奴、察杜董，蒙古人，原籍巩昌陇西（今甘肃陇西），随元世祖平滇后，住嶍峨（云南省峨山县），后迁蒙自。《蒙自县志》记载："其明初改姓董，随着发展成为汉族。至民国十六年（1927）传至21代，约70多户。"

五、昆明市石林县杨姓蒙古族——元朝武德将军普鲁海牙的后人

杨姓蒙古族始祖是元朝大理路总管（正三品）、武德将军普鲁海牙，其后裔主要居住在石林彝族自治县和昆明市，省外、国外和台湾也有少量分布，具体人数和居住地不详。元末修建的"普鲁海牙墓"在石林县城西紫玉山上，是普鲁海牙和夫人明珠吐鲁的合葬墓，墓呈圆形，似蒙古包，1986年被列为石林县县级重点文物保护单位。山脚有一处明末始建的庭院，名"忠节祠"，俗称"杨家祠堂"。紫玉山的这座古墓和鹿阜镇里的忠节祠，在六百多年来的历史长河中，始终是石林杨姓蒙古族的精神家园，年年有人扫墓和祭祀。普鲁海牙的第18代嫡孙杨勋文，就

昆明市石林县蒙古族

是这精神家园的第18代守护者。

据乾隆年间《续编路南州志·杨忠节公传》载："公讳以成字太和，元忠臣普鲁海牙八世孙，而古泉公讳鸣鸾之子也。海牙公生于蒙古，仕元，官至武德将军，大理路总管，移驻路南，洪武初死国难，赠闰里伯，子泰隐居不仕，易姓为杨遂为路南人。"

元朝至正款铜钱

"普鲁海牙"为蒙古族古语，意为威武雄壮的猛士。1274年（元至元十一年），元设云南行中书省，任赛典赤为平章政事，从元世祖至元十一年到元顺帝二十六年之间，大理路总管一职悉由大理第九代总管段氏担任。梁王（忽必烈第五子）杀段功，调普鲁海牙任大理路总管（正三品）。《路南县志》载："元封皇孙匝剌瓦尔密为梁王，封皇亲普鲁海牙为武德将军大理路总管。"

普鲁海牙从路南升调大理路军民总管府总管，时间不算太长，又"复封普鲁海牙于路南"，为镇守路南一方的军事首领。1381年（明洪武十四年），明大将军沐英攻打昆明，其间曾与普鲁海牙大战滇东，普鲁海牙战死。而后，沐英攻克昆明，梁王举家投水自尽。

普鲁海牙之子泰易姓为杨，隐居不仕，子孙隐居路南成为当地人。明代时，杨姓子孙以耕读为本，度过艰难的两百多年。自明万历年间（1573～620）至清末，杨姓经科举入仕数十人，整个家庭走出低谷，其中杨氏第八世孙杨以成正是"杨忠节公"。据康熙年间举人、曾任山东泗水县令的昆明人孙鹏在其《杨忠节公传》一文里所载："八传至公，天性孝友，古泉公患疮痛甚，公不避臭秽，亲为吮，脓疾遂愈。既由选贡特授贵阳府毕鸟通判，时水蔺交争、沾鸟构衅，公多方调剂，皆得平复，随以助征两江都顺监纪，定广洪边军，功陛本镇同知，九荐钦赏，两任奏绩。”

1622年（明天启二年），蜀中暴乱，杨以成身陷敌手，大义凛然，以身殉职。1627年（明天启七年），明熹宗皇帝“诏赐葬祭建祠坊”。1631年（明崇祯四年）2月20日，云南布政使司左布政蔡侃，受皇帝指派祭悼杨以成，其祭词内容：“孤城被陷乃遣吏怀印，因密书求援……竹筒一缄，丹心万古。岂料渊谋忽露，以致骂贼殒身。慷慨撄锋，壮怀并天壤不朽；从容就义，烈志与日月争光。”对杨以成给予很高的评价。

如今，“忠节坊”已毁，“忠节祠”尚有遗存，占地约3000平方米，建筑面积1000平方米。民国年间，杨氏祠堂曾被辟为庙学，中华人民共和国成立初期，为路南县（1998年更名为石林县）大会处厨房，以后为石林县医院职工宿舍。在石林数千年的历史中，杨以成是第一个受到皇帝诏赐的人，“忠节祠”和“忠节坊”是石林县迄今最为有价值的文物之一。

六、昆明市辖安宁市马姓蒙古族后裔——元朝也池卜花的后人

马姓蒙古族人始祖是也池卜花，主要居住在昆明市辖安宁市县街乡燕塔村、礼仪村，约180户，700多人。

在燕塔村有1799年（清嘉庆四年）所立的也池卜花和夫人阿夜思六的夫妇合葬墓碑文云：“马氏始祖，讳也池卜花，元之遗族也。至随龙卜居，落籍燕塔，启宇置田，克勤而兼以可

云南蒙古族在进行文艺汇演

俭□□□□□□，生子马忽速古都，传至十五、六代，后嗣二百余家。”清光绪年间（1875～1908年）《马氏合族宗族碑记》记载：“也池卜花者，从戎到滇，卓有战功，因马著绩，即以为姓。”

从上可知，也池卜花是跟随元朝军队入滇的，元末落籍燕塔，从其子马忽速古都之后改姓马。1799年（清嘉庆四年），两村马姓已发展到两百多户。之后，部分马姓迁至安宁上元良、下元良、耳目村以及外地居住。

七、云南朵姓蒙古族后裔——元朝云南行省廉访使朵儿赤的后人

朵姓蒙古族人始祖是元朝云南行省廉访使（正三品）朵儿赤。其后裔主要散居在云南的昆明、禄劝、武定、大理、丽江、曲靖、昭通、东川、云溪、个旧及北京、上海、四川等地，至今已繁衍24代，有数千人。

元朝的地方监察机构为肃政廉访司，系1291年（元至元二十八年）由提刑按察司演变而来，长官为肃政廉访使，简称廉访使。廉访使掌监察

云南遗存的蒙古族浮雕

百官，纠察地方吏治、政治得失，除具有一般的监察职能外，更偏重在经济管理方面进行监督。廉访使为正三品，副使为正四品。

廉访使的任命权，应直接出自蒙古汗庭，即所谓的“宣授”、“朝命”。有的廉访使佩戴“金虎符”、“金符”，似乎也表明他们是代表蒙古汗庭行使权力。廉访使赴任后，要定期向蒙古汗庭汇报工作。廉访使在存在了三十多年后，随着元朝的监察体系日益走向制度化、规范化，以前的廉访使就取消了。

朵儿赤在《元史》卷一三四和《新元史》卷一五六里均有记载。朵儿赤，字道明，西夏宁州（今甘肃宁县）人。

朵儿赤曾祖斡道冲，为西夏名儒，位至宰相。1792年（清乾隆五十七年）和1855年（清咸丰五年）撰修的《斡氏族谱》记载：斡道冲生于西夏“国史世家”，精通西夏和汉两种文字，曾将汉文《论语法》译为西夏文，著有《论语小议》20卷和《周易卜筮断》等书，被任命为“番汉教授”，朝廷文臣均尊其为师。斡道冲为相十年，为政清廉，弘扬中原文化，倡导儒学，去时“家无私蓄，仅有书籍数床而已”。西夏皇帝仁宗李仁孝（1139～1193）令国人将其遗像画于郡县学宫，尊为楷模，世代与孔子从祀。

朵儿赤父斡扎篑，守西凉，1225年成吉思汗第五次征西夏时，率父老以城降，太祖命其辅助撒都忽为中兴路管民官。太祖西征，斡扎篑运输粮饷不断，没有谋取丝毫私利，当时号称满朝清。元世祖忽必烈时，斡扎篑已卒。

朵儿赤，年十五，通《论语》、《孟子》、《尚书》，聪明过人。元世祖忽必烈听说之后，遂召见朵儿赤问道：“我听说你能说会道，很有才华，是吗？”朵儿赤答道：“您圣明仁智，这五湖四海的臣民都清楚。更重要的是作为一国之君，应该亲近君子，远离小人。从古到今因亲近小人而失国者是很多的啊！”元世祖深深为朵儿赤的言论所打动，认为朵儿赤的话与自己的思想不谋而合，认准了朵儿赤是个有用之才，想举用他，问朵儿赤想做什么样的官。朵儿赤答道：“西夏一带的土地向来贫瘠广袤，十之有九未能开垦。现在人口在增加，兵士在增多，何不进行屯田开荒呢？”于是，元世祖授朵儿赤为中兴路新民总管，以督开荒之任。朵儿赤上任后，招募强壮劳力垦田，又堵塞黄河九口，开三流。三年后，粮食增加，风气顿变，人人相亲。世祖大悦，又升朵儿赤为潼川府尹（正四品），朵儿赤在任潼川府尹时，也注意务实，发展生产，很有成绩。

后来，因与云南一带少数民族关

系难以处理，元世祖又任朵儿赤为云南廉防使。当时，云南一带，荆夷与南蛮相仇杀，这样的事本属民族纠纷，但一些贪官受到贿赂，假奏蛮情，派军队杀害无辜人民。朵儿赤看到这种情况十分气愤，当即上奏皇帝，辩明是非，才免于事态恶化。

在朵儿赤任云南廉防使的时候，还有一桩事情，当时行省丞相贴木迭儿贪暴至极，把法律当儿戏。他罗织安抚使法花鲁丁的罪名，企图以强

云南的蒙古族老人

权把法花鲁丁处以极刑。朵儿赤知道后，对贴木迭儿说："生杀之权，本出于天子，你以天子臣，任操生杀之权，想干什么？小民犯事都要按律审理，何况朝廷的大臣呢！"贴木迭儿听后，赦勉了法花鲁丁，不久恢复他的官职。朵儿赤在六十二岁时，亡于任上。

朵儿赤子仁通，任云南省理问（正四品）。1329年（元天历二年）三月，云南诸王与万户伯忽等反叛，仁通率领官军讨之，死于战场上。朵仁通子斡玉伦徒历任元代福建廉防副使（正四品）、工部侍郎（正四品）等职。

斡道冲的后裔，自朵儿赤后，以朵为姓。朵姓中，有一部分在改革开放以来改为蒙古族，另一部分融进汉族中。

云南蒙古族举行庆祝活动

八、分布在云南的其他姓氏蒙古族后裔

分布在云南各地的其他姓氏蒙古族后裔，主要有：曲靖沾益州余姓蒙古族和宣威余姓蒙古族。他们是在元末明初逃亡到四川后、又辗转于贵州等地，随后迁入云南。定居于宣威的余姓蒙古族人数最多，约有上万人。

通海县奎姓蒙古族后裔，始祖是元驻通海曲陀关都元帅府元帅（从二品）阿剌铁木儿，和旃、官、华姓蒙古族始祖“阿喇帖木耳”为同一人。

思茅市镇沅县铁家坡村铁姓蒙古族，自称元朝宗室后裔。

保山市腾冲县和顺乡李姓蒙古族，是元将里黑斯波的后裔，里黑斯波明洪武年间随军队入滇。著名哲学家艾思奇是其后代。

昆明市富民县完家村完姓蒙古族，据说是元云南临安宣慰司都元帅府（今建水县）都元帅（从二品）完者都后裔。

云南楚雄彝族自治州姚安县光禄镇、大姚县七街乡歹姓蒙古族，其先祖是在明初30万大军征云南、元梁王溃败而逃这一云南元朝势力溃败时刻，从昆明来到今姚安县隐姓埋名耕种为生的蒙古人。其先祖很有可能是元顺帝时期云南行中书省平章政事（从一品）阍乃马歹和行中书省右丞（正二品）伍歹这两个人中的一个，最有可能是伍歹，是蒙古人。

居住在云南丽江市玉龙纳西族自治县巨甸镇元姓蒙古族，入纳西族后，即以“和”为姓氏。清嘉庆年间（1796～1820），一个云贵总督路过巨甸镇时，发现其祖坟墓碑上有蒙古文字，告知其祖先是蒙古族，才将姓氏从“和”改为“元”。

云南大理白族自治州剑川县有“达子营”、“达子坟”、“番村”等名称及当年蒙古人屯田遗迹，剑川县白族中的颜、王、李、杨、海、早等姓的祖先是当年蒙古族的后裔。

居住在昆明官渡地区及四川会理县绿水河乡的太姓，均在《太氏族谱》，追溯其来源是蒙古族，有传说是元末梁王遗子被赐太姓，成为太姓始祖，其祖坟在官渡区跑马山（即太家河、太家山）。

居住在昆明晋宁县上蒜乡的海姓，据其族人称其入滇先祖是蒙古人，名叫铁木欣科。

云南省姓氏中的招、期、禄、普、万、龙、冉、胡、彭、陈、赵、周、代等姓氏，都是历史上蒙古族与周围其他民族通婚或者从其他蒙古族姓氏演变过来的姓氏。

方、鲜、包、黄、鲍、滕、王、苏等姓，一般是民国时期，尤其是中华人民共和国建立以来，因工作和学习来到云南。除了这八个蒙古族姓氏是现代人从云南以外来到云南外，上述蒙古族姓氏共40个，也即云南蒙古族姓氏至少在48个姓氏以上。

云南通海县兴蒙乡举行那达慕大会

本书所涉及的历史和民族知识

编者在撰写本书进行民族考证时发现，内地蒙古族由于远离蒙古族民族主体而居，对本民族的历史和民族知识了解得不够全面，在此，介绍一些基本的历史和民族知识，以便读者在阅读本书时参考。

一、党的民族政策和民族识别

中华人民共和国成立后，《中华人民共和国宪法》规定："中华人民共和国各民族一律平等。国家保障各少数民族的合法权利和利益，维护和发展各民族的平等、团结、互助关系。禁止对任何民族的歧视和压迫。"

民族平等，是指各民族不论人口多少，经济社会发展程度高低，风俗习惯和宗教信仰异同，都是中华民族大家庭的平等一员，具有同等的地位，在国家社会生活的一切方面，依法享有相同的权利，履行相同的义务，反对一切形式的民族压迫和民族歧视。

民族团结，是指各民族在社会生活和交往中平等相待、友好相处、互相尊重、互相帮助。

民族平等是民族团结的前提和基础，没有民族平等，就不会实现民族团结；民族团结则是民族平等的必然结果，是促进各民族真正平等的保障。

我国的民族政策主要包括如下10项内容：1. 民族平等和民族团结政策；2. 民族区域自治政策；3. 大力培养和使用少数民族干部政策；4. 加快发展少数民族地区经济建设政策；5. 积极发展少数民族教育文化事业政策；6. 保障各民族使用发展语言文字政策；7. 尊重少数民族风俗习惯政策；8. 尊重少数民族宗教信仰自由政策；9. 同少数民族上层爱国人士建立统一战线的政策；10. 进行社会主义改造和民主改革的政策。

民族识别，是一个涉及民族平等的重大现实问题。1953年，新中国开展了全国第一次人口普查，登记下来的民族名称多达400余种。其中最多的是云南，有260多种；其次是贵州，有80多种。

民族识别前之所以出现这种族别众多的复杂情况，主要原因有三：

一是由于在漫长的历史发展进程中，经历了无数次的民族迁徙与融合，各民族之间既相对聚居又交错杂居，你中有我、我中有你，使民族名称和民族成分纷繁多样。

二是由于在各民族之间和同一民

族的内部存在着经济社会发展的不平衡，这种不同的发展状况又往往和民族的不同自称和他称交织在一起，使民族族称情况显得更为复杂。

三是由于历史上长期存在的民族歧视压迫制度，使许多少数民族不敢公开承认自己的民族成分。国民党政府把少数民族看做是“国族”的宗支，不承认各少数民族对中国历史的贡献和应有的地位。中华人民共和国成立后，废除了民族压迫制度，实行民族平等政策，原来不敢公开自己民族成分的许多少数民族纷纷向当地政府上报自己的民族族称，要求承认为中华人民共和国多民族大家庭中的一员。

中国的民族识别工作，规模之大、历时之久、识别民族之多、调查范围之广、识别依据之科学，都是史无前例的，在世界上也是独一无二的。这项工作从中华人民共和国国成立之初开始，直到20世纪80年代末期正式确认中国有56个民族，前后历时30多年。大体分为三个阶段：

第一阶段，是从1950年到1954年，主要工作是进行调查研究、识别，确认了38个少数民族。

第二阶段，是从1954年到1978年年底，在基本掌握各族体的族源、历史、现状与语言的基础上，进行了较大规模的民族识别，主要集中在西南和中南的一些省份，尤其是云南省。确认了16个少数民族。

第三阶段，是从1978年到1987年。1979年，国家民委发出《关于抓紧进行民族识别工作的通知》，指出目前尚待识别的少数民族为数不多，要求有关省、自治区的民族事务部门采取积极有力的措施，尽快解决民族识别工作中的遗留问题。

1981年11月，国务院人口普查领导小组、公安部、国家民委联合发出《关于恢复或改正民族成分的处理原则的通知》，提出：“凡属少数民族，无论其在何时出于何种原因未能正确表达本人的民族成分，而申请恢复其何种成分的，都应予以恢复。”据此，从1982年开始，全国陆续恢复和更改民族成分的有260多万人。到20世纪80年代中后期，我国民族识别和更改民族成分工作已基本完成。

1986年6月，国家民委在全面总结我国民族识别工作成就和经验的基础上，向国务院上报了《关于我国的民族识别工作和更改民族成分的情况报告》。

1989年11月，国家民委、公安部发出了《关于暂停更改民族成分工作的通知》：

“早在1986年国家民委曾下达两份文件即[1986]民政字第252号和民政字第37号文，对于民族识别和更改民族成分问题作了政策性规定。但近

年来，有些地区没有按照上述两个文件精神执行，个别地区不适当地、大批地更改了民族成分，有碍于民族团结，产生了许多不必要的争议，确应引起各级政府部门的重视。鉴于上述情况，同时为做好1990年第四次全国人口普查中公民民族成分的填报，经研究决定，自本通知下发之日起，在全国各地一律暂时停止更改民族成分工作。关于一部分公民确定民族成分的遗留问题，将由有关部门与各地磋商后作出新的规定，在新规定公布实施前，原来填写的成分仍不变动”。

1990年5月，国家民委、国务院第四次人口普查领导小组、公安部又发出了民委（政）字[1990]217号《关于中国公民确定民族成分的规定》：

“凡属个人要求更改民族成分且符合本规定的，按规定办理。第四次全国人口普查登记工作，不负责公民民族成分的更改。属于集团性要求更改民族成分的，仍按照民委（政）字[1989]573号《关于暂停更改民族成分工作的通知》执行。”

1990年全国第四次人口普查时，我国已正式确认了56个民族，其中除汉族外有55个少数民族，少数民族总人口为9120多万人，占全国总人口的8.04%。至此，就全国来说，大量繁重的民族识别任务已基本完成，更改民族成分的问题也已基本解决。当然，民族识别工作还有少量的遗留问题。这些遗留问题虽然涉及的人数不多，但情况比较复杂，应当在总结经验的基础上，从实际出发，慎重稳妥地做好相关工作。

2009年4月23日，国家民委办公厅、教育部办公厅、公安部办公厅联合印发了《国家民委办公厅、教育部办公厅、公安部办公厅关于严格执行变更民族成分有关规定的通知》：

“近年来，一些地方出现了个别考生为享受少数民族高考、中考加分等优惠政策，违反有关规定变更民族成分的现象。这种行为违背了党的民族政策，侵害了少数民族的合法权益，不利于民族团结和社会稳定。为正确执行党和国家的民族政策，现就有关要求通知如下：

第一，公民个人的民族成分，只能依据父亲或母亲的民族成分确定。父母双方均不属少数民族成分的，本人不得变更为少数民族成分。考生在参加国家教育考试报名时填写的民族成分必须真实有效，符合国家有关政策规定。

第二，公民申请变更民族成分，须严格按照国家民委、国务院第四次人口普查领导小组、公安部《关于中国公民确定民族成分的规定》（民委（政）字〔1990〕217号）办理。申请变更民族成分，应先向县级民族事务主管部门

申请，并提交相应证明文件。县级民族事务主管部门应在对相关材料的真实性进行严格审查（必要时还应进行实地调查）后作出初审意见。初审同意后，上报地市级民族事务主管部门核实并签署审核意见。对其中符合变更条件的，再转由户口所在地公安派出所受理，经逐级呈报地市级公安机关户政部门审批后办理变更手续。未经地市级以上民族事务主管部门审核同意和地市级公安机关户政部门审批，公安派出所不得办理公民民族成分变更手续。”

“确定公民的民族成分必须以国家正式认定的民族成分为准，任何人不得以国家未确认的族称作为自己的民族成分。”

按照上述通知要求，有的省除了规定“公民个人的民族成分，只能依据父亲或母亲的民族成分确定”外，根据实际情况又加上“不能再向上追溯，更不能横向攀联”。截至目前，少数民族考生加分政策没有改变。

纵观中国历史，中国共产党是一个伟大的党，她所实行的民族政策是旷世未有的，是深得全国56个民族人心的。中华人民共利国成立以来的实践证明，中国的民族政策是成功的，走出了一条符合自己国情的解决民族问题和实现各民族共同发展、共同繁荣的正确道路。随着国家改革开放和现代化建设事业的发展，中国各民族必将得到更快、更好的发展，中国各民族平等、团结、互助的关系必将得到进一步巩固和发展。在中国共产党的领导下，中国的发展处于历史最好的时期，是真正实现中华民族复兴的辉煌时代，也使在中国境内的隐居蒙古族真正得到了新生，真正彻底结束了几百年来受歧视、受压迫的隐居历史。

二、成吉思汗和他所建立的蒙古帝国

1.蒙元帝国的辉煌

13世纪，蒙古圣主成吉思汗统一蒙古高原，随后西征东讨南进，建立了人类历史上疆域空前、横跨欧亚的蒙元帝国。成吉思汗是在中国历史上堪比秦皇、汉武的伟大帝王，但在中国古代众多的帝王当中，只有成吉思汗是最具有世界性影响的人物，之所以如此，在很大程度上是由于成吉思汗及其子孙进行了西征，冲击了欧洲中世纪的铁幕，开拓了一个东西方交流的新时代。

蒙元帝国是中国历史上最开放的王朝，她建立了历史上空前的遍布整个帝国的驿站系统，从中原到地中海之滨畅通无阻，使中外交流进入了一个新的历史时期。中国四大发明中的火药与指南针都是在这一时代传到西亚，进而再传到欧洲的。中国的丝、茶与瓷器大量输往中国以外的地区，中国的医药学、历史学、绘画、审美

观也传到西方。而东地中海地区的医药、古希腊的自然科学，穆斯林世界的天文、历算、工程、医药也为中国人民所接受。

在元代，蒙古人以成吉思汗的远征而自豪。用蒙古人的话来说，就是“成吉思皇帝降生，日出至没，尽收诸国”（《元典章》语，意为“天生成吉思汗，征服了东起日出之地、西至日落之处的所有国家”）。全盛时期的蒙元帝国包括元朝皇帝即蒙古大汗直辖的蒙古本土及中原汉地，以及四大汗国。四大汗国统治者尊奉元朝皇帝为宗主。

成吉思汗统一蒙古高原后，从1205年首次征讨西夏开始，进而灭金，到1276年忽必烈灭宋，历经71年征战，成吉思汗及其子孙先后击败这三个政权，实现了对中原的统一。忽必烈灭宋后建立的元朝政权包括蒙古高原和汉地，西北的吐蕃（今西藏）和西南的云南首次归属中国管辖。此时的中国地图是历史上面积最大、最完整的版图，为以后明清的长期统一奠定了基础。元代人明确地意识到他们生活在一个前所未有的时代。元末汪大渊说：“皇元混一声教，无远弗届，区宇之广，旷古所未闻。”元朝政权的建立打开了中国大一统局面，为现代中国国家、民族和政治制度奠定了基础。元朝结束了唐朝末期、五代十国、两宋以来中国三百六十多年割据的政治局面，使中国实现了中国历史上最大范围的统一。忽必烈为了适应汉地的生产力发展水平，逐渐采用汉法，加强中央集权并建立行省制，使国家机构日益完备起来，同时把蒙古原有的统治法纳入元朝的国家制度，进行了蒙古皇帝的封建专制统治。在蒙古地区保留原有的制度，限制移民，实行屯田。由于元朝统治者执行保护民族文化、经济的政策，使蒙古族的经济、文化生活得以保存和发展，这是蒙古民族与入驻中原建立政权的其他北方民族所不同之处。

蒙古建国后，除汉文化外，还受到吐蕃喇嘛教文化、中亚伊斯兰文化乃至欧洲基督教文化的影响。对汉文化贫乏的蒙古统治者来说，汉文化并不是独一无二的，这也使蒙古民族在元亡之后能够长久保持自己传统的主要原因。凡官方文书必用蒙文书写，再以当地文字（汉文、畏兀儿文等）附之。大批汉人为获进身之图阶，入蒙古字学读书，精熟蒙古语，取蒙古名字。宫廷中主要使用蒙古语。忽必烈虽有一定程度的汉语水平，但仍不能完全脱离翻译。整个元朝只有元文宗和元顺帝最后两个皇帝，汉语文水平稍高，属于例外。蒙古、色目大臣通汉文的，也是少数。正是由于汉化迟缓，才使得元朝存留下来的历史史料稀少，人

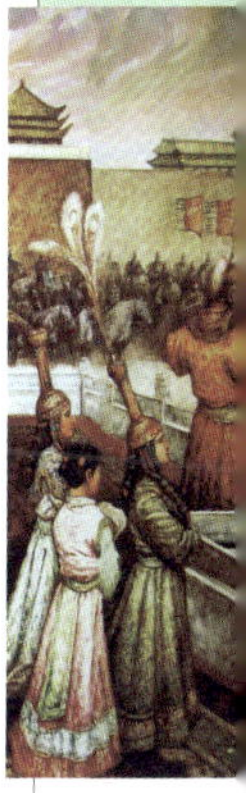

们对元朝的社会体制和社会生活都知之甚少，也使《元史》在国家二十四史中成为最难研究的历史。元朝的建立把蒙古民族推向了中华民族的巅峰。

1368年，朱元璋领导的农民起义军推翻了元朝的统治，蒙古统治者退回漠北，使蒙古高原重新成为他们的活动中心。蒙古族退居漠北之后史称“北元”。这样就形成了明朝与蒙古南北对峙260余年的局面。

蒙古大帝国建立以后，于1219年至1260年的四十余年时间，先后进行了三次举世瞩目的大规模西征，征服了横跨欧亚两州的大片领地，成吉思汗把这些领地分封给了自己的四个儿孙及后代，在此基础上建立了四大汗国。四大汗国的建立，使成吉思汗和后继蒙古大汗成为当时世界上权利最大的帝王。他们管理着一个横跨欧亚、疆域辽阔、亘古未有的庞大帝国。其疆域东起朝鲜，西与地中海之滨的叙利亚、小亚细亚半岛的拜占庭以及西欧为邻，北及北冰洋，南临印度洋，是人类历史上规模空前的大帝国。稳定时期版图面积超过3500万平方公里，鼎盛时期领土面积达到4500万平方公里，占据世界土地面积的22%。成吉思汗及其后继者在50多年的时间里，以总数不到40万人的军队，征服了40多个国家、720多个民族，管理的总人口数目达6亿，创造了世界历史上的奇迹，影响极其深远。

金帐汗国为成吉思汗长子术赤之子拔都所建，在《元史·地理志》中

蒙元大帝国版图

称为月即别。成吉思汗分封诸子时，其长子术赤在也儿的石河（今额尔齐斯河）流域，并宣布由此向西所有蒙古马蹄所及之地均归其管辖。金帐汗国最盛时疆域东起也儿的石河、西至斡罗思（今俄罗斯）、北达北极圈、南越太和岭（今高加索山）。蒙古人统治俄罗斯近三个世纪。1502年汗国解体，解体后分裂成若干汗国，其中布哈拉汗国直至上世纪的1920年才被俄国十月革命所推翻。

成吉思汗次子察合台的封地在天山以北草原，以今伊犁河流域为中心，形成察合台汗国。其最盛时疆域东至吐鲁番、北抵今新疆塔城、西及阿母河、南越兴都库什山。其中心为阿力麻里（今新疆霍城境内）附近的忽牙思草原。14世纪中叶后，察合台汗国分裂为东西两部分。其西部主要是今乌兹别克斯坦，受蒙古巴鲁剌思氏贵族控制，后来发展成帖木儿帝国，帖木儿的后人巴布尔又建立了莫卧尔王朝，统治印度331年，到1857年才被英国殖民者推翻。其东部主要是今我国新疆，其继承者叶尔羌汗国1680年为蒙古准噶尔汗国所灭。

成吉思汗三子窝阔台（即后来的元太宗）的封地在按台山（今阿尔泰山）乃蛮故地，以此为基础建立了窝阔台汗国。汗国由窝阔台及其儿子贵由和他们的后人管理。窝阔台汗国建于1225年，亡于1309年，汗国灭亡后其领地部分纳入察合台汗国部分归入元朝版图。

成吉思汗西征后在波斯等西域设立统治机构。元宪宗蒙哥即位后，于1252年派遣幼弟旭烈兀率军征讨尚未臣服的西域诸国。灭木剌夷及报达（今伊拉克巴格达）等国家和地区，杀末代哈里发（伊斯兰教主的名称），并以帖必力思（今大不里士）为中心建立了伊儿汗国。伊儿汗国的疆域东起阿姆河，西临地中海，北界里海、黑海、高加索，南至波斯湾。包括今伊朗、阿富汗、伊拉克、南高加索的阿塞拜疆、格鲁吉亚、亚美尼亚、土库曼斯坦都是伊儿汗国的领地。1388年，伊儿汗国被帖木儿汗国所灭。

2.成吉思汗经典箴言

一代天骄成吉思汗的箴言闪烁着思想光辉、蕴涵着深刻哲理。成吉思汗站在人类思想的巅峰，为我们撒播智慧和心灵的种子，使人格趋于完美，至今仍然闪耀着真理的光辉，具有很强的感染力，值得我们从中汲取智慧、力量和勇气。现摘取经典50条箴言和10条语录，以飨读者。

（1） 我的七尺身躯无足轻重，但我们的国家与子民要万世永存。

（2） 没有铁的纪律，战车就开得不远。

（3） 你的心胸有多宽广，你的战

马就能驰骋多远。

(4) 不要理会能走多远，只管前进，目标必会达到；不要怕险阻，尝试便成功。

(5) 用我们的刀箭带来的惩罚警告一切为非作歹者。

(6) 一枝脆弱的箭，当它成倍的增加，得到别的箭的支援，哪怕大力士也折不断它，对它束手无策。因此，只要弟兄间相互帮助，彼此支援，再强大的敌人也战胜不了你们。

(7) 人生最大的快乐就是击败敌人。

(8) 要让青草覆盖的地方都成为我们的牧马之地。

(9) 平时应像牛犊般驯顺，战时应像扑向野禽的饿鹰一样凶狠。

(10) 如果隶属于国君的许多后裔们的权贵、勇士和那颜们都不严遵法令，国事就将动摇和停顿。

(11) 战胜敌人时，不可贪财。战胜了敌人，那些财物我们共同分配。

(12) 只有知道这种饥渴并据以推知别人的情况，只有在行军时考虑到不让军队饥渴、牲畜消瘦的人，才配担任首长。

(13) 万夫长、千夫长和百夫长

成吉思汗铜像

们，每一个人都应将自己的军队保持的秩序井然，随时做好作战的准备，一旦诏令和指令不分昼夜地下达时，就能在任何时候出征。

（14）马肥时能疾驰，肥瘦适中或瘦时也能疾驰，才可称为良马，只能在这三状态之一下疾驰的马，不能称为良马。

（15）跋山涉水远途行军，要爱惜战马于未瘦之时，要节省粮草于未尽之时。如果战马瘦弱了再想爱惜也迟了；如果粮草用尽了，再想节省也晚了。

（16）能清理自身内部者，也能清理国土上的盗贼。

（17）我一旦得到贤士和能人，就让他们紧随我不能远去……让他们称心如意地献计出力。

（18）有别勒古台之力，哈撒儿之射，此朕之所以得天下也。

（19）国以民为本，杀了人即使夺了地与国何益？况且杀害无罪者，也就促使敌人增强其抵抗决心。

（20）治家者即能治国。

（21）与长者相处时，长者未发问，不应发言。长者发问以后，才应做适当的回答。

（22）凡是敌人做了杀害人的事，

呼和浩特蒙古风情园成吉思汗纪念堂

总是隐瞒不露的，一个人不隐瞒杀害人的事，诚实地说出来，这样的人是可以做朋友的。

(23) 不肯背弃本主的人必能忠于所事。

(24) 只要有草原在，蒙古人就能生存。

(25) 雏鹰只有自己去飞，翅膀才会变硬；孩子只有离开爹娘，才能学会生活。

(26) 宁可折断骨头，也不可背弃信义。

(27) 在我的力量还不足的时候，我就得忍让，违心的忍让。先把自己的翅膀练硬，那时即使有风有雨也挡不住我往高处飞翔。

(28) 不要想有人保护你，不要乞求有人替你主持公道。只有学会了靠自己的力量活下来，你才算是真正的蒙古人，也才是任何人都打不落马的蒙古人。

(29) 敌人的敌人可以成为我们的朋友。

(30) 苦难，能使人坚强，也容易使人暴烈；能使人容忍，也容易使人残酷无情。

(31) 若想治身，必先修心，责人之前，必先责己。

(32) 与其谈论他人是非，不如反省自己过错。

(33) 人之正，图才智，非贪财也。

(34) 欲知己过，拜他为师，欲决社稷，纳贤为臣。

(35) 统帅者，知己之疲劳，才知他人之困苦。

(36) 嗜酒者昏，若聋若瞽（gu 瞎眼），心首无主，执业俱废。

(37) 不要以金银珠宝装饰身体，而要以道德充实内心。

(38) 嫉恨他人进财发家，反而冲了自家的财神。

(39) 知计者，能征服强者，不知计者，虽书于掌上，也无计可施。

(40) 君臣才智，治国之本。妻子贤惠，安家之宝。

(41) 知己之弊病，问他人而知之。辨治国的失误，向贤者而学之。

(42) 与其悲叹自己的命运，不如相信自己的力量。

(43) 美人和名马，谁都喜爱。然而只醉心于这些，那就要身败名裂。

(44) 谁要是种下仇怨的苗，谁就将摘取悔恨的果实。

(45) 说话时要想一下：这样说妥当吗？要知道无论是认真地说出来或者开玩笑地说出去，话再也收不回来了。

(46) 凡不率父兄之教，夫疑其妻，妻忤其夫，富不济贫，下不敬上，若是之人，必至流为匪类，国破

内蒙古乌兰浩特市成吉思汗庙成吉思汗箴言长廊

家亡，临敌则遇殃。

(47) 爱护邻人如同爱护自己，人人须互敬互爱，包括尊重老人和穷人。

(48) 分歧之事要讲和气，对敌斗争要讲智谋。

(49) 忠贤者的劝告要听取，离间者的美言要三思。

(50) 若能节制贪婪之心，可望毕家致富；若能分清是非曲直，可谓贤者。

(51) 我要把蒙古这片散沙，变成一块坚硬的石头。

(52) 打仗时，我若是率众脱逃，你们可以砍断我的双腿；战胜时，我若是把战利品揣进私囊，你们可以砍断我的手指。

(53) 我成功并不重要，重要的是其他所有人都失败了，那时我才是真正的成功。

(54) 身躯之英雄称一代，智慧之英雄称万代。

(55) 我能征服世界，但不能征服死亡。

(56) 意志差的，容易忧郁，才华差的，容易烦躁。意中，无须忧郁，心中，无须烦躁。

(57) 要谦虚谨慎，与众人和睦，只要坚持求是，不乏拥护之人。

(58) 能过上好日子的民族，都是尚武的民族。

(59) 君子如果以小人之气，就将

失去其国度。小人如果以君子之气，就将失去其脑袋。

（60）对智者讲解妙语，他就会心领神会；对愚者传授知识，他就会呆若木鸡。

3.成吉思汗法典（大扎撒）

古代蒙古部落首领对众发布的命令称为“扎撒”。成吉思汗建立蒙古国后，将原有的训令写成法规，《成吉思汗法典》颁布于1206年，在当时的大蒙古国具有最高权威，是大蒙古国的根本大法，是目前已发现的世界上最早的宪法性文件。《成吉思汗法典》古本在元末明初毁于战乱，失传600余年，其内容散落于众多史料之中，由内蒙古典章法学与社会学研究所历时14个月系统研究和集中写作而成。

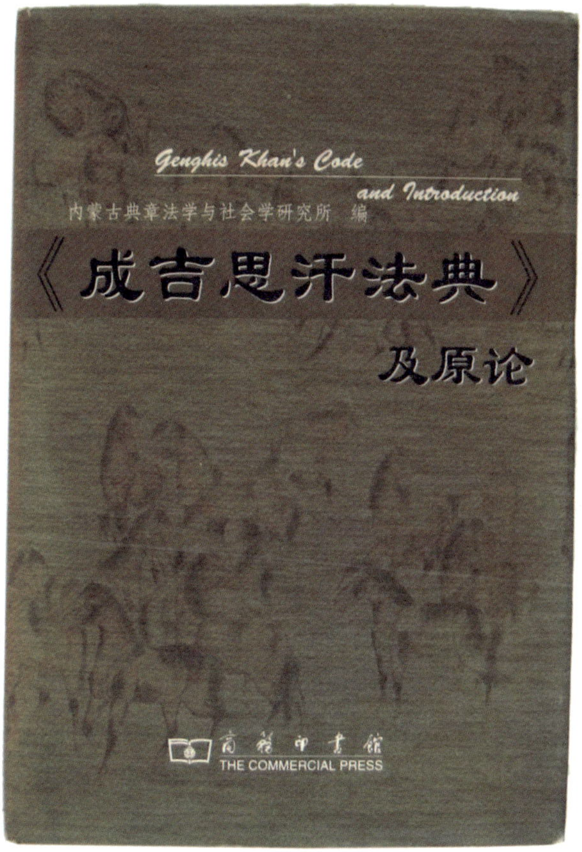

《<成吉思汗法典>及原论》

总 则

第一条 天赐成吉思汗的大札撒（法令）不容置疑。

第二条 一个民族，如果子女不遵从父亲的教诲，弟弟不听从兄长的劝诫；丈夫不信任妻子，妻子不顺从丈夫；公公不赞许儿媳，儿媳不尊敬公公；长者不管教幼者；幼者不尊重长者；那颜（官员）只宠信其亲属而疏远陌生人；富有者吝惜私有财物而损害公有财物的，那么必将导致被敌人击败、家户衰落、国家消亡。因此，成吉思汗颁布大札撒，提醒所有民众必须提高警惕，所有那颜和哈剌楚（平民）都必须遵守，这样长生天就会保佑我们完成大业。大札撒不能改变，必须千年、万年、世代遵守下

成吉思汗统一蒙古各部并颁布法令（《蒙古历史油画长卷》，王延青等创作）

去。

国家制度

第三条　大蒙古国选举汗位继承者、任命札尔忽赤（断事官）、发动战争和进行重大决策实行忽里勒台（会议）制度。忽里勒台由黄金家庭主要成员、万户长、千户长和主要那颜组成。各汗国确立汗位及作出重大决策也按照该规则进行。

第四条　大蒙古国实行札尔忽赤制度。通过忽里勒台，成吉思汗任命失吉忽秃忽（人名）为国家的札尔忽赤（最高断事官），其职责为裁判诉讼、拟制青册和记录分封。札尔忽赤将判例与成吉思汗商量后用白纸黑字造册保存，命名为阔阔迭卜尔（青册）。后人不得更改，更改都要受处罚。

第五条　大蒙古国儿童必须学习畏兀儿文字。

第六条　男子年满15岁皆有服兵役的义务。

第七条　每个人不论贫富与贵贱都平等劳动。

第八条　尊重任何一种宗教信仰，任何一种宗教都不得享有特权。每个人都有信仰宗教的自由。

社会管理制度

第九条　社会组织实行十进制。分为十户、百户、千户和万户，成吉思汗任命万户长和千户长，千户长任命百户长，百户长任命十户长。

第十条　建立户籍制度。每个人都辖属于十户、百户和千户，并承担劳

元代铜百户印（上都博物馆提供）

役。每个人都只能居住在指定的十户、百户、千户辖区内，不能随意迁移到另一个单位去，也不能到别的地方去寻求庇护。如有违抗该命令的，迁移者要当众被处死，收容的人也要受到严厉惩罚。

役税制度

第十一条　民众有承担赋税、劳役和驿役的义务。

第十二条　各宗派教主、教士免征赋税，免服兵役和驿役。

第十三条　贫困的民众、医生和

元代纯银“皇帝圣命违令者死”令牌（上都博物馆提供）

有学问的人免征税收。

驿站制度

第十四条 大蒙古国建立驿站制度，驿站的职责是收集情报、传递信息、保障通商、保障官员和使节通行。

第十五条 驿站的供给和维护由所在区域的千户负责，千户向辖区内的民众分配驿役。

第十六条 负责驿站的那颜定期对驿站进行检查，每年至少一次。

第十七条 应经驿站中转的人员不得扰民。

军事法和狩猎

第十八条 大蒙古国建立以狩猎为基础的军事训练制度。

第十九条 狩猎时，按战时组织进行，确立指挥官，由指挥官统一指挥狩猎。

第二十条 对于使野兽逃跑的情况，应仔细调查原因，根据调查结果对责任千夫长、百夫长和十夫长处以杖刑或死刑。

第二十一条 狩猎结束后，要对伤残的、幼小的和雌性的猎物进行放生。

战争

第二十二条 两国交战前应先行宣战，向敌方军民宣告："如顺从，则你们会获得善待和安宁；如反抗，则其后果唯有长生天知道，非我方能预料。"

成吉思汗发动举世闻名的西征

第二十三条　军队编组实行十进制，包括贵族、奴隶在内，分为十户、百户、千户和万户。十人推举十户长，十户长推举百户长，百户长推举千户长。

第二十四条　只有在行军时能考虑到不让军队饥渴、牲畜消瘦的人，才配担任首长。

第二十五条　十户长不能完成任务的，撤销他的职务，连同其妻子、儿女一并处罚，另从其十人队中选一人任十户长。百户长、千户长、万户长与此相同。

第二十六条　百户长、千户长、万户长应在每年年初和年终参加军事会议，听取成吉思汗的训言，并保证训言的实施，管理辖区军士。若面从心违，致使大汗命令落空，或不参加此会议的，予以撤职。

第二十七条　如战争需要，每个人无论老少贵贱都有作战御敌的义务。

第二十八条　民众有负担战争物资的义务。由十户长、百户长负责征收征用。出征前，要检阅军备，如准备不足，严厉惩罚百户长、十户长。

第二十九条　参战人员接到集结命令后必须按时到达指定地点，既不能迟到，也不能早到。

第三十条　交战时，专心作战，禁止掳取财物。破敌后，见弃物不能取，待战争结束后统一分配。在战争中，若军马退至原排阵处，军士应返身力战，不返身力战的，处以死刑。

第三十一条　军士遇事要慎重，在敌情不明的情况下不可轻易向敌人出击。

第三十二条　战场上拾到战友衣物和兵械而拒不归还的，处死刑。

第三十三条　丈夫在外参加战争或狩猎时，妻子应料理好家务，并代理丈夫完成赋役义务。

第三十四条　保护战死者。奴隶将牺牲于战场上的主人背出来的，将主人的牲畜和财产送给该奴隶；其他人背出来的，将死者的妻子、奴隶和所有财产都送给该人。

怯薛

第三十五条　建立怯薛（护卫军）制度，从千户长、百户长、十户长和白身人（自由民）的子弟中选取健壮的、有能力者当怯薛军。符合上述条件自愿加入怯薛军的，任何人不得阻挡。被征为怯薛的千户长子弟须带那可惕秃（亲近的人）10人和迭兀（弟弟）1人，百户长子弟须带那可惕秃5人和迭兀1人，十户长和白身人子弟须带那可秃惕3人和迭兀1人。被征怯薛须在规定范围内自备马匹、物品；自备不足的，可从千户、百户内征调其余部分，违反此命令的，予以严厉惩罚。

第三十六条　怯薛的地位高于在

外的千户长，在外的千户长和怯薛斗殴的，严厉惩罚千户长。

第三十七条 怯薛的那可秃惕高于在外的百户长、十户长，在外的百户长、十户长和怯薛的那可秃惕斗殴的，严厉惩罚百户长、十户长。

第三十八条 怯薛军违反管理，免死。初犯的，处鞭刑3下；再犯的，处鞭刑7下；仍不悔改的，处流刑。4位怯薛长和不传达上述罚则的，予以严厉惩罚。没有成吉思汗的命令，怯薛长不得擅自处罚怯薛军，违者对其处以同样的处罚。怯薛长不服的，可向成吉思汗申诉，由成吉思汗作出最后的决定。

第三十九条 宿卫神圣不可侵犯，任何人不得坐宿卫上座，不得跨越宿卫身体，不得靠近宿卫，否则予以逮捕。

第四十条 夜间未经宿卫允许不得在大汗翰耳朵禁区附近行走和进入翰耳朵禁区；违反的，宿卫可将其拘押，待次日审问。有急事禀报的，必须先得到宿卫允许，和宿卫一同进入翰耳朵。

第四十一条 怯薛军由成吉思汗亲自指挥；擅自调动的，予以严厉惩罚。

行为法

第四十二条 民众对待国人要温顺，对待敌人要凶狠。

第四十三条 经过三位以上贤人一致认可的话为可靠的话。民众要慎言，

蒙古大汗的“怯薛”军（《蒙古历史油画长卷》，王延青等创作）

元代统一度量衡的“铜权”（照片由元上都博物馆提供）

在说每一句话之前都应当同贤人的话进行比较，同时，也应把别人的话同贤人的话进行比较，如果合适，就可以说，否则就不应当说。

第四十四条 醉酒的人，就成了瞎子，他什么也看不见，他也成了聋子，喊他的时候，他听不到了，他还成了哑巴，有人同他说话时，他不能回答。他喝醉了时，就像快要死的人一样，他想挺直地坐下也做不到，他像个麻木发呆头脑受损伤的人。喝酒既无好处，也不能增进智慧和勇敢，不会产生善行和美德。在醉酒时人们只会干坏事、杀人、吵架。酒使人丧失知识、技能，成为他前进道路上的障碍和事业上的障碍。他丧失了明确的途径，将食物和桌布投进火中，掷进水里。

嘉奖少喝酒的人，重用不喝酒的人。国君酗酒者不能主持大事、颁布必里克（训言）和重要的习惯法。十户长、百户长和千户长酗酒的，免除其职务。怯薛军士酗酒的，予以严厉惩罚。哈剌楚酗酒的，没收其全部财产。如果无法制止饮酒，一个人每月可饱饮三次。

第四十五条 以信托资金经商累计三次亏本的，处死刑。

第四十六条 杀人的，处死刑。

第四十七条　男子与女子公开通奸或通奸被当场抓获的，通奸者并处死刑。

第四十八条　男子之间鸡奸的，并处死刑。

第四十九条　收留逃奴的或拾到财物不归还的，处死刑。

第五十条　以歪门邪道伤害他人的，处死刑。

第五十一条　尊重决斗的双方和决斗的结果。在决斗过程中，任何人均不得参与和帮助决斗中的任何一方，违反者，处死刑。

第五十二条　撒谎的，处死刑。

第五十三条　偷盗他人重要财物的，处死刑，并将其妻子、儿女和所有财产没收后送给被盗的人。

第五十四条　偷盗他人非重要财物的，处杖刑。根据情节的不同，分别杖7下、17下、27下、37下、47下，而止于107下。

第五十五条　主人应对奴仆的行为负责。奴仆偷盗他人财物的，将其本人和主人都处以死刑，并将他们的妻子、儿女和财产没收后送给被盗的人。

第五十六条　保护草原。草绿后挖坑致使草原被损坏的，失火致使草原被烧的，对全家处死刑。

第五十七条　保护马匹。春天的时候，战争一停止就将战马放到好的草场上，不得骑乘，不得使马乱跑。打马的头和眼部的，处死刑。

第五十八条　保护水源。不得在河流中洗手，不得溺于水中。

第五十九条　遗产不得收归国有，任何人不得干涉遗产的分配，一般由死

元朝八思巴文圣旨

者继承人继承。如果死者没有继承人的，遗产送给其徒弟或奴隶。

第六十条　妻妾所生子女均有继承权。

诉讼法

第六十一条　家里的事情尽量在家里解决，野外的事情尽量在野外解决。

第六十二条　最高札尔忽赤裁判诉讼时，由宿卫组成裁判宿卫，保障札尔忽赤命令的执行。

第六十三条　除当场被抓获或自己认罪之外，一般不得处以刑罚，但当有人被许多人控告时，其又不承认的，可以用拷打的办法使其认罪。

附则

第六十四条　黄金家族成员违犯大札撒的，应予以处罚。初犯的，口头训诫，按成吉思汗的必里克处罚；第三次违犯的，流放到遥远的地方。流放后还是不改的，判处其戴上镣铐进监狱；如果仍未悔改就通过宗亲会议作出处理决定。

第六十五条　那颜们需认真传达大札撒，有传达义务而不传达的，予以严厉惩罚。

4.蒙古帝国、元朝、北元汗位排序（1206～1634年）

(1)成吉思汗：本名铁木真，孛儿只斤氏，蒙古开国君主，建立了横跨欧亚大陆的大蒙古帝国，庙号太祖。生卒年1162年4月16日至1227年7月12日，终年66岁，在位22年

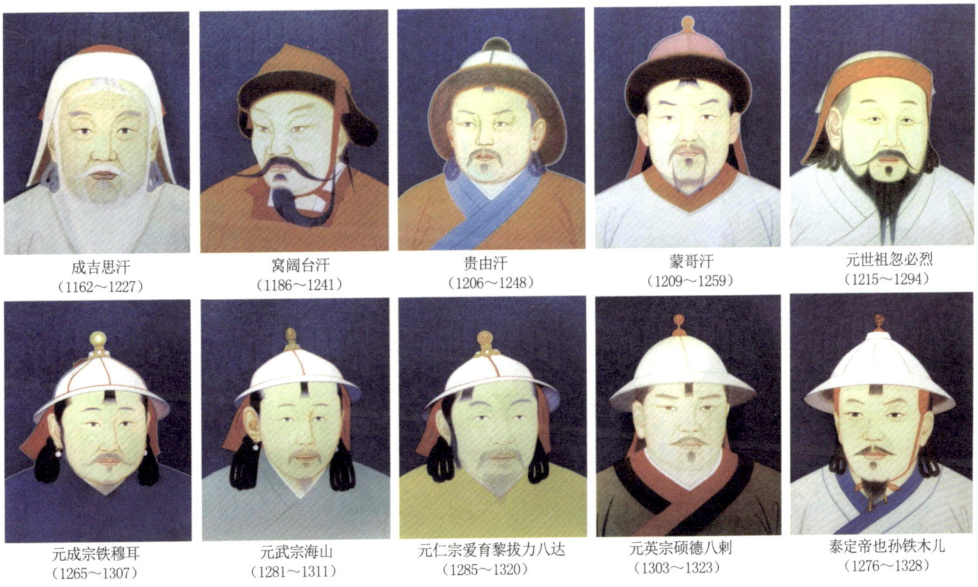

蒙古大汗图之一

（1206～1227年）。

（2）窝阔台汗：成吉思汗第三子，庙号太宗。生卒年1186年至1241年，终年56岁，在位13年（1229～1241年）。

（3）贵由汗：窝阔台汗长子，庙号定宗。生卒年1206～1248年，终年43岁，在位3年（1246～1248年）。

（4）蒙哥汗：托雷的长子，庙号宪宗。生卒年1209～1259年，终年52岁，在位9年（1251～1259年）。

（5）元世祖忽必烈，蒙古称薛禅汗，成吉思汗幼子托雷的次子，庙号世祖，建立了中国历史上的大元王朝。生卒年1215年8月28日至1294年1月22日，终年80岁，在位35年（1260～1294年）。

（6）元成宗铁穆耳，蒙古称完泽笃汗，忽必烈次子真金第三子，庙号成宗。生卒年1265年～1307年，终年43岁，在位14年（1294～1307年）。

（7）元武宗海山，蒙古称曲律汗，忽必烈子真金孙，庙号武宗。生卒年1281～1311年，终年31岁，在位5年（1307～1311年）。

（8）元仁宗爱育黎拔力八达，蒙古称普颜笃汗，元武宗海山弟，庙号仁宗。生卒年1285～1320年，终年36岁，在位10年（1311～1320年）。

（9）元英宗硕德八剌，蒙古称格坚汗，仁宗次子，庙号英宗。生卒年1303～1323年，终年21岁，在位4年（1320～1323年）。

（10）泰定帝也孙铁木儿，其父甘

天顺帝阿速吉八（？～1328）　元明宗和世剌（1300～1329）　元文宗图帖睦尔（1304～1332）　元宁宗懿璘质班（1326～1332）　元惠宗妥欢帖睦尔（1320～1370）

爱猷识理达腊必里克图汗（1338～1378）　脱古思帖木儿汗（1350～1388）　也速迭儿汗（1358～1391）　昂克汗（？～1394）　买的里八剌汗（1362～1399）

蒙古大汗图之二

麻剌为忽必烈嫡孙，庙号泰定。生卒年1276～1328年，终年36岁，在位6年（1323～1328年）。

(11)天顺帝阿速吉八，蒙古称剌察八黑汗，泰定帝长子，庙号天顺。生卒年？～1328年，终年9岁，1328年7月即位，在位3个月被废。

(12)元明宗和世剌，蒙古称忽都笃汗，元武宗海山长子，庙号明宗。生卒年1300～1329年，终年30岁，在位8个月（1328年～1329年）。

(13)元文宗图帖睦尔，蒙古称扎牙笃汗，元武宗海山次子，庙号文宗。生卒年1304～1332年，终年29岁，在位5年（1329～1332年）。

(14)元宁宗懿璘质班，蒙古称超克图汗，元明宗和世剌次子，庙号宁宗。生卒年1326～1332年，终年7岁，1332年10月14日即位，在位2个月。

(15)元惠宗妥懽帖睦尔，蒙古称乌哈嘎笃汗，元明宗和世剌长子，庙号元惠宗，后人称元顺帝，在位时发生元末农民起义，携朝廷退守漠北。生卒年1320～1370年，终年51岁，在位38年（1333～1370年）。

北元汗位排序（1370～1634年）

(16)爱猷识理达腊必里克图汗，元惠宗妥懽帖睦尔长子，庙号昭宗。生卒年1338～1378年，1370年至1378年在位。

(17)脱古思帖木儿汗，元惠宗妥

蒙古大汗图之三

懽帖睦尔次子，爱猷识理达腊之弟，汗号乌斯哈勒汗。生卒年1350～1388年，在位1378～1388年。

(18)也速迭儿汗，忽必烈之弟阿里不哥后裔。生卒年1358～1391年，1388～1391年在位。

(19)昂克汗，也速迭儿之子。生卒年 ？～1394年，在位1391～1394年。

(20)买的里八剌汗，爱猷识理达腊独生子，汗号为额勒伯克尼古埒苏克齐汗。生卒年1362～1399年，在位1394～1399年。

(21)坤帖木儿汗，阿里不哥后裔。生卒年1384～1402年，在位1399～1402年。

(22)鬼力赤可汗，窝阔台子合丹后裔。生卒年 ？～1408年，在位1402～1408年。

(23)本雅失里汗，买的里八剌汗之子。生卒年1384～1410年，在位1408～1410年。

(24)答里巴汗，阿里不哥后裔。生卒年1395～1415年，在位1411～1415年。

(25)斡亦剌歹汗，阿里不哥后裔。生卒年？～1425年，在位1415～1425年。

(26)阿岱汗，成吉思汗二弟哈萨尔后裔。生卒年1390～1438年，在位1425～1438年。

(27)脱脱不花汗，忽必烈系后裔

满都鲁汗
(1438～1479)

达延汗
(1473～1516)

巴儿速孛罗特汗
(1490～1519)

不地汗
(1504～1547)

达赉逊汗
(1520～1557)

图们汗
(1539～1592)

布延汗
(1556～1604)

林丹汗
(1592～1634)

蒙古大汗图之四

阿寨台吉之子。生卒年1416～1452年，在位1438～1452年。

(28) 也先汗，蒙古瓦剌部绰罗斯氏（非黄金家族），生卒年？～1454年，在位1453～1454年。

(29) 马儿古儿吉思汗，脱脱不花汗幼子。生卒年1448～1465年，在位1454～1465年。

(30) 摩伦汗，脱脱不花汗长子，生卒年？～1466年，在位1465～1466年。

(31) 满都鲁汗，脱脱不花汗异母弟。生卒年1438～1479年，在位1475～1479年。

(32) 达延汗，号赛因汗，成吉思汗十五世孙，重新统一蒙古六万户，是蒙古中兴大汗。生卒年1473～1516年，在位1479～1516年。

(33) 巴儿速孛罗特汗，号赛那剌汗，达延汗第三子。生卒年1490～1519年，在位1516～1519年。

(34) 不地汗，号阿剌克汗，达延汗次子兀鲁思孛罗特长子。生卒年1504～1547年，在位1519～1547年。

(35) 达赉逊汗，号库腾汗，不地长子。生卒年1520～1557年，在位1547～1557年。

(36) 图们汗，号扎萨克图汗，达赉逊长子。生卒年1539～1592年，在位1557～1592年。

(37) 布延汗，号彻辰汗，图们汗长子。生卒年1556～1604年，在位1592～1604年。

(38) 林丹汗，号库图克图汗，布延汗长孙，为蒙古末代大汗。生卒年1592～1634年，在位1604～1634年。

5.与本书相关的成吉思汗黄金家族世系简介

根据《元史》、《新元史》、《史集》等史料，作者列出黄金家族世系如下：

也速该正妻诃额伦生四子：铁木真（即成吉思汗）、哈萨尔、哈赤温、斡赤斤。另一妻速赤格勒生二子：别克帖儿、别里古台。1266年（元至元三年），追谥也速该为烈祖。

成吉思汗一共有后妃40多人，分居在四个斡儿朵（原意为毡帐，后来指宫室）中，以其正妻孛儿帖地位最高。史料记载成吉思汗有八个儿子。

正妻孛儿帖所生四个嫡系儿子：长子术赤（建立金帐汗国）、次子察合台（建立察合台汗国）、三次元太宗窝阔台（建立窝阔台汗国）、四子元睿宗拖雷（拖雷幼子旭烈兀建伊儿汗国）。五子阔列坚（忽兰皇后生）、六子察兀儿（也速干皇后生）、七子术儿彻（乃蛮女生，早死）、八子兀鲁赤（塔塔儿女生，早死）。

(1) 术赤系：

术赤，知道名字的有十四子：长子斡尔达，次子拔都，三次伯勒克，四子脱哈帖木儿，五子昔班，六子唐古忒，七子土斡耳，八子伯勒克察尔，九子乞刺乌堪，十子桑库，十一子领台，十二子谟罕默德，十三子乌都，十四子库马帖木儿。

⑵ 察合台系：

察合台有四子：长子莫图根，次子也速蒙哥，三子贝达尔，四子撒巴。

⑶ 窝阔台（蒙古第二任大汗）系：

长子贵由（蒙古第三任大汗，《新元史》为次子）、次子阔端（《新元史》为三子）、三子阔出（《新元史》为四子）、四子哈刺察儿（《新元史》为五子）、五子合失（《新元史》为长子，生于1271年，嗜酒早卒）、六子合丹（庶长子，非正妻所生）、七子灭里。

定宗贵由有三子：长子忽察、次子脑忽、三子禾忽（其长子为南平王秃鲁）。

合丹（庶长子）→睹尔赤（长）→小薛→星吉班（还有其它说法）。

⑷ 拖雷系：

拖雷有十一个子：长子宪宗蒙哥（蒙古第四任大汗）、次子忽都秃、四子世祖忽必烈（建立元朝）、六子旭烈兀（建立伊儿汗国）、七子阿里不哥、八子拨绰、九子末哥、十子岁哥都、十一子雪别台，三子和五子名字不详。

忽必烈有十一子：长子朵儿只（早卒）、次子真金太子（裕宗）、三子忙哥剌（安西王，二等王；秦王，一等王）、四子那木罕（前四子皆察必皇后所生）；五子忽哥赤（云南王，四等王，三等王）、六子爱牙赤、七子奥鲁赤（西平王，四等王）、八子阔阔出（宁王，一等王）、九子脱欢（镇南王，二等王）、十子忽都鲁帖木儿；十一子铁蔑赤（南必皇后所生，早死）。

忽必烈次子裕宗真金，有三子：长子晋王甘麻剌（一等王），次子塔剌麻八剌，三子成宗铁穆耳（一子皇太子德寿，早亡无后。据《史集》尚有一子塔海兰）。

忽必烈第三子忙哥剌，是皇太子裕宗真金同母弟。记载有两子：长子阿难答（安西王，二等王），另一子按檀不花（秦王，一等王）。阿难答子月鲁铁木儿（安西王，二等王）

忽必烈第五子忽哥赤，有一子也先帖木儿（袭封云南王）。

忽必烈第七子奥鲁赤，有二子：长子铁木儿不花（镇西武靖王，四等王），次子八的麻的加（西平王，四等王）。

镇西武靖王铁木儿不花→长子老

的（云南王，三等王）→长子阿忒思纳失里（豫王，一等王），次子答儿麻（西安王，二等王），三子乞八，四子亦只班。

铁木儿不花→次子搠思班（袭封镇西武靖王）→党兀班（追封凉王，一等王）。

忽必烈第九子脱欢，有六子：长子老章（镇南王，二等王），次子脱不花（镇南王，二等王），三子宽彻不花（威顺王，二等王，1366年死于甘肃成县），四子帖木儿不花（镇南王，二等王；宣让王，二等王；淮王，一等王；1368年大都被明军占领后被杀害），五子蛮子（文济王，二等王），六子不答失里（安德王，三等王；宣德王，二等王）。

脱欢次子脱不花，子孛罗不花（袭封镇南王，1356年被俘被杀于扬州）→大圣奴（袭封镇南王，1359年战死于现江西上饶市信州区）。

脱欢三子宽彻不花有记载的7个儿子：别帖木儿（1351年战死）、答帖木儿、报恩奴、接待奴、佛家奴（四个儿子均在1356年战死）、和尚（义王，一等王，1368年大都被明军占领前逃亡，不知去向）、伯伯（推测在1368年大都被明军占领后被俘，1383年被朱元璋流放到耽罗——现韩国济州岛）。

脱欢五子蛮子，子不花帖木儿（1353年袭封文济王，1370年在甘肃被俘）。

忽必烈第十子忽都鲁帖木儿（世祖庶子），子阿八也不干（皇庆元年赐泉州路南安县为食邑），子八鲁朵儿只。

拖雷第七子阿里不哥，有四子：长子明理帖木儿、次子药木忽儿（定远王五等王、威定王三等王、定王一

术赤（思沁画）

察合台（思沁画）

窝阔台（思沁画）

拖雷（思沁画）

睿宗拖雷和妻子唆鲁禾帖尼

等王）、三子乃剌忽不花（子孛罗，镇宁王三等王、冀王一等王）、四子剌甘失甘（子那海，亦封镇宁王三等王）。

6.蒙元帝国都城简介

在蒙元帝国的历史上，前后建有四个都城，分别是蒙古帝国早期都城哈剌和林、元大都、元上都和元中都。

哈剌和林，突厥语意为“黑圆石”，一说原为山名，指鄂尔浑河发源地杭爱山；一说本为河名，指鄂尔浑河上游。是蒙古帝国的早期首都，忽必烈建元朝以后改为岭北行省省会。1235年，窝阔台汗命汉族工匠于鄂尔浑河岸建筑都城，即以哈剌和林为城名。城南北约四里，东西约二里，大汗所居的万安宫在其西南隅，有宫墙环绕，周约二里。由于蒙古国的强盛，哈剌和林成为当时世界著名城市之一。1368年元大都（今北京）被明军攻克后，元朝皇帝迁往哈剌和林，北元政权继续以此为首都。1370年明军攻克哈剌和林，大火烧了整整25个日日夜夜，哈剌和林基本被毁灭，后重建。但此后蒙古诸部分崩离析，哈剌和林也逐渐没落。故址在今蒙古国后杭爱省额尔德尼召北。

元大都，突厥语称为汗八里，意为汗城，指天下最大的都城，也就是现在的北京城。城东西两面相当于今北京内城东西城墙，南至今东、西长安街，北至德胜门、安定门外土城旧址。1260年，忽必烈即帝位于开平（今内蒙古锡林郭勒盟正蓝旗东），1263升开平为上都，以取代漠北哈剌和林，1264改燕京（北京）为中都。1267年，正式兴工，在金中都旧城的东北修建新城。1272年定都燕京，称为元大都，于是大元的统治中心大部转移至中原。并确立了两都巡幸制度，元上都为夏都，与元大都共同构成了元朝的两大首都。今北京与元上都两都之间有三路交通线路。每年4月，元朝皇帝便来元上都，9月秋凉返回元大都，皇帝在元上都的时间长达半年之久。皇帝在上都期间，政府诸机构相从，以处理重要政务。除此之外，皇帝要狩猎行乐，还要举行蒙古诸王贵族的朝会和传统的祭祀活动。

元上都遗址，在今内蒙古锡林郭勒盟正蓝旗东，是我国草原城市遗址中规模最大、级别最高、保存最完好的一座城市遗址，现为全国重点文物保护单位。由我国蒙古族创立的这座元上都草原都城，被认定是中原农耕文化与草原游牧文化奇妙结合的产物，史学家称誉它可与意大利古城庞贝媲美。

1307年（元大德十一年），忽必

蒙古帝国古都哈剌和林遗址

北京市元大都北城墙遗址和护城河

元大都布局图

内蒙古正蓝旗元上都遗址

烈的曾孙元武宗海山，在河北省张北县馒头营乡建造元中都。1311年（元至大四年），武宗逝，仁宗“罢城中都”后，仍作行宫使用，后任英宗、泰定、文宗、顺帝等多位皇帝曾到此巡幸、议政、作佛事。1358年（元至正十八年），红巾军烧毁中都宫殿，使其成为废址。元中都与当时的元大都（北京）、元上都齐名。元中都遗址位于张北县城北50公里处，南离元大都（北京）265公里，北距元上都195公里。元中都从建立到焚毁的历史，可充分反映元代从鼎盛走向衰亡的过程。

7.中国境内成吉思汗祭祀圣地简介

在中国境内有内蒙古鄂尔多斯市成吉思汗陵、内蒙古乌兰浩特市成吉思汗庙、吉林省松原市成吉思汗召三处场馆，是纪念和祭祀历史上横跨欧亚大陆蒙古帝国的缔造者、开创者、杰出的政治家、军事家、蒙古民族英雄、世纪伟人、一代天骄成吉思汗的圣地，是蒙古民族十分向往的神圣领地。

成吉思汗陵属全国重点文物保护单位，坐落在内蒙古鄂尔多斯市伊金霍洛旗甘德利草原

上。蒙古族盛行“密葬”，所以真正的成吉思汗陵究竟在何处依然是个谜。现今的成吉思汗陵乃是一座衣冠冢，它经过历史上的多次迁徙。

成吉思汗陵的主体是由三个蒙古包式的宫殿一字排开构成。

后殿为寝宫，安放四个黄缎罩着的灵包，包内分别供奉成吉思汗和他的三位夫人的灵柩，灵包的前面摆着一个大供台，台上放置着香炉和酥油灯，还摆放成吉思汗生前用过的马鞍等珍贵文物。

河北省张北县馒头营乡元中都遗址

东殿安放着成吉思汗的第四子拖雷（元世祖忽必烈之父）及其夫人的灵柩。自窝阔台及其长子之后，蒙古族大汗都是拖雷系担任，所以其地位极为显赫。

西殿供奉着象征九员大将的九面旗帜和“苏勒德”。苏勒德即为大旗上的铁矛头，成吉思汗南征北战中，用它指挥过千军万马，传说成吉思汗死后，其灵魂便附在其上，因此在蒙古人民的心目中，苏勒德是十分神圣的。

祭成吉思汗陵是蒙古民族最隆重、最庄严的祭祀活动场所，简称祭成陵。蒙古族祭奠成吉思汗的习俗，最早始于窝阔台时代（1229～1241年），到忽必烈时代（1260～1294年）正式颁发圣旨，规定祭奠成吉思汗先祖的各种祭祀程序，使之日臻完善。现今鄂尔多斯伊金霍洛的成吉思汗祭典，就是沿袭古代传说的祭礼。成吉思汗祭祀一般分平日祭、月祭和季祭，都有固定的日期。专项祭奠一年举行六十多次。祭品齐全，皆供整羊、圣酒和各种奶食品，并举行隆重的祭奠仪式。每年阴历三月二十一日为春祭，祭祀规模最大、最隆重。历史上内蒙古各盟旗都派代表前往伊金

内蒙古鄂尔多斯成吉思汗陵

霍洛成陵祭祀。

为成吉思汗守陵的部落是达尔扈特人。达尔扈特部的祖先原是成吉思汗的警卫部队，是成吉思汗 8 位功臣的后裔。成吉思汗死后，由原来的五百户警卫部队守卫成吉思汗陵寝。他们的任务是专门管理成吉思汗的陵寝和有关祭奠工作。达尔扈特部遵照成吉思汗的遗训，永不担任任何官职，也不负担官差徭役。达尔扈特的男人，一生只能做有关守卫成陵和祭祀的事情。父亲教给儿子关于祭祀和管理的各种仪式和方法，学会《伊金颂》、《苏勒德颂》、《窝奇特经》，这项事业代代相传。达尔扈特是蒙古语，翻译过来的意思是“担负神圣使命的人”。迄今为止，

鄂尔多斯市成吉思汗陵苏勒德祭坛

为成吉思汗陵守陵的达尔扈特人

达尔扈特人已经忠诚地为成吉思汗守灵近八百年，已传了38代人，现有人口已超过5000人。

成吉思汗庙，坐落在兴安盟乌兰浩特市罕山之巅。乌兰浩特市位于大兴安岭南麓，内蒙古自治区东部，是兴安盟的首府，科尔沁草原腹地。“科尔沁”蒙语意为箭筒士，是成吉思汗二弟哈萨尔后裔的部落。

成吉思汗庙于1940年5月5日动工修建，1944年10月10日竣工，是座融汉、蒙、藏三个民族建筑风格于一体的庙宇。坐北朝南，下方上圆，从正面看庙宇是“山”字形，中间是高28米的正殿，东西两侧是高16.62米的偏殿，共有9个尖顶。是世界上唯一一座纪念成吉思汗的祠庙。

大殿由正殿和东西配殿组成。大殿正中的大理台基上座落着高2.8米、重2.6吨的成吉思汗全身铸铜座像，两旁陈列元代兵器。庙殿东南侧建有“成吉思汗箴言长廊”，竖立着数十块刻有成吉思汗箴言的黑面石碑。

成吉思汗召，位于吉林省松原市前郭尔罗斯蒙古族自治县查干湖畔妙因寺后山冈。前郭县城与松原市共处一城，是松原市政治、经济、文化的中心。郭尔罗斯可分解为“郭尔”和“罗斯”两个单词。蒙古语“郭尔”汉语意思为河；蒙古语“罗斯”汉语意思为“水”。郭尔罗斯，可直译为“河水”、“江河”，这个河即指松花江。

成吉思汗召于2004年5月9日奠基，2006年6月18日揭牌。院落为矩

内蒙古兴安盟乌兰浩特市成吉思汗庙

形，中央略高于四周，建筑风格集蒙、藏、汉艺术风格于一体。大殿内通过实物、雕塑、绘画、图片、文字等多种表现形式，详细记录和反映了一代天骄成吉思汗从少年英雄的成长、统一蒙古各部、统一全中国、横扫欧亚大陆等戎马生涯的丰功伟业。大殿正中央陈列的是成吉思汗汉白玉雕塑座像，两侧站立着他的同胞兄弟哈萨尔和别里古台，以及冲锋陷阵的八员战将

松原市前郭尔罗斯蒙古族自治县成吉思汗召

木华黎、博尔术、赤剌温、博尔忽、者别、者勒蔑、忽必来、速不台等剽悍的形象。陈列在展台上的还有成吉思汗当年用过的马鞍、马蹬、马鞭、战刀，东征西战穿过的战袍、铠甲，以及指挥作战的苏勒德。在四周墙壁上，彩绘有成吉思汗统一蒙古各部落、征金国、灭西夏、统一中原，横扫欧亚大陆等各重要历史事件和战绩。通过形象化的故事，生动地再现了当年成吉思汗弯弓立马、驰骋疆场的戎马一生。2006年5月25日，成吉思汗庙被国务院批准列入第六批全国重点文物保护单位名单。

三、元朝的基本统治制度

蒙古族入主中原以后，建立了元朝政权。大元的建立形成了中国大一统局面。忽必烈为了适应汉地的生产力发展水平，他接受汉族地主阶级士大夫的建议，吸取中原地区历代封建王朝的统治经验，逐渐采用汉法。但元朝的统治制度，在许多方面与历代王朝不尽相同，首先加强中央集权，建立行省制度，对吐蕃地区所实行的政教合一的统治，并制定了一系列的法典。这些措施的实施，使国家机构日益完备起来。与此同时，把蒙古原有的统治法纳入到元朝的国家制度，保留了如探马赤军中的奥鲁（老小营）的建置，进行了蒙古皇帝的封建专制统治。元朝是中国历史上最为开放的时代，元朝政府积极促进东西方文化的交流和科学技术的发展。这是蒙古民族与入驻中原建立政权的其他北方民族的不同之处。

1.元朝的行省设置

元世祖忽必烈时，开始设置中书省，而在各地分置行中书省。行中书省作为中书省的派出机构，后逐渐成为固定的地方行政机构，掌管辖内军政要务。行省制，就是在中央设中书省总理全国政务，在地方设行中书省，行省设丞相一人，掌管全省军政大事。行省下设路、府、州、县。路、府、州、县并非严格的四级行政区，通常行省下面只有三级或两级，如路、府、县；路、州、县；府、州、县；州、县等几类情况。元代行省制度的确立，是中国行政制度的一大变革，对后世影响巨大，省作为地方一级行政区的名称，一直沿用至今。明灭元后，改行省为承宣布政使司，但习惯上仍称行省，一般简称省。

元朝时期的国家一级行政区有12个，即1个中书省，11行中书省。中书省直辖黄河以北，太行山以东及以西之地的山东、山西、河北和内蒙古等地（称为“腹里”），统辖包括大都等29路8州。吐蕃、畏兀儿地区，则分别归宣政院、大都护府统理。各行省情况如下：

陕西行省——治京兆（今陕西西安），其后两次移治兴元（今陕西汉

元朝时期的蒙古皇帝和皇后

中），辖境包括今陕西及甘肃、内蒙古部分地区，统4路5府27州。

甘肃行省——治中兴府（今宁夏银川），辖境包括今甘肃省、宁夏回族自治区及内蒙古部分地区，统7路2州。

辽阳行省——治所北京（今内蒙古宁城西），辖境包括今辽宁、吉林、黑龙江三省及黑龙江以北、乌苏里江以东地区，统7路1府。

河南江北行省——治汴梁（今河南开封），辖境包括今河南省及湖北、安徽、江苏三省的长江以北地区，统12路7府1州。河南江北行省辖区东西较长，南北较短，西起潼关，东抵大海，囊有黄河、长江中下游之间的广大地区。北扼黄河，南控长江，兼有中原腹地和长江门户，控制黄河、长江两大天险，为要冲之地。

四川行省——治成都，辖境包括今四川省大部及湖南、陕西部分地区，统9路3府。

云南行省——治中庆（今云南昆明），辖境包括今云南省全境，四川、广西部分地区，以及泰国、缅甸北部一些地方，统37路5府。

湖广行省——治鄂州（今湖北武昌），辖境包括今湖南、贵州、广西三省之大部及湖北部分地区，统30路3府15安抚司3军13州。

江浙行省——治杭州，辖境包括今江苏南部，浙江、福建二省及江西部分地区，统30路1府2州。

江西行省——治隆兴（今江西南昌），辖境包括今江西省大部及广东省，统18路9州。

岭北行省——治和林（全称哈剌和林，大蒙古建国时的首都，地址在现蒙古国乌兰巴托西南），辖境包括现蒙古国全境、中国内蒙古、新疆一部分和俄罗斯的西伯利亚地区，至最北境。

征东等处行中书省——治所王京（今韩国首都首尔），辖境主要是朝鲜半岛，统2府1司、5道。征东行省丞相由高丽国王兼任，得自辟官属，高丽国原有的政权机构和制度均不改变，财赋亦不入都省，与元朝国内诸行省性质不同。

十一个“行省”管辖着元王朝60%以上的国土。除上述行省外，元朝还设过几种专主大征伐的行省。一为征宋时所设，只称“行中书省”，不系地名；一为用兵外国时所设，系所征国名，如日本行省、交趾行省（安南行省）、缅中行省（征缅行省）、占城行省等。还有一种是授权某省负责征伐某国军事，将省名与所

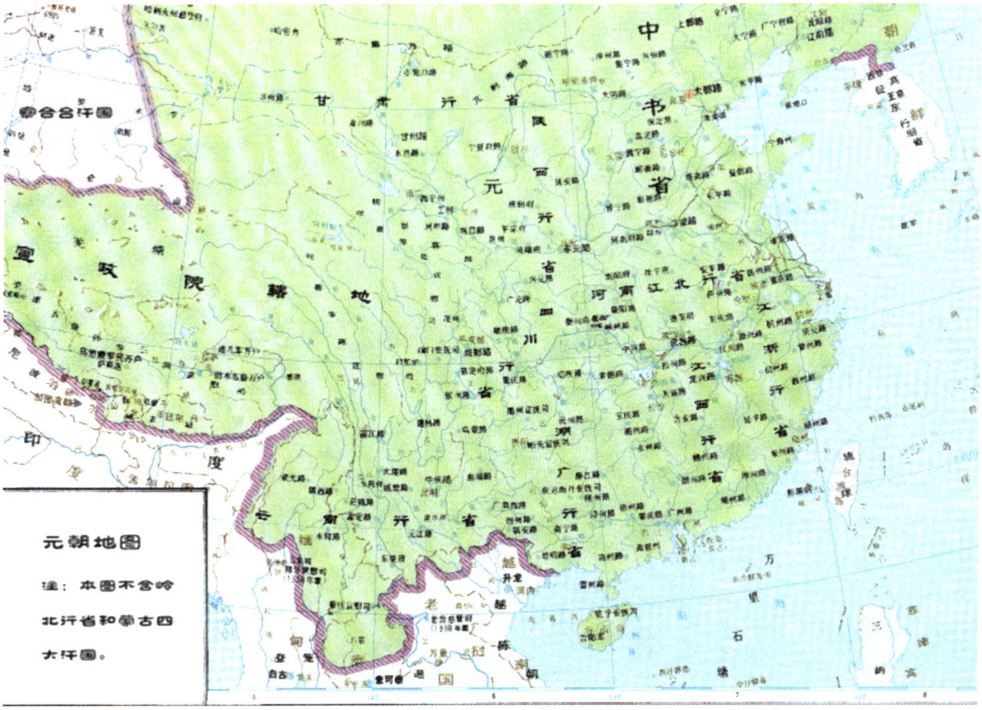

元朝地图（内地部分引自《中国历史地图集》）

征国名合称，如荆湖占城行省。这些都是临时性的建置，事毕即罢。

2.元朝中央和地方机构设置

(1) **中央机构**

元朝的中央一级机构，主要有：

中书省——总政务，上承天子，下总百司，领六部，为最高行政机关，行使宰相职权。下有六部：

左三部（吏、户、礼）、右三部（兵、刑、工）。

枢密院——秉兵柄，中央最高军事管理机关，相当于国防部。

御史台——司黜陟，最高监察机关。

宣政院——主持全国释教及吐蕃地区军、民之政。

据元朝的定制：中书省最高长官为中书令，由皇太子担任；又设右丞相（在皇帝右手站立的丞相，也称主相）、左丞相（在皇帝左手站立的丞相，也称副相）各一员；平章政事四员；右、左丞各一员；参知政事二员。蒙古之俗尚右，故以右丞相、右丞居上。

元朝中书省的官职有：中书令（正一品），右、左丞相（正一品），平章政事（从一品），右、左丞（正二品），参知政事（从二品），断事官（正三品）。

元朝枢密院官职有：知院（从一品），同知（正二品），副枢（从二品）等。

元朝御史台官职有：御史大夫（从一品），御史中丞（正二品）等。

元朝忽必烈皇帝和他的大臣们《蒙古历史油画长卷》，王延青等创作

元朝宣政院官职有：宣政院使（从一品），同知（正二品），副使（从二品）；断事官（正三品）。

还设置了下列机构：翰林兼国史院——掌制诰文字，纂修国史；大劝农司——掌农桑、水利；集贤院——掌提调学制和道教事务；太史院——掌天文历数；通政院——掌驿传；大宗正府——主持诸王、驸马、投下（元朝诸王、驸马、勋臣所属的封地、采邑人户，蒙古语也称爱马）蒙古、色目人的刑名等公事，时而兼管汉人刑狱，是治天下刑政的札鲁忽赤（断事官）官署；崇福司——管理也里可温（元朝人对基督教徒和教士的通称）的宗教事务；回回司天监——掌回回历法；蒙古翰林院及其所属蒙古国子监——掌蒙古文字；经正监——管理皇室和贵族的营盘纳钵、标拨投下草地并治理有关词讼；中尚监——掌成吉思汗大斡耳朵位下怯怜口诸务及内府供亿；会秋寺——掌武宗五斡尔朵（行宫）户、钱粮、营缮诸寺，等等。

(2) 地方机构

元朝的地方最高行政机构，在忽必烈即位之初，为十路宣抚司，同时以都省官“行某处省事”系衔，派到各地署事，行使中书省的权力。行省逐渐由临时性的中央派出机构定型为常设的地方最高行政机构。除“腹里”直隶于中书省和吐蕃由宣政院辖理以外，都置有行省。在距离省治较偏远的地区，分道设宣慰司，处理当地军民事务。负责民政的官员属中书省管辖，负责军务的官员属枢密院管辖。边陲民族地区的宣抚、安抚、招讨等司，多参用当地土官任职。

行省之职守，“凡钱粮、兵甲、屯种、漕运、军国重事，无不领之”。各行省一般置平章政事两员（从一品），右丞、左丞各一员（正二品），参知政事两员（从二品）。各省的政务需要通过中书省进行协调统一或向皇帝报告。行省与都省之间具有某种程度的从属关系。各级行政官员的任命权都掌握在中央，投下的州县，其达鲁花赤一职由领有该地的诸王、贵戚或勋臣任命。

元朝行省既是大军区，又是财赋征集区。作为民族统治的得力工具，主要由蒙古、色目官员掌握权力。以最关键、最敏感的统军权为例，行省官员中只有平章以上得掌军权，而平章以上又不准汉人担任，通常只能由蒙古、色目贵族担任。行省虽然“军国重事，无不领之”，但在实际操作过程中无不受到中央政府各方面的牵制与制约。如在人事权方面，元代地方官吏的选用主要由中书省和吏部负责；在财政方面，行省只是充当了朝廷集中财赋的工具，所收取的财赋行省必须执行上供中央与地方留用七三

元朝达鲁花赤铜质官印

分成的悬殊比例规定。行省还有义务遵照朝廷的命令，额外提供钱谷，以弥补中央财赋支出的不足；在军事方面，行省不能独立行使军权，军权掌握在中央的枢密院；在司法方面，朝廷也对行省制定了严格的规则典制，不能逾越。

中书省和行省以下的行政区划，依次为道（个别行省设置，属监察性质）、路、府、州、县。路设总管府，有达鲁花赤、总管，是为长官；有同知、治中、判官、推官，是为正官；还有总领六曹、职掌案牍的首领官（经历、知事、照磨）。府设有达鲁花赤、知府或府尹，同知、判官、推官，知事等官职。有的府隶属于诸路，有的直隶于行省；有的统领州县，有的则不统州县。州有达鲁花赤、州尹或知州，以及同知、判官等官。有些州直隶于路或行省，有的州不统县。县有达鲁花赤、县尹等官。有些县直隶于路或府。边远地区还有“军”的建制，品秩及设官置吏皆如下州。路治所在的都市，设一个或几个录事司（大都、上都设警巡院），管理市镇居民。司内置达鲁花赤、录事、录判等官员。

御史台在地方上也有相应的分设机构，即监临东南诸省的江南道行御史台（简称南台）和陕、甘、滇、蜀地区的陕西诸道行御史台（简称西台）。南台和西台品秩与中央御史台（内台）相同。内台、南台和西台以下各设若干道肃政廉访司。为了征伐或镇抚的需要，枢密院有时也在有关地区设置行枢密院（简称行院）。

⑶基层行政设施

元代社会的基层行政设施，是通过社制和坊里制的推行而确立起来的。社制又称村疃（tuan 村庄、乡村）制度，是元朝在农村的蒙、汉地主统治机构的基层组织。元朝，在县一级下面设立两套行政组织（与驻防军相结合，常由蒙军驻村社实行军事统治）：城关的坊里制；农村的村社制。坊里制于城内分若干片，名曰隅。隅下设坊，置坊官、坊司。坊下设里或社，置里正、社长；有的设巷而不设里，置巷长。村社制则于县下设乡，置乡长；有的设里正而不设乡长。乡之下设都，置主首。主首名额是：上等都四名，中等都三名，下等都二名，均视户数多寡而定。都之下设村社。社的户数，率以五十家为准，除驻防蒙古军、探马赤军外，

元代铜鎏金“千户”令牌（照片由上都博物馆提供）

蒙古军由各自千户的士兵编成。户数超过五十家者，待增至一百家，添设一社长。不满五十家，则与附近村落相并为一社。地远人稀处，难以相并的虽不满五十家，准自立一社。亦允许三村、五村合并为一社，其社长由适中之村，择一人担任。坊里制和村社制在实行的过程中逐渐合二为一。

⑷ 王爵承袭制度

王爵承袭制度始于成吉思汗时期，忽必烈时期确立了六等封爵印章制度，即金印兽纽（一等王），金印螭纽（二等王），金印驼纽（三等王），金镀银印驼纽（四等王），金镀银印龟纽（五等王），银印龟纽（六等王）。大部分受封者加上了汉地式的国邑王号，并仿照辽金制度，有“一字王”、“二字王”等不同等级。爵位和品级如下：“王”为正一品；“郡王”为从一品；“国公”为

正二品；“郡公”为从二品；“郡侯”为正三品或从三品；“郡伯”为正四品或从四品；“县子”为正五品；“县男”为从五品。有元一代，凡封爵赐印的诸王大都设王府或王傅府。

按“祖宗之制，非亲王不得加一字之封”，忽必烈时期，“一字王”多授予正后所生的诸子，后来直到真金长子甘麻剌的后裔。除血缘关系外，主要是政治因素。忽必烈诸子，多是出镇一方的军事统帅，被授予最高王号。武宗以后，争夺汗位的斗争日益激烈，王号的授予与当时的政治斗争密切相关，王号授予自然是论功行赏的一个重要内容，是元朝的一种政治怀柔政策。

诸王投下的王爵承袭，并没有明确的嫡长袭位的原则，庶子争嗣乃至继承王位的现象也时有发生。有的是长子继承，有的则是幼子继承，有的则是兄终弟及，叔侄传位。元朝时期，大汗对宗王领主有废立之权，王爵的继承主要凭皇帝的诏令而定。犯罪诸王削爵夺印，或因谋反争位，或因慢功失律，其被削夺者的子侄往往还能获得爵位，这既是一种安抚手段，也是重新确定该宗支首领的方式。

忽必烈设立枢密院后，蒙古军诸千户直接由枢密院节制调遣。蒙古国时

蒙古王爵

期分封的蒙古宗王，都拥有直属蒙古千户和封地。忽必烈改变了这种做法，将自己的几个儿子分派到漠北、陕西、云南、吐蕃等要冲重地作为出镇宗王，不再封给他们蒙古千户和封地，只授以宗王节制当地军队和行省军将的权力，战时作为军队的最高指挥官，宗王的身份是代表皇帝镇遏一方的军政领导。出镇漠北的宗王，地位在出镇他处的宗王之上。后来宗王出镇成为制度，其主要权限是镇戍征伐、监督军政，而赋税军站等事务则皆由当地行省官员执掌，也就是所谓的“镇之以亲王，使重臣治其事”，王政与省政并行。出镇宗王的军队分为直属军队和统帅军队。出镇宗王由皇帝指派，部分世袭罔（wang 不用）替（按原封世代承袭，或叫铁帽子王），部分临时指派。

在全国分设行省，各行省所设平章二员，兼管军事，总督本省军马。行省平章一般以蒙古人充任，间或择用色目人，汉人不得任职。行省内的镇守军万户府、元帅府等，都是行省的下属军府。在远离行省中心的地区或少数民族聚居区，设立宣慰司，“掌军民之务，分道以总郡县。行省有政令则布于下，郡县有请则为达于行省。有边陲军旅之事，则兼都元帅府”（《元史·兵志七》）。宣慰司都元帅府下一般设有固定军府，掌管部分军队。各行省的军队调发，需经枢密院批准传旨。行省内的镇戍和屯田，也要由行省官员和枢密院协商确定。

当某一地区发生战乱，先由枢密院传旨所在行省平章，调派军队镇压，如不奏效，则传命附近行省发军会剿。有时，也在战事频繁的地区设立行枢密院，临时提调从各省调来的军队，战事平复后则撤销。元朝末年，为镇压农民起义，在地方设立枢密分院、兵马司等机构，在中央设大抚军司，都是一时的应急措施。元廷中央枢密院主管全国军务、各行省平章掌管地方军政、行枢密院作为临时性军事指挥机构的机制，基本没有改变。

据2003年内蒙古大学出版社《蒙古民族通史》第二卷第二章：元朝时期，各个统治机构原则是“其长则蒙古人为之，汉人、南人贰焉”，也即首席长官必须由蒙古人担任，而汉人、南人只能担任副职。蒙古贵族在元朝统治官僚体制下是占绝对控制地位的，其贵族政治的特点是“宗亲分封，家臣治国”，因此，元朝的贵族政治主要是“家臣政治”或“次等异姓贵族政治”，而不是宗室、外戚政治。元朝高官基本上都出自皇帝“家臣”这一阶层，他们的权力，在大多数时候都被看作皇权的外化和延伸，他们在管理国家日常政务方面发挥着重要作用。终元一代，迄今还找不出

明确的证据能够证明哪一位宗室成员曾任宰相，外戚拜相者也只有寥寥数人。面对代表君权的“家臣”，宗室、外戚有时也不得不仰其鼻息。

一般情况下，宗室、外戚主要是在各自封地内行使较大的统治权力，养尊处优，他们对国家日常政务较少发生关系，对国家政治生活的参与，主要表现为出席诸王大会（忽里台），决定立汗、征伐等大事，平时并不亲自参加国家日常行政事务的管理，自然也就极少担任政府高官。就对朝政的直接影响而言，这些“皇亲国戚”所起的作用远不及身份低于他们的“家臣”。

⑸ 达鲁花赤制度

达鲁花赤制度，是蒙元时期具有蒙古民族特点和设置最为普遍的官职，始设于成吉思汗时期，有元一代置而不废，是蒙古贵族对全国实行民族压迫的重要形式之一。达鲁花赤，蒙古语意为“镇守者”，为所在地方、军队和官衙的最大监治长官，位于当地官员之上，掌握最后裁定的权力，以保障大蒙古汗国大汗和贵族的统治。在各级地方行政机构和许多管军机构中，达鲁花赤一职一般只能由蒙古人、少数为色目人担任。元朝各行省的路、府、州、县和录事司等各级地方政府除原来长官之外，都设置达鲁花赤，如同现代之中央特派员，负责监督各级的地方官。此职的设置有明显的民族歧视和压迫的性质。

《元史》卷六世祖（三）：至元二年（1265年）二月记载“以蒙古人充各路达鲁花赤，汉人充总管，回回充同知，永为定制”，也即各路达鲁花赤由蒙古人充任，总管由汉人、同知由回回人充当。

《元史》卷七世祖（四）：至元七年（1270年）四月记载“设诸路蒙古字学教授。敕（chi 帝王的诏书、命令）：诸路达鲁花赤子弟荫叙（按先辈功业大小，给予不同等级的荫封）充散府诸州达鲁花赤，其散府诸州子弟充诸县达鲁花赤，诸县子弟充巡检。这些官职一般是世袭担任”。

到元武宗至大二年（1309年），上述规定和做法才被明令禁止，并规定达鲁花赤必须由蒙古人担任，如果蒙古人中无合适人选，可在色目人中选任；凡是汉人或其他民族人士担任达鲁花赤的，被发现一律追回撤销，而且此人将永不叙用。在缺少蒙古人时，允许由“有根脚”（门第高贵）的色目人充任。达鲁花赤的巴思八文读音为：“荷包压口”。元代达鲁花赤职位最高达正二品（大都、上都达鲁花赤，后降为正三品），职位最低的是路府治所的隶事司达鲁花赤，正八品。

蒙古军和蒙古探马赤军一般不设达鲁花赤。其他各族军队除特殊情况

元代铜铁合金达鲁花赤牌

蒙古帝国八思巴文左监军铜印

外，都在元帅府、万户府、千户所设达鲁花赤以监军务。职位与元帅、万户、千户相同。各投下分邑的达鲁花赤则由各该诸王驸马委派自己的陪臣充任。

3.元朝的军事制度简介

元朝军事防卫分为两大系统，即戍卫京师（大都和上都）的宿卫系统和镇守全国各地的镇戍系统。宿卫军队由“诸国人之勇悍者聚为亲军宿卫，而以其人名曰：钦察卫、康里卫、阿速卫、唐兀卫”。因此，属于宿卫系统的军队是由怯薛军（蒙古语，指禁卫军）和侍卫亲军构成。元朝建立后，保留了成吉思汗创立的四怯薛轮番入侍之制，用他们列值禁

庭以充护卫侍从，常额在万人以上，由皇帝或亲信大臣直接节制。元朝宿卫系统则有左、右、前、后、中诸卫，设亲军都指挥使统领五卫。元朝的大都和皇城的一般军事防务改由五卫亲军担负，受皇帝或亲信大臣直接节制。到元朝末年，先后置30余卫，卫设都指挥使或率使，品秩与万户相当((正三品)，隶属于枢密院。进入内地的色目人军队，由于战斗力较强，相当一部分人被编入侍卫亲军。

镇守全国各地的镇戍军，其布局是：称作“腹里”的河北、山东、山西主要由蒙古军和探马赤军戍守。探马赤军是从各千户、百户和部落中挑选出来的士兵，组成精锐部队，在野战和攻打城堡时充当先锋，战事结束后驻扎镇戍被征服地区。华北、陕西、四川等地由各地区的蒙古军都万户府（都元帅府）统领的蒙古、探马赤军戍守。南方以蒙古军、汉军（金朝降军和蒙古政权、元廷在华北签发的军队）、新附军（南宋降军）相参驻戍，防御重点是临江沿淮地区（长江流域和淮河流域）。某一方面有警时由行枢密院统领，平时日常事务归行省统辖，但调遣更防等重要军务仍受枢密院节制。全国兵马总数只有皇帝和枢密院蒙古官员知道，行省

欧洲人眼中的蒙古骑兵

兵马数也只有为首的蒙古官员知道。

元代军队的部署，凸显出忽必烈等人的谋略，表现了内外相维、层层控扼的特征。大都、上都和“腹里”地区，驻扎中央宿卫军队，作为军事控制的核心。北面草原上的蒙古军和驻守在黄河南北、陕川要地的探马赤军，合成一圈藩护中央的防线。在江南地区及沿边地区戍守的汉军及“乡兵”等，则形成一道更大的防线。一旦发生战争，不但当地军队参战，邻省军队和探马赤军等都可迅速调来，如需要的话，侍卫亲军亦可出征。探马赤军监视各行省的汉军等，又有侍卫亲军作为后盾，形成一套较严密的镇戍体系。

军卒的来源，在汉地江南是采取从固定的军户中征召的办法。军民分户的制度早在1252年（蒙哥汗二年）大规模户口普查时已有明确区分，进入内地的大多数蒙古人户及被收编的金、宋降军之家，皆以军户著籍。此外还有一些汉族或其他各族人户陆

元代蒙古人兵民合一的组织形式

续被新签为军户。如辽东的契丹军、女真军、高丽军，云南的寸白军（元代云南由白族人为主体组成的一种乡兵）和福建的畲军（福建、广东、江西交界地域的畲族民众武装）等，“则皆不也戍他方，盖乡兵也”。军户种田，可免税粮四顷，称为“赡军地”。

元代漠北草原和漠南的蒙古人，仍过着兵民合一的游牧生活，战时出征，平时便屯聚牧养。蒙古民户按千户、百户、十户（也称牌甲）的十进制组织，在指定的牧地范围内游牧居住，由各级那颜（官人）管辖，上下级有严格的领属关系。千户、百户、十户是岭北行省境内基本的地方行政单位，又是军事组织单位。蒙古军一般不出戍草原以外的地区，在元廷与东北、西北蒙古叛王的斗争中，北疆的蒙古军队起了相当重要的作用。

元朝的地方镇戍军队，负责镇守全国各地，由驻牧在草原上的蒙古军和分驻各地镇守的探马赤军、汉军、新附军等构成。在元一代，始终保持着探马赤军的建制。在发动战争时，“家有男子，十五以上，七十以下，无众寡尽签为兵”。战士的装备一律自备，没有固定的军饷。蒙古军和蒙古探马赤军一般不设达鲁花赤，隶属于该奥鲁当役军士所在的万户、千户之下。新附军未设奥鲁。万户、千户、百户分上、中、下三等。万户佩金虎符，符趺为伏虎形，首为明珠，有三珠、二珠、一珠之别。千户佩金符，百户佩银符。

在中原等地区戍守的探马赤军，在结束对南宋的战争之后，被收聚到山东、河南、陕西、四川等要地屯驻，并先后建立了山东河北蒙古军都万户府（1284年）、河南淮北蒙古军都万户府（1287年）、四川蒙古军都万户府（1289年）和陕西蒙古军都万户府（1298年）等机构，分别置司于濮州（今河南省范县濮城镇）、洛阳（今河南伊川县）、成都和凤翔（陕西省凤翔县），专门管理探马赤军。

探马赤军人有了固定驻地后，家属陆续从草原牧区迁到中原农区，逐渐与蒙古本部脱离关系。如哈剌鲁人伯颜，“宋平，天下始偃兵弗服，乃土著隶山东河北蒙古军籍，分赐刍牧在为编民，遂家濮阳县南之月城村”。因为是举家南迁定居，时间长久后游猎生活习俗逐渐改变，“时北方之初至，犹以射猎为俗，后渐知耕垦播殖如华人”。这样的情况，在当时应很普遍。探马赤军人的后代都隶于军籍，儿童被编为“渐丁军”，有时称“小厮蒙古军”。除了在朝廷指定的山东、河南、四川、陕西地区屯驻外，探马赤军还经常被签发出征和分番镇戍江南、云南乃至西北地区。

元代蒙古人使用的威力巨大的抛石器

南宋灭亡，有大批宋军降元，被称之为新附军或新附汉军、南军等，元朝统治者即着手将其原有的组织系统打散，分编到元军的中央侍卫亲军（主要是汉人卫军）和地方镇戍军队之中；或以蒙古、汉人、南人军官相参，建立新的军府，管领新附军人。每当有战事发生，总是首先调发各军中的新附军人出征，不参战的新军人则要从事屯田和工役造作。经过多年的战争消耗和自然减员，新附军数量日益减少。到了元朝后期，新附军的名称亦很少有人提起，数量可观的新附军被元廷的各种军事组织和纷繁战事“消化”掉了。

元朝军事防卫除上述宿卫系统和镇戍系统的两大系统外（都是正式军队），还有不出戍其他地方的乡兵，如寸白军、畲（she）军、契丹军等。应募而集的军队名曰“答剌罕

(自由自在之意)军”，此种军队不给军饷，不编入军籍，“助声势虏掠以为利者也”。还有以兵士所掌握的技术而命名的军队，如臼炮军、弩军、水手军等。

元代军事制度的特点，是将草原游牧民族的军事组织制度与中原封建王朝传统的军事制度融为一体，既将蒙古军队的编制与作战方式等推广到其他军队中去，又吸取了中原军制传统，诸如建立专门军事指挥机构、设置了中央禁军、开辟军事屯田、实行征兵制等。为了保证蒙古统治者的特权地位，元廷推行民族歧视与压迫政策，围绕“蒙古本位”大做文章，在军制中反映最为突出，不同民族军官的不同待遇以及武器管理中的歧视性规定，都是这种民族政策的集中表现。

元代蒙古人使用的管状火器——火铳

记热心于民族事业的内地蒙古族人

一、河南省南阳王姓

从清朝初期到现在的300多年间，南阳王姓蒙古族热心于民族事业的人层出不穷，有些人几乎花费了自己毕生的精力在进行本民族的历史考证工作。他们走遍南阳蒙古族集聚地的山山水水、不辞辛苦、呕心沥血、查墓碑、听传说、编撰家谱传承历史。在他们内心深处凝聚着本民族的心结。

1743年（清朝乾隆八年），南阳内乡县余关乡王沟村一位乡村私塾先生王乾顺初编《王氏祖谱》。1891年（清朝光绪十六年），内乡县王元林修编《王氏祖谱》。在这之后，由于无法完全搞清楚始祖的来源问题，在临终前发出感叹，把他心中没有实现的愿望告知后人，寄希望于后人继续本族的历史考证工作，其精神可歌可泣，感人肺腑，他们开创了王姓蒙古族历史研究的先河。

对本民族历史研究和考证工作前仆后继。时至今日，还有大约十几位热心于民族事业的人在进行这项工作。他们从上世纪八十年代起，持之以恒地进行研究和考证，至今已近三十余年。他们全都是自费研究，进行忘我的工作，有的为此而积劳成疾早逝。更为可贵的是，一些参与研究的老者把自己多年研究积累的资料毫不吝惜地拿出来供后来者共享，笔者就得到了这些前辈的大力支持。

每当此时，我就黯然泪下。是什么力量在支配着他们这样做呢？是内地隐居蒙古族压抑几百年的民族意识、是蒙古民族的自豪感和责任感在激励着他们勇往直前。他们一生最大的心结，就是为搞清楚自己民族的身世来源，即使有再大的自我牺牲也认为很值得，所以，他们就会做出常人所不能做出的事情。他们的事迹让人难以忘怀。

《成吉思汗在中原的后裔》（2006年远方出版社出版）的作者王云青，62岁，10年来每年都坚持去内蒙古呼和浩特市等地自费居住和考察三个月以上，民族情结极为深厚。自费跑遍全国，寻找和收集全国内地隐居蒙古族的资料，与全国很多专家、学者及热心民族事业的人建立联系。他自费出的书发行全国，他是第一个将南阳王姓蒙古族的来龙去脉系统地写了出来，其影响及其深远，掀起了南阳王姓蒙古族热爱民族、考证民族历史渊源的浪潮。可惜的是他积劳成

王云青所著之书《成吉思汗在中原的后裔》

疾，在书出版后不久就重病缠身，现已无法正常工作。但他开创的事业却后继有人。

南阳油田河南石油职工大学的王光亮先生，70岁，高级讲师，潜心研究南阳王姓蒙古族历史近30年，在身体做了大手术之后，依然由夫人张玉兰女士陪伴照顾他的生活，不辞辛苦下去调查考证，对南阳王姓蒙古族的来源颇有研究，写考证研究文章《河南南阳王姓蒙古族源流考》，并将整个南阳各县的碑文、家谱等古文字给予注解，付出了辛勤的劳动，对笔者也提供了许多资料帮助。

淅川县的王光昌先生，55岁，曾任淅川县民族宗教局局长等职务，是淅川县政协委员和人大代表，现在淅川县委农村工作办公室工作，极为热心民族事业。从1989年开始，利用业余时间搞研究，是淅川王姓蒙古族研究考证带头人，尤其对淅川县九重镇王姓蒙古族颇有研究，著有《王姓蒙古族史话》，2006年由内蒙古人民出版社出版。

镇平县王岗乡砚台村书记、村长王子厚先生，58岁，继承接收前辈的研究资料，传承前辈的精神，业余时间潜心研究南阳王

王光昌所著《王姓蒙古族史话》

本书作者（左）、王光昌（中）、王光亮（右）

姓蒙古族历史渊源近30年，不辞辛苦，下去调查收集资料，是砚台王姓蒙古族研究第一人，对镇平县砚台王姓支系已研究透彻，并做出重大贡献，撰写考证研究文章《南阳市镇平县砚台王姓蒙古族志》，准备着手编写家谱，构思和规划重建砚台王姓蒙古族祠堂等事宜。

原南阳市公安局副局长王建龙先生，自1992年起就开始关注南阳王

本书作者与王子厚（右）合影

姓蒙古族的民族事业，在他的不懈努力下，于2007年8月22日，成立了南阳市蒙古族历史文化研究会，王文中、王文献、王淑辉等人也积极参加筹建，该会的成立得到了南阳市政府的大力支持。王建龙本人也荣任第一任会长。为更好地开展南阳蒙古族的历史文化研究，奠定了基础。在这之后举办了几次民族文化活动。他又遍访省内外专家学者，指导考证研究进程，取得了可喜的成就。

王建龙（右）与内蒙古同胞阿英嘎

郑州市的王平鸽女士，现任河南省民族事务委员会处长，熟悉党的民族政策，长期从事民族工作。本人作为南阳王姓蒙古族的一员，积极关心本民族

本书作者、关宪策、王平鸽、校永泉（从左至右）

的团结和发展，热心民族事业，一直在努力收集有关资料，为编写河南省蒙古族历史文化书籍做准备，对南阳王姓蒙古族的历史研究提供了指导，对开展民族文化事业的发展提供了方便。

镇平县的王飞腾先生，近80岁，教师，潜心研究南阳王姓蒙古族历史渊源近30年，跑遍南阳很多地方搞调查，1993年与王永炎先生合作撰写论文《河南省镇平县王姓蒙古族研究探析》，在2006年又撰写《对晁陂几支王姓蒙古族的探析》一文，取得了可喜成绩。

唐河县的王俊孝先生，76岁，医生，研究唐河县王姓蒙古族历史近30年，与唐河县大河屯中学教师王一凡、郑州纺织机械厂职工王俊中、郑州大学的王新奇先生及南阳王儒昌和王伟民，共同撰写论文《唐河县王姓蒙古族之源详考》，对整个南阳王姓蒙古族的研究起到了积极的推动作用。

祖籍河南镇平县晁陂人士王兆良先生，60岁，兰州工业专科学校毕业后，在兰州黄河啤酒公司工作。全家在新中国成立前去兰州市定居，依然关心老家的民族事业，潜心研究多年，2009年撰写文章《镇平县王氏蒙古族由来考略》和《对南阳地区王姓蒙古族的几点看法　》两篇文章，取得了可喜成绩。

内乡县的王廷才先生，76岁，跑遍内乡县的山山水水，编撰出《内乡蒙古族源流志》和《内乡蒙古族脱脱后裔世系表》，基本上梳理清楚了全内乡县王姓蒙古族各支脉的血缘关

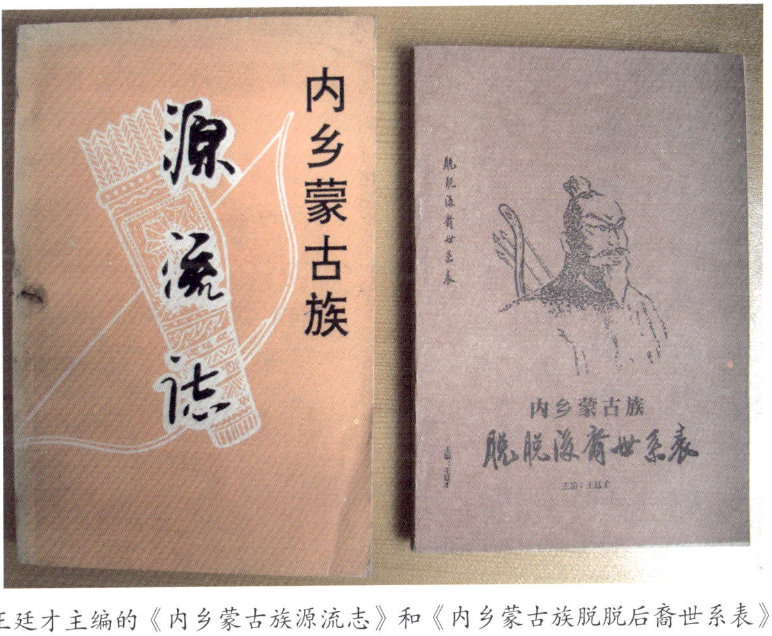

王廷才主编的《内乡蒙古族源流志》和《内乡蒙古族脱脱后裔世系表》

九重村王光文（左）与王承庆（右）

系，十分有价值。

平顶山市的王书章先生，60多岁，是建国后不久迁居到平顶山的南阳王姓蒙古族人，他极为热心民族事业，利用电脑互联网络这一高科技平台，建立河南各县各支蒙古族网页，收集大量蒙古族资料，及时发布全国，和全国很多同胞建立了联系，积极宣传蒙古族民族知识，给本书提供了部分资料。

淅川县九重镇九重村书记兼村长王光文，极为热心蒙古民族事业，为九重王姓蒙古族的事情跑前跑后，不遗余力。

淅川县九重镇九重村王承庆先生，淅川县政协委员，1994年在淅川县民族宗教事务局和九重镇政府的支持下，兴建成吉思汗雕像，并撰写碑文。研究九重王姓蒙古族几十年，民族情结痴情不改。

内乡县余关乡王沟村书记、村长王献党先生，50岁，内乡县王姓蒙古族族谱作者之一，其父曾是南阳王姓蒙古族代表，曾参加过全国少数民族代表会议，他承继父志，热心民族事业，积极配合研究人员的调查研究，对于民族事业给予大力支持。

王玉敬，60岁，镇平县晁陂镇官桥寨蒙古族人，书画师、玉雕大师、政协镇平县第八届委员会委员，南阳市首批优秀拔尖人才，二十二选区六、七届人大代表，南阳宝玉石协会理事，热心于民族事业，曾两次专程赴内蒙古调研考察，祭拜成吉思汗陵，自筹

内乡余关乡王沟村书记、村主任王献党先生

王玉敬先生

资金，花三年多的时间收集整理资料，费尽心思研究，于2010年编写出“晁陂支系官桥寨《蒙古族王氏族谱》”。

镇平县水利局退休干部王德庆先生，80多岁，1988年撰写文章《镇平县蒙古族来历初探》。

除了上述人士之外，热心南阳王姓蒙古族事业的人还有：南阳市卧龙区安皋镇的王儒昌；郑州市的王三军；新疆库尔勒市中油塔里木油田公司工作的王钊；郑州市建业住宅集团（中国）有限公司的王士凯；郑州市第七人

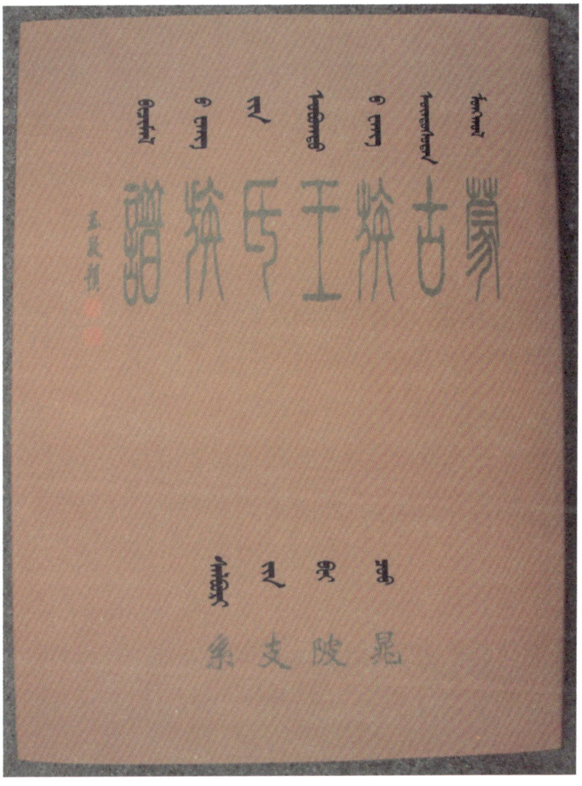

王玉敬编写的《蒙古族王氏族谱》

民医院体检中心的王昕泰；原平顶山军分区副司令王如宗；河南中医学院一附院国医堂的王万林教授；郑州民族学校的于立红；南阳市的王良；淅川县的王晖、王靖、王玉等；淅川县九重镇太平村书记、村长王烈红；西峡县烟草局的王文峰；镇平县晁陂镇的王涛、王玉增、王洪、王润昌；镇平县王岗乡砚台村支书王振武；镇平县贾宋镇小集村的王显宗、村支书王峰；青海省格尔木市藏格钾肥公司的南阳王姓蒙古族人王聚宝，等等。

二、全国热心民族事业的人士介绍

在内地各姓氏蒙古族中，在不同时期、不同时代，热爱民族事业的人士也层出不穷。正是由于这些具有强烈民族情感人士的不懈努力，才使我们内地蒙古族的历史、文化、民俗长传不败展现在世人面前，否则，没有他们的努力，我们这些远离蒙古草原故地的游子、因深度同化会成为一个被遗忘的群体而慢慢消亡。我们的祖先从元朝陆续来到内地已经生活了几百年，随着岁月的流逝我们已经丢掉了母语改汉俗，正是由于这些热心民族事业人士的存在，对民族归属的持续传承，以及解放后党的民族政策的贯彻执行，我们这些远离家乡的内地蒙古族才有了新生，使我们找回了逝去的历史，才终于有了回家的感觉。在此，我们感谢这些倾心研究自己民族历史的民族人士，他们分别是：

郑州市的关宪策先生，在河南省司法厅工作，48岁，组织和活动能力极强，对河南五姓蒙古族历史的研究起到了推动作用。曾多次自费去内蒙古寻根，找专家学者，并和他们建立了联系。2008年10月17日受到原全国人大副委员长布赫的亲切接见，并给予题字。同年，在濮阳市清丰县韩村乡关焦夫村又组织举行了“大元豫王陵”立碑奠基仪式。随后将五姓家谱收录在河南省图书馆珍藏。工作之余把精力都投入到民族文化事业的传播中去。

原郑州铁路局的校永泉先生，65岁，持之以恒潜心研究校姓蒙古族历史达30余年。撰写了《校姓蒙古族祖源的见解》一文。自费去俄罗斯考察试图解决祖源问题，因为校姓是成吉思汗长子术赤之后，术赤的后人大部都留在了俄罗斯及独联体国家。并购置许多蒙古民族书籍，对民族历史颇有研究，民族情结非常厚重，痴心不改。

洛阳市孟津县教育局的李孝斌先生，从上世纪80年代起开始关注自己民族的历史，研究考证近30年，对蒙古民族的热爱一往情深，和内蒙古很多专家学者建立了联系，掌握蒙古民族的风俗习惯，会唱部分蒙语歌曲，所到之处大力宣讲蒙古民族历史和文化，成为蒙古民族文化的传播使者，并编写了家谱。

洛阳市西工区红山乡上寨村的李

本书作者与洛阳市木华黎后代李孝斌（左）合影

洪治先生，65岁，首赴鄂尔多斯乌审旗祭祀木华黎神矛，赴陕西榆林祭祀金肯敖包即木华黎陵，并在两地立碑纪念，撰写碑文。研究李姓蒙古族的历史来源，参与编写李氏蒙古族家谱。创作诗歌《永远的向往》，发表于鄂尔多斯日报，并改编为歌词，由内蒙古歌舞剧院毕力格作曲，由草原民族歌唱家阿其木格演唱。经不懈努力，共同创建并请立成吉思汗哈日苏力德和木华黎金肯苏力德，为神矛祭坛撰写了《洛阳蒙裔李氏祖源碑》和《元太师国王木华黎事略》。

河南省南阳市社旗县工商局的李性克先生，51岁、是社旗县政协委员，兼任南阳市蒙古族历史文化研究会副会长，自1990年起，承继父志，研究南阳李姓蒙古族历史渊源，并编写南阳李氏蒙古族家谱。

南阳市社旗县木华黎后代李性克

山东省鄄城什集镇苏老家村的苏德彪先生，78岁，考证研究苏姓蒙古族近30年，对苏

苏银奎（左）和王俊孝（右）

姓蒙古族历史来源颇有研究，撰写文章《蒙古族苏氏源流》，并编撰《蒙古苏氏暨蒙古〈苏氏族谱〉研讨集》一书，发表多篇论文。

河南省濮阳市的苏银奎先生，60岁、硕士学位、高级工程师，从1983年开始关注和研究苏姓蒙古族历史，查找资料，去内蒙古、南京、北京等地遍访专家学者。本人是中原成吉思汗研究会会长，是苏氏蒙古族历史的主要研究者之一，参与苏姓族谱的编写工作，撰写了《濮阳苏氏蒙古族的论述》、《蒙汉一家人》、《蒙汉民族融合的典型——元代名臣郭庸及其子孙的足迹》等文章。

2008年苏姓族人续修《蒙古濮阳苏氏族谱》人员为：苏荣先、苏贵轩、苏金葆、苏衍召、苏兆远、苏衍增、苏本绰、苏本林、苏本元、苏栋梅、苏栋君、苏照贵等。

山东省烟台市环保局都基民先生，48岁，对都姓蒙古族的历史颇有研究；北京市苏姓蒙古族苏衍磊，46岁；他们二人分别建立了都姓、苏姓蒙古族网站，及时将本族各种资料和考证内容发布于互联网，大力宣传蒙古族历史文化。

河南省平顶山市湛河区北渡镇荆山村的马焕然先生，77岁，是马姓蒙古族历史的主要研究者，自1984年开始

平顶山蒙古族：马焕然（右）和王书章（左）

马焕然编写的《荆山大事记》

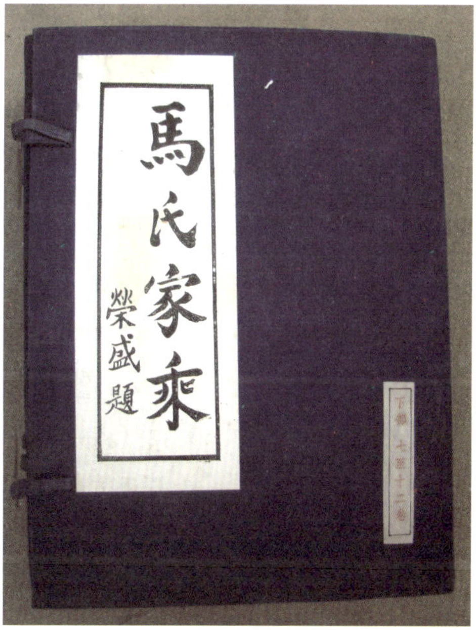

马焕然编写的《马氏家乘》

研究家族历史，南下江西，北上内蒙古，走访族人，广泛收集资料。先后编撰了《荆山志》、《马氏家乘》、《弘祖堂文稿》、《读摘备览》、《荆山大事记》等多本书籍，民族情感深厚。

山西省阳泉市盂县秀水镇东白水村的孙大将、孙二将、孙山将三兄弟十分热心于本民族事业。孙大将在盂县公安局任一级警督，58岁；孙山将在阳泉

孙氏三兄弟全家福照片（中排左一孙山将、左五孙大将、后排左二孙二将）

交警支队任支队长助理，54岁。兄弟二人在闲暇之余为老家的民族发展事业忙前跑后。孙山将多次到内蒙古自治区的呼和浩特市、包头市、鄂尔多斯市联系有关民族事宜，对本民族的发展事业做出了很大的贡献。孙二将在县文化馆工作，56岁，被称为艺术骄子，多年从事挖掘和整理本民族历史文化的工作。

陕西省凤翔县紫荆村屈凌翔先生，40岁，中学一级语文教师。从小喜欢研究历史和文学，2008年开始关注家族史研究，教学之余开展对《元史》补正和家族历史资料编修工作，是屈姓

蒙古族历史的主要研究者，对本书提供了本族的资料帮助。

辽宁省蒙古族经济发展促进会副会长、锦州市蒙古族联谊会会长巴图蒙克（汉名永胜），42岁，察哈尔蒙古族后裔，辽宁工业大学毕业，沈阳同德拍卖有限公司董事长，国家注册拍卖师，执业律师。长期致力于民族社团工作，对民族现状有

陕西省凤翔县的屈凌翔

巴图蒙克副会长

本书作者与内黄县李姓、马姓蒙古族人

充分的了解和清醒的认识。强调血脉与文化并重，主张能传承的传承，能保留的保留，能挽救的挽救，能发展的发展，为子孙后代保有民族生存的基础，为弘扬民族文化，保护民族传统，唤醒民族意识，做出了不懈地努力和贡献。2011年5月18日，受辽宁省蒙古族经济发展促进会的委托，前往河南郑州指导河南蒙古族640多年来首次进行的“河南蒙古族纪念成吉思汗诞辰849年”活动，十分成功，提高了河南蒙古族热爱民族的意识。

中国石油天然气集团公司的阿英嘎先生，40岁，内蒙古呼伦贝尔人，目前在郑州工作。热心民族事业，蒙古民族历史文化知识深厚。来到郑州后，广泛和内地蒙古族同胞联系，讲述和宣传蒙古民族历史文化，交流民族情感，解答内地蒙古族人所提出的问题。

河南省安阳市内黄县的李喜顺、马海林、关章留、马鸣义等人，从2006年7月8日第一次去内蒙古寻根以来，相继又去了5～7次，民族感情深厚，他们的寻根故事让人感动，是热爱自己民族历史文化的典范。

河南省安阳市滑县枣村后村单传第八代守墓人马春省先生，自清朝乾隆年间开始，其家庭就作为单传看墓人世代为四拖王陵守墓。三年前其父去世后，将单传守墓责任传给他，他

滑县单传守墓人马春省（身后围墙内是四拖王等墓地）

勇承父志，不辱几百年的家族使命，积极活动，保护墓地不被破坏。保存珍贵的单传字画纸与祖上对墓地的各种信息，积极配合研究人员收集各种历史资料。

贵州省六盘水市的余朝林先生，50岁，北京师范大学国学博士，现任六盘水市地方志办公室主任，中华余姓文化研究会副会长，贵州省余姓蒙古族研究会常务副会长兼学术委员会主任，1997年在云南省宣威市参与发起了全国铁改余姓修谱活动，是全国铁改余姓修谱发起人之一。主

贵州省余姓蒙古族人余朝林

编《六盘水市志》、《六盘水年鉴》等著作，累计为慈善事业捐献钱物5万余元，为家乡争取资金500余万元修筑公路。积极与全国各地蒙古族专家学者和热心于民族事业的人建立联系，为民族历史文化振兴做出贡献。难能可贵的是为编辑本书将新编撰的《铁改佘姓总谱》提供给笔者，为本书的编写提供了极大的帮助。

四川省成都市的佘得连先生，62岁，佘姓蒙古族《铁改佘姓总谱》总纂。收集到明朝成化年间佘子俊遗留下来的四川省青神县《佘氏族谱》世系表，是记载世系最完整的唯一版本。又不辞辛苦和族人佘安黔一起去内蒙古寻根。向笔者提供了部分珍贵照片和佘姓蒙古族文字资料，对本书的编撰提供了帮助。

在全国内地蒙古族中，佘姓蒙古族是开展弘扬民族历史和文化活动的突出范例，热心于民族事业的人也层出不穷。他们中有：中华佘姓蒙古族历史文化研究中心主任佘炼先生、中心主要创始人佘少凯、佘大堂、佘正武、佘孝富、佘子栋。《铁改佘姓总谱》主编佘子栋、副主编佘秀森、佘光权、佘安黔、佘孝富、佘和鸣、佘廷达、佘水河、佘先明。还有众多当代名人、捐资企业家、省市分会负责人、修谱功臣等。

广东省惠州市的沙龄增先生，70岁，爱好文学，惠州市作协会员，积极倡议续修《沙氏族谱》，是《沙氏族谱》的副主编兼执笔者。

广东省河源市龙川县《沙氏族谱》荣誉顾问沙南安、编委主任沙石彬、副主任沙农军、沙罗养、沙汉辉、沙邦杰、副主编沙雪夫等。

广东省阳江市《沙氏族谱》第三卷编委主任沙光良；副主任沙世添、沙业统；编委沙文波、沙铁良、沙世泉、沙世钦、沙世培、沙业进、沙罗生；顾问兼审稿沙东迅；顾问沙泗、沙文海、沙攀、沙世伟、沙才明等。

广州汉森建筑设计公司董事长沙青丽，资助全部印刷第二、第三卷《沙氏族谱》费用。

湖北石首市的沙永松，湖南湖北《沙氏族谱》四修族谱理事会副主任，石首市中医院副院长，主任医师，地方名医，民主人士、诗人，文联副主席，农工党湖北省委委员，湖北省统战理论研究员，湖北中医学院兼职教师，对本书湖南湖北沙氏蒙古族部分进行审阅和修改。

湖南省桃源县九溪乡天星村八角组的沙吉林，30多岁，当得知我要书写沙氏蒙古族时，毫不犹豫的将其仅存的《沙氏族谱》寄给我，对书写湖南湖北沙氏蒙古族部分起到了极大地帮助。

湖南湖北《沙氏族谱》四修族谱名誉主席沙国栋；主修沙彩堂；理事会

主任沙贻遐；理事会副主任沙伯勋、沙运满、沙志奇、沙新龙、沙国祥（咸丰）、沙忠玉、沙国强（桑植）；财务审计主任沙耀清；主编沙席珍；副主编沙国正；责任编辑沙忠孝；秘书长沙孝均。此外还有理事会理事、顾问、采购人员等。

北京广慈医院院长方石然先生。博士、50岁、蒙古族、澳大利亚籍华人、世界蒙古人联谊大会会长，2010年9月5日，在澳大利亚悉尼主办了成吉思汗研究会，是世界蒙古人联谊大会成立后的首次亮相。其宗旨是将成吉思汗的战略思想、军事天才、哲学理念进行更深入的挖掘与整理，为蒙古文化与华夏文化的融合作出进一步的研究和阐释。他建立了同康乐理论体系和阴阳混元疗法，在治疗肿瘤、瘫痪、类风湿等疑难病方面疗效卓著，获得了国际社会的广泛认同。是澳大利亚南部经济特区首席官、同康乐北京国际医疗服务咨询有限公司董事长、中央国家机关首席健康科学家。

世界蒙古人联谊大会会长方石然博士

江苏农垦集团的拜忠喜，59岁，江苏南京人，

拜忠喜（右）与周恩来的扮演者曹志颖

现任中国书画、名家协会副主席，中华诗词书画协会副会长，黄庭坚书法研究会名誉主席等职务。曾为陕西省榆林市元朝开国功臣木华黎的陵墓书写“功德碑文”。1998年，拜忠喜牵头，担任了拜姓家谱编纂的主编。他给全国各地的拜姓族人发出几千封信函，调查家族现状。经过5年编订，《拜氏家谱》终于在2002年完成。

辽宁省阜新蒙古族自治县的魏文成，蒙古名字：阿勒玛斯•超陆，47岁，阜新蒙古族自治县佛寺镇佛寺村（即瑞应寺）人，阜新师专和辽宁大学汉语文自考本科毕业，毕业论文《汉文字是反切拼音文字》，著《创文造字学》（创立“华夏文字反切拼音说”）、《夏朝文明》、《华夏文字大典》，诗集《心轨》、《胡人即匈奴是蒙古人的祖先》、《夏人胡人（匈奴）语言就是蒙古语》（参加第三届国际蒙古学交流论文）。对内地部分蒙古族先祖的名字和地名进行了蒙古语的翻译。

呼和浩特高伦木特文化有限公司总经理仁钦东日布先生是察哈尔蒙古族，他孜孜不倦、二十年如一日投身于蒙古民族文化事业中。他曾经担任《内蒙古日报》记者，采访走遍内蒙古大地，并发表过诗歌，出版过书籍。在改革开放的大潮中毅然辞去记者这一工作，投身于振兴民族经济的事业中。他为了宣传蒙古族餐饮文化，在呼和浩特、深圳、北京开办多家蒙古餐饮酒店并大获成功，同时为把中国的产品打入国际市场，奔走于西欧、东欧、俄罗斯、蒙古等众多国家。他进入商海的初衷是筹集资金，用于振兴民族文化事业。当积累了雄厚的资金以后，他转而开办文化公司，全身心地又投入到蒙古民族文化事业的继承和发展工作中。这几年，他广泛联络蒙古民族文化的精英人物，如蒙古族众多作家、诗人、歌唱家、民族文化传承人等，为宣传推广他们的成果而积极奔走，并为此与政府文化部门合作创办民族文化电视频道，通过电视这个现代化媒体平台来宣传蒙古民族辉煌的历史文化。他曾为著名歌唱家齐峰等写专辑，在呼和浩特承办第七届《达尔罕》杯蒙古语诗歌朗诵比赛，组织作家巴拉吉尼玛、路里庚、额尔德木图等制作宣传他们作品的电视节目。他在互联网上建立“蒙古太阳”博客网页，在宣传民族文化的同时博得了广大热爱蒙古民族文化的网民追捧。

此外还有其他很多热心蒙古民族事业的人，他们分别是：河南省洛阳市孟津县的麻屯镇李营村支部书记、洛阳市人大代表李强业、《李氏家谱》主笔李佑勋、李世杰、李凤银、李富贵、李建林、李宏业、洛阳古代艺术博物馆的李广泽等人；河南省濮阳市清丰县的关

丛书主编苏和（左）把新作赠给仁钦东日布先生（右）

余海洋；宁夏吴忠市的拜东涛；陕西大荔县拜家村的拜兴民；在北京的拜怀德；福建福州市仓山建新镇玉兰西浦头的干守亨；福建泉州市泉岗区涂岭镇小坝村出东义、出其英；铁锤、关昌龙、关宪波、关宪生等；河南省律师协会的关宪法；呼和浩特市公安局的关和平等；河南省安阳市内黄县的马国连、马留昌、马东堂、马明录、陈汉成、董国芳、马春有等；许昌市鄢陵县的陈福领、陈相辉等；河南南阳社旗县的李恒生、李让林、李连印等；南阳市防暴厂的李闯；河南南阳市宛城区官庄镇“忽桥姓氏文化研究会”会长忽信奎；河南濮阳县郭自忠；长期研究河南省林州市地方史志、汉族王买金；林州市原人大主任申富生；河南电力勘测设计院的校勤忠；郑州市质量技术监督检验测试中心的校风岭；郑州市的校素广；河南省获嘉县城关镇洛纣村的冯现平、太山乡陈孝村的张继松、黄堤镇狮子营村的可宪峰等；河南省滑县牛屯镇张营村的可庆云、可景泰；河南省油脂有限公司的可秋玲；云南省宣威市的江苏省江阴市华士镇向阳村党委书记、江苏向阳集团董事长李国良及李姓族人李德荣、李生荣等；甘肃省白银市会宁县郭城驿镇黑虎村赵永胜、赵保义；沈阳市的诗人、书法家、撰写长篇叙事诗《成吉思汗》一书的作者，蒙古族人路力庚；云南省开远市图书馆的牟雅玲（女，蒙古名字呼斯乐）；四川省凉山州盐源县大坡蒙古族乡的云琪琪格（女）；吉林省蒙古族促进会的哈斯巴根；辽宁省蒙古族促进会副会长吴玉成；辽宁省锦州市蒙古族联谊会的乌兰晓军；内蒙古民族大学医学院、《走出王府的女人》一书作者苏力娅；在郑州建蒙古大营的内蒙古包头蒙古族人张志；内蒙古呼和浩特市察哈尔蒙古人、成功商人仁钦；北京“东方神骏”马头琴乐团创始人、团长萨满哈丹（香丹，女）；呼和浩特市民政局蒙汉双语婚礼蒙古族主持人王金河；内蒙古师范大学旅游学院博士谢咏梅教授等等。

2011年5月18日（农历四月十六）“河南蒙古族纪念成吉思汗诞辰849年”活动在郑州举行。河南20万蒙古族20个不同姓氏的代表近30多人参加了纪念祭祀活动。外省市受邀参加的人员分别是：辽宁省蒙古族经济发展促进会副会长永胜（巴图蒙克）；内蒙古呼伦贝尔人，目前在郑州工作的中国石油天然气集团公司阿英嘎；福建省福州市干守享；以及在郑州上学的内蒙古籍的三位蒙古族学生：鄂尔多斯市伊金霍洛旗伊金霍洛镇的呼日查毕力格；赤峰市巴林右旗大板镇的苏力德；赤峰市阿鲁科尔沁旗天山镇的特日格勒。这次活动是河南蒙古族首次聚会。祭祀仪式在永胜会长和阿英嘎两位先生的指导下，分别进行了点亮酥油灯、敬献全羊、依次向成吉思汗敬献哈达、饮下圣酒、喝奶茶、发表祭祀感言、唱蒙古族歌曲等内容，通过这次活动极大地增强了河南省蒙古族同胞凝聚力。

作者参加河南蒙古族纪念成吉思汗诞辰849年活动的部分同胞合影

参考资料

1. 宋濂等：《元史》

2. 柯劭忞：《新元史》

3. 张廷玉等：《明史》

4. 刘佶：《北巡私记》

5. 权衡：《庚申外史》

6. 郭勋撰：《三家世典》

7. 钱谦益：《国初群雄事略》

8. 谷应泰：《明史纪事本末》

9. 夏原吉等：《大明太祖高皇帝实录》，永乐十六年

10. 吴晗：《朱元璋传》

11. 白寿彝：《中国通史》

12. 波斯史学家拉施特：《史集》

13. 蒙古族简史编写组：《蒙古族简史》，民族出版社，2001年

14. （法）韩百诗，湖南师范大学张国骥译：《元史·诸王表笺证》，湖南大学出版社，2005年

15. 苏和：《成吉思汗蒙古帝国的后人》，内蒙古师范大学，内蒙古人民出版社2009年

16. 王光亮，王琪：《河南南阳王姓蒙古族源流考》，南阳油田河南石油职工大学

17. 王子厚：《南阳市镇平县砚台王姓蒙古族志》，镇平县王岗乡砚台村

18. 王俊孝等：《镇平晁陂、唐河、新野王姓蒙古族的来历及变迁》，南阳唐河县

19. 王永炎，王飞腾：《河南省镇平县王姓蒙古族研究探析》

20. 王兆良：《镇平县王氏蒙古族由来考略》，兰州黄河啤酒公司

21. 王德庆：《镇平县蒙古族来历初探》，镇平县水利局

22. 校永泉：《校姓蒙古族祖源的见解》，郑州市铁路局

23. 苏德彪：《元朝义王》，山东省鄄城县

24. 王云青：《成吉思汗在中原的后裔》，远方出版社，2006年

25. 波少布：《鄄城蒙古苏氏考》，黑龙江省民族研究所

26. 王光昌：《王姓蒙古族史话》，2006年内蒙古人民出版社

27. 马焕然：《荆山大事记》，2008年内部资料

28. 中华余姓历史文化研究中心全国修谱编委会编：《蒙古族皇室后裔铁改余姓总谱》2008年

29. 广东阳江编委会编：《沙氏族谱》第二卷、第三卷，2010年8月

30. 汝南堂：《沙氏族谱》

31. 广东龙川县第四次续编委员会编：《沙氏族谱》，2007年11月

32. 匡裕彻，任崇岳：《河南省蒙古族来源试探》，中南民族学院学报，1986年第二期

33. 武国骥：《成吉思汗在河南省的后裔》，内蒙古师范大学亚细亚民族溯源研究所

34. 李务起：《蒙古族向河南省的迁徙及其与汉族的融合——以河南省镇平县晁陂镇为例》，广西师范大学历史文化与旅游学院

35. 王雄：《明朝的蒙古族世家》，内蒙古大学蒙古史研究所 《蒙古史研究》第七辑

36. 王三北：《论蒙元时期蒙汉种族融合》，西北师范大学历史系 《甘肃社会科学》2001年第2期

37. 萧启庆：《元代蒙古色目进士背景的分析》，国立清华大学历史研究所教授《汉学研究》第18卷 第一期

38. 马世雯：《云南蒙古族的姓氏源流分布及特点》，云南民族大学人文学院《云南民族大学学报》哲学社会科学版 2006年11月 第二十三卷 第6期

39. 李振文：《成吉思汗史论集》，鄂尔多斯市成吉思汗研究所，内蒙古人民出版社，2003年第一版

40. 杨讷、陈高华编：《元代农民战争史料汇编》，中华书局，1985年

41. 李治安：《元代政治制度研究》，人民出版社，2004年3月

42. 李治安：《元代分封制度研究》（增订本） 中华书局，2007年4月

后　记

我家先辈的原居住地在今南阳市内乡县余关乡王沟村，这里是南阳王姓蒙古族集中居住的村落之一，约一千余人，他们在1953年已经被当地政府恢复为蒙古族身份。清朝中后期我家迁往内乡县夏馆镇。我家里保存能证明家族历史唯一的轴子（挂在堂屋的先辈字画）也在“文革”期间被毁掉。1982年我上大学以后的20多年时间里，我有意识地阅读了很多蒙古民族的史书，慢慢了解到蒙古民族的历史文化。蒙古民族是一个在中国和世界历史上有着重要历史地位的民族，是一个伟大并且有着辉煌历史的民族，我深感自豪，民族情结也逐渐加深。

2006年在内蒙古呼和浩特我们大学同学聚会时曾经去瞻仰成吉思汗陵，我购得南阳王姓蒙古族人王云青先生撰写的《成吉思汗在中原的后裔》一书，使我初次了解到南阳王姓蒙古族的历史。随后又和其他热心于研究南阳王姓蒙古族历史的族人联系，阅读了他们的研究文章，与他们进行了交流，随后也加入到了他们的研究行列。通过初步研究后我发现，由于各种条件的制约，有的研究结论出入很大，甚至是错误的，对后代会产生严重不良的影响。处于对民族历史的责任感，使我萌发了研究南阳王姓蒙古族历史文化的想法，开始收集资料，针对南阳王姓蒙古族来源争论的热点问题，撰写了几篇论文，随后又延伸到全河南省，再扩展到全国，并执笔撰写本书。

散居在内地各姓氏蒙古族后裔分布在全国，大部分处于偏远地区，要想全面实地考察确实不容易。笔者在最近两年多的时间内，利用闲暇时间自费到最近的河南部分地区作了实地考察，收集和考察了大量的史料、家谱、石刻碑文、墓志铭、出土文物、家族口头传说等，拍摄了许多第一手照片资料，也获得了河南省以外内地部分姓氏蒙古族的家谱和照片等资料，走访和联系了内地众多热心民族事业的人，并进行了交流。有了这些第一手的资料以后，使我在撰写河南省尤其

是南阳王姓，以及内地部分姓氏蒙古族的历史来源等内容时，由于资料丰富、写得比较详细，部分姓氏的文章也得到这些同族同胞的认同，普遍认为是一个大的进步。

但对其他省市相当一部分姓氏的写作时，由于笔者精力所限没能到实地考察，也暂时无法获得丰富的资料，这是最大的缺憾。现在我的最大的愿望是能够到全国各个有蒙古族居住地方看一看，就能更加全面详细地了解实情而编写好本书，但现阶段实在是无法实现这个愿望。本书的写作，部分资料由全国各姓蒙古族同胞提供，也有部分资料是来自于电脑互联网上，获得的这些资料，经与正史等众多相关史料加以对照考证后，觉得属实就加以采用，对存在的问题，我也以史料为基础去伪存真并加以探讨和完善。对部分姓氏蒙古族后裔，由于没有完全掌握他们的详细资料，有的说法证据不足、有争议，本书就没有收录和详细叙述。例如：江苏省如皋市“冒”姓；江苏省南通市“保”姓；福建省泉州市惠安县崇武镇的“哈”姓；广东省佛山市顺德区罗亨村“云”姓，是元朝时期湖广行中书省参知政事云从龙的后裔；广东省佛山市南海区甘蕉上街村“蒲”姓，是蒙古色目官吏后裔；山东省菏泽市鄄城县的“牛”姓和“察”姓；山西省长治市黄碾镇魏村“孛”姓等。

福建省泉州市南安市丰州镇的“黄”姓，元朝泰定年间（1324～1328年），始祖讳真号忠勇公，官至达鲁花赤天官银台，后降职武荣州，乃在南安开族。生子十人：沙裕、沙的、海达儿、安童、武贤、宾哥、荣显、璋童、富童、贵童。长子沙裕、次子沙的，回归燕山（今北京），原籍其余八子住南安。燕山黄始祖答喇真肇（zhao 开始，初始）居地即今南安丰州镇区，分布在丰州、洪濑、诗山等地，各分支分布在南安市各乡镇及泉州市区，已传了26世，12万多人。燕山黄氏据文史专家考证应属蒙古族，分居晋江陈埭高坑的燕山黄、属答喇真五子武贤后裔。

福建福州雁门“萨”姓的始祖是萨拉布哈，其家族的萨都剌在山西雁门受元朝赐萨姓，1333年萨仲礼迁福建福州。学术界对萨姓族属有争议，有的说是蒙古人，有的说萨氏源自西域突厥人

葛罗禄部落的答失蛮氏家族，元代史籍将他们作色目人或蒙古色目人，不少学者认为是穆斯林回族，在上世纪60年代中国民族身份认定工作中，福州的雁门萨氏多将自己的民族成分认定为蒙古族。自元代诗人萨都剌起，名人不断，近代名人有曾任民国总理的萨镇冰。在河南南阳王姓蒙古族中还有“福建厦门（不是福州）萨氏为元顺帝后代”的说法。

江西广丰县和福建浦城县水南乡等地的揭姓，始祖是笃列图（1312—1348年），捏古氏，字敬夫，居永丰（今属广丰县），燕山（今属河北）人，元至顺元年（1330）右榜状元。笃列图父辈原来居住在燕山，后来迁徙到永丰。笃列图考取蒙古、色目人榜状元后，历任江南行台监察御史，御史中丞等职。元朝后笃列图的子孙们使用他在世时候的汉姓“揭”为姓。

河北省鹿泉市的“村”姓，据说是窝阔台的后裔，是元定宗贵由长子忽察的后代。“忽察”、“唬查”，“嘎查”，蒙语“村庄、村落”之意，于是就以“村”为姓。

陕西省宝鸡市陇县曹家湾镇“曹”姓蒙古族后裔，大约有1500人左右，年近80岁的曹忠民老人介绍：曹姓祖上是蒙古人，本是成吉思汗后裔，被封于陇州，是皇帝叔父，其妻子做过元顺帝的乳母，过去有家谱，还有家庙、祠堂和碑文等建筑，但都毁于“文革”时期。曹家湾遗留有起军事防御作用的堡子，轮廓犹在，堡子拥有城门、炮台、水井、良田等设施。现存有一块石碑碑文写着“曹君元上”。

云南丽江市玉龙纳西族自治县巨甸镇“元”姓家族，他们本来是蒙古人，入纳西族后，即以“和”为姓氏，而且忘记了自己的祖籍。清嘉庆年间，有位云贵总督从他们祖坟的塔形蒙古文墓碑了解到这个家族祖籍在蒙古，以后他们才将姓氏从“和”改为“元”。

四川省凉山州西昌市境内的“俞”姓蒙古族后裔，主要分布在姜坡、高枧、川兴、河西及城区一带，现逾千人。俞姓中的一些祖先曾经长期在明代的四川行都司（辖今凉山、攀枝花地区）中担任过要职，他们的来源和元朝蒙古钦察部的玉里伯牙吾氏（元代宰相燕铁木儿）家族有着极密切的关系。俞姓与佘姓历史

来源有些相似。

叙述内地各姓蒙古族后裔历史来源的证据文字，许多内容都是古汉语词汇的史料，不太好懂，作者尽量以白话文的方式叙述，对一些普遍不熟悉不常用的字和词，给予注音释义，便于阅读和理解。对作为考证证据的史料，基本上都标明出处，便于查找和核对，增强考证史料的真实性和说服力，也体现出对民族考证的严谨性和科学性。

由于绝大部分内地蒙古族后裔，对蒙古民族的历史知识缺乏基本的了解，因此，除了展现各姓蒙古族历史来源、现状和风俗习惯外，还扩展部分与本书有关联的蒙古族历史文化资料，以便开阔视野，增加更多的知识量。本书也将作者主要对河南南阳王姓蒙古族历史来源的考证研究文章列出，以更加详尽的佐证前面的观点，起到支撑作用，使研究工作向前推动。

本书收录的内容只反映当前的考证研究成果，如果以后发现有新的证据和成果，本书将予以及时修正和完善。由于本书是第一次编写，是我利用业余时间边学习边研究的情况下书写的，时间短促，再加上作者非专业学者，书中难免有许多问题，希望专家学者给予谅解和雅正，也希望广大蒙古族同胞和热心蒙古民族事业的人与我联系，并提出宝贵意见。我更期望的是，如果有什么可贵的资料就发给我进行交流（我的邮箱hnnymgz2010@163.com），我们共同探讨，做好我们民族的事情。

一个偶然的机会，我购得《成吉思汗蒙古帝国的后人》一书，该书系统介绍了成吉思汗蒙古帝国留在欧亚大陆后人的历史和现状，内容耳目一新十分震撼。我慕名与该书的作者，内蒙古师范大学的苏和教授进行联系，得知他目前正在撰写《中国蒙古族系列丛书》5卷本，分别为：《蒙古三大部》、《散居在祖国内地的蒙古族及后裔》，《蒙古八部》、《卫拉特三大汗国的后人》、《各具特色的蒙古族群体》。苏和教授的著作弘扬了我们蒙古民族的历史文化，他为民族做出了贡献。苏和教授有着强烈的民族责任感，在他的不断鼓励下我试着撰写本书。期间我曾多次向他询问写作上遇到的问题，他都很耐心地给予指导，并对本书的成稿加以审阅、修改、校对、重新制作部分插图、调整文章结构，撰写部分新的章节内容，付出了辛勤的劳动。如果没有结识苏和教授，我很难顺利完成本书的写作。所以本书能够成功出版，苏和教授的功劳是第一位的，是他引导我走上了蒙古民族历史文化研究和写作行列，在此谨向他表示深深地敬意和衷心的感谢。

在此还要感谢我的爱人褚振莉，她是中原工学院外国语学院的副教授，汉族。我在写作期间对家庭照顾较少，她看到我那么痴情于民族事业不辞劳苦辛勤去考证和研究，她给予了我大力的支持和帮助，主动承担了家庭的事务，并陪着我一块去外地冒着酷暑收集资料，在此我向她表示深深的感谢。也是对我所热爱的蒙古民族事业的支持。

在本书收笔之时，回首往事，感慨万千，终于了却我内心深处的一件大事，至于书的质量如何，我只能说我是用心的感受来写的，已尽心尽力了。给我的体会是，不论地位高低，也不论富贵贫穷，唯有灵魂深处有执著的民族精神，抱着牺牲自己的时间、精力和财力的态度，以超常的毅力，才能完成此项工作。在全国各姓氏蒙古族后裔当中都有这样的人，我相信，凡是热心于民族事业的人，会和我有同样感受。我坚信，本书是有生命和灵魂的，多多少少会给读者，尤其是蒙古族同胞，在心灵上有一定的冲击和震撼，会起到开阔眼界、提升民族境界和提高民族凝聚力的作用，会让大家站在一个历史的高度来看待我们整个民族的事情，会避免狭隘的民族意识。如果本书能够起到这样的作用，就如同一个小小的石子投入到平静的湖面，在大家心灵深处荡起一波涟漪，若能得到蒙古族同胞的肯定，引起共鸣，将是对我最大鼓舞，我将倍感欣慰。今后还有许多事情要做，我也深知道路是曲折的，前途却是光明的，我将义无反顾地走下去。我希望有更多的蒙古族同胞加入这个行列，大家携起手来，将我们的民族事业不断地往前推进。

王建华

2011年7月1日